일잘러의 무기가 되는

엑셀 파워 쿼리

최준선 지음

방대한 실무 데이터를 자유자재로 다루는
강력한 파워 쿼리 기능을 한 권으로!

한빛미디어
Hanbit Media, Inc.

지은이 최준선

엑셀마스터의 대표이자 한국금융연수원 겸임 교수로서, 엑셀 초급자와 중급자의 실무 능력 향상에 초점을 맞춘 강연과 기업 컨설팅을 활발히 진행하고 있습니다.

특히 데이터 분석과 데이터 리터러시 분야에서의 전문성을 바탕으로, 직장인이 실무에서 높은 평가를 받을 수 있는 진짜 엑셀 활용법을 전달하는 데 주력하고 있습니다.

다수의 집필 활동을 통해 엑셀 지식을 널리 공유하고 있습니다. 또 유튜브 채널 〈엑셀마스터(www.youtube.com/@excel.master)〉와 네이버 대표 엑셀 카페 〈엑셀.하루에 하나씩(cafe.naver.com/excelmaster)〉을 운영하며, 엑셀 교육 및 데이터 분석 분야에서의 영향력을 지속적으로 확장해나가고 있습니다.

주요 저서

《일잘러의 무기가 되는 최소한의 실무 엑셀》
《엑셀 바이블(개정판)》
《엑셀 함수&수식 바이블》
《엑셀 매크로&VBA 바이블(개정판)》
《엑셀 데이터 분석 바이블》
《엑셀 피벗&파워 쿼리 바이블》
《엑셀 업무 공략집》
《엑셀 매크로&VBA 업무 공략집》
《회사에서 바로 통하는 엑셀 실무 데이터 분석》
《회사에서 바로 통하는 엑셀 2010 함수 이해&활용》

일잘러의 무기가 되는

엑셀 파워 쿼리

초판 1쇄 발행 2025년 5월 19일

지은이 최준선 / **펴낸이** 전태호
펴낸곳 한빛미디어(주) / **주소** 서울특별시 서대문구 연희로2길 62 한빛미디어(주) IT출판1부
전화 02-325-5544 / **팩스** 02-336-7124
등록 1999년 6월 24일 제25100-2017-000058호 / **ISBN** 979-11-6921-370-7 13000

총괄 배윤미 / **책임편집** 장용희 / **기획** 진명규 / **교정** 신꽃다미
디자인 표지 조현덕, 윤혜원 내지 윤혜원 / **전산편집** 오정화
영업마케팅 송경석, 김형진, 장경환, 조유미, 한종진, 이행은, 김선아, 고광일, 성화정, 김한솔 / **제작** 박성우, 김정우

이 책에 대한 의견이나 오탈자 및 잘못된 내용은 출판사 홈페이지나 아래 이메일로 알려주십시오.
파본은 구매처에서 교환하실 수 있습니다. 책값은 뒤표지에 표시되어 있습니다.

홈페이지 www.hanbit.co.kr / **이메일** ask@hanbit.co.kr

Published by HANBIT Media, Inc. Printed in Korea
Copyright © 2025 최준선 & HANBIT Media, Inc.
이 책의 저작권은 최준선과 한빛미디어(주)에 있습니다.
저작권법에 의해 보호를 받는 저작물이므로 무단 복제 및 무단 전재를 금합니다.

지금 하지 않으면 할 수 없는 일이 있습니다.
책으로 펴내고 싶은 아이디어나 원고를 메일(writer@hanbit.co.kr)로 보내주세요.
한빛미디어(주)는 여러분의 소중한 경험과 지식을 기다리고 있습니다.

머리말

문제는 잘못된 '데이터 구조'다

엑셀은 오랜 시간 동안 사무 환경의 대표적인 도구로 활용됐으며, 버전이 업그레이드될 때마다 다양한 업무 상황에 맞춰 수많은 함수와 기능이 추가됐습니다. 그 결과로 엑셀은 이제 '누구나 쉽게 사용하는 도구'라기보다는 '알면 알수록 어려운 프로그램'이라고 인식되기도 합니다. 사용자가 엑셀에서 제공되는 기능과 다양한 함수, 매크로 등을 모두 숙지하기에는 현실적으로 어려움이 많습니다. 그렇기 때문에 실제 업무 환경에서는 조금이라도 더 빠르게 원하는 결과를 얻기 위해 단축키를 외워 빠르게 누르는 것이 엑셀을 잘하는 것이라는 잘못된 인식을 전파하기도 합니다.

엑셀을 능숙하게 다루기 위해 정말 모든 기능을 배워야 하는 걸까요? 그렇지는 않습니다. 20년 넘게 엑셀에 대한 질문을 받고 강의를 진행해본 입장에서 말하자면 사용자가 엑셀 작업에서 겪는 가장 큰 문제는 대부분 '데이터의 구조' 때문입니다. 여러 파일(또는 시트)로 복잡하게 엉켜 있는 표, 여기저기 비정형적으로 입력된 데이터, 병합된 셀, 중첩된 헤더, 한 셀에 여러 값이 섞여 있는 경우 등 애초에 '표 자체의 구조'가 잘못돼 있으면 아무리 많은 함수나 기능을 알고 있어도 원하는 결과를 만들기 어렵습니다.

데이터를 다루는 강력한 도구 '파워 쿼리'

이럴 때 필요한 것이 바로 파워 쿼리(Power Query)입니다. 파워 쿼리는 엑셀 안에 내장된 강력한 데이터 전처리 도구로, 잘못 관리된 표를 '정상적인 표'로 재구성하는 데 특화돼 있습니다. 파워 쿼리를 사용하면 병합된 셀을 자동으로 풀어 값을 채우고, 여러 개의 시트를 하나로 합치며, 헤더 행을 올리거나, 열을 나누고, 필요한 데이터만 깔끔하게 추출하는 것이 '클릭 몇 번'으로 가능합니다.

파워 쿼리는 함수 암기나 복잡한 수식 대신 '논리적 절차와 클릭 기반의 조작'으로 문제를 해결합니다. 파워 쿼리를 배우면 복잡한 엑셀 문제 앞에서 더 이상 함수와 매크로 같은 복잡한 해결 방법만 찾을 필요가 없습니다. 이 책에서 안내하는 파워 쿼리의 다양한 기능을 통해 표의 구조를 개선하는 방법으로 엑셀 작업을 쉽고, 빠르고, 깔끔하게 진행할 수 있습니다.

이 책이 엑셀 사용자가 그동안 갖고 있던 '엑셀 문제를 해결하려면 많은 기능을 아는 고수가 되어야 한다'라는 편견을 없애주고, 내가 관리하는 '데이터의 구조'를 먼저 되돌아보게 하길 바랍니다. 나아가 데이터를 효율적으로 정리해 엑셀을 조금 더 쉽고 정확하게 쓰는 방법을 알려주는 좋은 지침서가 되길 희망합니다.

머리말

커뮤니티와 소통

책에서 다 담지 못한 다양한 실무 상황과 예외적인 문제들은 저자가 운영하는 네이버 카페 〈엑셀..하루에 하나씩(cafe.naver.com/excelmaster)〉을 통해 지속적으로 지원해드립니다. 카페에 가입해 실제 사례에 대한 질문, 파워 쿼리 응용 방법, 다양한 파일 구조 대응 등 실무에서 마주치는 복잡한 문제들도 함께 해결해나갈 수 있습니다. 이 책으로 공부하는 분들은 카페에 방문해 책을 인증하여 지속적인 관리를 받으면 엑셀 실력이 크게 향상될 것입니다.

〈엑셀..하루에 하나씩〉
cafe.naver.com/excelmaster

또한 다양한 파워 쿼리 실무 사례는 유튜브 채널 〈엑셀마스터(www.youtube.com/@excel.master)〉를 통해서도 확인해볼 수 있습니다. 책과 더불어 저자의 카페와 유튜브를 통해 파워 쿼리에 대한 많은 정보를 얻어가실 수 있길 바랍니다.

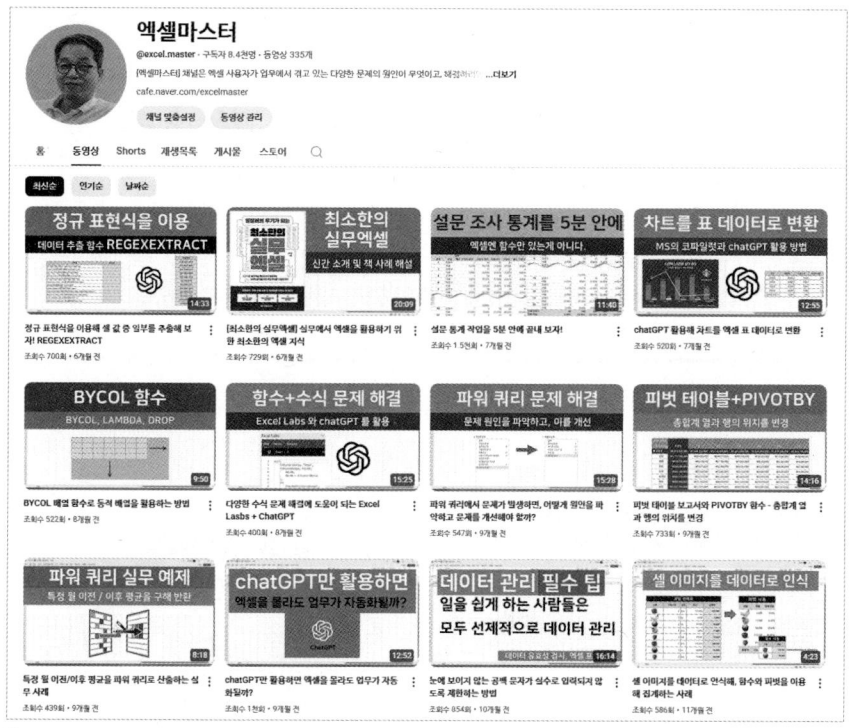

〈엑셀마스터〉
www.youtube.com/@excel.master

마치며

이 책을 믿고 선택해주신 독자분들께 진심을 담아 감사의 인사를 전합니다. 첫걸음은 아직 부족하고 아쉬움이 있을 수 있어도 이 책을 통해 파워 쿼리를 보다 친숙하게 익힐 수 있길 기대합니다.

끝으로 책을 집필하는 데 많은 도움을 준 한빛미디어 출판사의 관계자분들에게 감사의 인사를 전하며, 늘 옆에서 지지해주는 가족들에게도 깊은 애정을 담아 사랑한다는 말을 전합니다.

2025년 05월

최준선

일잘러의 무기가 되는 파워 쿼리 학습법

강력한 파워 쿼리 기능 15개를 학습한다!

파워 쿼리는 표 데이터를 다양하게 연결하고 필요한 형태로 변환할 수 있는 강력한 도구입니다. 파워 쿼리를 실무에 잘 활용하기 위해 알아야 하는 기초 사항을 시작으로 강력한 파워 쿼리 기능 15개를 단계적으로 안내합니다.

실무에서 가장 많이 쓰는 기본 기능 8개!

파워 쿼리의 다양한 기능 중 비교적 쉽고 실무에서 자주 활용할 수 있는 기능 8개 [채우기], [값 바꾸기], [데이터 형식 변환], [필터], [데이터 정렬], [열 제거와 열 선택], [열 분할], [중복된 항목 제거]를 안내합니다. 이 기능들을 익히면 엑셀 기능이나, 수식, 매크로 등을 연계해 활용하는 것보다 훨씬 쉽고 간편하게 원하는 결과를 얻을 수 있습니다.

업무 생산성을 끌어 올리는 실전 기능 4개!

앞에서 8개 기능을 학습해 파워 쿼리 사용법에 어느 정도 익숙해졌으므로 이어서 파워 쿼리를 더욱 효과적으로 활용할 수 있는 실전 기능 4개 [열 피벗 해제], [그룹화], [피벗 열], [사용자 지정 열]을 알아봅니다. 이 기능들을 익히면 파워 쿼리를 더 깊이 이해하고 효과적으로 활용할 수 있습니다.

심화 활용을 위한 핵심 기능 3개!

파워 쿼리는 단일 쿼리 생성뿐만 아니라 여러 쿼리를 통합해 데이터를 더욱 효율적으로 관리하는 다양한 방법을 갖추고 있습니다. 파워 쿼리 심화 활용을 위한 기능 3개 [병합], [추가], [폴더에서]를 익히면 복잡한 데이터 작업을 단순화하고 반복 작업을 자동화하는 데 큰 도움을 얻을 수 있습니다.

엑셀마스터의 유튜브 동영상 강의로 학습한다!

영상으로 학습했을 때 효율적인 내용은 동영상 강의로 제공합니다(총 5강). 마이크로소프트 MVP인 저자가 운영하는 유튜브 채널 〈엑셀마스터〉에서 노하우를 얻어보세요. 책과 함께 제공되는 동영상 강의까지 학습하면 진정한 일잘러로 거듭날 수 있습니다.

1 본문 내에 있는 동영상 강의 QR 코드를 핸드폰 카메라 기능으로 스캔해 접속합니다.

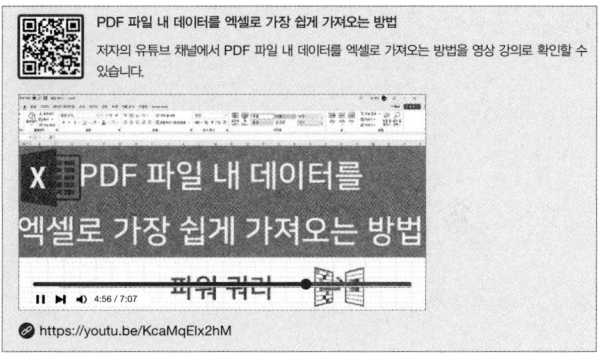

2 인터넷 주소를 입력해 접속하려면 하단의 URL을 인터넷 주소창에 그대로 입력합니다.

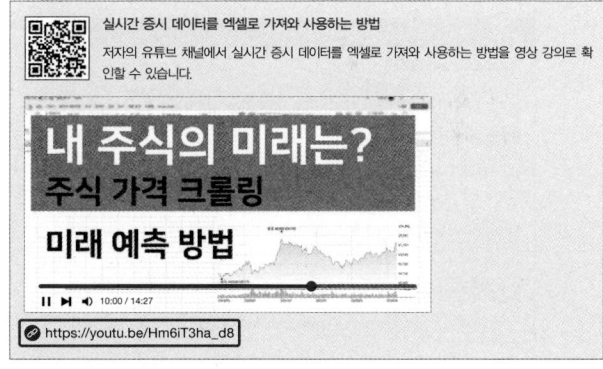

3 강의 화면이 나타나면 영상이 자동으로 재생됩니다. 만약 재생되지 않는다면 [재생] 버튼을 누릅니다.

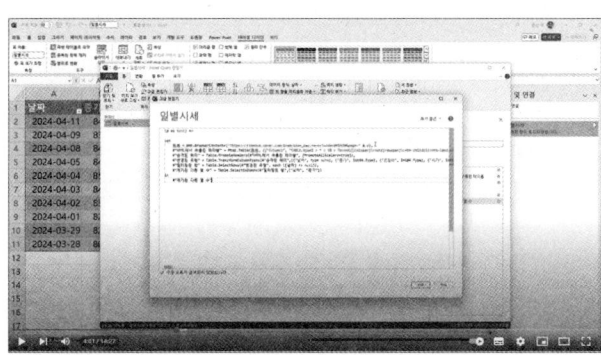

이 책의 구성

SECTION

데이터를 자유자재로 다루는 일잘러가 되기 위해 꼭 알고 있어야 하는 파워 쿼리 기능을 모아 구성했습니다. 책에서 소개하는 기능만 알아도 파워 쿼리라는 강력한 무기를 탑재한 일잘러가 될 수 있습니다.

핵심 NOTE

책의 내용을 무작정 따라 하기만 해서는 실무에서 파워 쿼리를 제대로 활용할 수 없습니다. 왜 이런 결과가 나오는지, 데이터가 어떻게 구성돼 있는지 등을 꼼꼼하게 짚어줍니다.

TIP/VER./LINK

참고가 필요한 내용을 제공하는 'TIP'부터 버전별로 다른 내용을 알려주는 'VER.', 함께 학습하면 효율적인 본문 페이지를 안내하는 'LINK'까지 제공합니다.

따라 하기 실습

실무에서 진짜 활용되는 예제 파일을 바탕으로 다양한 따라 하기 실습을 제공합니다. 책에서 다루는 실습만 진행해도 실무 감각을 완벽하게 익힐 수 있습니다.

핵심 동영상 강의

함께 알아두면 좋은 내용, 영상으로 봤을 때 효과적인 내용은 저자의 유튜브 채널에서 동영상 강의를 제공합니다(총 5강).

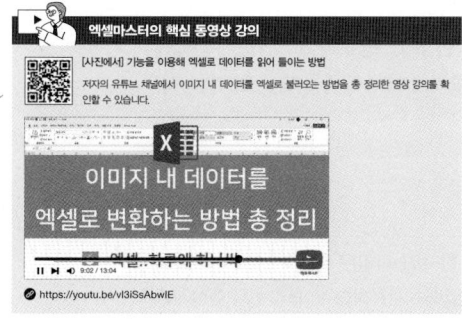

예제 파일 다운로드

실습 예제 다운로드하기

이 책에 사용된 모든 실습 예제 파일은 한빛+ 홈페이지(www.hanbit.co.kr)에서 다운로드할 수 있습니다. 실습 예제 파일은 따라 하기를 진행할 때마다 사용되므로 컴퓨터에 복사해두고 활용합니다. 더 빠르게 다운로드하려면 자료실(www.hanbit.co.kr/src/11370)로 접속합니다.

1 한빛+ 홈페이지(www.hanbit.co.kr)로 접속합니다. 메인 페이지에서 [자료실]을 클릭합니다.

> 이 책에 사용된 예제의 저작권은 저자에게 있습니다. 저자의 허락 없이 영리적 이용을 금하며 파일의 배포, 재판매 및 유료 콘텐츠의 예제로 사용할 시 법적 제재를 받을 수 있습니다.

2 자료실 도서 검색란에 도서명을 입력하고 🔍을 클릭합니다.

3 선택한 도서 정보가 표시되면 [예제소스]를 클릭해 예제 파일을 다운로드합니다.

다운로드한 예제 파일은 일반적으로 [다운로드] 폴더에 저장되며, 사용하는 웹 브라우저 설정에 따라 다를 수 있습니다.

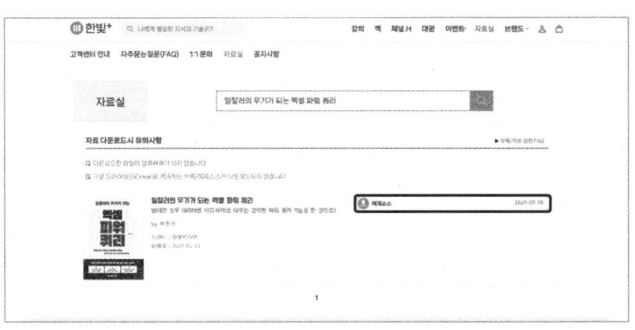

목차

머리말	003
일잘러의 무기가 되는 파워 쿼리 학습법	006
이 책의 구성	008
예제 파일 다운로드	010

CHAPTER 01
파워 쿼리 시작하기

SECTION 01 엑셀 버전별 파워 쿼리 이용법 — 019
   엑셀 2010, 2013 버전 사용자 — 019
   엑셀 2016 버전 사용자 — 022
   엑셀 2019 이상, 마이크로소프트 365 버전 사용자 — 024

SECTION 02 파워 쿼리 활용에 도움 되는 표의 구조 이해 — 025
   테이블(Table) — 025
   크로스-탭(Cross-Tab) — 026
   템플릿(Template) — 027

SECTION 03 파워 쿼리에서 접근 가능한 데이터 소스 — 029
   [데이터 가져오기] 하위 메뉴 살펴보기 — 029

SECTION 04 파워 쿼리를 활용한 쿼리 생성 — 033
   실습 다른 파일의 데이터에 접근해 쿼리 생성하기 — 033
   실습 현재 파일의 표 데이터를 쿼리로 생성하기 — 043
   실습 쿼리가 데이터를 처리하는 방식과 새로 고침 방식 이해하기 — 046

목차

CHAPTER 02
파워 쿼리에서 가장 많이 활용되는 8가지 기능

SECTION 01 [기능①] 채우기 ——————————————————— 055
　　　　　　[실습] 병합이나 빈 셀이 포함된 표를 이용할 때 [채우기] 이용하기 ——— 055

SECTION 02 [기능②] 값 바꾸기 ——————————————————— 061
　　　　　　[실습] [채우기]가 동작하지 않는 경우 [값 바꾸기] 이용하기 ——————— 062

SECTION 03 [기능③] 데이터 형식 변환 ———————————————— 067
　　　　　　[실습] 파워 쿼리에서 날짜 데이터 변환하기 ——————————————— 068
　　　　　　[실습] 파워 쿼리에서 숫자 데이터 변환하기 ——————————————— 076

SECTION 04 [기능④] 필터 ——————————————————————— 082
　　　　　　[실습] 필터를 적용해 원하는 조건의 데이터만 쿼리로 가져오는 방법 이해하기 ——— 082
　　　　　　[실습] 기존 쿼리의 필터 조건을 변경하는 방법 이해하기 ————————— 088

SECTION 05 [기능⑤] 데이터 정렬 ——————————————————— 099
　　　　　　[실습] 원본 데이터를 원하는 방법으로 정렬하는 방법 이해하기 ————— 099

SECTION 06 [기능⑥] 열 제거와 열 선택 ———————————————— 107
　　　　　　[실습] 다른 표에서 필요한 열만 선택해 가져오는 방법 이해하기 ————— 107

SECTION 07 [기능⑦] 열 분할 ————————————————————— 115
　　　　　　[실습] 구분 기호를 인식해 열을 분리하는 작업하기 —————————— 115
　　　　　　[실습] 숫자와 텍스트가 혼합된 경우 숫자만 분리하는 방법 이해하기 ——— 126

SECTION 08 기능⑧ 중복된 항목 제거 —————————————— 134
　　　　　　실습 원본 표의 특정 열에서 중복 데이터를 제거한 결과를 쿼리로 반환받기 —— 134
　　　　　　실습 중복 데이터를 삭제할 때 마지막 데이터를 남기는 방법 이해하기 —————— 138

CHAPTER 03
파워 쿼리를 조금 더 알차게 쓰는 4가지 기능

SECTION 01 기능⑨ 열 피벗 해제 —————————————— 145
　　　　　　실습 표를 변환해 데이터 쉽게 요약하기 ————————————— 146
　　　　　　실습 병합을 사용한 표의 열 피벗 해제하기 ————————————— 154

SECTION 02 기능⑩ 그룹화 ————————————————— 161
　　　　　　실습 그룹화를 이용해 표 요약하기 ——————————————— 162
　　　　　　실습 그룹화를 이용해 필요한 항목을 쉼표로 연결해 표시하기 ——————— 170

SECTION 03 기능⑪ 피벗 열 ————————————————— 177
　　　　　　실습 피벗 열을 사용해 데이터 요약하는 방법 이해하기 ———————— 178
　　　　　　실습 파워 쿼리에서 날짜 데이터 변환하는 방법 알아보기 ——————— 185

SECTION 04 기능⑫ 사용자 지정 열 —————————————— 196
　　　　　　실습 계산 열을 추가해 새로운 열을 생성하는 방법 이해하기 ——————— 197
　　　　　　실습 예제 열을 사용해 열을 새로 생성하는 방법 이해하기 ——————— 207
　　　　　　실습 조건 열을 사용해 원하는 열을 생성하는 방법 이해하기 ——————— 213
　　　　　　실습 인덱스 열을 활용하는 방법 이해하기 ————————————— 225

목차

CHAPTER 04
파워 쿼리 심화 활용을 위한 핵심 기능 3가지

SECTION 01 기능⑬ 병합 — 239
- [조인 종류] 옵션 6가지 — 240
- 왼쪽 외부(Left outer) — 241
  - **실습** [왼쪽 외부]를 이용해 두 쿼리를 하나로 연결하는 방법 이해하기 — 243
  - **실습** 두 표를 연결할 때 매칭할 열이 둘 이상인 경우 병합하는 방법 이해하기 — 256
  - **실습** 두 표를 연결할 때 한쪽 표에 연결할 열이 여러 개인 경우 병합하는 방법 이해하기 — 260
  - **실습** 동일한 열이 반복될 때 반복 열을 하나의 열로 합치는 표 변환 방법 이해하기 1 — 266
  - **실습** 동일한 열이 반복될 때 반복 열을 하나의 열로 합치는 표 변환 방법 이해하기 2 — 275
- 오른쪽 외부(Right outer) — 280
  - **실습** 두 표의 쿼리를 [오른쪽 외부]로 병합하는 방법 이해하기 — 281
- 완전 외부(Full outer) — 285
  - **실습** 두 표의 쿼리를 [완전 외부]로 병합하는 방법 이해하기 — 285
- 내부(Inner) — 292
  - **실습** 두 표에 모두 존재하는 회원 명단을 작성한 다음 임의로 3명 선발하기 — 292
- 왼쪽 앤티(Left anti)와 오른쪽 앤티(Right anti) — 300
  - **실습** 두 쿼리를 비교해 한 쪽 쿼리에만 존재하는 데이터 추출하는 방법 이해하기 — 301

SECTION 02 기능⑭ 추가 — 307
- **실습** 여러 쿼리를 하나의 쿼리로 추가하는 방법 이해하기 — 308
- **실습** 여러 시트의 데이터를 하나의 쿼리로 추가하는 방법 이해하기 — 314

SECTION 03 기능⑮ 폴더에서 ——— 323
실습 특정 폴더 내 파일의 표를 하나로 취합한 다음 피벗으로 요약하기 ——— 324
[통합 문서에서] 기능 ——— 339

CHAPTER 05
다양한 파워 쿼리 활용 팁

SECTION 01 사진에서 데이터를 읽어오는 방법 ——— 343
[사진에서] 기능 ——— 343

SECTION 02 PDF 데이터를 읽어오는 방법 ——— 344
[PDF에서] 기능 ——— 344

SECTION 03 웹 데이터 크롤링 방법 ——— 346
증시 데이터 ——— 346
연휴 데이터 ——— 347

SECTION 04 쿼리만 다른 파일로 복사하는 방법 ——— 348
복사–붙여 넣기 ——— 348
M code 복사 ——— 349
오피스 연결 파일 만들어 공유 ——— 351

찾아보기 ——— 352

CHAPTER 01

파워 쿼리 시작하기

이번 CHAPTER의 핵심!

- 엑셀 버전별 파워 쿼리 이용법 익히기
- 파워 쿼리 활용에 도움이 되는 표의 구조 이해하기
- 파워 쿼리에서 접근 가능한 데이터 소스 알아보기
- 파워 쿼리를 활용한 쿼리 생성 익히기

파워 쿼리(Power Query)는 표 데이터를 다양하게 연결하고 필요한 형태로 변환할 수 있는 도구입니다. 또, 필요에 따라 데이터를 요약할 수도 있습니다.

엑셀로 원하는 작업을 수행하려면 함수와 리본 메뉴의 다양한 기능을 이용하고, 필요하다면 매크로도 사용할 수 있어야 합니다. 그러나 함수와 기능, 그리고 매크로까지 모두 익히려면 공부해야 할 내용이 많고 복잡해 사용자들이 학습 피로감을 호소하는 경우가 많습니다.

다양한 기능이 하나로 통합된 파워 쿼리만 잘 활용할 수 있어도 업무 생산성이 빠르게 향상됩니다. 파워 쿼리 사용법을 새로 배워야 하는 것은 어쩔 수 없지만, 함수, 다양한 엑셀 기능, 매크로를 학습하는 것에 비하면 절대적인 학습 시간이 짧습니다.

파워 쿼리는 M code라는 코드로 동작하지만, 사용자는 [Power Query 편집기] 창을 통해 코드 작성 없이도 원하는 결과를 거의 얻을 수 있습니다. 그러므로 M code를 자세하게 알지 못해도 원하는 결과를 얻는 데는 큰 어려움이 없습니다. 이번 CHAPTER에서는 파워 쿼리를 활용하기 위해 알아야 하는 기초 사항을 살펴보겠습니다.

엑셀 버전별 파워 쿼리 이용법

파워 쿼리는 엑셀 2010 버전부터 사용할 수 있습니다. 다만, 엑셀의 리본 메뉴에 파워 쿼리가 내장되기 시작한 것은 엑셀 2016 버전으로, 엑셀 2010 버전과 2013 버전에서는 파워 쿼리를 별도로 설치해야 합니다.

엑셀 2010, 2013 버전 사용자

파워 쿼리를 따로 설치해야 하는지 확인하려면 현재 사용 중인 엑셀 버전을 확인해야 합니다. 확인 방법은 버전별로 조금씩 다릅니다. 엑셀 2010 버전에서는 리본 메뉴의 [파일] 탭-[도움말]을 선택하고 2013 이상의 버전을 사용 중이라면 [파일] 탭-[계정]을 선택합니다. 그러면 오른쪽 백스테이지 뷰 화면 상단에서 사용 중인 엑셀 버전을 확인할 수 있습니다.

엑셀을 실행하고 리본 메뉴의 [파일] 탭을 클릭했는데 아래 화면과 같이 [도움말]이 표시된다면 엑셀 2010 버전입니다. [도움말]을 클릭하면 오른쪽 백스테이지 뷰 화면에 엑셀 버전이 표시됩니다. 아래 화면에서 다음 두 곳의 정보를 모두 확인해야 합니다.

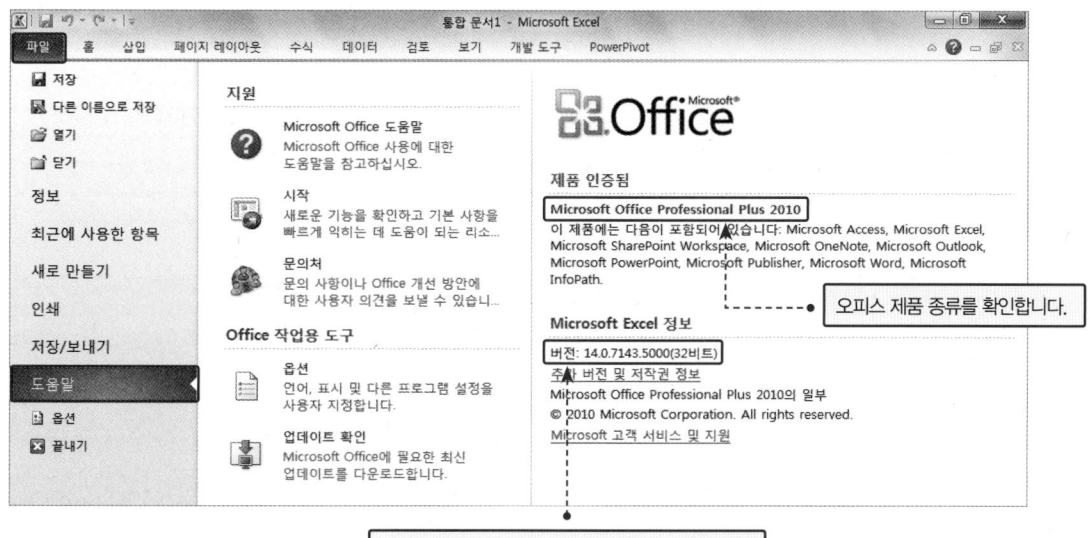

참고로 엑셀 2010 버전은 파워 쿼리를 설치할 수 있는 제품군이 따로 있습니다. Professional Plus 제품군만 설치가 가능하므로 백스테이지 뷰에서 'Microsoft Office Professional Plus'와 같은 제품명을 확인해야 합니다. 또한 파워 쿼리를 설치하기 위해 32비트 버전인지 64비트 버전인지도 확인합니다.

LINK 이 정보를 확인했다면 이 책의 21페이지를 참고해 파워 쿼리를 설치합니다.

만약 리본 메뉴의 [파일] 탭을 클릭했는데, [계정] 메뉴가 하단에 표시된다면 엑셀 2013 이상 버전을 의미합니다. 이 버전부터는 [계정]을 클릭하면 대부분 설치된 엑셀 버전을 바로 확인할 수 있습니다.

다만 32비트인지 64비트인지는 백스테이지 뷰 화면의 [Excel 정보]를 클릭해 확인해야 합니다.

VER. 이 부분은 엑셀 2013 버전 사용자만 필요합니다.

엑셀 버전이 32비트인지 64비트인지 확인합니다.

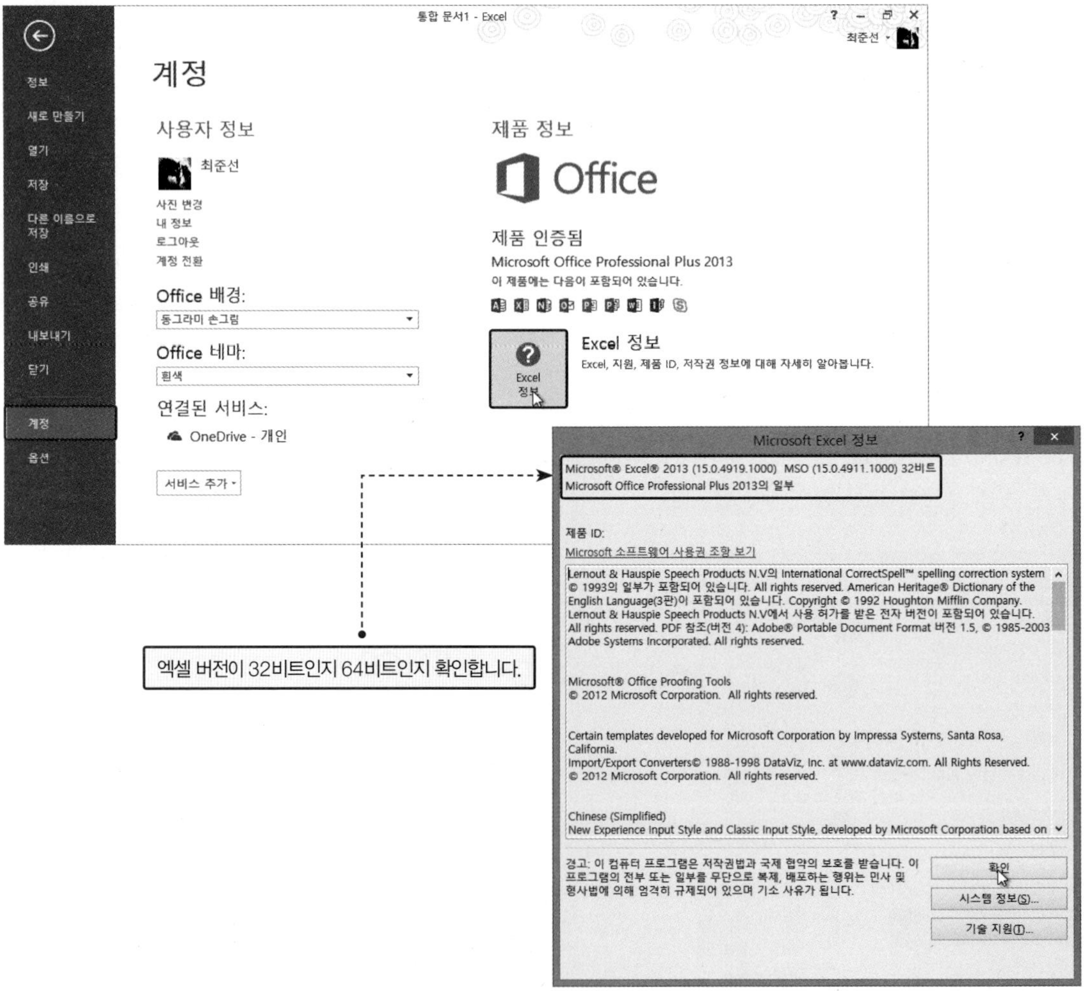

엑셀 2013 버전 사용자는 모든 제품군에서 파워 쿼리를 설치할 수 있으므로 Business인지 Professional Plus 제품인지 확인할 필요가 없습니다.

엑셀 2010, 2013 버전 사용자의 파워 쿼리 설치

엑셀 2010 버전(Professional Plus)과 2013 버전 사용자는 아래 과정을 참고해 파워 쿼리를 설치합니다.

01 크롬 또는 엣지 웹 브라우저를 이용해 다음 사이트에 접속합니다.

- https://www.microsoft.com/ko-kr/download/details.aspx?id=39379

02 사이트에 접속하면 [다운로드]를 클릭합니다.

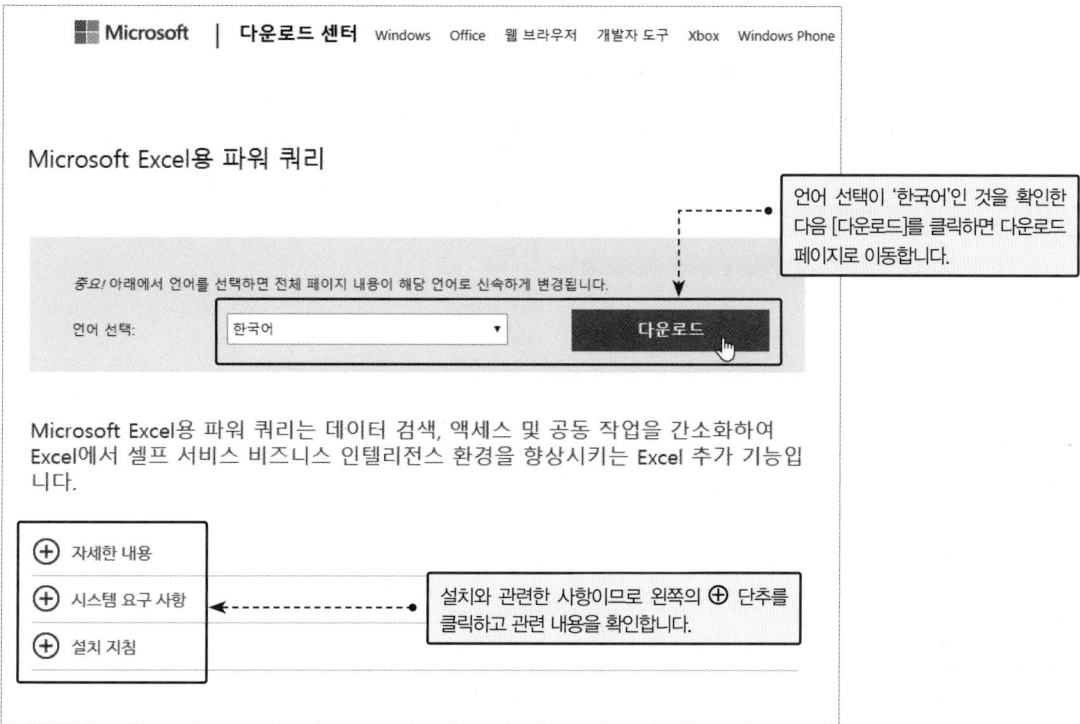

03 현재 설치된 오피스 프로그램에 맞게 32-bit 또는 64-bit 설치 파일의 확인란을 체크합니다. [다음]을 클릭해 다운로드합니다.

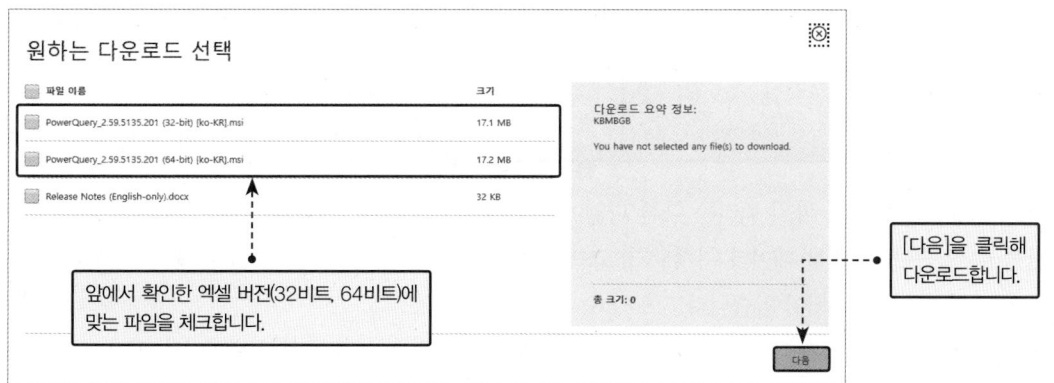

04 다운로드한 설치 파일을 윈도우 탐색기에서 찾아 더블클릭해 설치합니다.

TIP 엑셀 프로그램은 종료하고 작업하는 것을 권합니다.

05 설치가 끝난 다음 엑셀을 실행하면 리본 메뉴에 다음과 같이 [파워 쿼리] 탭이 나타납니다. 이제 파워 쿼리가 설치된 것이므로 파워 쿼리를 활용할 수 있습니다.

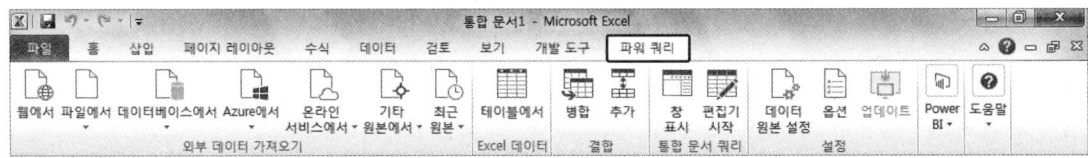

TIP [파워 쿼리] 탭이 표시되지 않는다면 리본 메뉴의 [개발 도구] 탭–[추가 기능] 그룹–[COM 추가 기능]을 클릭하고 [Microsoft Excel용 파워 쿼리] 추가 기능을 선택한 다음 [확인]을 클릭합니다.

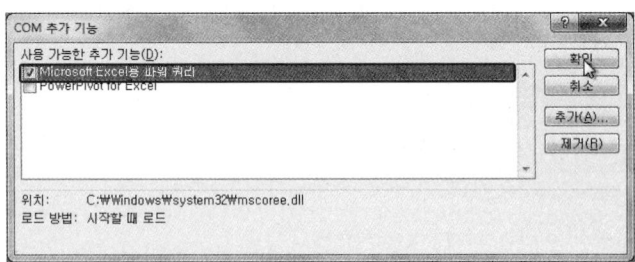

엑셀 2016 버전 사용자

엑셀 2016 이상 버전은 파워 쿼리를 별도로 설치하지 않고 리본 메뉴의 [데이터] 탭에서 바로 사용할 수 있습니다. 다만 [파워 쿼리] 탭을 사용할 때는 공간이 넉넉해 메뉴 아이콘이 큼직하게 표시되었지만, 2016 버전부터는 리본 메뉴의 [데이터] 탭–[가져오기 및 변환] 그룹에서 제공되므로 대부분 하위 메뉴로 제공됩니다.

차이를 설명하기 위해 먼저 2010, 2013 버전의 [파워 쿼리] 탭을 살펴보겠습니다. 다음과 같은 그룹으로 메뉴들이 묶여 있는 것을 알 수 있습니다.

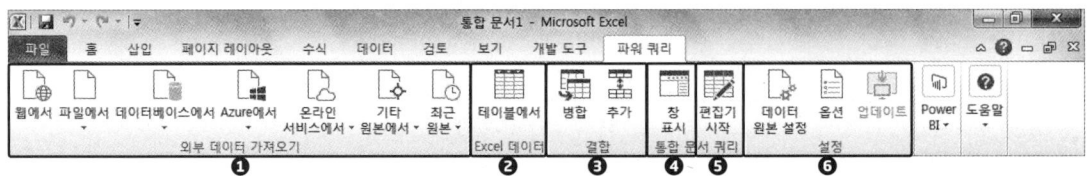

❶ **외부 데이터 가져오기** : 파워 쿼리는 다른 파일이나 외부의 다른 프로그램에서 데이터를 읽어와 쿼리를 만들 수 있습니다. [외부 데이터 가져오기] 그룹에는 파워 쿼리에서 읽어올 수 있는 외부 데이터를 구분하는 명령들이 배치되어 있습니다.

❷ **테이블에서** : 현재 파일의 데이터로 쿼리를 생성할 때 사용합니다. 현재 파일의 데이터로 쿼리를 생성하려면 리본 메뉴의 [삽입] 탭에서 [표] 명령을 사용해 엑셀 표로 변환한 상태여야 합니다. 그렇지 않은

상태에서 이 메뉴를 클릭하면 [표 등록] 대화상자가 바로 표시되어 엑셀 표로 변환한 뒤, [Power Query 편집기] 창에 데이터를 미리 보기로 표시해줍니다.

❸ **결합** : 여러 개의 쿼리를 연결해 별도의 쿼리를 생성할 때 사용하는 메뉴입니다.
❹ **창 표시** : 현재 파일에 생성된 쿼리를 별도의 작업 창을 이용해 표시하는 명령입니다.
❺ **편집기 시작** : 바로 [Power Query 편집기] 창을 호출합니다.
❻ **설정** : 쿼리의 원본 데이터 부분을 수정하거나, 파워 쿼리 옵션을 확인하고 변경할 수 있습니다.

다음은 엑셀 2016 버전에서 리본 메뉴의 [데이터] 탭을 클릭했을 때 표시되는 화면입니다. 별도의 탭으로 있을 때보다 면적이 줄었으며, 메뉴들은 하위 단계로 구성되어 있습니다.

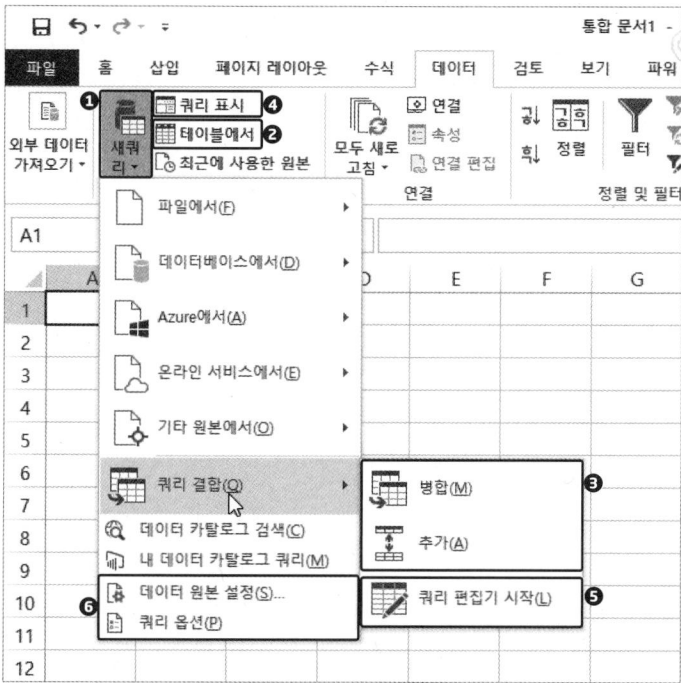

변경된 부분에 대한 설명은 아래를 참고합니다.

❶ **새쿼리*** : 2013 버전의 [외부 데이터 가져오기] 그룹이 [새쿼리] 메뉴로 통합됐습니다.

❷ **테이블에서** : 현재 파일의 데이터로 쿼리로 생성할 때 사용합니다. 변경된 부분이 없습니다.

❸ **쿼리 결합** : 2013 버전의 [결합] 탭이 [새 쿼리] 메뉴의 하위에 [쿼리 결합] 메뉴로 배치되었습니다.

❹ **쿼리 표시*** : 2013 버전의 [창 표시] 메뉴는 [쿼리 표시] 메뉴로 변경됐습니다.

❺ **쿼리 편집기 시작*** : 2013 버전의 [편집기 시작] 메뉴는 [쿼리 편집기 시작] 메뉴로 변경되어 [새쿼리]-[쿼리 결합] 메뉴의 하위에 제공됩니다.

❻ **설정** : 2013 버전과 역할은 동일하며, [새쿼리] 메뉴의 하위에 제공됩니다.

TIP * 표시가 있는 메뉴는 명칭이 변경된 메뉴입니다.

2016 버전에서는 전체적으로 이전 버전에 비해 실행 단계는 늘어났지만, 빠진 메뉴 없이 모두 제공되는 것을 확인할 수 있습니다.

엑셀 2019 이상, 마이크로소프트 365 버전 사용자

엑셀 2019 이상 버전부터는 리본 메뉴의 [데이터] 탭의 메뉴가 조금 변경되고 더욱 확장됐습니다. 2019 이상 버전 사용자라면, 리본 메뉴의 [데이터] 탭을 선택했을 때 다음과 같은 메뉴를 확인할 수 있습니다.

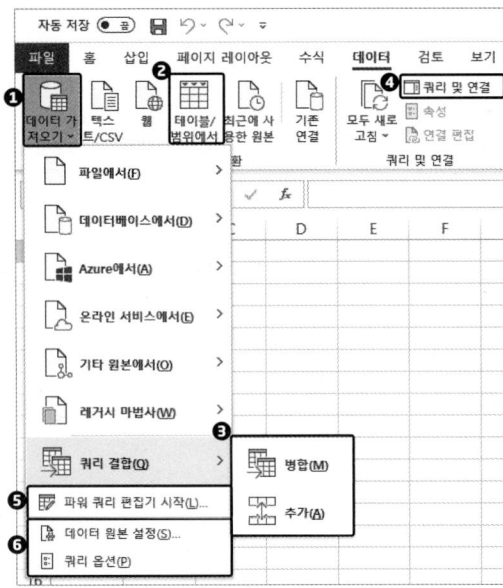

변경된 부분에 대한 설명은 아래를 참고합니다.

❶ **데이터 가져오기*** : 2016 버전의 [새쿼리] 메뉴가 [데이터 가져오기] 메뉴로 변경됐습니다.

❷ **테이블/범위에서*** : 2016 버전의 [테이블에서] 메뉴가 [테이블/범위에서] 메뉴로 변경됐습니다.

❸ **쿼리 결합** : 변경 사항이 없습니다.

❹ **쿼리 및 연결*** : 2016 버전의 [쿼리 표시] 메뉴가 [쿼리 및 연결] 메뉴로 변경됐습니다.

❺ **파워 쿼리 편집기 시작*** : 2016 버전의 [쿼리 편집기 시작] 메뉴가 [파워 쿼리 편집기 시작] 메뉴로 변경됐습니다.

❻ **설정** : 변경 사항이 없습니다.

> **TIP** * 표시가 있는 메뉴는 명칭이 변경된 메뉴입니다.

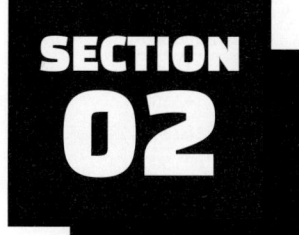

파워 쿼리 활용에 도움 되는 표의 구조 이해

파워 쿼리에 대해 설명할 때 '데이터를 구조화한다'는 표현이 자주 나옵니다. 구조화는 원본 표의 데이터를 여러 목적에 맞게 다양한 형태로 재배열하는 작업을 의미합니다. 엑셀에서의 작업은 대부분 원본 데이터를 내려받은 후, 보고에 적합한 형태로 재배열하거나 필요하면 데이터를 요약하는 등의 방식으로 진행됩니다.

이런 식의 작업은 최소한의 형태를 구분할 수 있어야 좀 더 명확하게 실행할 수 있습니다. 다음과 같은 표의 구조를 이해하면 파워 쿼리를 효과적으로 활용하는 데 도움이 됩니다.

테이블(Table)

데이터베이스 등에서 데이터를 기록할 때 자주 만드는 표 형태로, 구조는 다음과 같습니다.

❶ 테이블 표의 첫 번째 행에는 각 열의 제목이 입력됩니다. 제목은 **머리글**이라고 하며, 테이블의 경우 열의 제목이므로 **열 머리글**이라고 합니다.

❷ 두 번째 행부터 실제 표에 기록할 데이터가 입력됩니다.

새로운 데이터는 반드시 세로(↓) 방향으로 입력해야 합니다. 이 표에서 세로 방향 데이터 범위를 필드(Field)라고 하며, 가로 방향 데이터 범위를 레코드(Record)라고 합니다. 엑셀에서 이런 구조의 표는 다음 화면에서 확인할 수 있습니다.

지점	주문일	분류	상품	단가	수량	할인율	판매
고잔점	2024-01-02	복사기	컬러레이저복사기 XI-3200	1,176,000	3	15%	2,998,800
가양점	2024-01-02	바코드스캐너	바코드 Z-350	48,300	3	0%	144,900
성수점	2024-01-02	팩스	잉크젯팩시밀리 FX-1050	47,400	3	0%	142,200
고잔점	2024-01-03	복사용지	프리미엄복사지A4 2500매	17,800	9	0%	160,200
용산점	2024-01-03	바코드스캐너	바코드 BCD-100 Plus	86,500	7	0%	605,500
서수원점	2024-01-06	복사용지	고급복사지A4 500매	3,500	2	0%	7,000
수서점	2024-01-06	바코드스캐너	바코드 Z-350	46,300	7	0%	324,100
화정점	2024-01-09	제본기	링제본기 ST-100	127,800	4	0%	511,200
용산점	2024-01-09	출퇴근기록기	RF OA-300	46,800	6	0%	280,800
성수점	2024-01-09	문서세단기	오피스 Z-01	39,900	2	0%	79,800
용산점	2024-01-10	복사기	흑백레이저복사기 TLE-5000	597,900	3	5%	1,704,015
성수점	2024-01-10	복합기	잉크젯복합기 AP-3200	84,800	6	0%	508,800
청계천점	2024-01-10	복합기	잉크젯복합기 AP-3200	84,800	10	0%	848,000
용산점	2024-01-13	복사용지	프리미엄복사지A4 2500매	16,800	5	0%	84,000
신도림점	2024-01-13	복사용지	복사지A4 1000매	5,600	1	0%	5,600
자양점	2024-01-13	바코드스캐너	바코드 BCD-100 Plus	90,300	7	0%	632,100
신도림점	2024-01-13	복사용지	복사지A4 2500매	14,400	8	0%	115,200
용산점	2024-01-14	제본기	링제본기 ST-100	161,900	9	5%	1,384,245
성수점	2024-01-14	복사기	컬러레이저복사기 XI-2000	1,003,000	2	10%	1,805,400
가양점	2024-01-15	바코드스캐너	바코드 BCD-200 Plus	96,900	6	0%	581,400
자양점	2024-01-15	복사용지	복사지A4 1000매	5,700	8	0%	45,600
화정점	2024-01-15	복사용지	복사지A4 5000매	24,500	8	0%	196,000

이런 표는 전산 업무에서 데이터를 기록하는 가장 이상적인 형태입니다. 엑셀의 함수나 피벗 테이블과 같은 기능은 대부분 테이블 구조의 표로 데이터가 기록되어 있다는 것을 전제로 동작합니다.

그렇기 때문에 데이터가 잘못된 형태의 표에 기록되어 있다면, 파워 쿼리를 활용해 표를 테이블 구조로 변경한 후 작업하는 것이 가장 좋습니다.

크로스-탭(Cross-Tab)

테이블에 기록된 데이터를 요약(집계)할 때 주로 사용하는 표로, 구조는 다음과 같습니다.

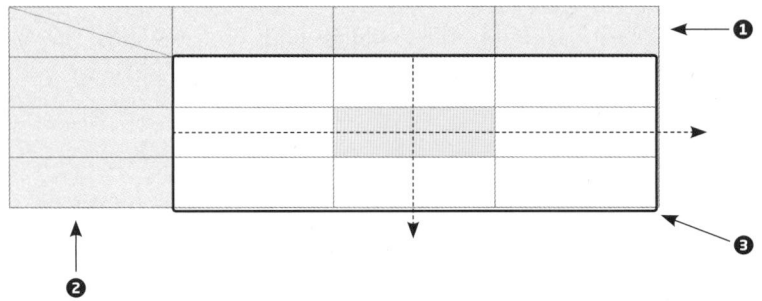

❶ 첫 번째 행에는 열 머리글이 입력됩니다.

❷ 첫 번째 열에는 행 머리글이 입력됩니다.

❸ 행 머리글과 열 머리글이 교차(Cross)하는 위치에 두 머리글을 조건으로 요약된 숫자 데이터가 구성됩니다.

엑셀에서 만들어지는 다음과 같은 표가 바로 크로스-탭입니다.

지점	23Q1	23Q2	23Q3	23Q4	24Q1	24Q2	24Q3	24Q4
서울	108,000	139,700	135,900	138,000	141,400	146,900	138,400	125,900
가양점	15,600	25,800	26,300	23,400	21,700	17,000	16,700	15,200
성수점	16,000	24,800	30,000	25,100	16,100	22,900	18,700	29,200
수서점	13,600	19,000	21,700	19,800	17,200	24,600	16,100	23,900
신도림점	14,900	23,700	11,000	22,300	30,000	14,100	29,200	13,400
용산점	13,600	23,800	11,300	14,200	19,100	23,100	24,200	12,700
자양점	16,900	11,400	15,900	19,500	14,200	25,700	20,600	12,800
청계천점	17,400	11,200	19,700	13,700	23,100	19,500	12,900	18,700
경기	108,500	95,600	93,700	109,000	119,800	81,300	90,300	101,800
고잔점	19,400	21,700	17,800	27,700	27,600	25,900	10,900	11,300
동백점	23,000	20,600	13,400	28,500	17,400	10,700	11,700	26,600
서수원점	18,900	23,900	28,600	13,600	19,900	11,500	11,600	14,200
죽전점	17,300	19,300	21,500	16,000	25,500	21,200	28,300	21,900
화정점	29,900	10,100	12,400	23,200	29,400	12,000	27,800	27,800
합계	216,500	235,300	229,600	247,000	261,200	228,200	228,700	227,700

사람이 가장 자주 만드는 표의 형태가 바로 크로스-탭입니다. 이 표는 두 머리글이 교차하는 범위가 숫자이며, 이 숫자는 SUMIF, SUMIFS 등의 함수로 구해지는 경우가 대부분입니다. 파워 쿼리를 이용해 단순한 구조의 크로스-탭 구조의 표를 만들 수 있지만, 그러기 위해서는 원본 표가 반드시 테이블 형태여야 합니다. 크로스-탭 구조의 표를 만들 때는 피벗 테이블 보고서 기능을 이용하는 것이 가장 좋습니다.

템플릿(Template)

테이블에 기록된 데이터나 크로스-탭에 요약된 데이터를 의사결정권자들에게 보고할 때 만드는 표입니다. 정해진 형태는 없고, 보고 받는 의사결정권자가 선호하는 형태에 맞춰 만듭니다. 엑셀에서 만드는 다음과 같은 표가 바로 템플릿입니다.

생 산 일 보

시간대		제품 A				제품 B				비고
		계획	실적	불량	불량률	계획	실적	불량	불량률	
8:00	9:00	50	44	4	9.1%	75	80	-	0.0%	
9:00	10:00	50	45	1	2.2%	75	76	1	1.3%	
10:00	11:00	50	46	4	8.7%	75	66	-	0.0%	
11:00	12:00	50	45	4	8.9%	75	65	-	0.0%	
12:00	13:00	50	42	1	2.4%	75	77	3	3.9%	
13:00	14:00	50	56	-	0.0%	75	70	4	5.7%	
14:00				3	5.2%	75	66	2	3.0%	
20:00	21:00	50	49	5						
21:00	22:00	50	42	1	2.4%	75	65	2	3.1%	
22:00	23:00	50	52	5	9.6%	75	69	3	4.3%	
23:00	0:00	50	56	4	7.1%	75	72	1	1.4%	

다음과 같은 표 역시 템플릿 표입니다.

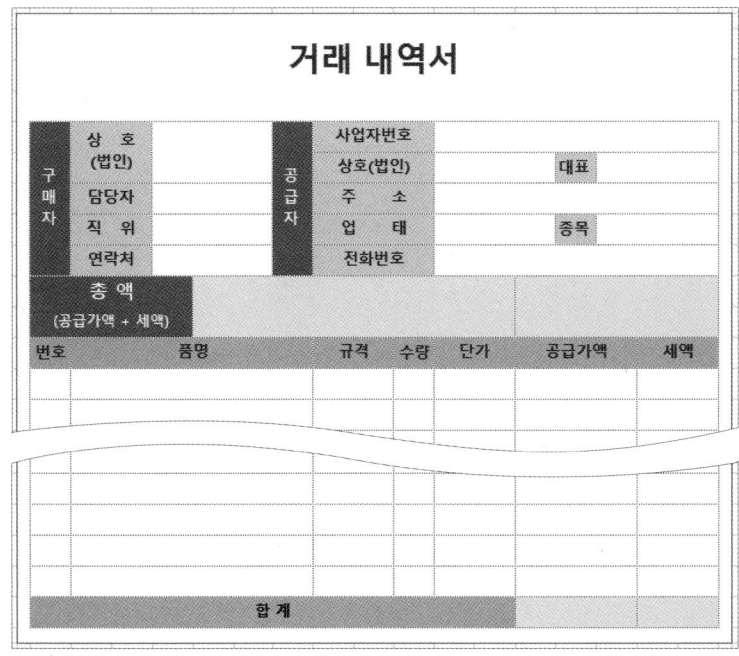

엑셀에서 이런 표를 만들 때는 깔끔하게 하기 위해 병합 기능을 자주 사용합니다. 파워 쿼리를 이용해 이런 표를 만드는 것은 쉽지 않습니다만, 이런 표의 데이터를 읽어 테이블이나 크로스-탭 형태로 만들 수는 있습니다.

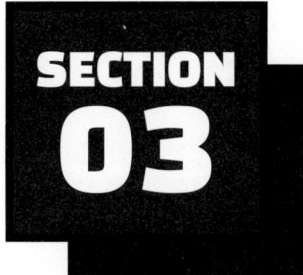

SECTION 03 파워 쿼리에서 접근 가능한 데이터 소스

파워 쿼리의 가장 강력한 부분은 마이크로소프트사의 제품답게 다양한 데이터 원본에 접근해 데이터를 가져올 수 있다는 점입니다. 가장 최신 버전인 마이크로소프트 365 버전의 파워 쿼리가 가장 많은 데이터 원본에 접근할 수 있습니다.

[데이터 가져오기] 하위 메뉴 살펴보기

리본 메뉴의 [데이터] 탭-[데이터 가져오기 및 변환] 그룹-[데이터 가져오기]를 클릭하면 다음과 같은 하위 메뉴를 확인할 수 있습니다.

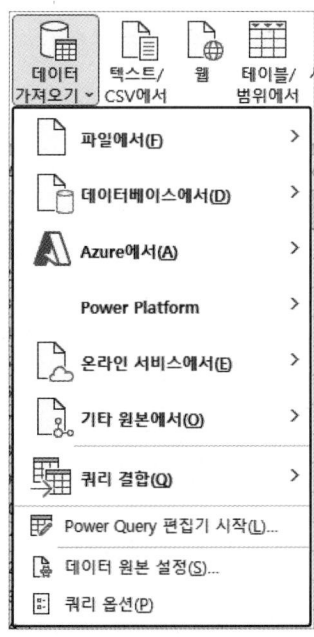

VER. 하위 버전에서는 더 적은 메뉴가 표시될 수 있습니다.

하위 메뉴로 여섯 가지의 메뉴가 있는데, 각 메뉴의 하위 메뉴에는 각각의 데이터 원본에 접근할 수 있는 메뉴가 제공됩니다.

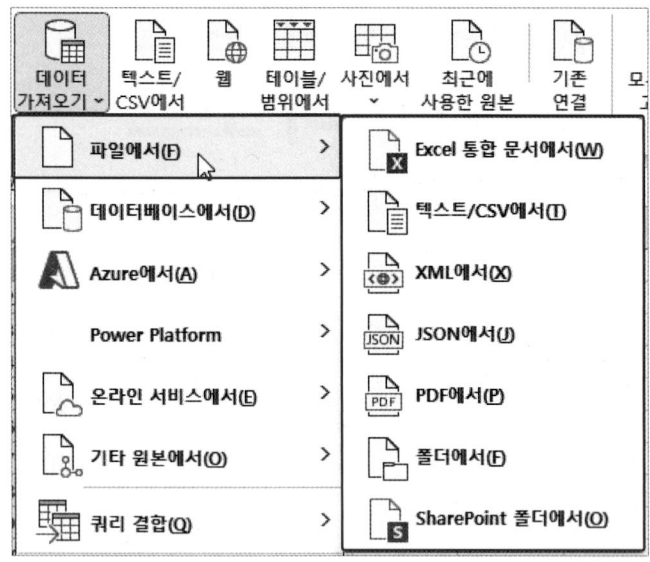

[파일에서] 하위 메뉴

먼저 [파일에서]를 선택하면 다음과 같은 하위 메뉴가 표시됩니다.

[파일에서] 하위 메뉴	설명
[Excel 통합 문서에서]	엑셀 파일 내 시트, 이름 정의, 엑셀 표 등의 데이터에 접근할 때 사용
[텍스트/CSV에서]	외부 텍스트 파일(txt, csv) 등의 데이터에 접근할 때 사용
[XML에서]	XML 파일 내 데이터에 접근할 때 사용
[JSON에서]	JSON 파일 내 데이터에 접근할 때 사용
[PDF에서]	PDF 파일 내 테이블 데이터에 접근할 때 사용
[폴더에서]	폴더 내 다양한 파일의 데이터에 접근할 때 사용
[SharePoint 폴더에서]	Sharepoint 서버 내 폴더에 접근할 때 사용

VER. 위 메뉴 중 [JSON에서], [PDF에서], [SharePoint 폴더에서] 메뉴는 낮은 엑셀 버전에서는 표시되지 않을 수 있습니다.

[데이터베이스에서] 하위 메뉴

[데이터베이스에서]를 선택하면 다음과 같은 하위 메뉴를 확인할 수 있습니다.

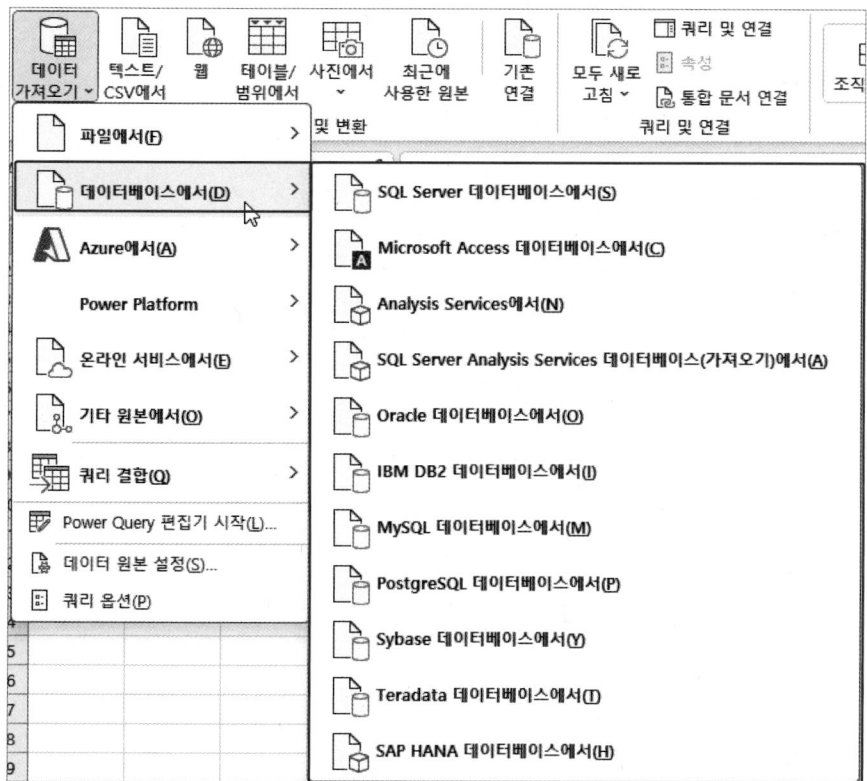

대부분의 주요 데이터베이스에 바로 접속할 수 있도록 다양한 원본을 지원하지만 엑셀 사용자가 가장 많이 활용하는 것은 [Microsoft Access 데이터베이스에서]입니다.

[Azure에서], [Power Platform에서], [온라인 서비스에서] 하위 메뉴

[Azure에서]와 [Power Platform에서], [온라인 서비스에서] 등은 일반 사용자가 자주 사용하는 메뉴는 아니지만, 한 번씩 클릭해 하위 메뉴에 어떤 항목이 있는지 확인해보면 좋습니다.

[기타 원본에서] 하위 메뉴

마지막으로 [기타 원본에서]를 선택하면 다음과 같은 메뉴를 확인할 수 있습니다.

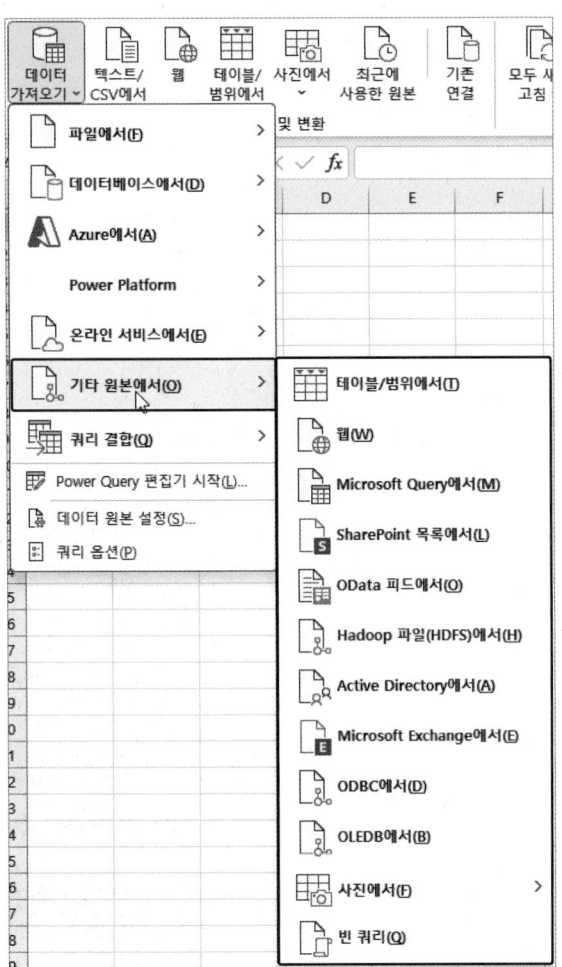

[기타 원본에서]의 하위에도 다양한 메뉴가 제공되지만 주로 사용하는 것은 다음과 같습니다.

[기타 원본에서] 하위 메뉴	설명
[테이블/범위에서]	[데이터 가져오기] 명령 오른쪽에 제공되는 [테이블/범위에서]와 동일한 명령으로 현재 파일의 엑셀 표 데이터에 접근할 때 사용
[웹]	웹 사이트의 데이터에 접근할 때 사용
[사진에서]	사진 속 데이터에 접근할 때 사용
[빈 쿼리]	데이터 없는 빈 쿼리를 생성할 때 사용(고급 사용자용)

지금까지 파워 쿼리에서 접근 가능한 데이터 소스를 알아봤습니다. 엑셀 버전이 높을수록 원본 데이터에 접근할 수 있는 메뉴가 많으므로, 파워 쿼리를 제대로 활용하고 싶다면 마이크로소프트 365 버전을 이용하는 것이 가장 좋습니다.

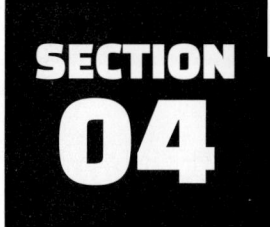

파워 쿼리를 활용한 쿼리 생성

아직 쿼리를 생성하고 엑셀에서 어떻게 활용해야 하는지 잘 이해할 수 없을 겁니다. 이번에는 엑셀 데이터에 파워 쿼리를 이용해 접근하고, 이를 쿼리로 생성하는 과정을 간단한 실습으로 확인해보겠습니다.

다른 파일의 데이터에 접근해 쿼리 생성하기

예제 파일 CHAPTER 01 \ 실적 집계.xlsx

01 예제 파일을 열고 [요약] 시트를 선택하면 다음 화면과 같은 표를 확인할 수 있습니다.

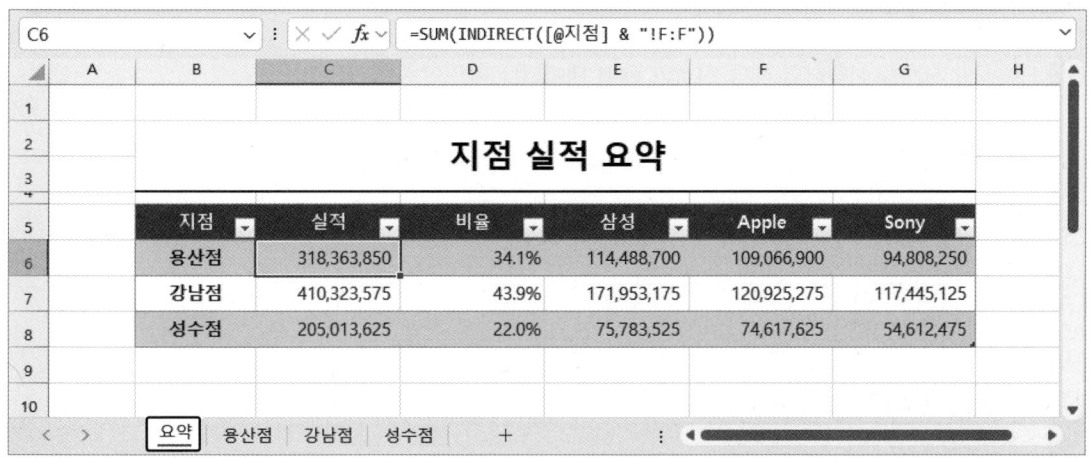

TIP [C6:G8] 범위에는 모두 수식이 입력되어 있으며, [용산점], [강남점], [성수점] 시트의 데이터를 참조해 계산합니다.

엑셀마스터가 짚어주는 핵심 NOTE

제시된 '지점 실적 요약' 표 이해하기

[요약] 시트의 표는 엑셀 표로 등록돼 있습니다. 표를 선택하고 리본 메뉴의 [테이블 디자인] 탭–[속성] 그룹–[표 이름:]에서 표 이름이 [지점실적표]인 것을 확인할 수 있습니다.

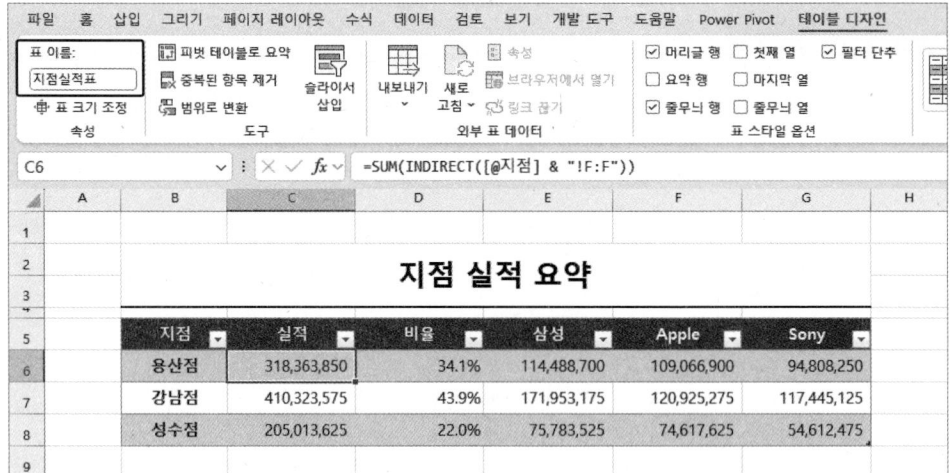

파워 쿼리는 외부 파일의 데이터를 인식할 때 시트를 읽거나 엑셀 표로 등록된 범위를 인식할 수 있습니다.

02 [용산점] 시트를 선택하면 해당 지점의 판매 데이터를 확인할 수 있습니다.

	A	B	C	D	E	F	G
1	제조사	상품	가격	수량	할인율	판매	판매일
2	SONY	WH-1000XM	423,000	2	0.0%	846,000	2023-01-01
3	SONY	WH-1000XM	423,000	1	0.0%	423,000	2023-01-01
4	APPLE	에어팟	244,000	3	10.0%	658,800	2023-01-02
5	삼성	갤럭시 프로	212,000	3	0.0%	636,000	2023-01-02
6	삼성	갤럭시 프로	212,000	4	0.0%	848,000	2023-01-02
7	APPLE	에어팟 프로	307,000	3	0.0%	921,000	2023-01-04
8	삼성	갤럭시 버즈	166,000	2	5.0%	315,400	2023-01-04
9	삼성	갤럭시 프로	219,000	3	5.0%	624,150	2023-01-05
10	삼성	갤럭시 버즈	170,000	5	5.0%	807,500	2023-01-06
490	SONY	WF-1000XM	357,000	1	0.0%	357,000	2023-12-26
491	SONY	WH-1000XM	445,000	2	5.0%	845,500	2023-12-27
492	삼성	갤럭시 버즈	168,000	4	0.0%	672,000	2023-12-28
493	APPLE	에어팟	252,000	2	0.0%	504,000	2023-12-28
494	SONY	WH-1000XM	410,000	2	7.5%	758,500	2023-12-29
495	APPLE	에어팟	252,000	3	5.0%	718,200	2023-12-29
496	SONY	WH-1000XM	410,000	2	7.5%	758,500	2023-12-30
497	삼성	갤럭시 프로	207,000	4	5.0%	786,600	2023-12-31

TIP [강남점], [성수점] 시트의 표는 [용산점] 시트의 표와 동일하며 판매된 내역만 다릅니다.

03 데이터를 확인한 후 예제 파일을 닫습니다.

04 [요약] 시트의 데이터를 파워 쿼리로 참조하기 위해 빈 엑셀 파일을 하나 엽니다.

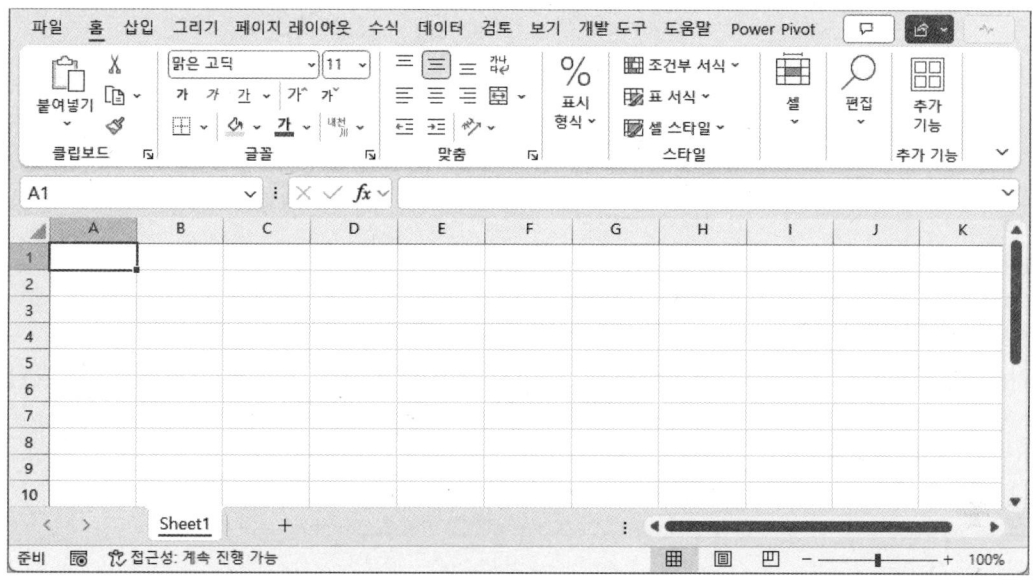

05 리본 메뉴의 [데이터] 탭-[데이터 가져오기 및 변환] 그룹-[데이터 가져오기]를 클릭하고 [파일에서]-[Excel 통합 문서에서]를 선택합니다.

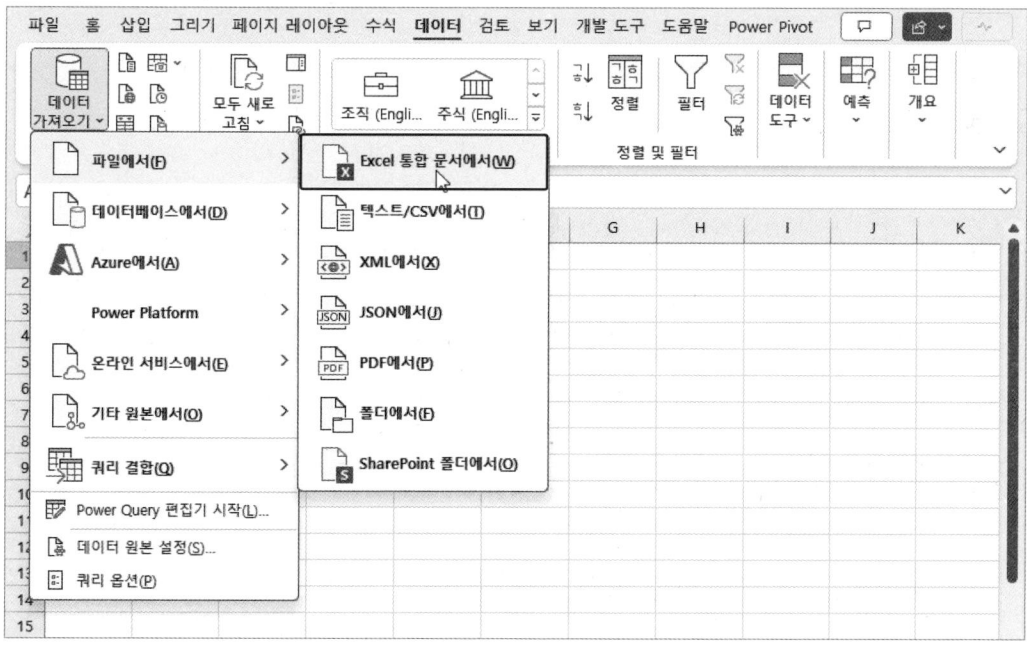

06 [데이터 가져오기] 대화상자가 표시되면 예제 파일이 저장된 폴더에서 [실적 집계.xlsx] 파일을 선택하고 [가져오기]를 클릭합니다.

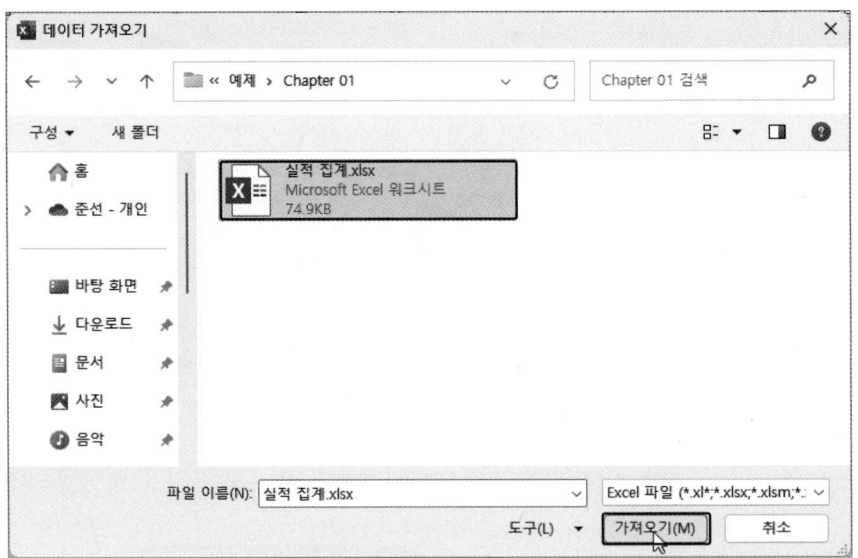

07 [탐색 창]이 열리고, 선택한 파일에서 불러올 수 있는 표 리스트가 표시됩니다.

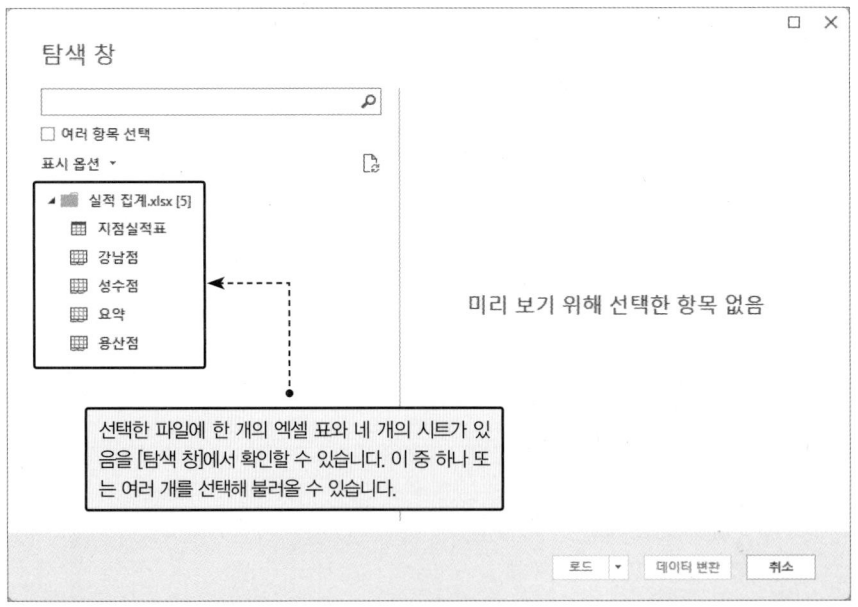

선택한 파일에 한 개의 엑셀 표와 네 개의 시트가 있음을 [탐색 창]에서 확인할 수 있습니다. 이 중 하나 또는 여러 개를 선택해 불러올 수 있습니다.

TIP 파워 쿼리는 선택한 파일에서 [시트], [엑셀 표], [이름 정의]된 범위를 인식해 불러올 수 있습니다.

08 [지점실적표]를 선택하고 [데이터 변환]을 클릭합니다.

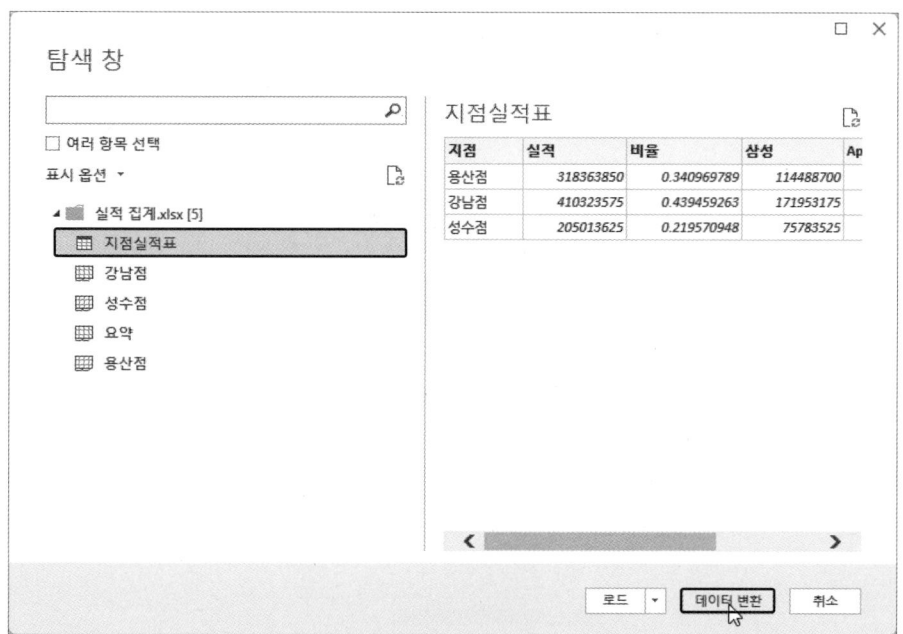

엑셀마스터가 짚어주는 핵심 NOTE

[탐색 창]에서 표 종류를 선택할 때 우선순위

앞서 설명했듯 엑셀 파일을 선택할 때 파워 쿼리는 선택한 파일의 [시트], [엑셀 표], [이름 정의]된 범위를 인식해 데이터를 가져올 수 있습니다. 가져올 데이터가 [시트]인지 [엑셀 표]인지 구분해야 한다면 표 아이콘을 자세하게 봐야 합니다. 다음은 표 아이콘에 따른 개체의 차이를 나타냅니다.

종류	아이콘	설명
시트		시트 전체를 읽어 데이터를 인식합니다. 그러므로 해당 시트에 추가되는 데이터는 파워 쿼리에서 새로 고침을 통해 추가된 데이터를 읽어올 수 있습니다.
엑셀 표		엑셀 표로 등록된 범위를 인식해 데이터를 읽어옵니다. 엑셀 표는 표 하단과 오른쪽에 추가된 데이터를 자동으로 표 데이터로 인식하므로 파워 쿼리 역시 새로 고침을 통해 추가된 데이터를 읽어올 수 있습니다.
이름 정의		이름 정의된 범위만 인식해 데이터를 읽어옵니다. 보통 이름 정의는 바뀌지 않는 고정된 범위를 대상으로 하는 경우가 많으므로 정해진 범위 내 데이터를 읽어오는 데 유리합니다.

이렇게 선택할 수 있는 표 중에는 [시트]가 가장 상위 개념입니다. 그래서 [시트]나 [엑셀 표] 또는 [이름 정의]된 표에 동일한 데이터가 포함된 경우가 종종 있습니다.

다만 [시트], [엑셀 표], [이름 정의] 중 어떤 형태로 데이터를 가져올지 선택하기 힘들다면 [엑셀 표]를 가장 먼저 고려할 것을 추천합니다. 그 다음이 [이름 정의], 마지막이 [시트]입니다. 우리가 선택한 [지점실적표]는 [엑셀 표]로, [요약] 시트에 생성되어 있습니다.

만약 [지점실적표] 대신 [요약]을 선택하면 [요약] 시트에는 [A1] 셀부터 데이터가 기록되어 있지 않기 때문에(01 과정 화면 참고) 아래 화면과 같이 오른쪽 미리보기 화면에서 null 값이 상단에 많이 표시되는 것을 확인할 수 있습니다.

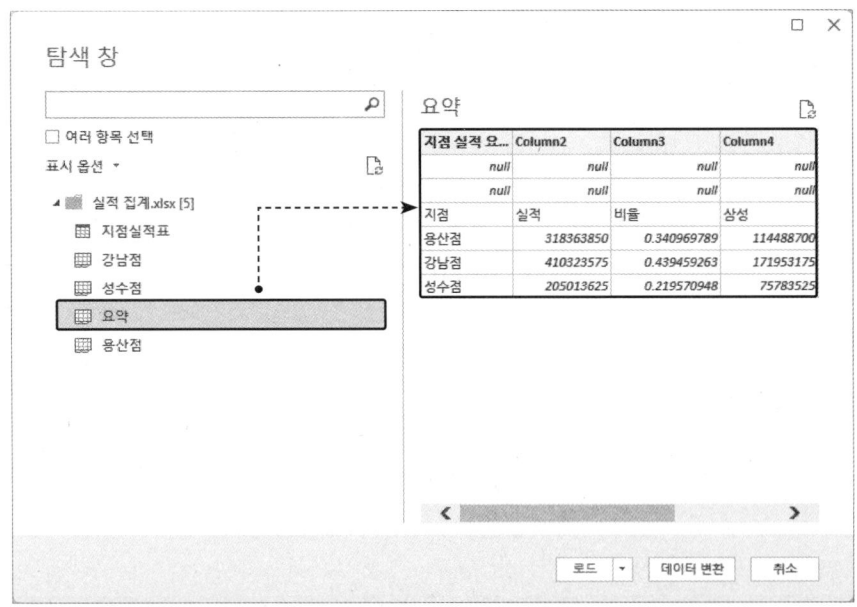

그렇기 때문에 [시트]를 선택할 때는 [A1] 셀부터 데이터가 기록되어 있는 경우가 아니라면 [엑셀 표] 또는 [이름 정의]를 사용하는 것이 좋습니다. [엑셀 표]나 [이름 정의]된 범위가 없다면 되도록이면 시트에서 표를 만들 때 [A1] 셀부터 데이터가 기록되도록 만드는 것이 좋습니다. 제대로 된 예시는 [탐색 창]에서 [강남점](또는 다른 지점)을 선택한 아래 화면에서 확인할 수 있습니다.

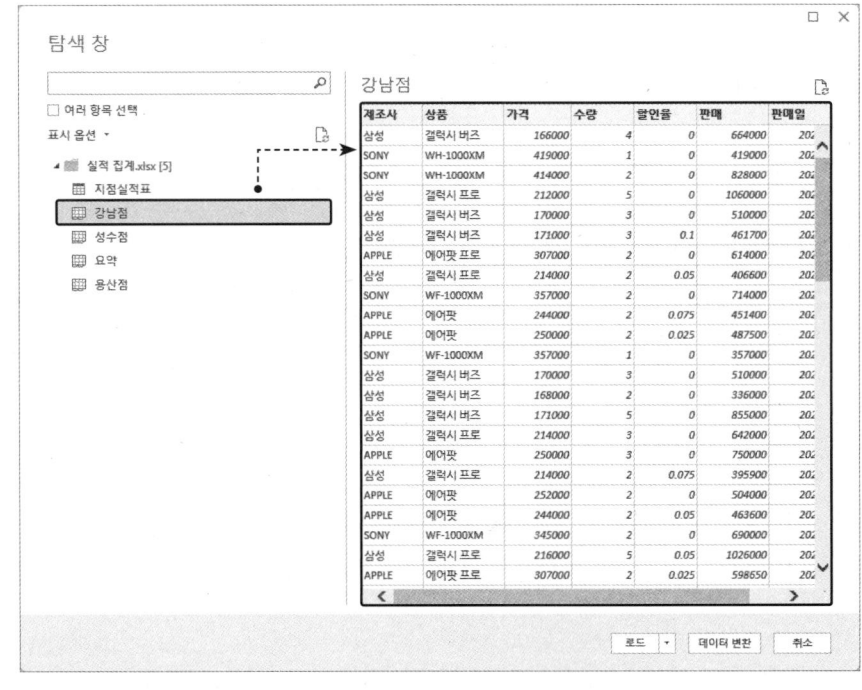

09 선택한 표 데이터를 [Power Query 편집기] 창에서 확인할 수 있습니다.

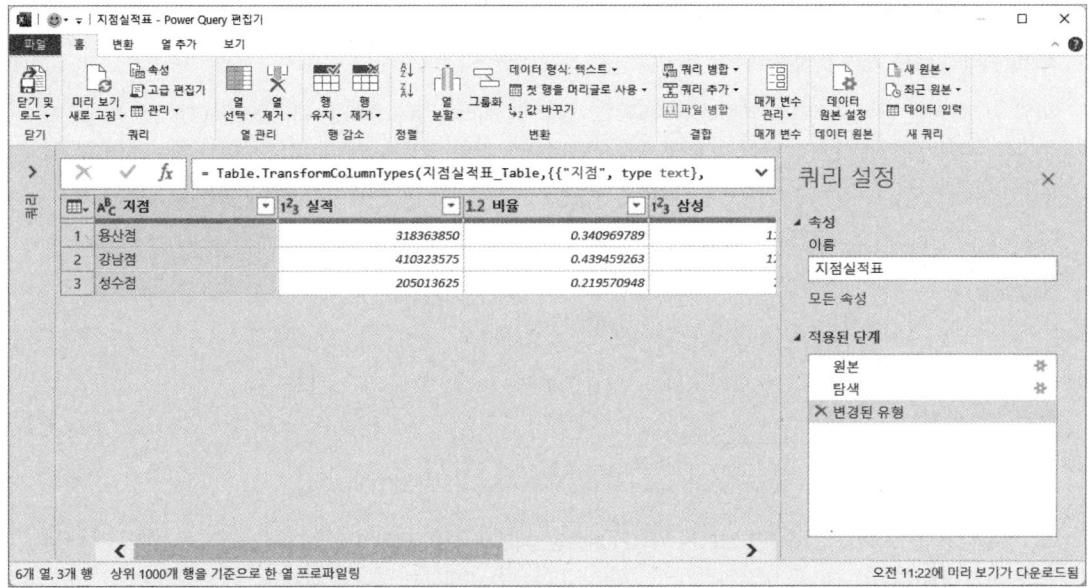

TIP [Power Query 편집기] 창에서는 리본 메뉴의 명령과 M code를 이용해 표 데이터를 원하는 형태로 가공할 수 있습니다.

10 데이터를 가공하는 작업은 이후에 진행하고, 이렇게 작업된 내용을 엑셀로 내려 보내 사용하겠습니다. 리본 메뉴의 [파일] 탭을 클릭하고 [닫기 및 다음으로 로드...]를 선택합니다.

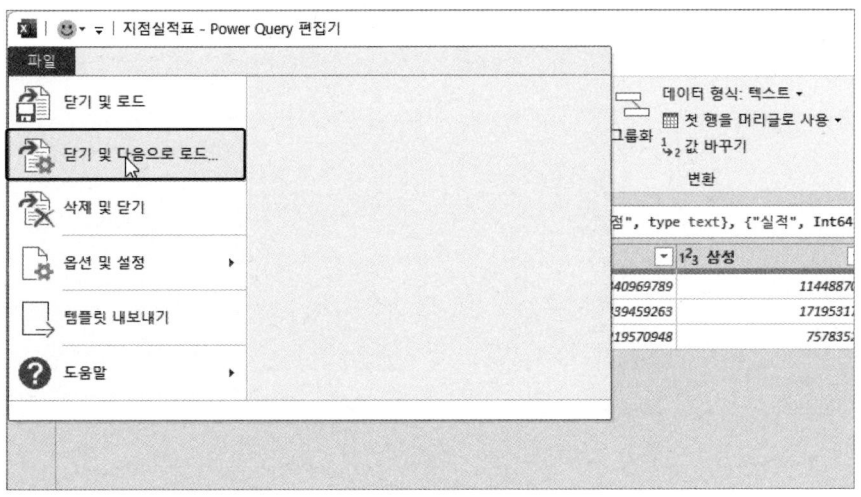

엑셀마스터가 짚어주는 핵심 NOTE

파워 쿼리의 로드 개념 이해하기

파워 쿼리에서는 생성된 쿼리를 엑셀에서 사용하고 싶을 때 쿼리를 '로드한다'는 용어를 사용합니다. 즉, [로드]는 생성된 쿼리를 엑셀에서 사용할 수 있게 하는 기능입니다. 파워 쿼리에서 쿼리 로드는 리본 메뉴의 [파일] 탭 외에 [홈] 탭의 [닫기 및 로드...] 메뉴로도 수행할 수 있습니다. 둘 중 어떤 방법을 이용해도 결과는 동일합니다.

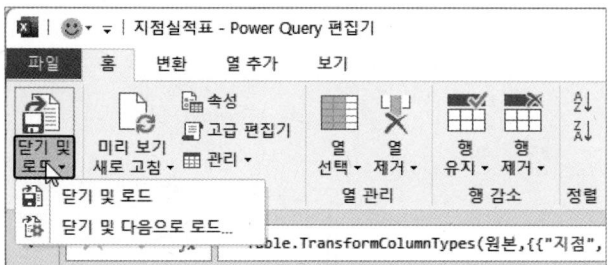

참고로 [닫기 및 로드]를 선택하면 생성된 쿼리가 새로운 시트의 엑셀 표에 반환됩니다. 그러므로 [닫기 및 다음으로 로드...]를 선택해 쿼리를 어떻게 엑셀로 반환할지 옵션을 선택하는 것이 좋습니다.

11 [Power Query 편집기] 창이 닫히고 [데이터 가져오기] 대화상자가 표시됩니다. 기본 옵션을 변경하지 않고 [확인]을 클릭합니다.

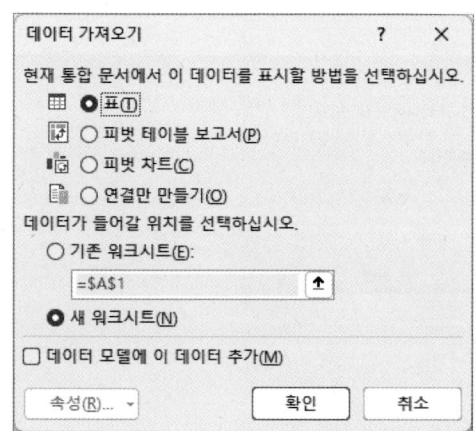

엑셀마스터가 짚어주는 핵심 NOTE

[데이터 가져오기] 대화상자의 옵션 이해하기

[Power Query 편집기] 창에서 생성된 쿼리를 로드할 때 다음 중 하나의 옵션을 선택해 엑셀로 내려 보낼 수 있습니다.

표시 옵션	설명
[표]	쿼리 결과를 엑셀 표로 반환합니다.
[피벗 테이블 보고서]	쿼리를 원본 데이터로 하는 피벗 테이블 보고서를 생성합니다.
[피벗 차트]	쿼리를 원본 데이터로 하는 피벗 차트를 생성합니다.
[연결만 만들기]	쿼리만 생성합니다.

참고로 [피벗 테이블 보고서]와 [피벗 차트] 옵션은 엑셀 2016 버전까지는 표시되지 않을 수 있습니다. 다음은 2016 버전에서 확인할 수 있는 대화상자 화면입니다.

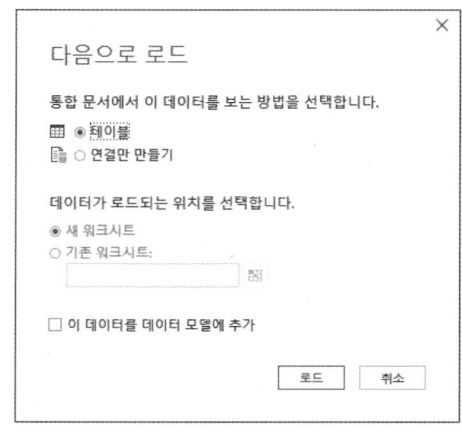

12 다음과 같이 새로운 시트가 생기고 다른 표 데이터가 반환됩니다.

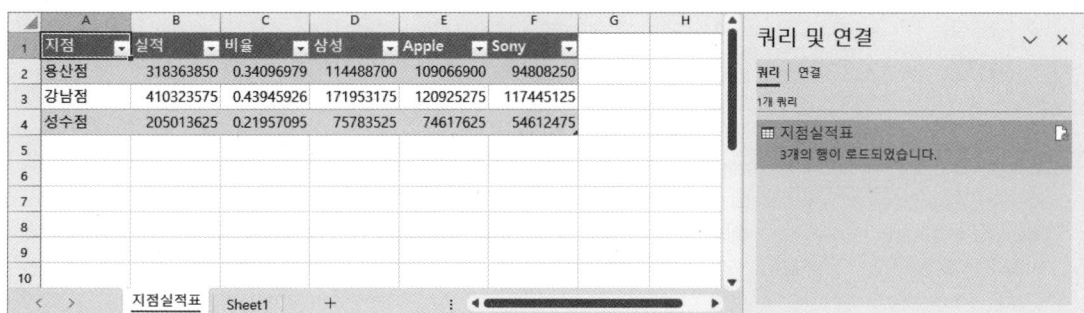

엑셀마스터가 짚어주는 핵심 NOTE

파워 쿼리에서 반환된 표 이해하기

파워 쿼리에서 반환된 표 데이터에 대해 다음과 같은 사항을 알아두면 좋습니다.

첫째, 원본 표의 서식이 그대로 반환되지 않습니다.

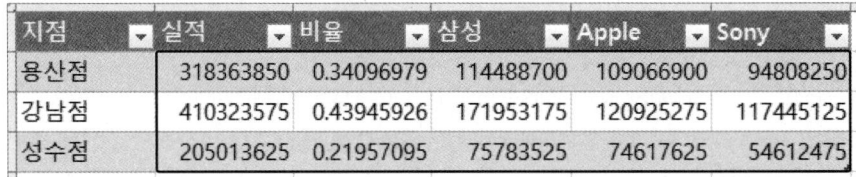

원본 표의 숫자 서식(천 단위 구분 기호, 백분율)은 자동으로 적용되지 않으므로, 보기 좋게 표시하려면 따로 셀 서식을 변경해야 합니다.

둘째, 원본 표에서 수식을 사용해 계산된 셀은 결과가 값으로 반환됩니다.

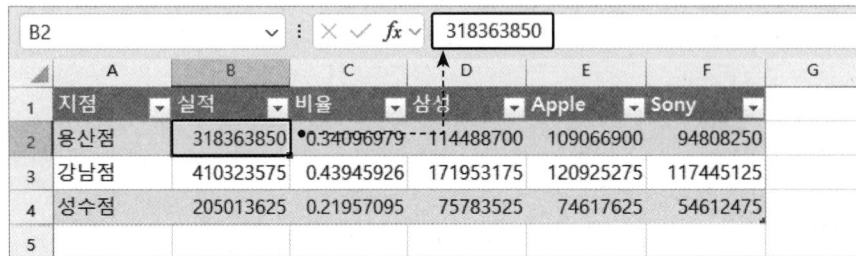

쿼리는 기본적으로 원본 데이터를 연결해 결과를 표시해주는 방식으로 동작하므로, 수식이 그대로 복사되진 않습니다. 단, 쿼리를 새로 고치면 원본 표 데이터를 다시 읽어오기 때문에 수식 결과에 맞춰 바뀐 결과가 표시됩니다.

셋째, 쿼리 이름이 시트 탭 이름으로 설정됩니다.

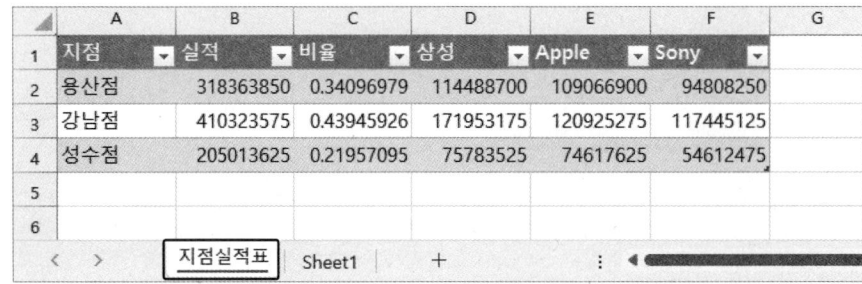

VER. 이 부분은 엑셀 2021 버전과 마이크로소프트 365 버전에 먼저 반영되었으며, 2019 버전을 포함한 하위 버전에서는 [Sheet2]와 같이 표시될 수 있습니다.

넷째, [쿼리 및 연결] 작업 창이 표시됩니다.

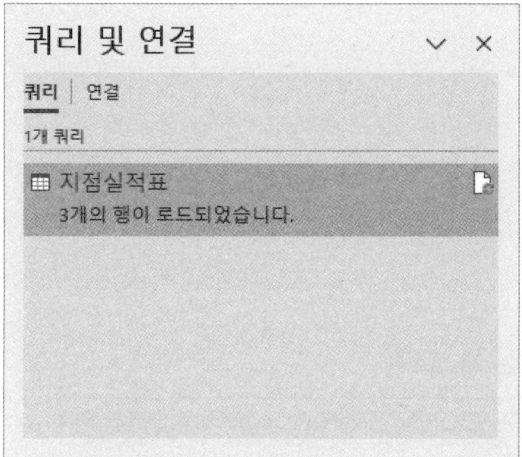

[쿼리 및 연결] 작업 창에서는 현재 파일에 저장된 쿼리를 모두 확인할 수 있습니다. 이 창을 닫은 뒤 다시 확인하려면 리본 메뉴의 [데이터] 탭-[쿼리 및 연결] 그룹-[쿼리 및 연결]을 클릭합니다.

이제 현재 파일의 표 데이터를 쿼리로 생성하는 과정을 간단한 사례로 확인해보겠습니다.

현재 파일의 표 데이터를 쿼리로 생성하기

예제 파일 CHAPTER 01 \ 실적 집계(쿼리).xlsx

01 예제 파일을 열면 다음과 같은 엑셀 표 데이터를 확인할 수 있습니다.

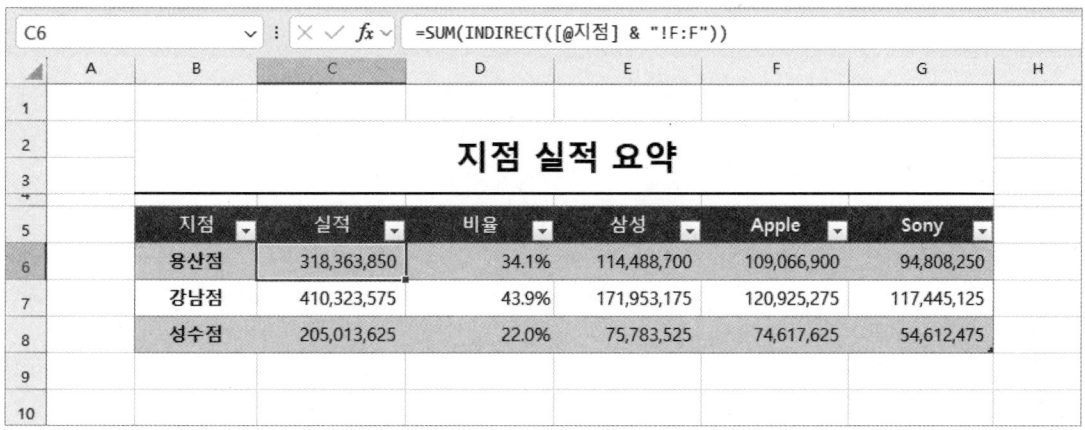

TIP [C6:G8] 범위에는 수식을 이용해 계산한 결과가 표시되어 있습니다.

02 예제 파일 내 표 데이터를 쿼리로 생성하겠습니다. 표 내부의 셀을 선택한 상태에서 리본 메뉴의 [데이터] 탭-[데이터 가져오기 및 변환] 그룹-[테이블/범위에서 🧾]를 클릭합니다.

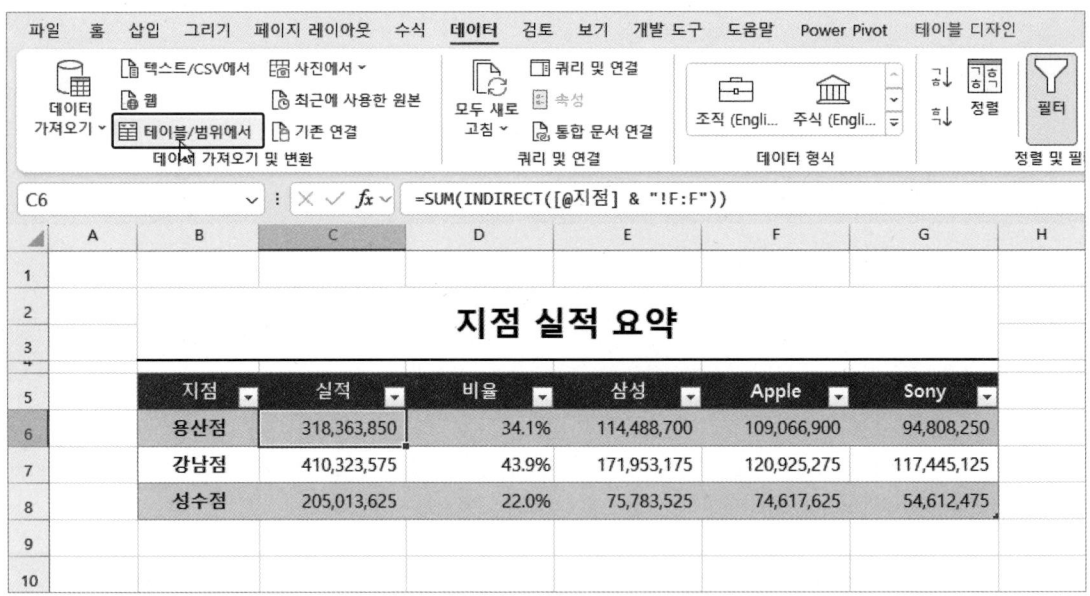

TIP 내 파일의 표를 쿼리로 생성할 때는 엑셀 표로 등록된 범위만 가능합니다.

03 [Power Query 편집기] 창이 표시되고 엑셀 표 데이터가 미리보기로 표시됩니다. 다른 작업 없이 바로 쿼리를 만들기 위해 리본 메뉴의 [홈] 탭-[닫기] 그룹-[닫기 및 로드]의 목록 단추를 클릭하고 [닫기 및 다음으로 로드...]를 선택합니다.

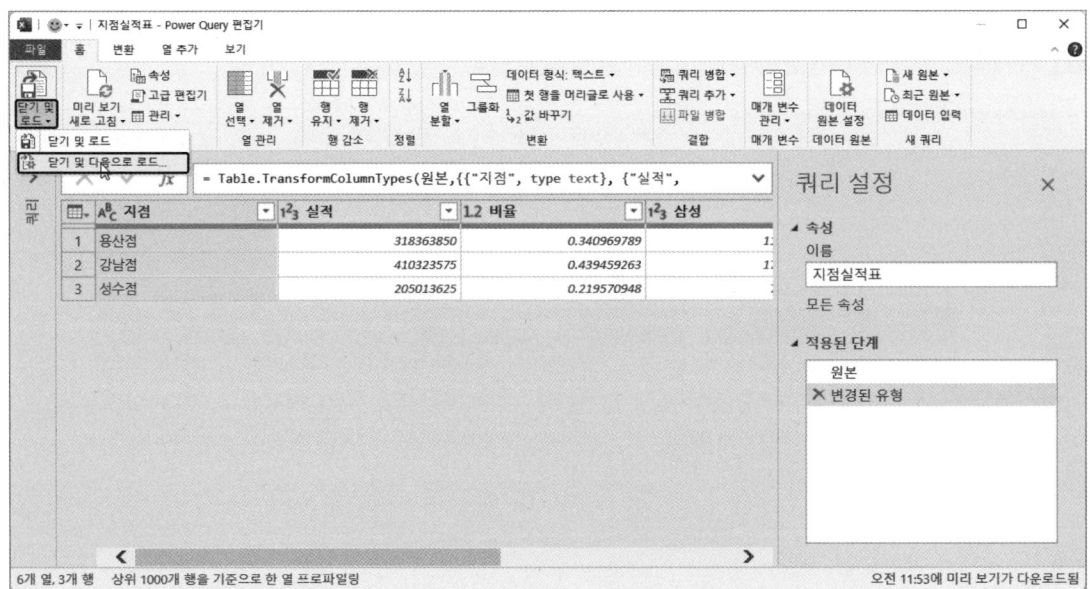

04 [데이터 가져오기] 대화상자가 표시되면 [연결만 만들기] 옵션을 선택하고 [확인]을 클릭합니다.

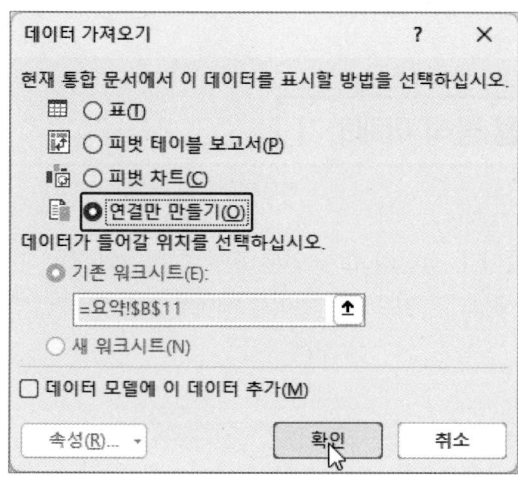

TIP [연결만 만들기] 옵션을 선택하면 쿼리만 생성되고 데이터 반환은 되지 않습니다.

05 생성된 쿼리를 [쿼리 및 연결] 작업 창에서 확인할 수 있습니다. 쿼리 이름 아래에 '연결 전용입니다.' 라는 메시지가 표시됩니다.

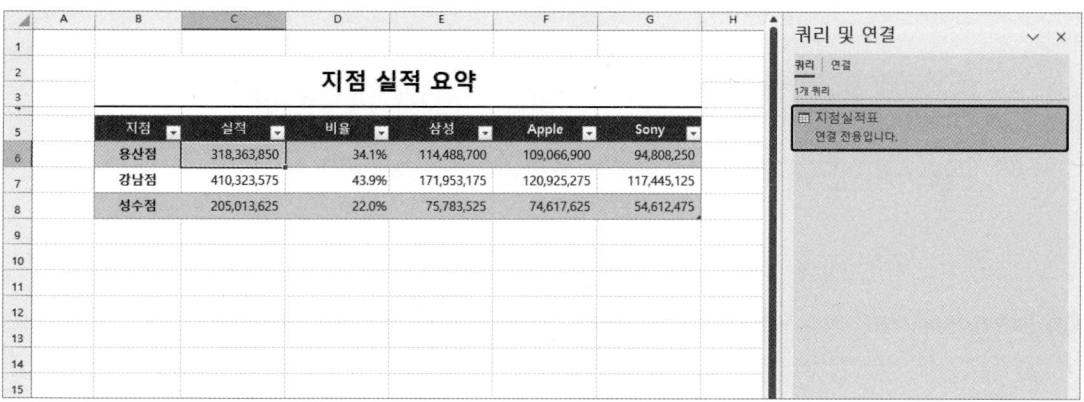

이번에는 쿼리가 데이터를 처리하는 방식과 새로 고침 방식을 간단한 사례로 이해해보겠습니다.

쿼리가 데이터를 처리하는 방식과 새로 고침 방식 이해하기

예제 파일 CHAPTER 01 \ 새로 고침.xlsx

01 예제 파일을 열면 다음과 같은 표를 확인할 수 있습니다. 상단의 표가 원본 표이고, 하단의 표는 파워 쿼리를 이용해 반환된 표입니다. 이 파일에는 쿼리가 생성되어 있으므로 쿼리를 제대로 활용하려면 [보안 경고] 메시지 줄에서 [콘텐츠 사용]을 클릭합니다.

TIP [보안 경고] 메시지 줄은 파일을 처음 열 때 자동으로 표시되며 [콘텐츠 사용]을 클릭해 허가하면 다음에 열 때는 표시되지 않습니다.

엑셀마스터가 짚어주는 핵심 NOTE

예제 파일의 표 이해하기

예제 파일의 상단 원본 표의 [C6:G8] 범위는 수식으로 계산되어 있어 원본 표의 데이터가 수정되면 즉시 결괏값이 바뀌지만, 파워 쿼리로 만든 엑셀 표는 값으로 저장되어 자동으로 바뀌지 않습니다.

파워 쿼리는 엑셀의 피벗 테이블과 마찬가지로 원본 표 데이터를 다시 불러와야 변경된 값이 반영됩니다. 이를 위해서는 새로 고침을 실행해야 합니다.

참고로 하단의 파워 쿼리로 반환된 표의 [C12:G14] 범위에 천 단위 구분 기호와 백분율 스타일이 적용되어 있는데 이는 자동으로 설정된 것이 아니라 제가 예제 파일을 만들면서 보기 좋게 미리 적용해놓은 것입니다.

02 원본 데이터를 고치고, 두 표의 결과가 어떻게 바뀌는지 확인해보겠습니다. [용산점] 시트 탭을 선택하고 [F2] 셀의 값 846,000을 **84,600,000**으로 변경합니다.

	A	B	C	D	E	F	G
1	제조사	상품	가격	수량	할인율	판매	판매일
2	SONY	WH-1000XM	423,000	2	0.0%	84,600,000	2023-01-01
3	SONY	WH-1000XM	423,000	1	0.0%	423,000	2023-01-01
4	APPLE	에어팟	244,000	3	10.0%	658,800	2023-01-02
5	삼성	갤럭시 프로	212,000	3	0.0%	636,000	2023-01-02
6	삼성	갤럭시 프로	212,000	4	0.0%	848,000	2023-01-02
7	APPLE	에어팟 프로	307,000	3	0.0%	921,000	2023-01-04
8	삼성	갤럭시 버즈	166,000	2	5.0%	315,400	2023-01-04
9	삼성	갤럭시 프로	219,000	3	5.0%	624,150	2023-01-05
10	삼성	갤럭시 버즈	170,000	5	5.0%	807,500	2023-01-06
11	삼성	갤럭시 프로	214,000	2	5.0%	406,600	2023-01-06
12	APPLE	에어팟 프로	304,000	2	10.0%	547,200	2023-01-07
13	삼성	갤럭시 프로	210,000	5	0.0%	1,050,000	2023-01-08
14	삼성	갤럭시 버즈	166,000	5	7.5%	767,750	2023-01-10
15	APPLE	에어팟	252,000	2	0.0%	504,000	2023-01-11

03 값을 변경한 결과가 제대로 변경되어 적용되는지 확인하기 위해 [요약] 시트로 이동합니다. 다음 화면을 보면 [C6] 셀은 수식으로 계산되어 **02** 과정에서 변경한 데이터에 맞게 용산점의 전체 실적이 증가되었습니다. 그러나 파워 쿼리에서 반환된 표의 용산점 실적([C12] 셀)은 변화가 없습니다.

지점 실적 요약

지점	실적	비율	삼성	Apple	Sony
용산점	402,117,850	39.5%	114,488,700	109,066,900	178,562,250
강남점	410,323,575	40.3%	171,953,175	120,925,275	117,445,125
성수점	205,013,625	20.1%	75,783,525	74,617,625	54,612,475

지점	실적	비율	삼성	Apple	Sony
용산점	318,363,850	34.1%	114,488,700	109,066,900	94,808,250
강남점	410,323,575	43.9%	171,953,175	120,925,275	117,445,125
성수점	205,013,625	22.0%	75,783,525	74,617,625	54,612,475

04 새로 고침을 수행해 쿼리의 데이터를 원본 표에서 새로 읽어오겠습니다. 쿼리에서 반환된 표 범위 내 셀을 하나 선택(화면에서는 [C12] 셀)하고 리본 메뉴의 [데이터] 탭-[쿼리 및 연결] 그룹-[모두 새로 고침]을 클릭합니다.

> **TIP** 표 내부의 셀을 마우스 오른쪽 버튼으로 클릭하고 [새로 고침]을 클릭해도 됩니다.

05 원본 표에 맞게 [C12] 셀의 실적이 변화합니다.

06 쿼리에서 반환한 엑셀 표를 새로 고치면, 데이터는 원본 표에 맞게 정확하게 바뀌지만, 사용자가 지정한 열 너비와 행 높이가 모두 변경되어 보기는 좋지 않습니다. 이런 부분은 쿼리 속성을 변경해야 합니다. 기존 열 너비와 행 높이를 유지하기 위해 실행 취소(Ctrl + Z)를 해 새로 고침 이전으로 돌아갑니다.

07 표 내부의 셀이 선택된 상태에서 리본 메뉴의 [데이터] 탭-[쿼리 및 연결] 그룹-[속성]을 클릭합니다.

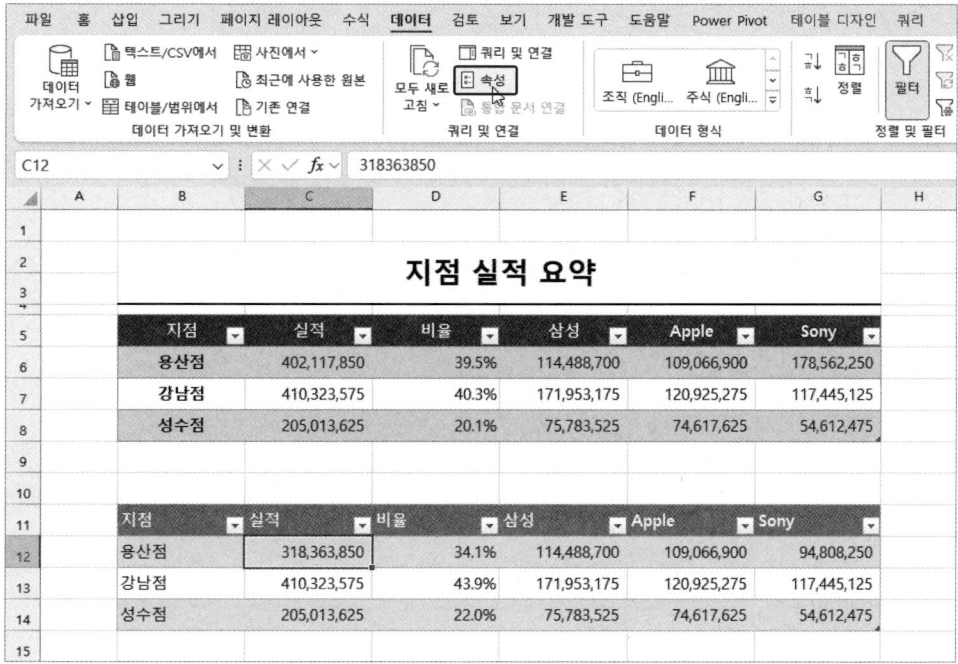

08 [외부 데이터 속성] 대화상자가 표시되면 [열 너비 조정] 확인란의 체크를 해제하고 [확인]을 클릭합니다.

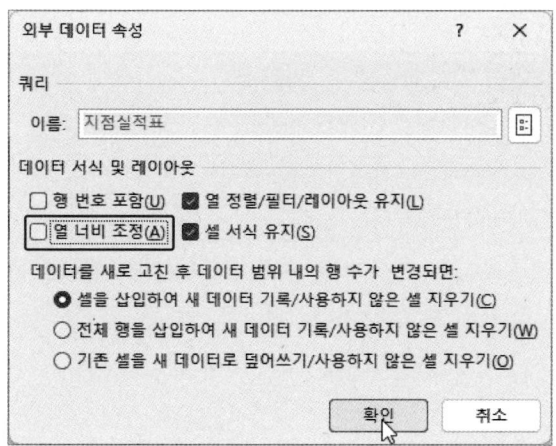

09 이제 다시 **04** 과정을 참고해 새로 고침을 실행하면 표의 열 너비와 행 높이가 변화하지 않으면서 [C12] 셀의 값만 바뀝니다.

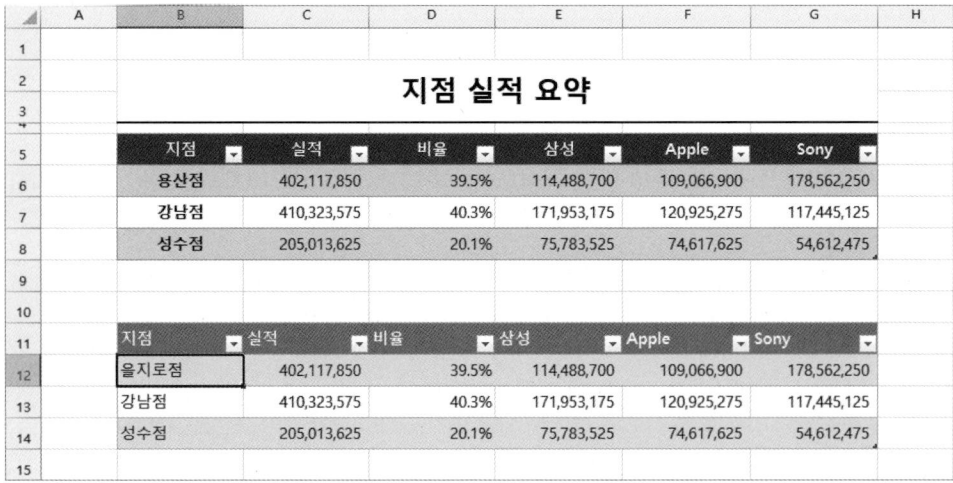

10 이번에는 파워 쿼리에서 반환된 엑셀 표를 수정하고 새로 고침을 해보겠습니다. [B12] 셀의 지점명을 용산점에서 **을지로점**으로 수정합니다.

11 리본 메뉴의 [데이터] 탭-[쿼리 및 연결] 그룹-[모두 새로 고침]을 클릭합니다. [B12] 셀의 지점명이 용산점으로 복원됩니다.

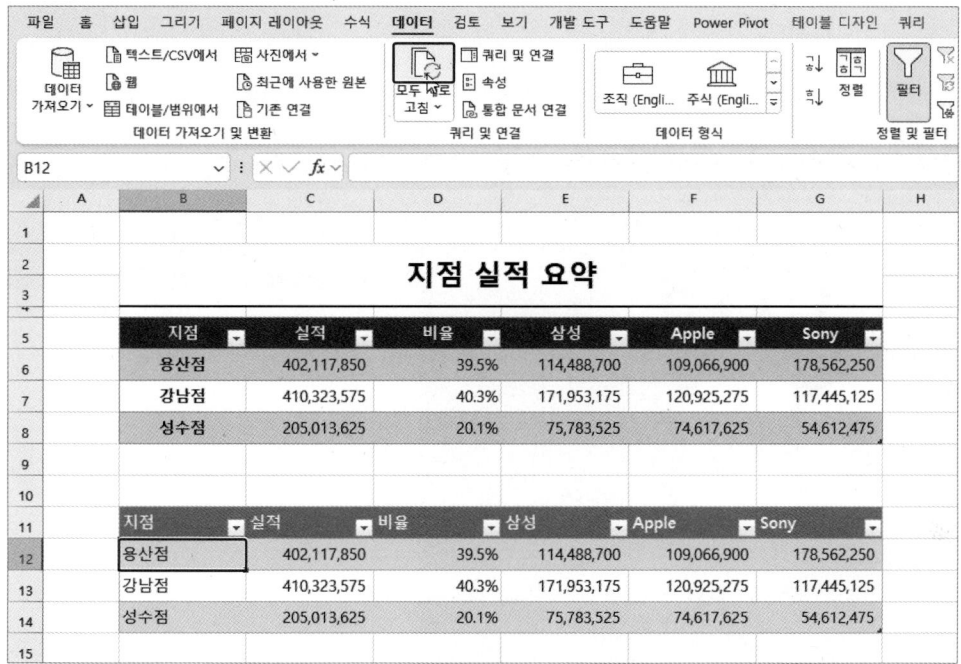

TIP 쿼리에서 반환한 데이터는 원본 데이터를 읽어 표시한 것이므로 직접 수정해도 [새로 고침]을 사용하면 원래대로 복원됩니다. 그러므로 데이터 수정이 필요하면 원본 표의 지점명을 수정해야 합니다.

CHAPTER 02

파워 쿼리에서 가장 많이 활용되는 8가지 기능

이번 CHAPTER의 핵심!
- [채우기] 기능 익히기
- [값 바꾸기] 기능 익히기
- [데이터 형식 변환] 기능 익히기
- [필터] 기능 익히기
- [데이터 정렬] 기능 익히기
- [열 제거와 열 선택] 기능 익히기
- [열 분할] 기능 익히기
- [중복된 항목 제거] 기능 익히기

파워 쿼리는 다양한 기능을 갖추고 있으며, 이 기능들은 엑셀과 공통으로 있는 기능과 파워 쿼리에서만 사용할 수 있는 기능으로 나눌 수 있습니다. 이번 CHAPTER에서는 이 중에서 비교적 이해하기 쉽고 자주 활용할 수 있는 기능들을 소개하고자 합니다. 이번 CHAPTER에서 소개할 파워 쿼리 기능은 다음과 같습니다.

파워 쿼리 기능	엑셀 기능
채우기	제공되지 않음
값 바꾸기	바꾸기(Ctrl + H)
데이터 형식 변환	제공되지 않음
필터	리본 메뉴의 [데이터] 탭-[정렬 및 필터] 그룹-[필터]
데이터 정렬	리본 메뉴의 [데이터] 탭-[정렬 및 필터] 그룹-[오름차순 정렬]/[내림차순 정렬]
열 제거/열 선택	열 선택 후 삭제
열 분할	리본 메뉴의 [데이터] 탭-[데이터 도구] 그룹-[텍스트 나누기]
중복된 항목 제거	리본 메뉴의 [데이터] 탭-[데이터 도구] 그룹-[중복된 항목 제거]

위에서 소개한 기능들 중에는 엑셀에서도 지원하는 기능이 많습니다. 하지만 파워 쿼리를 사용해보면 엑셀에는 없는 추가 옵션이 많아 더 편리하게 작업할 수 있습니다.

물론 엑셀에 없는 기능도 수식이나 매크로, 또는 다른 기능들을 연계해 해결할 수 있는 경우가 많습니다. 그러나 파워 쿼리의 기능을 활용하면 훨씬 더 쉽고 간편하게 원하는 결과를 얻을 수 있다는 점은 분명합니다.

SECTION 01

기능 ① **채우기**

파워 쿼리의 [채우기] 기능은 엑셀에는 없는 기능으로, 특정 열에 데이터가 누락된 빈 셀이 있을 때 그 빈 셀을 바로 위나 아래 셀의 값으로 채울 수 있습니다. 빈 셀은 보기에는 좋지만, 후속 집계 작업에서 원하는 결과를 얻기 어렵기 때문에 이런 경우 반드시 값을 채우고 후속 작업을 진행하는 것이 유리합니다.

병합이나 빈 셀이 포함된 표를 이용할 때 [채우기] 이용하기

예제 파일 CHAPTER 02 \ 채우기.xlsx

01 예제 파일을 열면 다음과 같은 표를 확인할 수 있습니다. 상단의 표를 대상으로 하단의 표를 만들고 싶다고 가정하겠습니다.

원본

제조사	상품	용산점	강남점	성수점
삼성	갤럭시 버즈	46,482,900	81,976,950	30,388,925
	갤럭시 프로	68,005,800	89,976,225	45,394,600
Apple	에어팟	47,368,950	49,798,100	35,087,975
	에어팟 프로	61,697,950	71,127,175	39,529,650
Sony	WF-1000XM	47,279,200	53,663,500	25,311,325
	WH-1000XM	47,529,050	63,781,625	29,301,150

원하는 결과

제조사	실적	용산점	강남점	성수점
삼성	362,225,400	114,488,700	171,953,175	75,783,525
Apple	304,609,800	109,066,900	120,925,275	74,617,625
Sony	266,865,850	94,808,250	117,445,125	54,612,475

TIP 상단 표의 [B6:B11] 범위는 병합이 되어 있으므로 수식이나 피벗 등을 이용해도 아래 표와 같은 결과를 쉽게 얻기는 어렵습니다.

02 원본 표를 [Power Query 편집기] 창으로 전송하기 위해 [C5:F11] 범위 내 셀을 하나 선택한 상태에서 리본 메뉴의 [데이터] 탭-[데이터 가져오기 및 변환] 그룹-[테이블/범위에서 ]를 클릭합니다.

> **TIP** 다른 파일에서 예제 파일 데이터의 표를 대상으로 쿼리를 생성하려면 미리 [B5:F11] 범위 내 표를 엑셀 표로 변환하고 작업합니다.

03 [표 만들기] 대화상자가 표시됩니다. [확인]을 클릭하면 상단의 표가 엑셀 표로 변환되며 [Power Query 편집기] 창에 데이터가 미리보기 화면으로 표시됩니다.

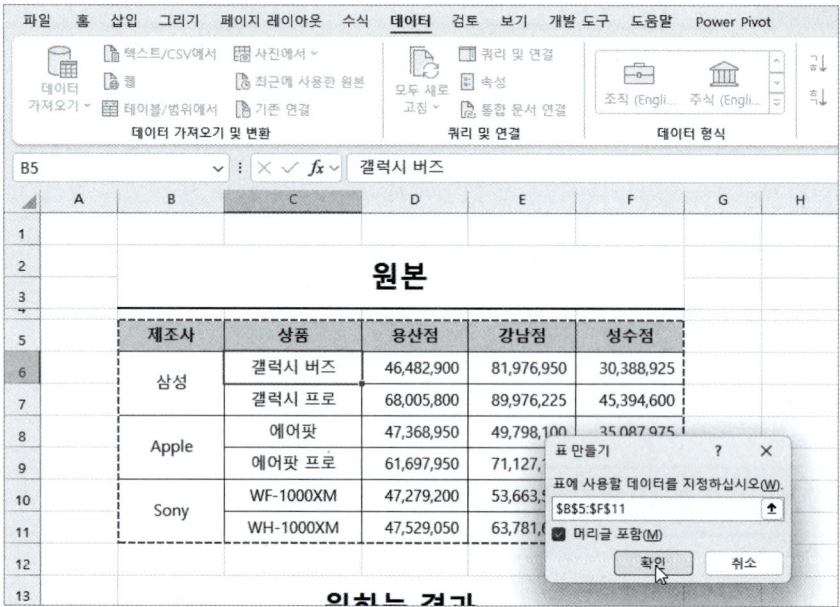

엑셀마스터가 짚어주는 핵심 NOTE

[표 만들기] 대화상자에서 표 범위가 잘못 인식된다면?

이렇게 병합이 적용되어 있는 경우 표 변환을 할 때 병합된 셀 범위([B6:B11])의 셀을 하나만 선택하고 [테이블/범위에서]를 클릭하면 아래 화면처럼 표 범위를 잘못 인식할 수 있습니다.

이는 병합된 셀이 데이터가 입력된 셀과 빈 셀이 포함된 셀이기 때문에 발생하는 현상입니다. 이렇게 범위를 잘못 인식하면 대화상자 내 참조란에서 범위를 다시 설정하고 [확인]을 클릭해도 됩니다. 하지만 표가 길면 불편하므로 [취소]를 클릭하고, 병합된 셀이 아닌 [C:F] 열의 셀 중 하나를 선택하고 다시 작업하는 것이 편합니다.

04 [Power Query 편집기] 창에서 [제조사] 열을 선택하고 리본 메뉴의 [변환] 탭-[열] 그룹-[채우기 ⬇]를 클릭합니다. 하위 메뉴가 표시되면 [아래로]를 선택합니다.

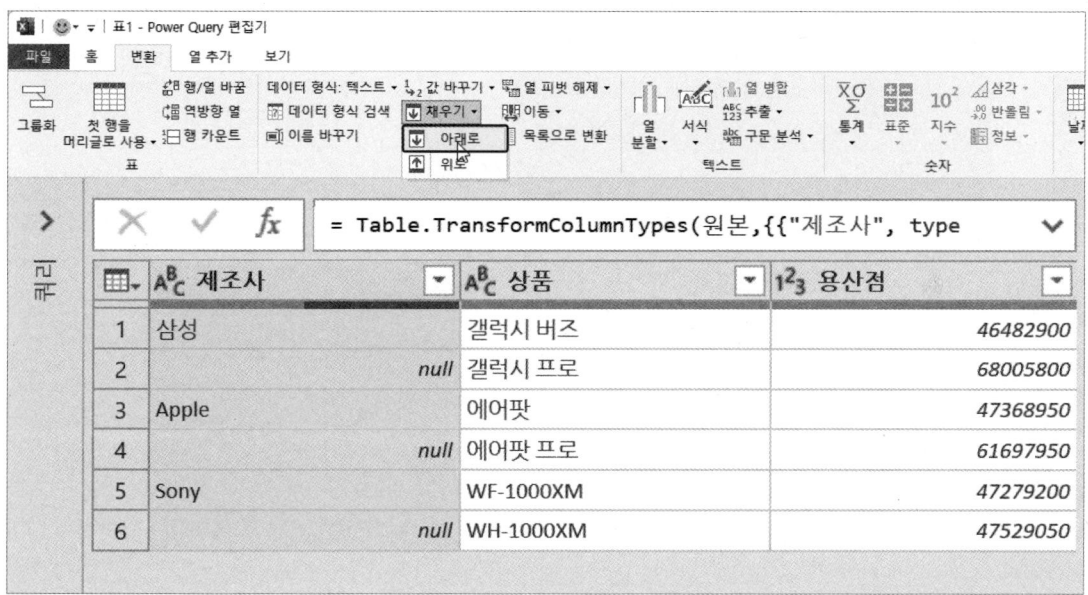

LINK null 값이 있는 칸은 [채우기]로 채울 수 있지만 아무것도 없는 빈 칸은 채울 수 없습니다. 이런 경우 이 책의 62페이지를 참고해 문제를 해결합니다.

05 미리보기 화면의 [제조사] 열의 값이 모두 채워집니다.

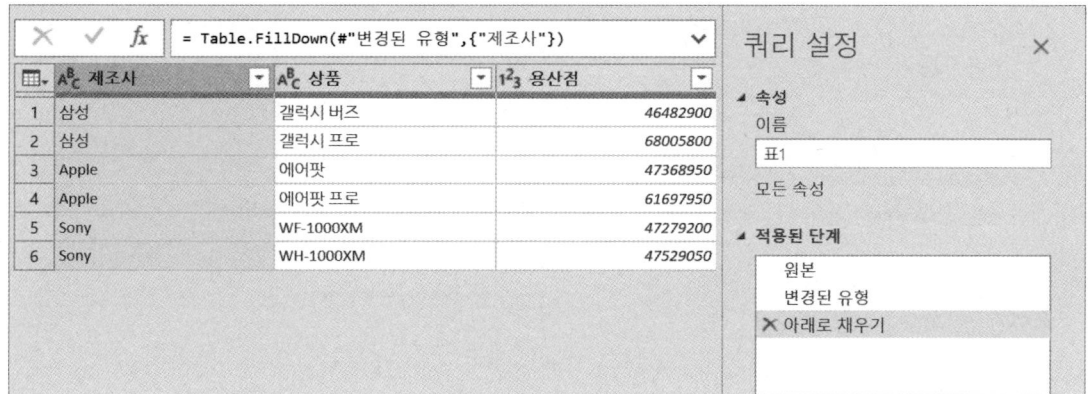

06 원하는 결과를 얻으려면 그룹화나 피벗 테이블을 이용해야 합니다. 아직 파워 쿼리에 익숙하지 않으므로 피벗 테이블을 이용해 작업하겠습니다. 리본 메뉴의 [파일] 탭-[닫기 및 다음으로 로드...]를 클릭합니다.

07 [데이터 가져오기] 대화상자가 표시되면 [피벗 테이블 보고서] 옵션과 [기존 워크시트] 옵션을 각각 선택하고, 생성 위치는 [H5] 셀을 클릭해 참조한 다음 [확인]을 클릭합니다.

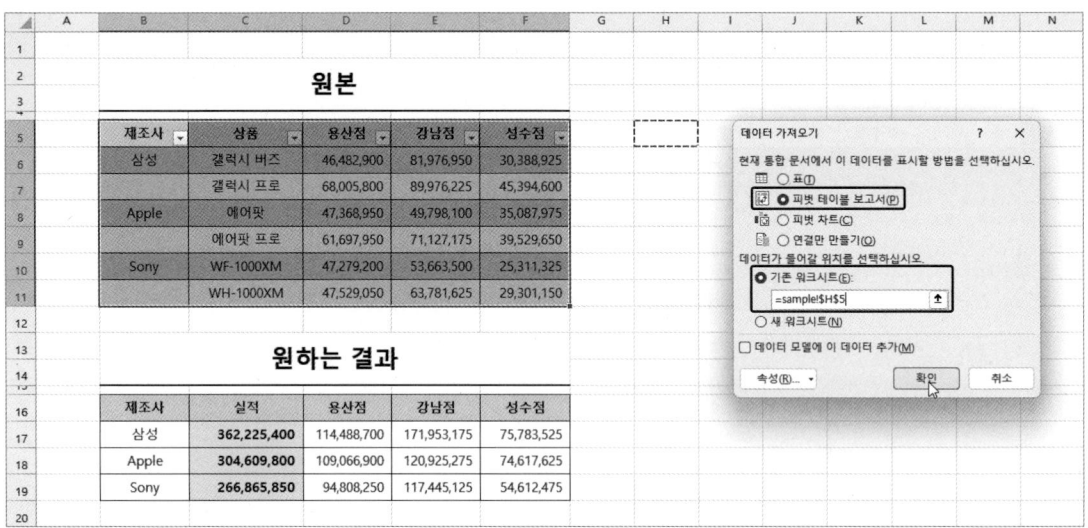

TIP 원본 표의 [B6:B11] 범위의 빈 셀에는 값이 채워지지 않았습니다.

08 [피벗 테이블 필드] 작업 창에서 [제조사], [강남점], [성수점], [용산점] 필드 확인란을 각각 체크하면 다음과 같은 보고서가 만들어집니다.

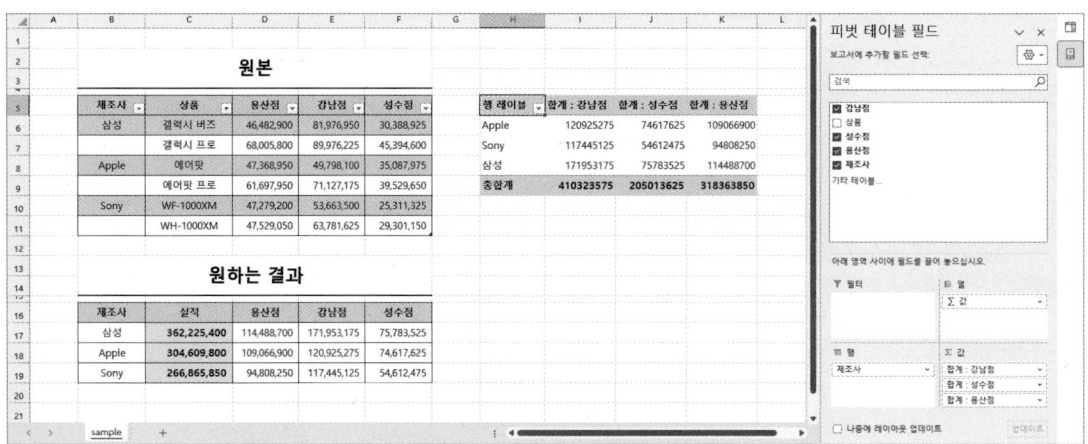

09 피벗 테이블 보고서에 전체 실적을 표시하기 위해 [계산 필드]를 사용하겠습니다. 리본 메뉴의 [피벗 테이블 분석] 탭-[계산] 그룹-[필드, 항목 및 집합]을 클릭하고 [계산 필드]를 선택합니다.

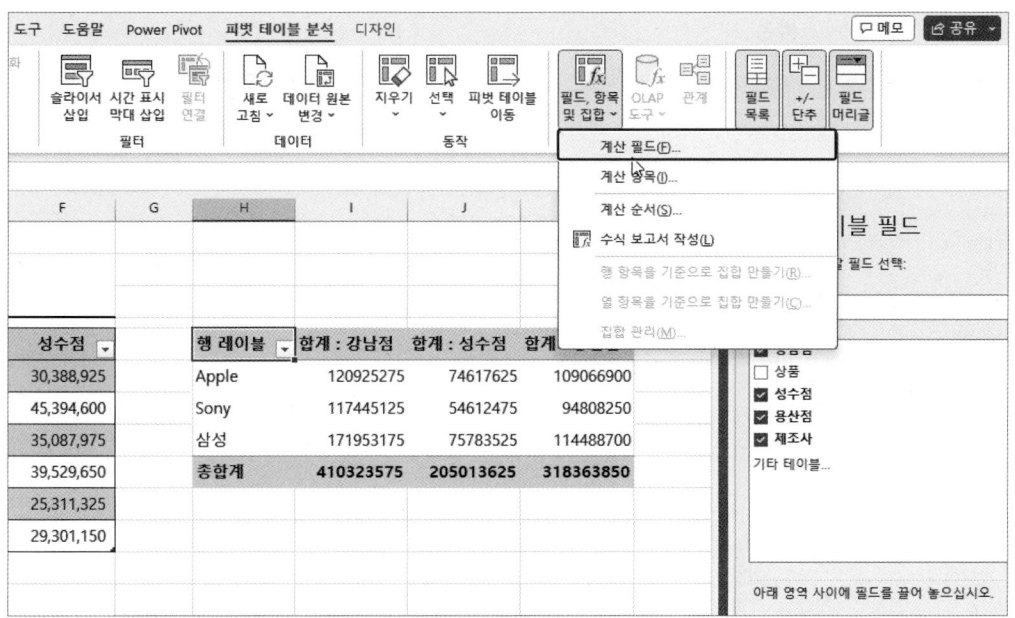

10 [계산 필드 삽입] 대화상자가 표시되면 다음과 같이 설정하고 [추가]를 클릭한 후 [확인]을 클릭합니다.

- 이름 : 실적
- 수식 : = 용산점 + 강남점 + 성수점

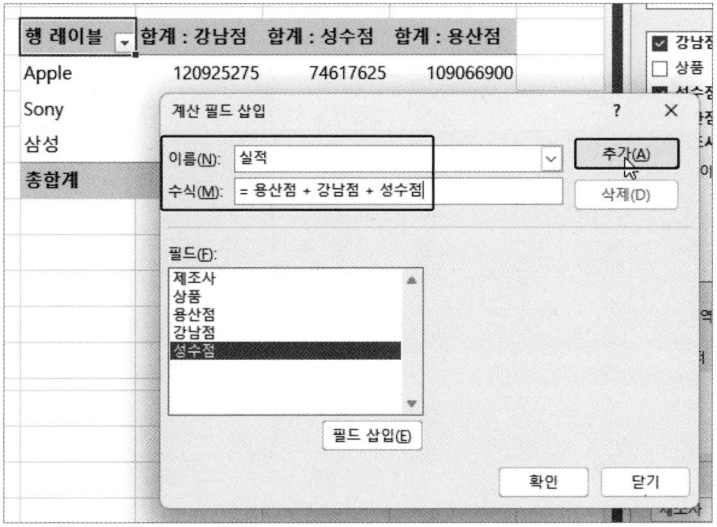

11 피벗 테이블 보고서에 [실적] 필드가 다음과 같이 표시됩니다.

원본

제조사	상품	용산점	강남점	성수점
삼성	갤럭시 버즈	46,482,900	81,976,950	30,388,925
	갤럭시 프로	68,005,800	89,976,225	45,394,600
Apple	에어팟	47,368,950	49,798,100	35,087,975
	에어팟 프로	61,697,950	71,127,175	39,529,650
Sony	WF-1000XM	47,279,200	53,663,500	25,311,325
	WH-1000XM	47,529,050	63,781,625	29,301,150

행 레이블	합계 : 강남점	합계 : 성수점	합계 : 용산점	합계 : 실적
Apple	120925275	74617625	109066900	304609800
Sony	117445125	54612475	94808250	266865850
삼성	171953175	75783525	114488700	362225400
총합계	410323575	205013625	318363850	933701050

원하는 결과

제조사	실적	용산점	강남점	성수점
삼성	362,225,400	114,488,700	171,953,175	75,783,525
Apple	304,609,800	109,066,900	120,925,275	74,617,625
Sony	266,865,850	94,808,250	117,445,125	54,612,475

> **TIP** 파워 쿼리로 생성한 피벗 테이블 결과와 [B16:F19] 범위의 값이 일치합니다.

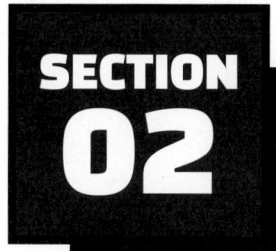

SECTION 02

기능 ② 값 바꾸기

[값 바꾸기] 기능은 [Power Query 편집기] 창의 [홈] 탭과 [변환] 탭에서 제공됩니다. [홈] 탭에서는 다음 화면과 같이 [변환] 그룹에 [값 바꾸기] 메뉴가 있습니다.

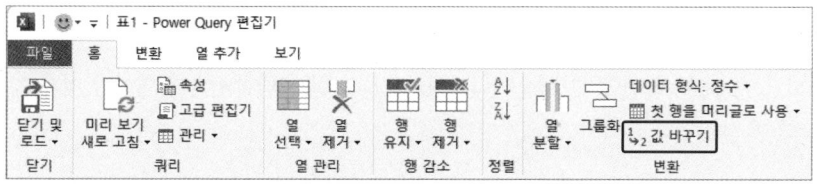

[홈] 탭-[변환] 그룹-[값 바꾸기]를 클릭하면 다음과 같은 대화상자가 표시됩니다.

사용 방법은 엑셀의 [바꾸기]와 동일하며 [찾을 값]과 [바꿀 항목]을 입력하면 데이터를 수정할 수 있습니다.

또한 [변환] 탭의 [열] 그룹에도 [값 바꾸기] 메뉴가 제공되는데 [변환] 탭에서는 목록 단추를 클릭할 수 있습니다.

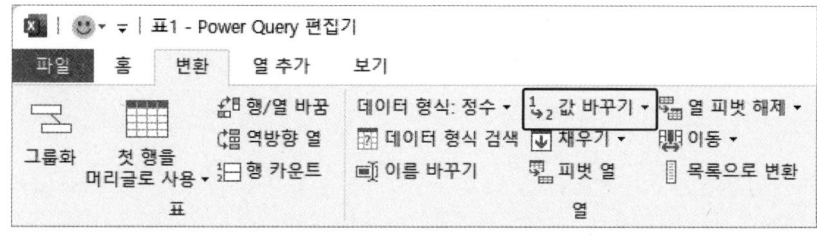

[값 바꾸기]의 목록 단추를 클릭하면 다음과 같은 메뉴를 확인할 수 있습니다.

[변환] 탭의 [값 바꾸기] 메뉴는 [홈] 탭의 [값 바꾸기] 메뉴와 달리 하위에 [오류 바꾸기] 옵션이 있습니다. 이는 쿼리 작업 중 발생하는 여러 에러(오류)를 원하는 다른 값으로 바꿀 수 있다는 의미입니다. 그러므로 [값 바꾸기]는 가급적 [변환] 탭에서 실행하는 것이 좋습니다.

[채우기]가 동작하지 않는 경우 [값 바꾸기] 이용하기

예제 파일 CHAPTER 02 \ 값 바꾸기.xlsx

01 예제 파일을 열면 다음과 같은 표를 확인할 수 있습니다. [B6:B11] 범위는 병합이 설정되어 있지 않지만 [B7], [B9], [B11] 셀은 각각 빈 셀입니다.

제조사	상품	용산점	강남점	성수점
삼성	갤럭시 버즈	46,482,900	81,976,950	30,388,925
	갤럭시 프로	68,005,800	89,976,225	45,394,600
Apple	에어팟	47,368,950	49,798,100	35,087,975
	에어팟 프로	61,697,950	71,127,175	39,529,650
Sony	WF-1000XM	47,279,200	53,663,500	25,311,325
	WH-1000XM	47,529,050	63,781,625	29,301,150

02 파워 쿼리를 이용해 B열의 빈 셀을 채우는 작업을 진행합니다. [B5] 셀을 클릭하고 리본 메뉴의 [데이터] 탭-[데이터 가져오기 및 변환] 그룹-[테이블/범위에서]를 클릭합니다.

LINK **02~03** 과정은 이전 사례와 동일하므로 전체 화면을 참고하고 싶다면 이 책의 56~57페이지를 참고합니다.

03 [표 만들기] 대화상자가 표시되면 [확인]을 클릭합니다. [Power Query 편집기] 창이 열리면 [제조사] 열을 선택합니다.

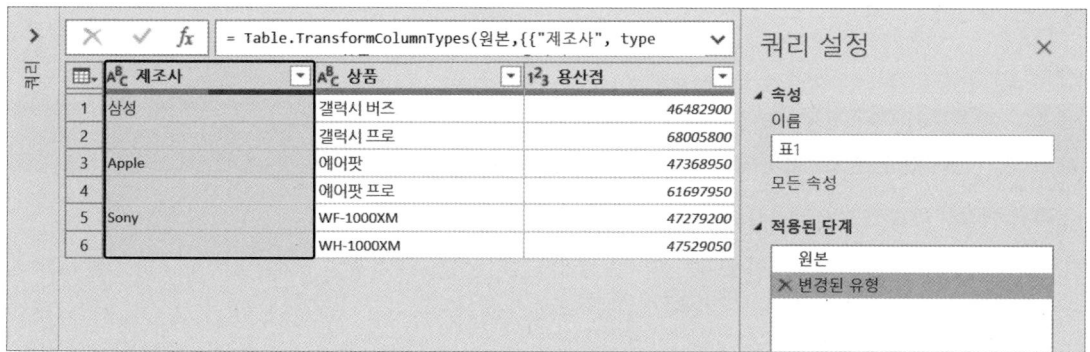

 **엑셀마스터가 짚어주는 핵심 NOTE**

빈 칸과 null이 표시되는 칸의 차이

화면을 보면 [제조사] 열에 제조사 이름과 빈 칸이 표시됩니다. 이는 이전 사례에서 병합된 셀을 해제했을 때 null 값이 표시되던 것과 다릅니다. 파워 쿼리는 엑셀 데이터를 가져올 때 빈 셀은 null 값으로 표시하고, 눈에 보이지 않는 빈 문자(" ")가 저장된 셀은 빈 칸으로 표시합니다.

엑셀에서는 빈 셀과 빈 문자가 저장된 셀을 대부분 동일하게 처리하지만 파워 쿼리는 빈 칸과 null 값을 구분합니다. 그렇기 때문에 빈 칸에서는 채우기 기능이 동작하지 않습니다.

04 [제조사] 열이 선택된 상태에서 리본 메뉴의 [변환] 탭-[열] 그룹-[채우기]를 클릭하고 [아래로]를 선택합니다. 그런데 빈 칸에 값이 채워지지 않습니다.

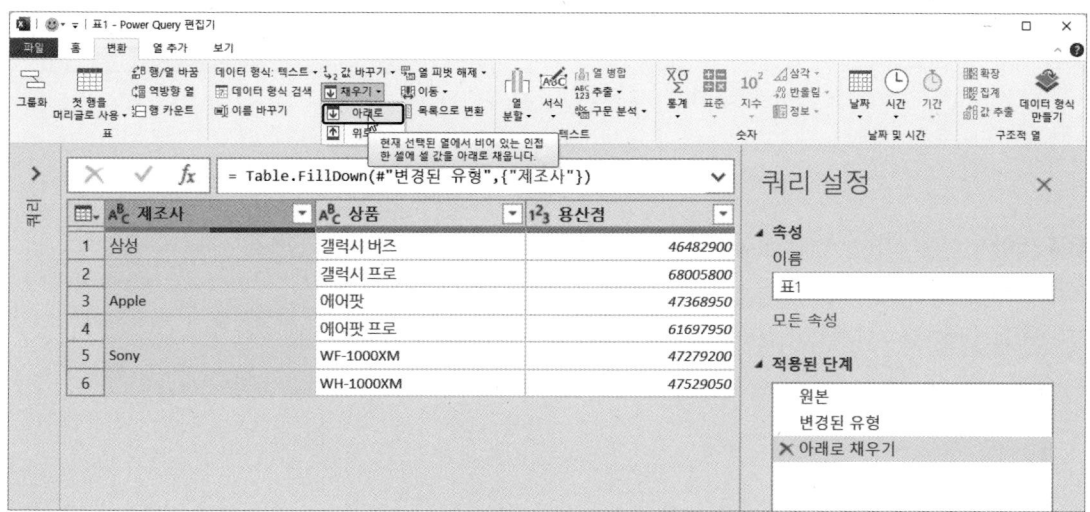

TIP [채우기]를 실행하면 [쿼리 설정] 작업 창의 [적용된 단계]에 [아래로 채우기] 단계가 기록됩니다.

05 빈 칸을 null 값을 갖는 칸으로 변경하기 위해 [값 바꾸기]를 사용하겠습니다. 그런데 이 작업은 값 채우기 작업 전에 진행되어야 하므로 [쿼리 설정] 작업 창의 [적용된 단계]에서 [변경된 유형]을 선택합니다.

엑셀마스터가 짚어주는 핵심 NOTE

파워 쿼리의 작업 단계 이해하기

04 과정에서 진행한 [채우기]-[아래로]는 원하는 결과를 얻지 못했으므로, 작업 단계를 취소하고 빈 칸을 null 값이 있는 칸으로 변경한 다음 다시 진행해야 합니다.

하지만 파워 쿼리는 마지막 작업을 취소하지 않고도 이전 단계를 추가할 수 있습니다. 이전 단계를 추가하려면 마지막 단계의 이전 단계를 선택한 후 작업을 진행합니다. 이런 방식은 쿼리를 다양한 방법으로 만들 수 있게 해줍니다.

06 리본 메뉴의 [변환] 탭-[열] 그룹-[값 바꾸기]를 클릭합니다.

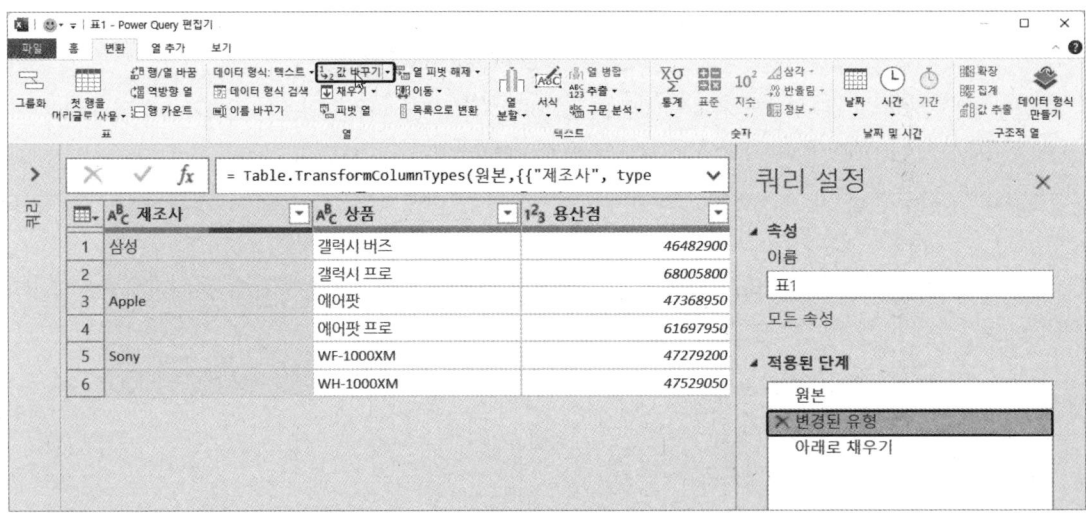

07 명령이 실행되기 전에 [단계 삽입] 메시지 창이 표시됩니다. [삽입]을 클릭합니다.

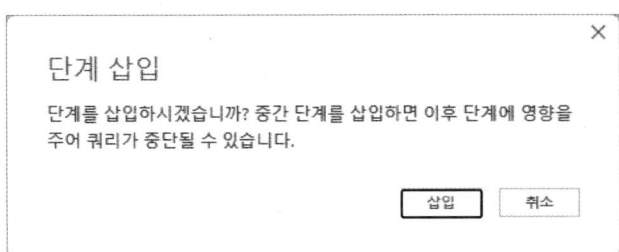

08 [값 바꾸기] 대화상자가 표시되면 [바꿀 항목]에 null을 입력하고 [확인]을 클릭합니다.

 [바꿀 항목]에만 값을 입력하고 [찾을 값]을 비워 두면 빈 칸을 찾아 입력한 값으로 채웁니다.

엑셀마스터가 짚어주는 핵심 NOTE

null의 의미

파워 쿼리에서 null은 데이터가 입력되지 않은 빈 칸을 의미하는 키워드입니다. 그러므로 이번 작업은 데이터를 입력하는 것이 아니라 빈 문자(" ")가 저장된 칸을 비우는 작업입니다.

또한 [값 바꾸기] 대화상자 하단에는 [고급 옵션]이 있는데, 이 옵션은 [변환] 탭에서 [값 바꾸기] 명령을 클릭할 때만 표시됩니다.

09 [제조사] 열의 빈 칸에 null 값이 표시됩니다.

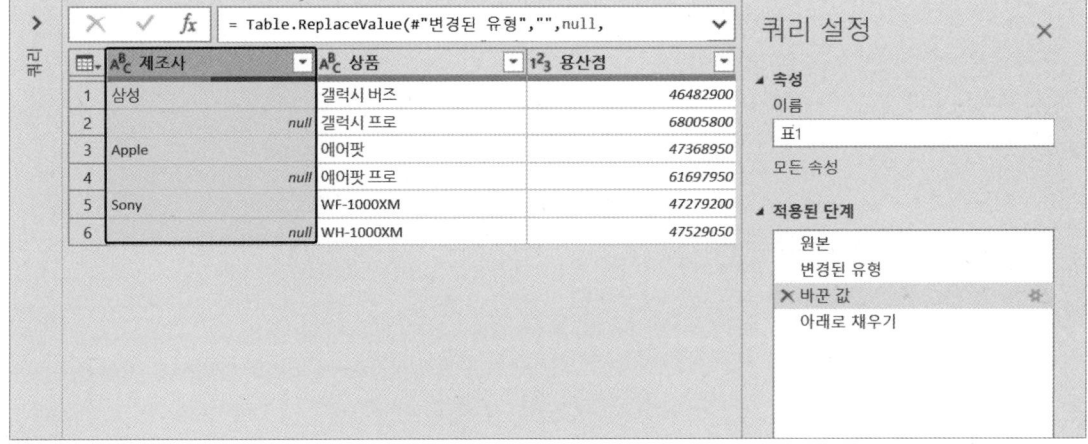

10 [쿼리 설정] 작업 창의 [적용된 단계]에서 [아래로 채우기] 단계를 선택하면 화면과 같이 [제조사] 열의 빈 칸에 값이 채워진 결과를 확인할 수 있습니다.

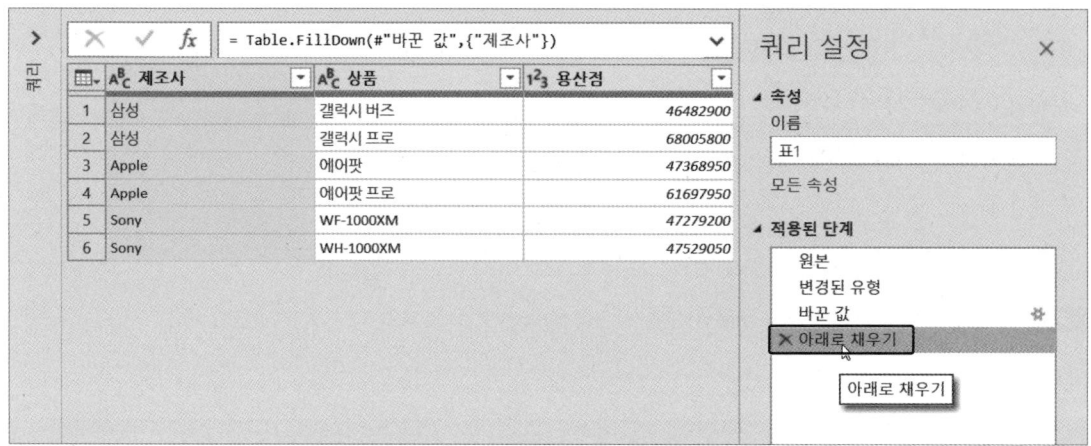

11 작업이 완료된 쿼리는 리본 메뉴의 [파일] 탭-[닫기 및 다음으로 로드..]를 클릭하고 원하는 방식으로 저장해 사용합니다.

SECTION 03

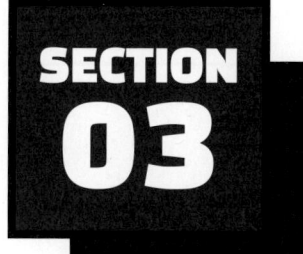 기능 ③ 데이터 형식 변환

엑셀은 계산할 수 있는 데이터(숫자)와 계산할 수 없는 데이터(텍스트)를 구분하는 프로그램으로, 데이터 형식이 잘못 관리된 경우에는 함수나 피벗으로 원하는 결과를 얻기 어렵습니다. 그래서 원본 표의 잘못 관리된 데이터를 올바른 형식으로 변환하는 방법을 이해해야 합니다.

참고로 파워 쿼리의 데이터 형식은 엑셀에서 인식할 수 있는 데이터 형식보다 더 세분화되어 있습니다. 다음 표는 엑셀에서 인식 가능한 데이터 형식과 파워 쿼리의 데이터 형식을 비교한 것입니다.

엑셀	파워 쿼리
숫자	10진수 통화 정수 백분율
날짜/시간	날짜/시간 날짜 시간 날짜/시간/표준 시간대 기간
논리값	True/False 이진
텍스트	텍스트

위 데이터 형식 중 가장 구분하기 어려운 것이 숫자일 텐데, 엑셀의 숫자를 정수(소수점 이하 값이 없는 숫자)와 실수(소수점 이하 값이 있는 숫자)로 구분할 수 있으면 됩니다. 실수는 파워 쿼리에서 10진수로, 정수는 정수로 설정하면 되는데, 잘 이해되지 않거나 구분이 어렵다면 숫자는 모두 10진수로 변환하는 것이 좋습니다.

파워 쿼리는 데이터를 불러오면 가장 먼저 데이터 형식 변환을 자동으로 처리하는 단계가 추가됩니다. 이렇게 변경된 형식을 그대로 사용하거나 아니면 원하는 형식으로 변경하고 작업합니다.

파워 쿼리에서 날짜 데이터 변환하기

예제 파일 CHAPTER 02 \ 데이터 형식 변환-날짜.xlsx

01 예제 파일을 열면 날짜 데이터가 잘못 입력된 다양한 사례를 확인할 수 있습니다.

A	B	C	D	E	F	G
	날짜1	날짜2	날짜3	날짜4	날짜5	
	2024.03.22	03/30/24	20240915	12-14	2024-02-13	
	2024.09.08	05/19/24	20241206	11-21	2024-12-22	
	2024.02.11	05/05/24	20240118	1-20	2024-02-08	
	2024.10.09	01/23/24	20240722	12-2	2024-08-16	
	2024.08.07	12/30/24	20241020	3-11	2024-05-08	
	2024.12.29	05/30/24	20240506	3-30	2024-05-02	
	2024.08.24	08/08/24	20240314	12-10	2024-07-22	
	2024.02.25	03/15/24	20240322	5-23	2024-08-10	
	2024.10.10	05/30/24	20240901	3-25	2024-09-10	
	2024.09.28	07/11/24	20240603	7-27	2024-11-11	
	2024.09.26	09/22/24	20241003	1-8	2024-11-05	
	2024.08.17	05/03/24	20241213	6-13	2024-02-23	
	2024.07.11	04/23/24	20241104	2-5	2024-08-23	

엑셀마스터가 짚어주는 핵심 NOTE

원본 데이터 이해하기

원본 표에는 다양한 날짜 데이터가 입력되어 있습니다. F열의 [날짜5] 열만 올바른 날짜 데이터이고, B:E 열의 [날짜1]~[날짜4]는 모두 잘못 관리된 날짜 데이터입니다. B:E열 날짜 데이터의 문제점은 다음과 같습니다.

- **B열의 [날짜1] 열** : 구분 기호가 마침표(.)인 텍스트 데이터입니다.
- **C열의 [날짜2] 열** : 월/일/년 방식으로 입력된 텍스트 데이터입니다.
- **D열의 [날짜3] 열** : 날짜가 구분 기호 없이 입력된 숫자 데이터입니다.
- **E열의 [날짜4] 열** : 연도 없이 월, 일만 하이픈(-)으로 구분된 텍스트 데이터입니다.

이렇게 잘못 관리된 날짜 데이터는 함수나 피벗 등으로 데이터를 요약할 때 원하는 결과를 얻지 못할 수 있습니다. 따라서 올바른 날짜 데이터로 변환하는 방법을 알아야 합니다.

02 엑셀 표 내부의 셀이 선택된 상태에서 리본 메뉴의 [데이터] 탭-[데이터 가져오기 및 변환] 그룹-[테이블/범위에서]를 클릭합니다.

03 [Power Query 편집기] 창에 데이터가 표시됩니다. 어떤 열의 데이터는 올바른 날짜 데이터로 변환되고 어떤 열은 원본과 동일하게 보입니다.

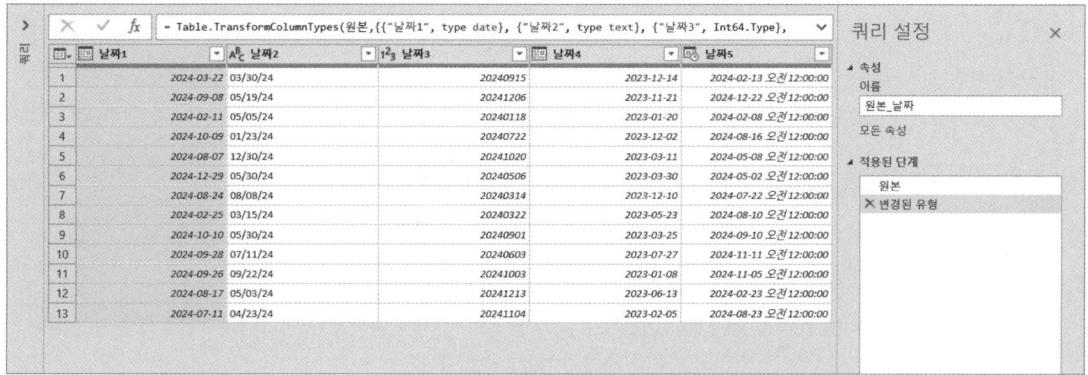

엑셀마스터가 짚어주는 핵심 NOTE

파워 쿼리의 날짜 데이터 자동 변환 이해하기

파워 쿼리는 기본적으로 열의 데이터 형식을 아이콘으로 표시합니다. 미리 보기 창에서 열 제목을 보면 다음과 같은 아이콘들이 표시됩니다.

이 아이콘들은 각각 다음과 같은 데이터 형식을 나타냅니다.

아이콘	분류	데이터 형식
📅	날짜/시간	날짜
🕐		시간
📆		날짜/시간
🌐		날짜/시간/표준시간대
⏱		기간
1.2	숫자	10진수
1²₃		정수
%		백분율
$		통화
×✓	논리	True/False
目		이진
A^BC	텍스트	텍스트

이를 통해 [날짜1] 열과 [날짜4] 열은 날짜 데이터 형식으로 제대로 인식된 것을 알 수 있습니다. 이는 파워 쿼리로 데이터가 불러와질 때 자동으로 이루어지는 다음 단계 때문입니다.

CHAPTER 02 파워 쿼리에서 가장 많이 활용되는 8가지 기능　**69**

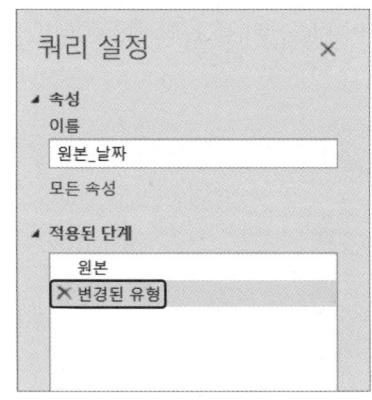

즉, 파워 쿼리는 데이터를 불러올 때 자체 기준에 맞춰 자동으로 데이터 형식을 변환합니다. 다음 표를 보면 파워 쿼리가 날짜 데이터를 어떻게 변환하는지 이해할 수 있을 것입니다.

열	엑셀		파워 쿼리	
	데이터 형식		데이터 형식	
날짜1	yyyy.mm.dd	텍스트	yyyy-mm-dd	날짜
날짜2	mm/dd/yy	텍스트	mm/dd/yy	텍스트
날짜3	yyyymmdd	숫자	yyyymmdd	숫자
날짜4	m-d	텍스트	yyyy-mm-dd	날짜
날짜5	yyyy-mm-dd	날짜	yyyy-mm-dd hh:mm:ss	날짜/시간

'날짜1'처럼 구분 기호가 마침표(.)인 데이터와 '날짜4'처럼 m-d 형식의 텍스트 데이터는 자동으로 날짜 데이터로 변환됩니다. 그런데 원래 날짜였던 '날짜5'는 특이한 점이 있습니다. 파워 쿼리에서는 시간까지 표시하기 때문에 모든 날짜가 해당 날짜의 오전 12시로 표기됩니다.

04 [날짜5] 열의 시간은 필요하지 않으므로 표시되지 않도록 설정하겠습니다. [날짜5] 열을 선택하고 머리글 왼쪽의 [날짜/시간 ▦] 아이콘을 클릭한 다음 [날짜]를 선택합니다.

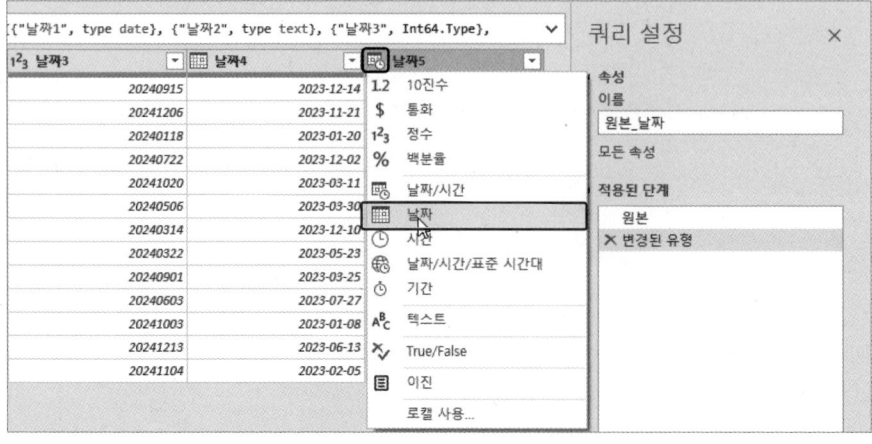

05 다음과 같은 경고 메시지 창이 표시됩니다. 작업을 구분하기 위해 [새 단계 추가]를 클릭합니다.

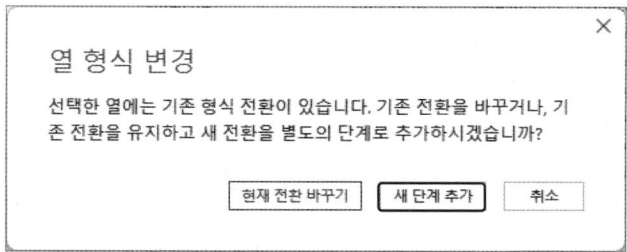

 엑셀마스터가 짚어주는 핵심 NOTE

[열 형식 변경] 대화상자가 표시되는 이유

[Power Query 편집기] 창이 열리면 가장 먼저 원본 데이터 형식이 변경됩니다. 이 작업 단계는 [쿼리 설정] 작업 창에 [변경된 유형]으로 표시됩니다. 그런데 사용자가 바로 다른 형식(날짜/시간 → 날짜)으로 변경하려고 하니, 기존 작업 단계를 유지할지, 아니면 사용자의 작업을 별도 단계로 구분할지 선택하라는 메시지가 나타나는 것입니다.

쉽게 설명해 [현재 전환 바꾸기]를 클릭하면 [적용된 단계] 내 새로운 단계가 표시되지 않지만, [새 단계 추가]를 클릭하면 [적용된 단계]에 [변경된 유형]이 하나 더 생깁니다.

06 [쿼리 설정] 작업 창의 [적용된 단계]에 새로운 [변경된 유형1]이 추가되고, [날짜5] 열의 데이터는 올바른 날짜 형식인 yyyy-mm-dd 형식으로 표시됩니다.

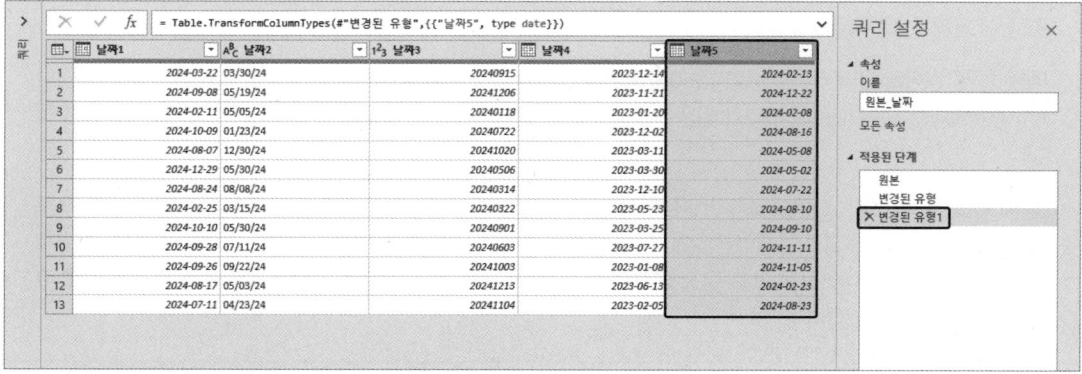

07 이번에는 [날짜2] 열의 날짜 데이터를 올바른 데이터로 변환하겠습니다. [날짜2] 열은 [날짜5] 열처럼 데이터 형식을 변경할 수는 없습니다. 만약 동일한 방법으로 날짜 데이터 형식으로 변환하면 다음과 같은 결과를 확인할 수 있습니다.

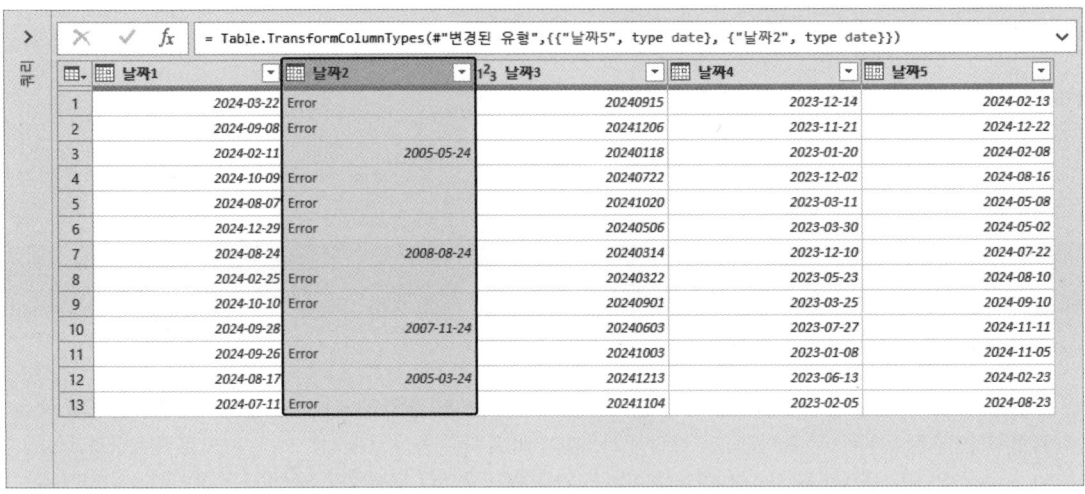

TIP [열 형식 변경] 대화상자가 표시되면 [현재 전환 바꾸기]를 클릭합니다.

엑셀마스터가 짚어주는 핵심 NOTE

결과 이해하기

결과 화면을 보면 일부 데이터는 에러가 발생하고 일부는 에러가 없는 것처럼 보이지만, 사실 모두 잘못 변환된 결과입니다. 앞에서 [날짜2] 열은 **월/일/년** 형식이라고 설명했는데, 에러(Error)가 발생한 데이터는 **년/월/일**로 읽을 때 문제가 되는 데이터들입니다.

예를 들면 [날짜2] 열의 첫 번째 날짜는 **03/30/24**인데, 이를 **년/월/일** 방식으로 읽으면 **03년 30월 24일**입니다. 이런 날짜는 없기 때문에 에러가 발생한 것이고 다른 에러가 발생한 데이터도 모두 같은 경우로 이해하면 됩니다.

[날짜 2] 열의 세 번째 날짜는 에러가 발생하지 않은 것으로 보입니다. 원본인 **05/05/24**를 **년/월/일** 방식으로 읽으면 **05년 05월 24일**로 문제없이 읽을 수 있으니 에러 없이 날짜로 변환된 것입니다. 그러나 이 날짜는 실제로 **24년 05월 05일**이어야 하므로 잘못 변환된 것입니다. 그러므로 날짜로 표시된 데이터도 모두 잘못 변환된 것이라고 이해할 수 있습니다.

08 다시 [날짜2] 열의 데이터 형식을 텍스트로 변경해 원래 데이터로 복구합니다. [열 형식 변경] 대화상자가 표시되면 [현재 전환 바꾸기]를 클릭합니다.

09 [날짜2] 열의 데이터 형식을 제대로 변경하기 위해, 머리글 왼쪽의 [텍스트 ABC] 아이콘을 클릭하고 [로캘 사용...]을 선택합니다.

10 [로캘과 함께 형식 변경] 대화상자가 표시되면 [데이터 형식]은 [날짜]로, [로캘]은 [영어(미국)]으로 변경한 다음 [확인]을 클릭합니다.

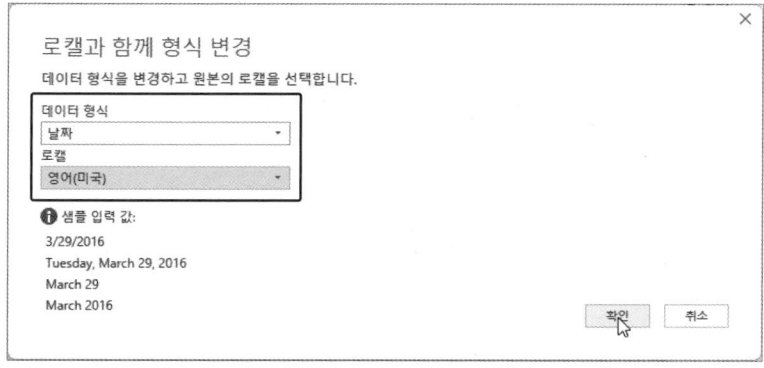

TIP [로캘]을 변경하면 하단의 샘플 입력 값에 m/d/yy 형식이 표시되며, 이런 입력 값을 날짜로 변환할 수 있다는 것을 의미합니다.

11 [날짜2] 열의 데이터도 날짜 형식으로 제대로 변환됩니다.

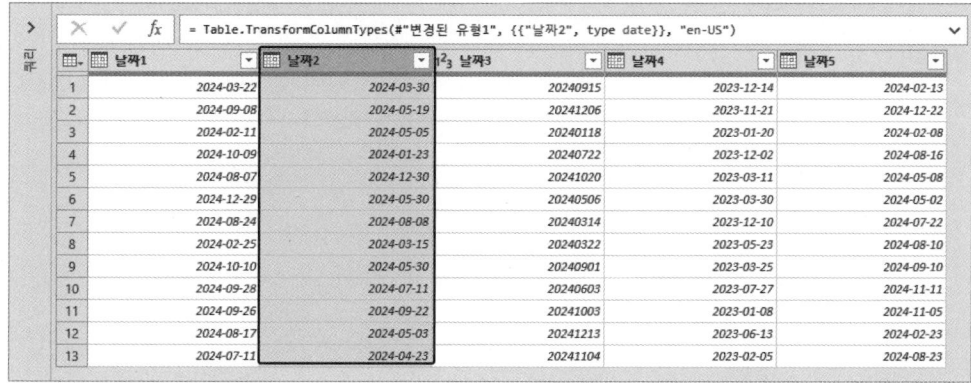

12 마지막으로 [날짜3] 열의 구분 기호 없이 입력된 날짜 데이터를 날짜 형식으로 변경하는 작업을 진행합니다. [날짜3] 열 머리글 왼쪽의 [정수] 아이콘을 클릭하고 [텍스트]를 선택합니다.

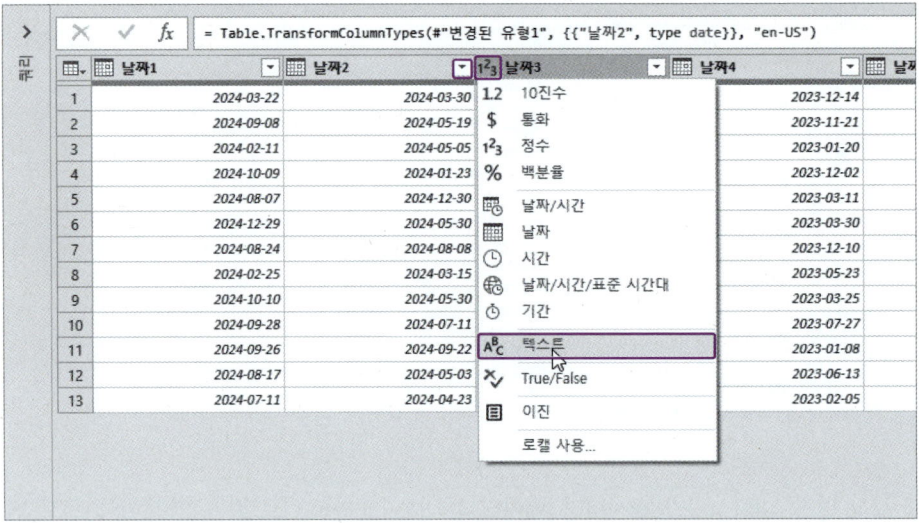

TIP 구분 기호 없이 입력된 날짜 데이터를 바로 날짜 형식으로 변경하면 에러가 발생합니다.

13 다시 [텍스트] 아이콘을 클릭하고 [날짜]를 선택합니다.

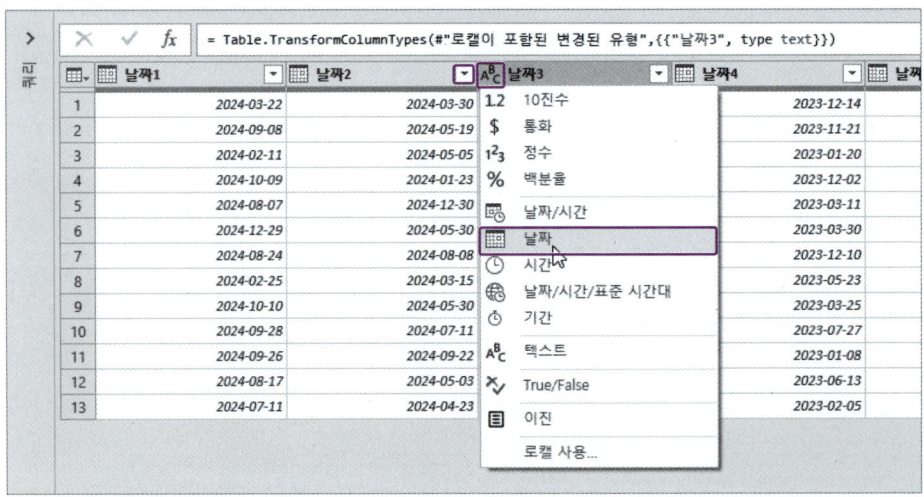

14 [열 형식 변경] 대화상자가 표시되는데, 여기서는 반드시 [새 단계 추가]를 클릭해야 합니다.

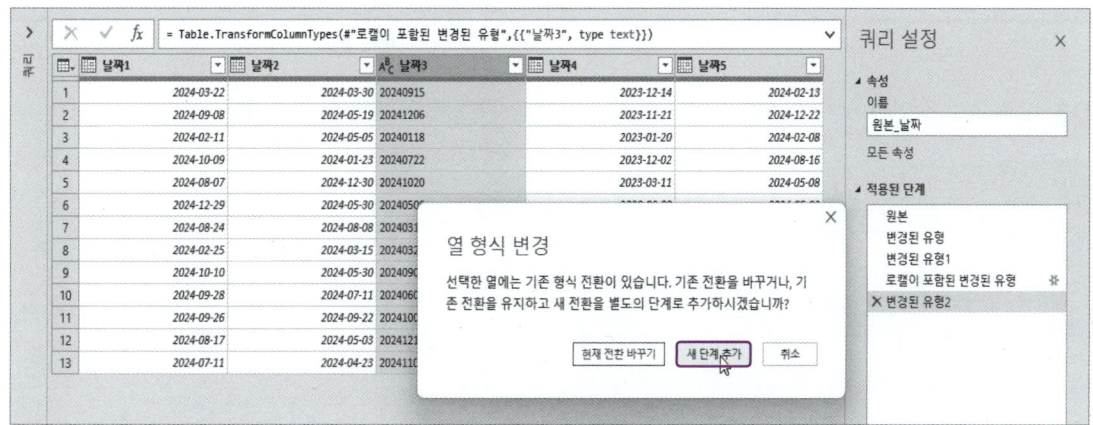

> **TIP** [현재 전환 바꾸기]를 선택하면 12 과정에서 정수→텍스트로 변경된 것이 정수→날짜로 변경되는 방법으로 전환되므로 에러가 발생 합니다.

15 [날짜3] 열도 올바른 데이터 형식으로 바뀐 결과를 확인할 수 있습니다.

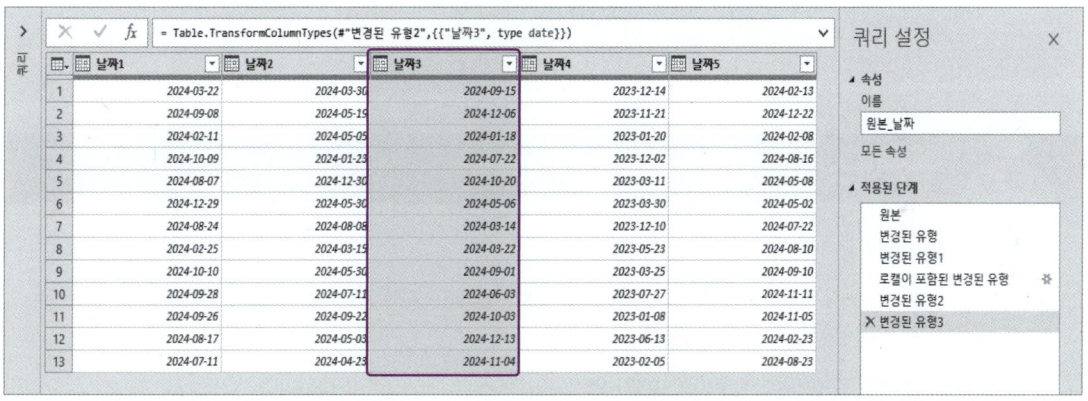

> **TIP** 이후 작업은 앞에서 설명한 것처럼 엑셀 표로 내보내거나 쿼리로 저장해 사용합니다.

이어서 파워 쿼리에서 숫자 데이터를 변환하는 방법을 알아보겠습니다.

파워 쿼리에서 숫자 데이터 변환하기

예제 파일 CHAPTER 02 \ 데이터 형식 변환-숫자.xlsx

01 예제 파일을 열면 숫자 데이터가 잘못 입력된 다양한 사례를 확인할 수 있습니다.

	숫자1	숫자2	숫자3
	18,290,000	￥ 59,000	1829만
	21,060,000	￥ 74,500	2106만
	28,590,000	￥ 36,500	2859만
	15,890,000	￥ 35,000	1589만
	28,320,000	￥ 37,000	2832만
	16,120,000	￥ 33,500	1612만
	22,640,000	￥ 51,000	2264만
	33,230,000	￥ 51,000	3323만
	30,770,000	￥ 75,000	3077만
	19,060,000	￥ 32,000	1906만
	31,600,000	￥ 69,500	3160만

엑셀마스터가 짚어주는 핵심 NOTE

원본 데이터 이해하기

원본 표에는 다양한 숫자 데이터가 입력되어 있습니다. B:D 열의 [숫자1]~[숫자3]은 모두 숫자가 아닌 텍스트 데이터입니다. 각 열의 문제점은 다음과 같습니다.

- **B열의 [숫자1] 열** : 숫자 앞에 작은따옴표(')가 입력되어, 텍스트 데이터로 인식됩니다.
- **C열의 [숫자2] 열** : 통화 기호(￥)가 함께 입력된 텍스트 데이터입니다. 통화 기호는 ￦, $ 등을 제외하면 직접 입력할 경우 숫자로 인식되지 않는 경우가 많습니다.
- **D열의 [숫자3] 열** : 숫자 뒤에 금액 단위(만)가 입력된 텍스트 데이터입니다.

이렇게 잘못 관리된 숫자 데이터의 경우 SUM 함수를 사용해 합계를 구할 수 없습니다. 그러므로 엑셀을 효율적으로 활용하려면 올바른 숫자 형식으로 변환해야 합니다.

02 엑셀 표 내부의 셀이 선택된 상태에서 리본 메뉴의 [데이터] 탭-[데이터 가져오기 및 변환] 그룹-[테이블/범위에서 ]를 클릭합니다.

03 [Power Query 편집기] 창에 데이터가 표시됩니다. [숫자1] 열은 정수  형식으로 정확하게 인식하지만 [숫자2]와 [숫자3] 열은 모두 텍스트 로 인식한 것을 알 수 있습니다.

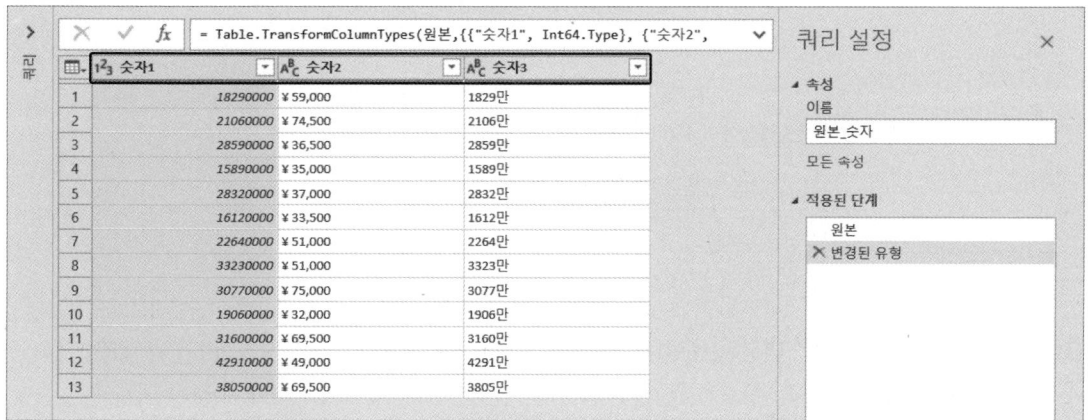

엑셀마스터가 짚어주는 핵심 NOTE

파워 쿼리의 숫자 데이터 자동 변환 이해하기

이번 데이터에서 [숫자1] 열은 작은따옴표(')뒤에 입력된 숫자로, 엑셀에서는 텍스트 형식으로 인식되어 합계를 구할 수 없지만 파워 쿼리를 사용하면 자동으로 숫자로 변환됩니다. 반면 통화 기호나 단위가 붙은 값은 텍스트 형식으로 인식되어 직접 데이터 형식을 변경해야 합니다.

04 [숫자2] 열의 데이터는 엔(¥) 통화 기호가 표시된 숫자 데이터이므로 열 머리글의 [텍스트] 아이콘을 클릭하고 [통화]를 선택해 데이터 형식이 변경되는지 확인합니다.

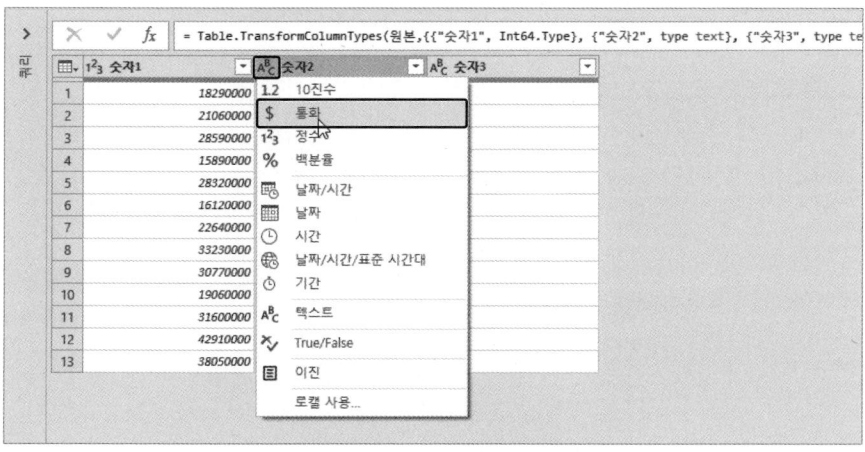

TIP 숫자 데이터 형식으로 바꿀 수 있는지 확인하는 과정이므로 [통화]가 아닌 [10진수], [정수] 등으로 변경해도 상관없습니다.

05 [열 형식 변경] 대화상자가 표시되면 파워 쿼리가 인식한 형식과 구분하기 위해 [새 단계 추가]를 클릭합니다.

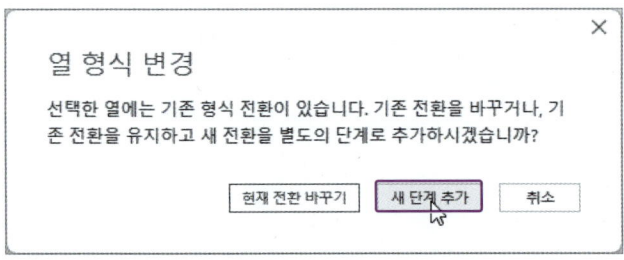

06 [적용된 단계]에 새로운 [변경된 유형1]이 생성되고, [숫자2] 열은 다음과 같이 에러가 발생합니다.

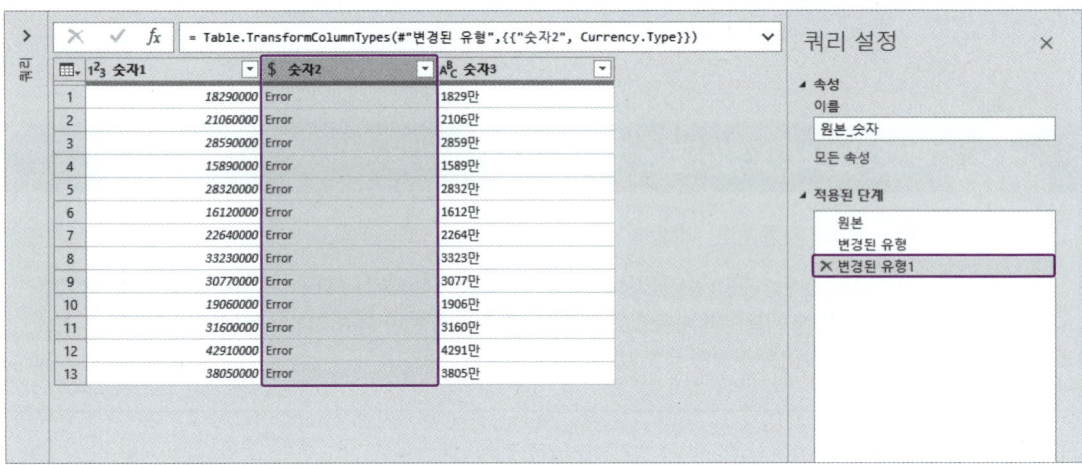

07 [적용된 단계]에서 [변경된 유형1] 왼쪽의 삭제 ⊠ 단추를 클릭해 04~06 과정의 작업을 취소합니다.

08 다른 방법으로 데이터 형식을 변경해보겠습니다. 엔(¥) 통화 기호가 있으니 일본 통화로 변경합니다. [숫자2] 열의 [텍스트 ABC] 아이콘을 클릭하고 [로캘 사용...]을 선택합니다.

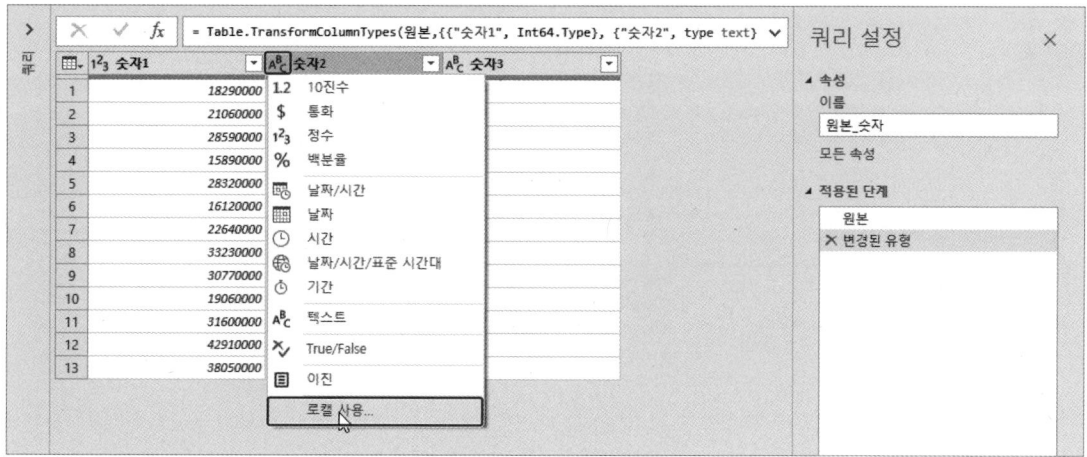

09 [로캘과 함께 형식 변경] 대화상자가 표시되면 [데이터 형식]은 [통화]로, [로캘]은 [일본어(일본)]로 변경한 다음 [확인]을 클릭합니다.

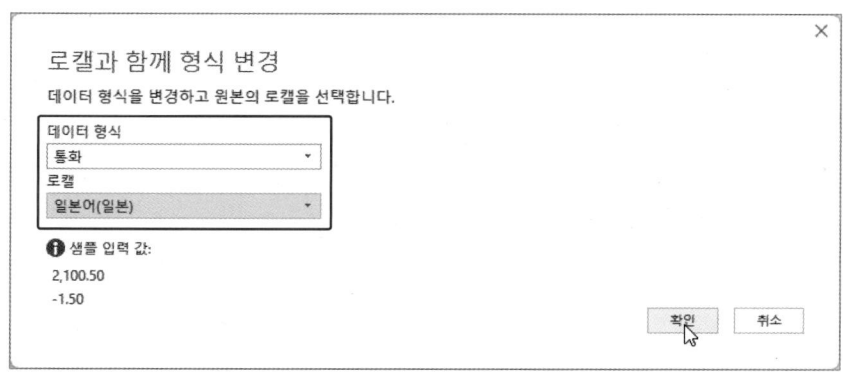

10 [숫자2] 열의 숫자가 올바른 통화 형식으로 변경됩니다.

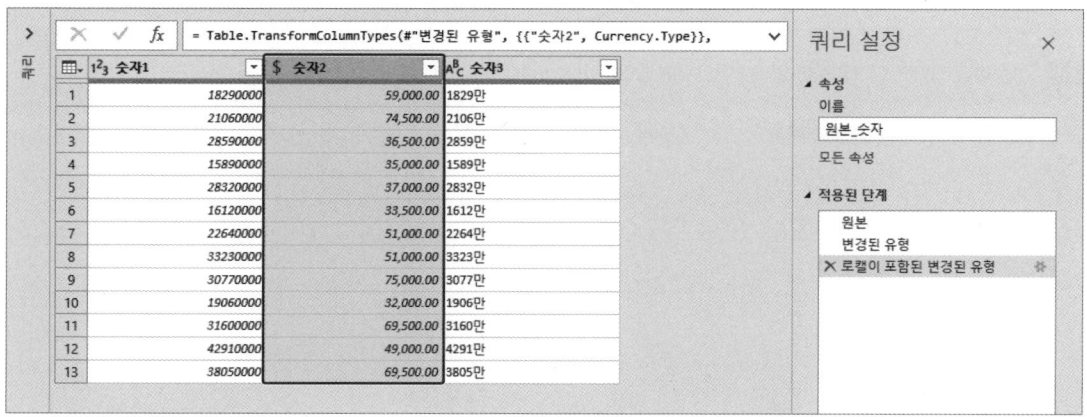

CHAPTER 02 파워 쿼리에서 가장 많이 활용되는 8가지 기능 · **79**

11 [숫자3] 열은 '만'이라는 단위를 지워야 숫자로 변환할 수 있습니다. [숫자3] 열을 선택하고 리본 메뉴의 [변환] 탭-[열] 그룹-[값 바꾸기]를 클릭합니다.

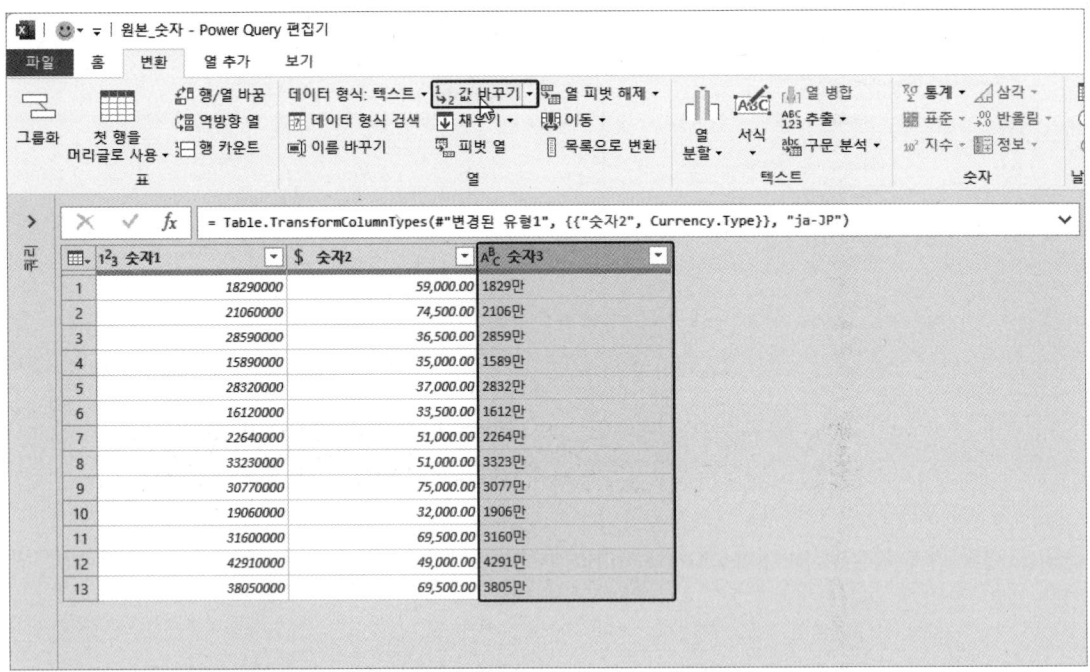

12 [값 바꾸기] 대화상자가 표시되면 [찾을 값]에 **만**을 입력하고 [확인]을 클릭합니다.

TIP [찾을 값]만 입력하고 [바꿀 항목]을 비워 두면 해당 값을 찾아 지웁니다.

13 이제 [숫자3] 열이 선택된 상태에서 리본 메뉴의 [홈] 탭-[변환] 그룹-[데이터 형식]을 클릭하고, 하위 메뉴에서 [정수]를 선택합니다.

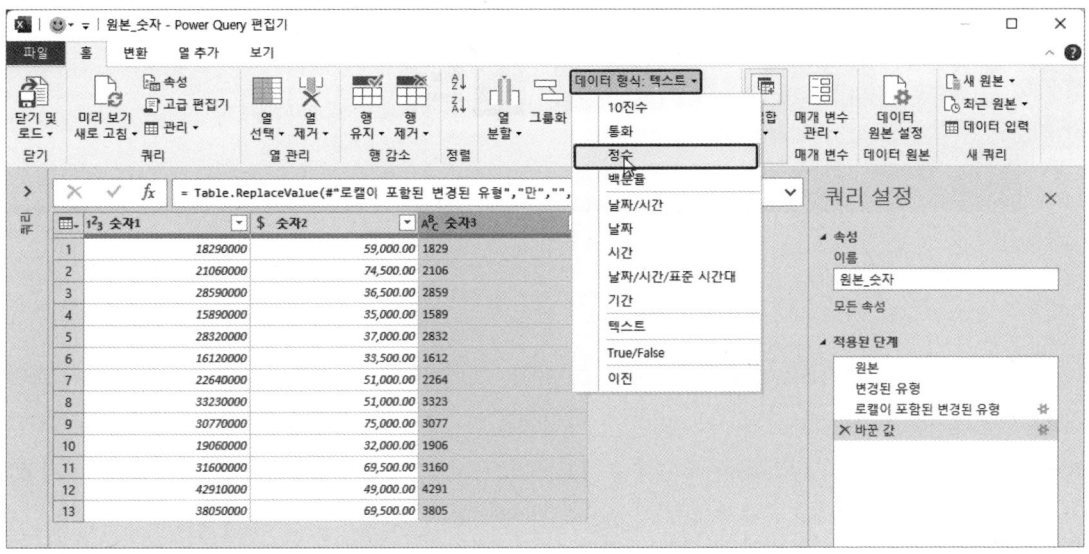

TIP [숫자3] 열의 머리글에서 [텍스트] 아이콘을 클릭하고 [정수]로 변경해도 됩니다.

14 [숫자3] 열의 데이터가 올바른 숫자 데이터로 변경됩니다.

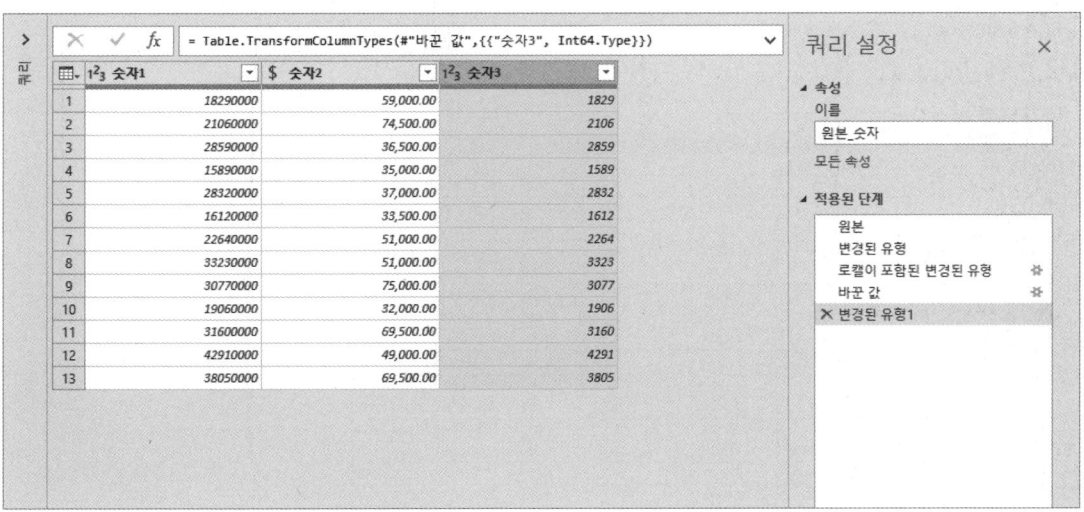

LINK 엑셀로 내려 보내는 부분은 이 책의 39페이지를 참고해 작업합니다.

SECTION 04 기능④ 필터

[Power Query 편집기] 창의 데이터 미리 보기 화면에는 필터가 적용되어 있습니다. 엑셀의 필터가 화면에 원하는 데이터만 표시하는 것이 목적이라면, 파워 쿼리의 필터는 다른 표 데이터에서 필요한 데이터만 가져오는 것이 목적입니다. 쿼리는 언제든지 수정할 수 있으므로 한 번에 모든 데이터를 가져오기보다 필요한 데이터만 먼저 가져오고, 추가 데이터가 필요할 때 쿼리를 수정하는 것이 효율적입니다.

필터를 적용해 원하는 조건의 데이터만 쿼리로 가져오는 방법 이해하기

예제 파일 CHAPTER 02 \ 필터.xlsx

01 예제 파일을 열면 [sample] 시트에 다음과 같은 표가 있습니다.

	A	B	C	D	E	F	G	H
1	지점	제조사	상품	단가	수량	할인율	판매	판매일
2	용산점	SONY	WH-1000XM	414,000	5	0.0%	2,070,000	2024-01-01
3	용산점	APPLE	에어팟	265,000	6	0.0%	1,590,000	2024-01-01
4	성수점	삼성	갤럭시 프로	219,000	8	0.0%	1,752,000	2024-01-01
5	강남점	APPLE	에어팟 프로	311,000	8	0.0%	2,488,000	2024-01-01
6	성수점	APPLE	에어팟	247,000	14	0.0%	3,458,000	2024-01-01
7	강남점	삼성	갤럭시 프로	207,000	3	0.0%	621,000	2024-01-01
8	강남점	삼성	갤럭시 프로	214,000	8	10.0%	1,540,800	2024-01-02
9	성수점	삼성	갤럭시 프로	210,000	3	10.0%	567,000	2024-01-02
10	용산점	SONY	WF-1000XM	360,000	1	10.0%	324,000	2024-01-02
1238	성수점	삼성	갤럭시 프로	219,000	3	5.0%	624,150	2024-12-27
1239	용산점	삼성	갤럭시 버즈	168,000	10	5.0%	1,596,000	2024-12-27
1240	용산점	삼성	갤럭시 프로	207,000	8	0.0%	1,656,000	2024-12-28
1241	강남점	APPLE	에어팟	244,000	7	0.0%	1,708,000	2024-12-28
1242	성수점	SONY	WH-1000XM	410,000	3	0.0%	1,230,000	2024-12-28
1243	용산점	삼성	갤럭시 프로	207,000	4	5.0%	786,600	2024-12-29
1244	강남점	APPLE	에어팟	247,000	14	5.0%	3,285,100	2024-12-29
1245	성수점	삼성	갤럭시 프로	212,000	8	5.0%	1,611,200	2024-12-29
1246	용산점	APPLE	에어팟	265,000	13	7.5%	3,186,625	2024-12-29
1247	강남점	SONY	WH-1000XM	419,000	2	7.5%	775,150	2024-12-29
1248	용산점	삼성	갤럭시 버즈	168,000	10	7.5%	1,554,000	2024-12-30
1249	강남점	삼성	갤럭시 프로	214,000	7	7.5%	1,385,650	2024-12-30
1250	성수점	삼성	갤럭시 버즈	166,000	3	7.5%	460,650	2024-12-30
1251	용산점	삼성	갤럭시 프로	214,000	8	5.0%	1,626,400	2024-12-31
1252	성수점	APPLE	에어팟	247,000	9	5.0%	2,111,850	2024-12-31

TIP 예제 파일의 표는 2024년의 '강남', '성수', '용산' 지점에서 제품을 판매한 가상 데이터로, 총 1,251행의 데이터가 있습니다.

02 다른 파일에서 원하는 데이터만 가져오기 위해 파일을 닫습니다.

03 엑셀에서 빈 파일을 하나 생성한 다음 리본 메뉴의 [데이터] 탭-[데이터 가져오기 및 변환] 그룹-[데이터 가져오기]를 클릭하고 하위 메뉴에서 [파일에서]-[Excel 통합 문서에서]를 선택합니다.

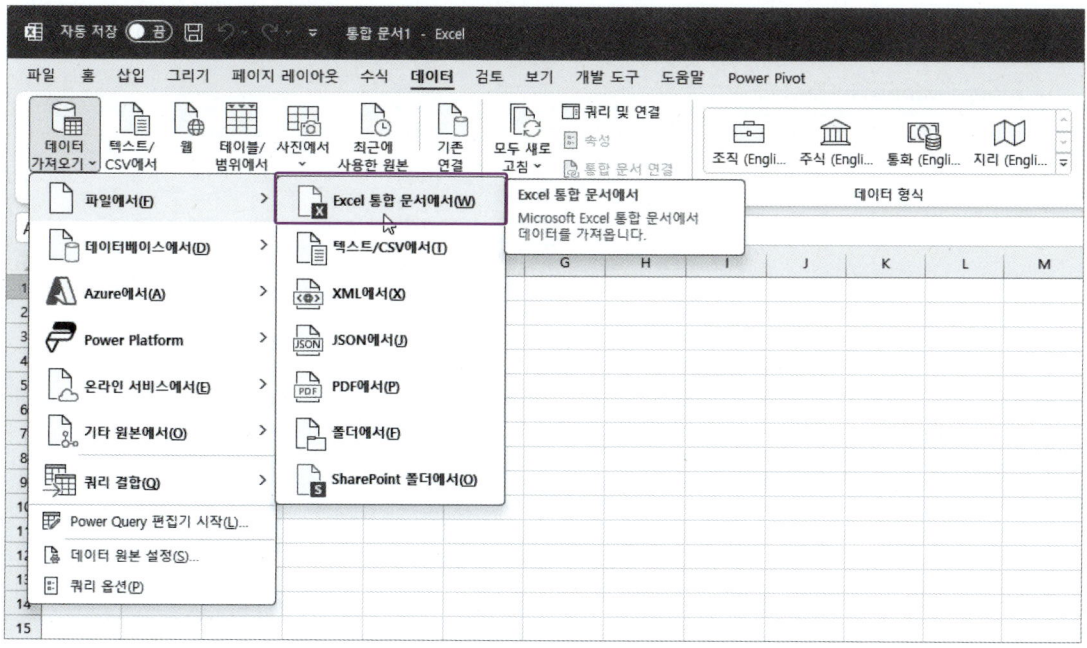

04 [데이터 가져오기] 대화상자가 열리면 예제 파일이 저장된 폴더에서 [필터.xlsx] 파일을 선택하고 [가져오기]를 클릭합니다.

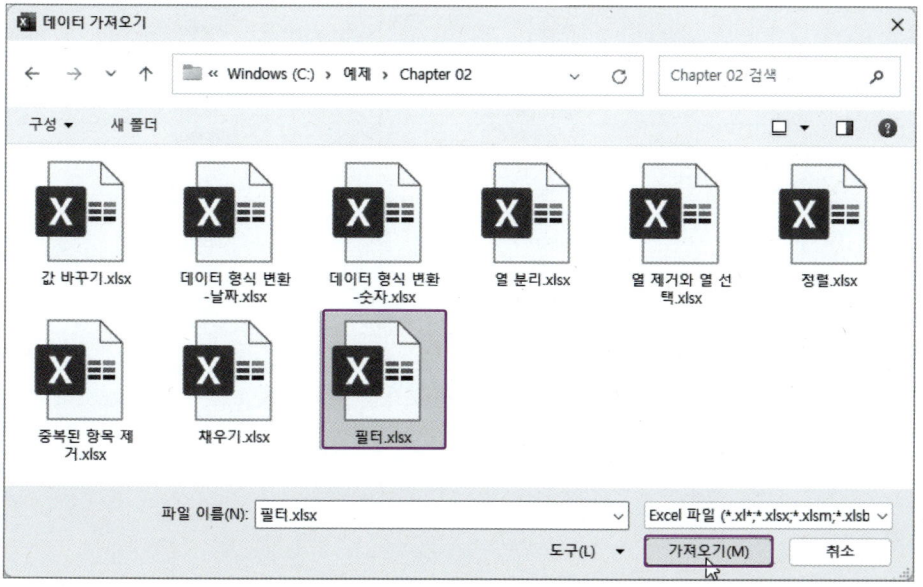

05 [탐색 창]이 표시되면 [sample] 시트를 선택하고 [데이터 변환]을 클릭합니다.

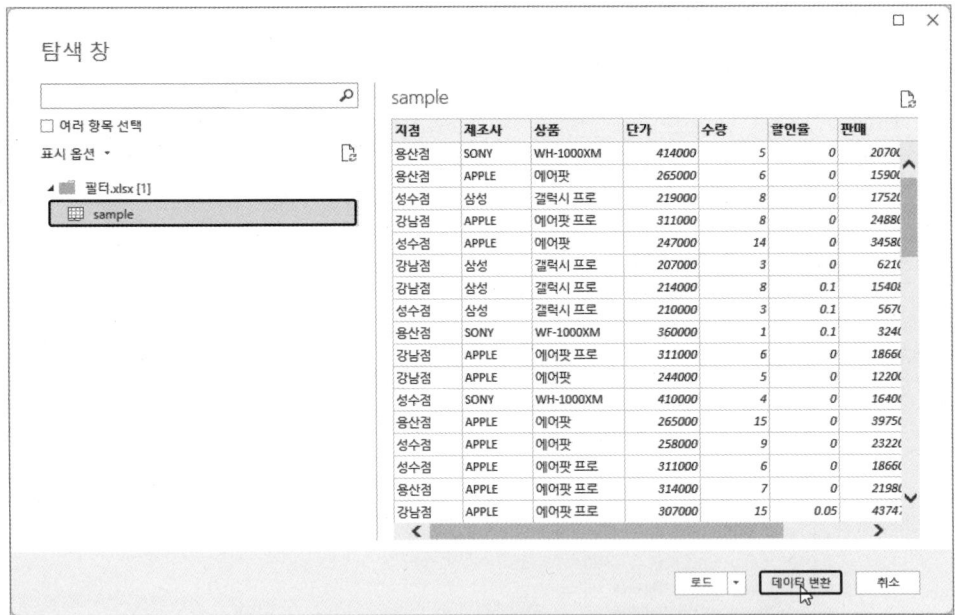

06 [Power Query 편집기] 창에 [sample] 시트의 표 데이터가 그대로 표시됩니다.

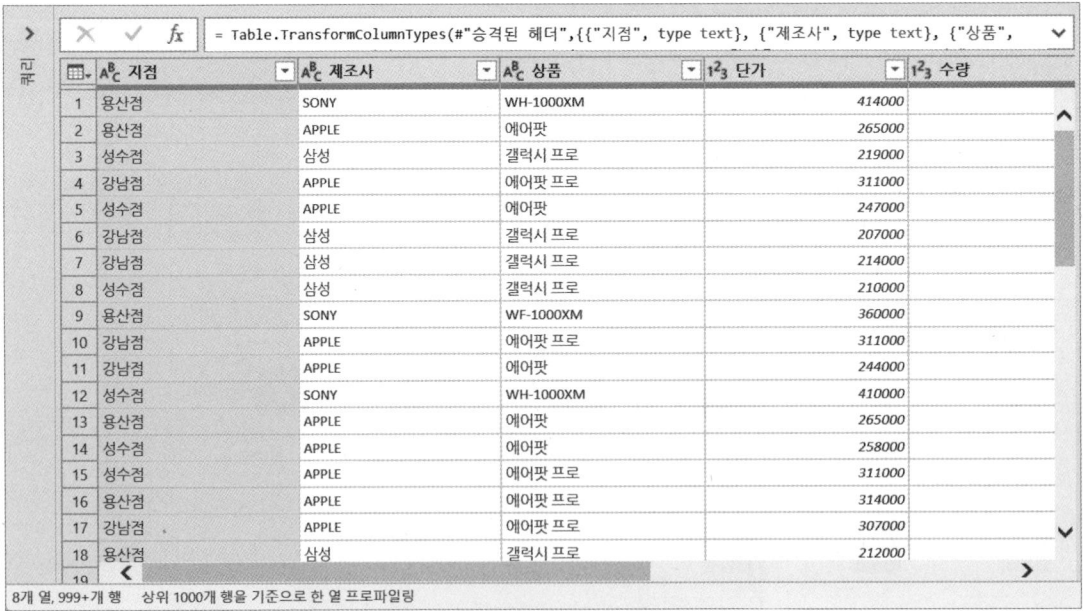

07 특정 지점의 데이터만 가져오기 위해 [지점] 열의 목록 단추를 클릭합니다. 필터 목록 아래의 "목록이 완전하지 않은 것 같습니다."라는 메시지 오른쪽에 있는 [추가 로드]를 클릭합니다.

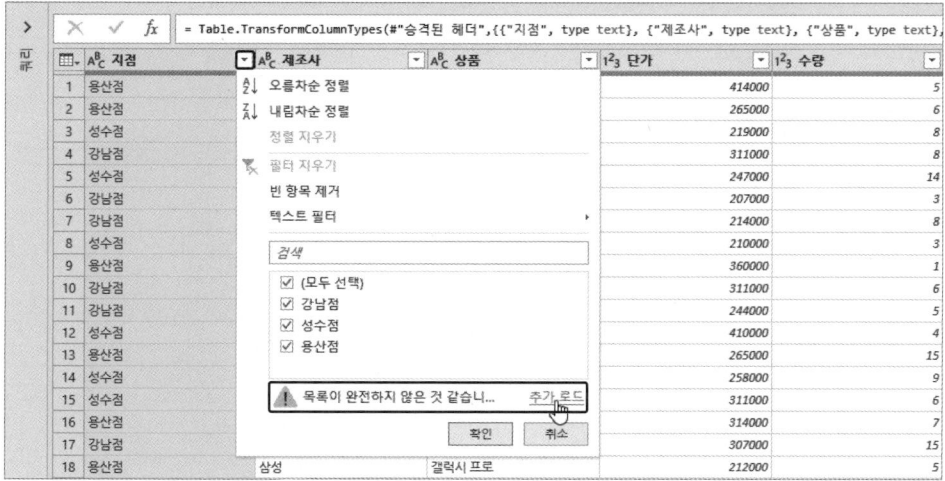

 엑셀마스터가 짚어주는 핵심 NOTE

"목록이 완전하지 않은 것 같습니다." 메시지는 언제 표시될까?

메시지와 경고 표시판 등의 아이콘 때문에 문제가 있다고 생각할 수 있습니다. 이 메시지는 원본 데이터가 1,000행을 초과할 때 자동 필터 목록에 표시됩니다. 파워 쿼리는 속도와 효율을 위해 원본 데이터 중 상위 1,000행만 불러오기 때문에, 1,000행을 초과하는 부분에 아직 필터 목록에 나타나지 않은 항목이 있을 수 있다는 점을 사용자에게 알려주는 것입니다.

그러므로 전체 데이터를 불러오려면 [추가 로드]를 클릭해야 하며, 이 경우 더 많은 항목이 필터 목록에 표시될 수도 있고, 표시되지 않을 수도 있습니다.

08 필터 목록에서 [(모두 선택)]의 체크를 해제하고 [강남점]에 체크한 다음 [확인]을 클릭합니다.

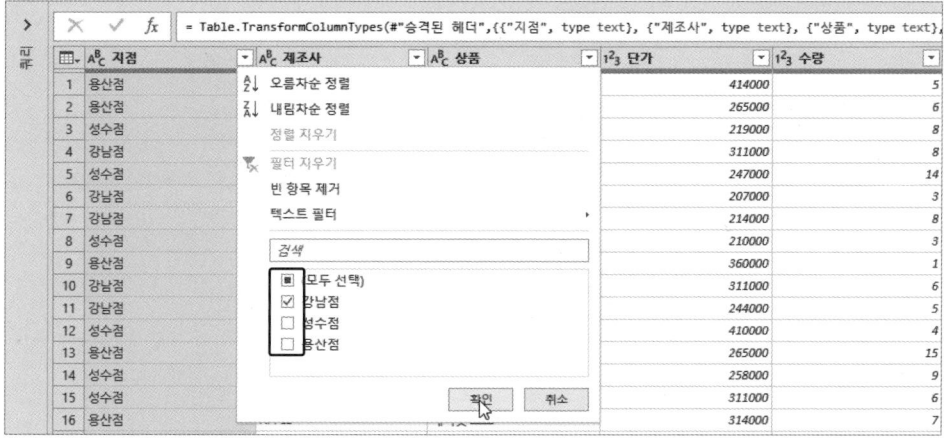

09 화면과 같이 '강남점' 데이터만 표시됩니다.

10 실제 '강남점' 데이터만 가져와 사용하는지 엑셀에 로드해 피벗 테이블로 집계해보겠습니다. 리본 메뉴의 [파일] 탭-[닫기 및 다음으로 로드]를 선택합니다.

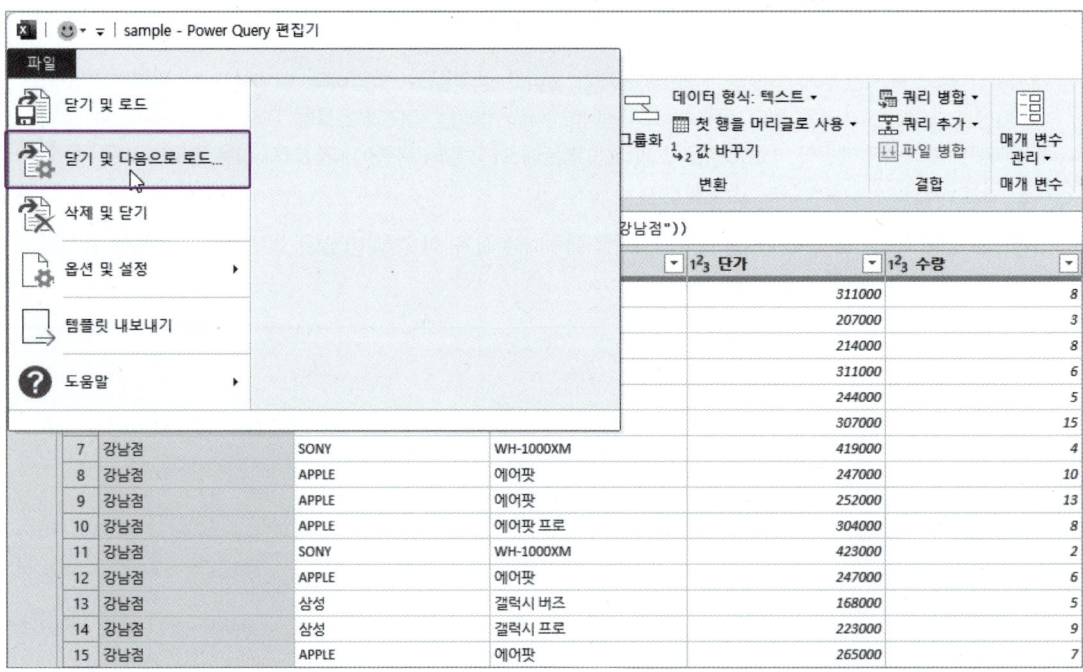

11 [데이터 가져오기] 대화상자가 표시되면 [피벗 테이블 보고서] 옵션과 [기존 워크시트] 옵션을 선택한 다음 피벗 테이블 보고서 위치로 [B2] 셀을 선택하고 [확인]을 클릭합니다.

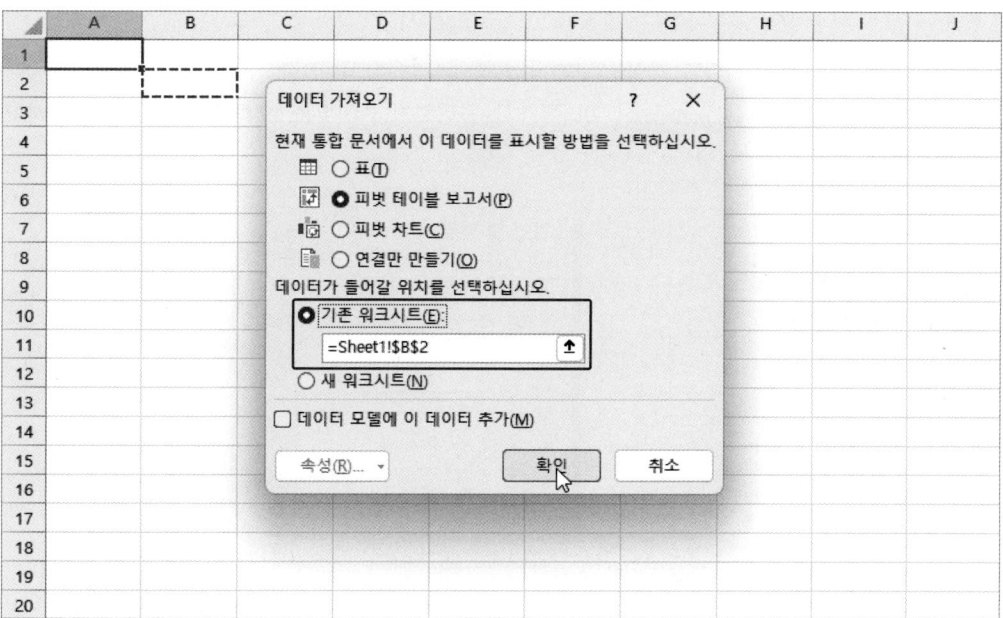

12 피벗 테이블 보고서가 생성되면 [피벗 테이블 필드] 작업 창에서 [지점]과 [판매] 필드에 각각 체크합니다.

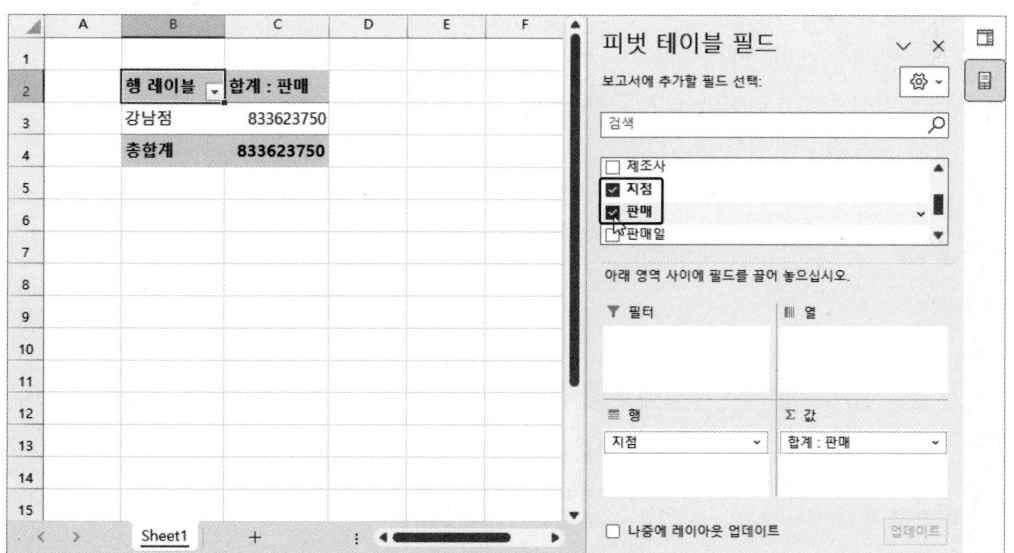

TIP 피벗 테이블 보고서 내에 '강남점' 데이터만 집계되는 것을 확인할 수 있습니다.

TIP 이번 실습은 다음 실습으로 계속 이어지기 때문에 파일을 닫지 말고 이어서 진행합니다.

기존 쿼리의 필터 조건을 변경하는 방법 이해하기

예제 파일 CHAPTER 02 \ 필터.xlsx

01 기존 쿼리를 수정해 다른 데이터를 가져오려면 작업 창에서 [쿼리 및 연결 📄] 아이콘을 클릭해 [쿼리 및 연결] 작업 창으로 전환한 다음 [sample] 쿼리를 더블클릭하거나 마우스 오른쪽 버튼으로 클릭하고 [편집]을 선택합니다.

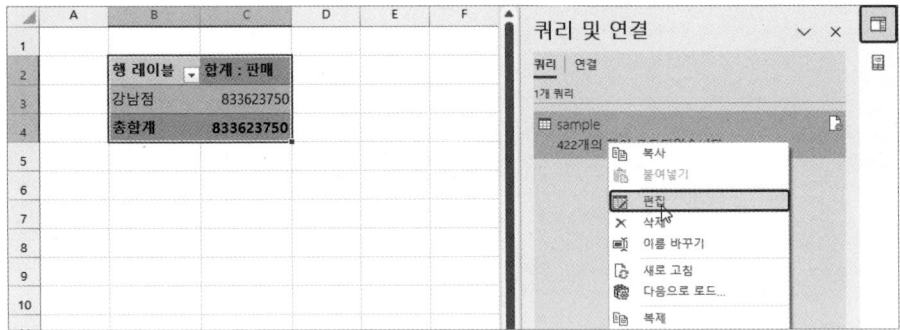

VER. 엑셀 2019 버전까지는 [쿼리 및 연결] 작업 창과 [피벗 테이블 필드] 작업 창이 각각 표시됩니다.

02 [Power Query 편집기] 창이 열리면 새로운 방법으로 필터를 적용하기 위해 이전 필터 작업을 취소합니다. [쿼리 설정] 작업 창의 [적용된 단계]에서 [필터링된 행]의 삭제 ✖ 단추를 클릭합니다.

TIP 이전에 수행한 필터링 작업을 삭제하면 전체 지점 데이터를 다시 사용할 수 있습니다.

03 [상품] 열에서 원하는 데이터만 필터로 추출하겠습니다. [상품] 열의 목록 단추를 클릭하고 [텍스트 필터]를 선택하면 하위 메뉴에서 다양한 필터 조건을 확인할 수 있습니다. 상품명에 '프로'가 포함된 데이터만 추출하기 위해 [포함]을 선택합니다.

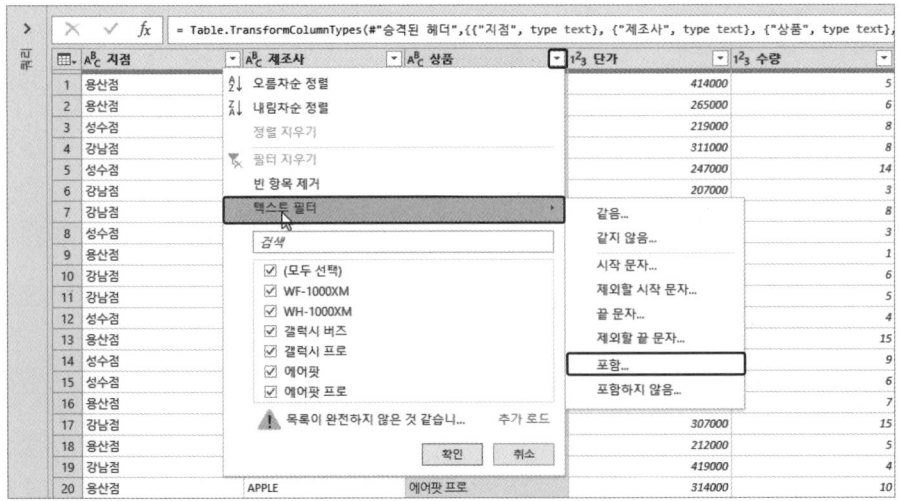

TIP 텍스트 필터 메뉴의 하위 메뉴에는 위의 화면과 같은 필터 조건이 추가되어 있습니다. 기본적인 구성과 사용 방법은 엑셀과 동일하지만, 메뉴를 클릭하고 표시되는 대화상자는 엑셀과 많은 부분에서 차이가 있습니다.

04 [행 필터] 대화상자가 열리면 [포함]이 선택되어 있는 것을 확인하고 값 입력 상자에서 **프로**를 입력한 다음 [확인]을 클릭합니다.

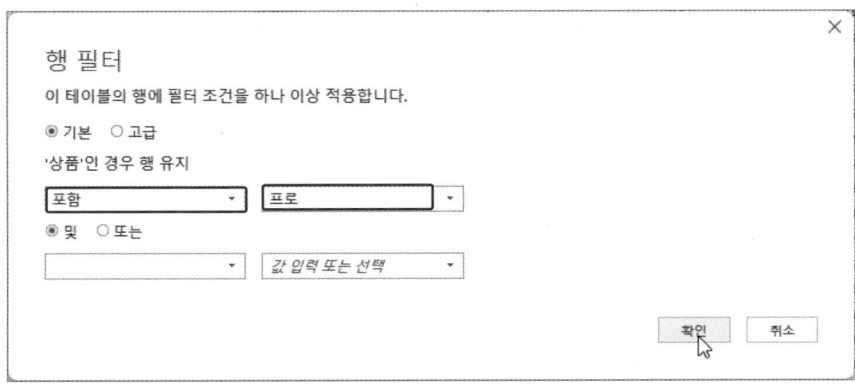

05 [상품] 열을 보면 '갤럭시 프로', '에어팟 프로' 등의 상품만 표시됩니다.

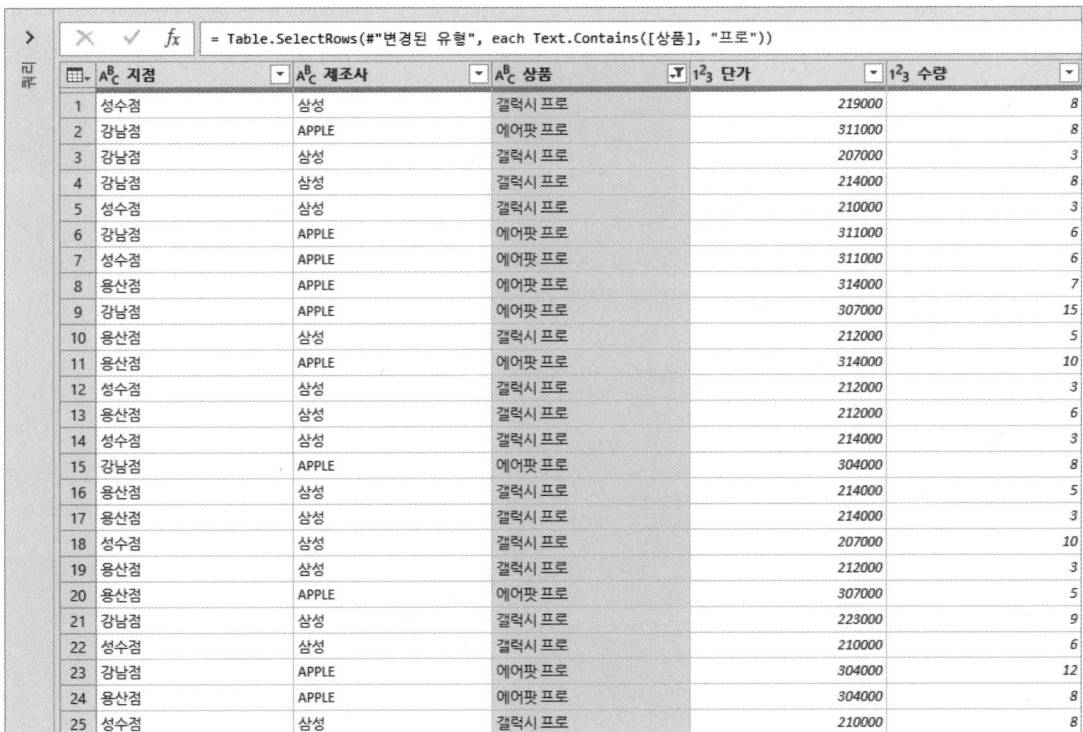

엑셀마스터가 짚어주는 핵심 NOTE

결과 확인하기

뒤에서 [그룹화] 기능을 사용하면 간단하게 결과를 확인할 수 있지만, 이 단계에서 리본 메뉴의 [홈] 탭-[닫기]-그룹-[닫기 및 로드]를 클릭하면 엑셀 피벗 테이블에서도 결과를 확인할 수 있습니다. 아래 화면은 피벗 테이블에서 [상품] 필드 확인란을 추가로 체크한 결과입니다.

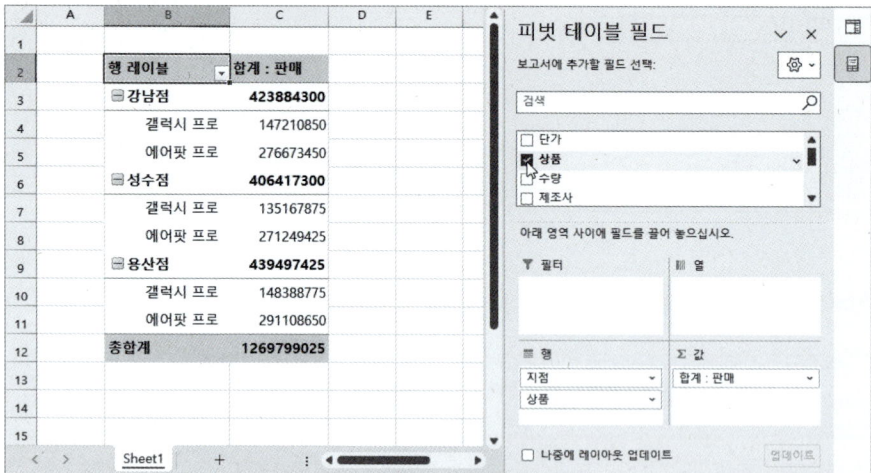

참고로 [Power Query 편집기] 창에서 한 번 엑셀로 로드하면 [닫기 및 다음으로 로드] 명령을 사용할 수 없고 항상 동일한 방법으로만 로드할 수 있습니다.

그러므로 이번 예제 파일은 피벗으로만 쿼리 결과를 로드할 수 있습니다. 이 설정을 바꾸려면 위 화면에서 [쿼리 및 연결] 작업 창으로 전환하고, [sample] 쿼리를 마우스 오른쪽 버튼으로 클릭한 다음 [다음으로 로드]를 클릭해야 합니다.

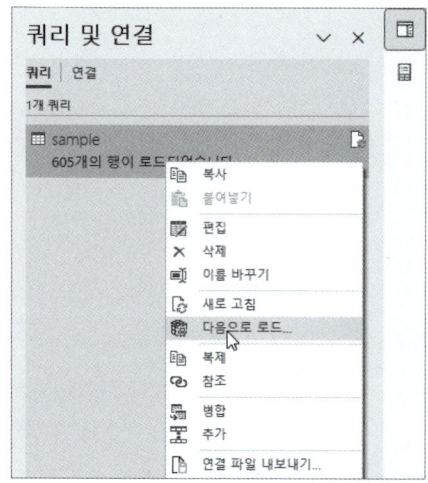

다시 쿼리를 편집하려면 [sample] 쿼리를 더블클릭합니다.

06 필터 조건을 좀 더 다양하게 설정하기 위해 [쿼리 설정] 작업 창의 [적용된 단계]에서 [필터링된 행] 오른쪽의 설정 아이콘을 클릭합니다.

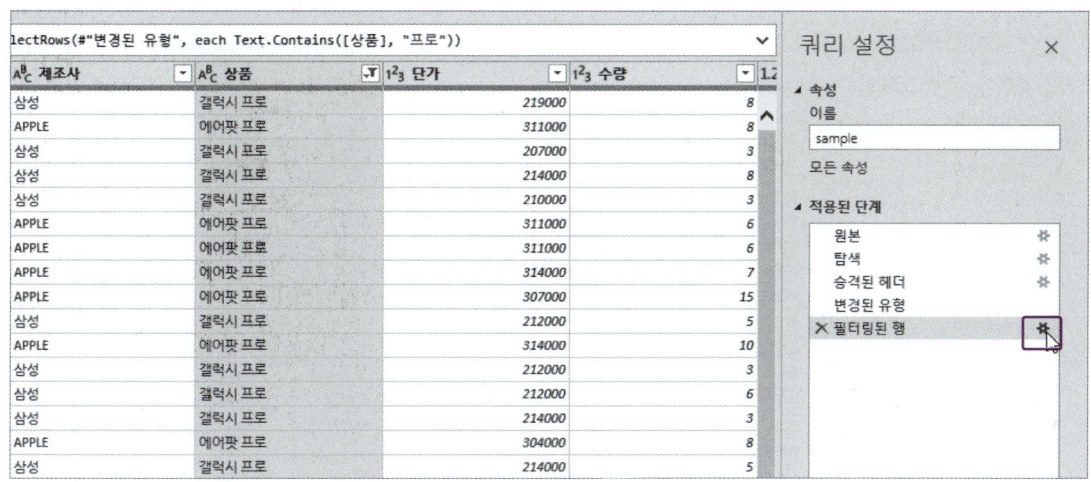

TIP [적용된 단계] 오른쪽의 설정 아이콘을 이용하면 이전 작업의 설정을 변경할 수 있습니다.

07 다시 [행 필터] 대화상자가 열리면 기존 데이터에 '에어팟'으로 시작하는 제품이 추가로 표시되도록 설정을 추가합니다. [또는] 옵션을 선택한 후 [시작 문자], [에어팟]을 차례로 선택하고 [확인]을 클릭합니다.

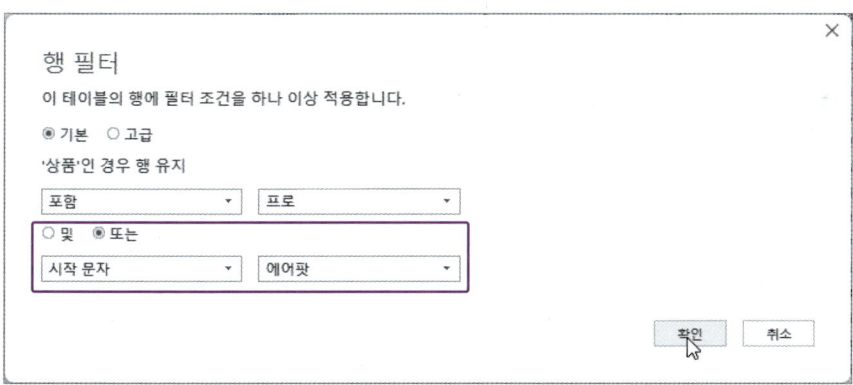

08 '에어팟' 제품도 추가로 표시됩니다.

		ABC 지점	ABC 제조사	ABC 상품	1²₃ 단가	1²₃ 수량
				fx = Table.SelectRows(#"변경된 유형", each Text.Contains([상품], "프로") or Text.StartsWith([상품], "에어팟"))		
	1	용산점	APPLE	에어팟	265000	6
	2	성수점	삼성	갤럭시 프로	219000	8
	3	강남점	APPLE	에어팟 프로	311000	8
	4	성수점	APPLE	에어팟	247000	14
	5	강남점	삼성	갤럭시 프로	207000	3
	6	강남점	삼성	갤럭시 프로	214000	8
	7	성수점	삼성	갤럭시 프로	210000	3
	8	강남점	APPLE	에어팟 프로	311000	6
	9	강남점	APPLE	에어팟	244000	5
	10	용산점	APPLE	에어팟	265000	15
	11	성수점	APPLE	에어팟	258000	9
	12	성수점	APPLE	에어팟 프로	311000	6
	13	용산점	APPLE	에어팟 프로	314000	7
	14	강남점	APPLE	에어팟 프로	307000	15
	15	용산점	삼성	갤럭시 프로	212000	5
	16	용산점	APPLE	에어팟 프로	314000	10
	17	강남점	APPLE	에어팟	247000	10
	18	성수점	삼성	갤럭시 프로	212000	3
	19	용산점	삼성	갤럭시 프로	212000	6
	20	강남점	APPLE	에어팟	252000	13
	21	성수점	APPLE	에어팟	247000	15
	22	용산점	APPLE	에어팟	247000	6
	23	성수점	삼성	갤럭시 프로	214000	3
	24	강남점	APPLE	에어팟 프로	304000	8
	25	용산점	삼성	갤럭시 프로	214000	5

TIP 결과가 맞는지 확인하려면 90페이지의 NOTE 설명을 참고해 피벗을 활용해봅니다.

09 한 번 더 설정을 변경하기 위해 [쿼리 설정] 작업 창의 [적용된 단계]에서 [필터링된 행] 오른쪽의 설정 ⚙ 아이콘을 클릭합니다.

10 [행 필터] 대화상자가 표시되면 [고급] 옵션을 선택하고 하단의 [절 추가]를 클릭합니다.

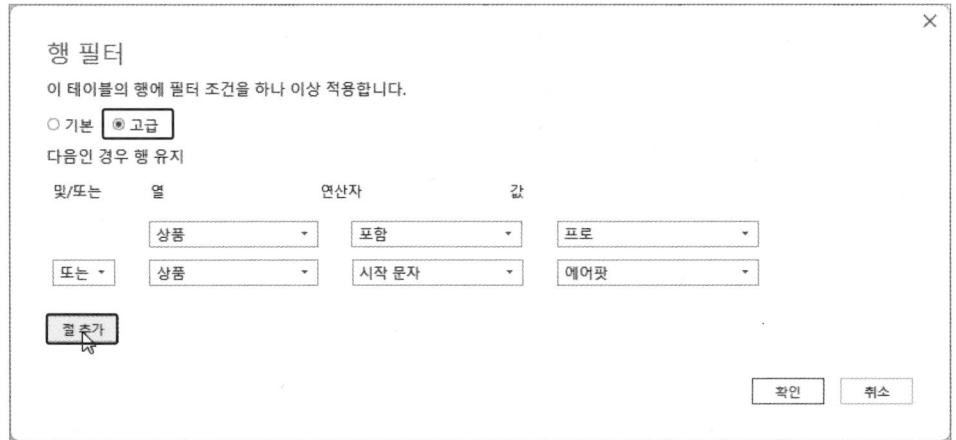

11 새로운 조건을 추가할 수 있는 행이 추가됩니다. 순서대로 [또는], [지점], [같음], [용산점]으로 설정해 용산점 데이터가 모두 표시될 수 있도록 합니다.

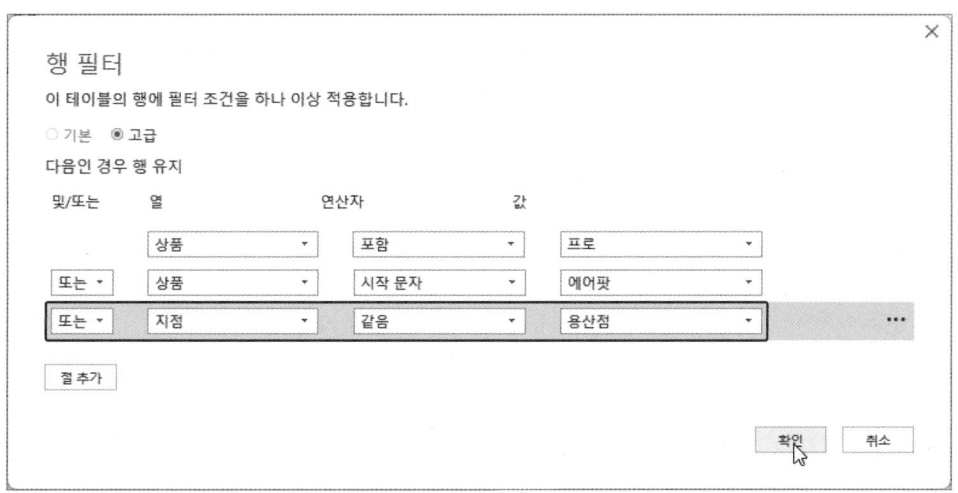

12 화면과 같이 용산점의 다른 판매 데이터도 화면에 표시됩니다.

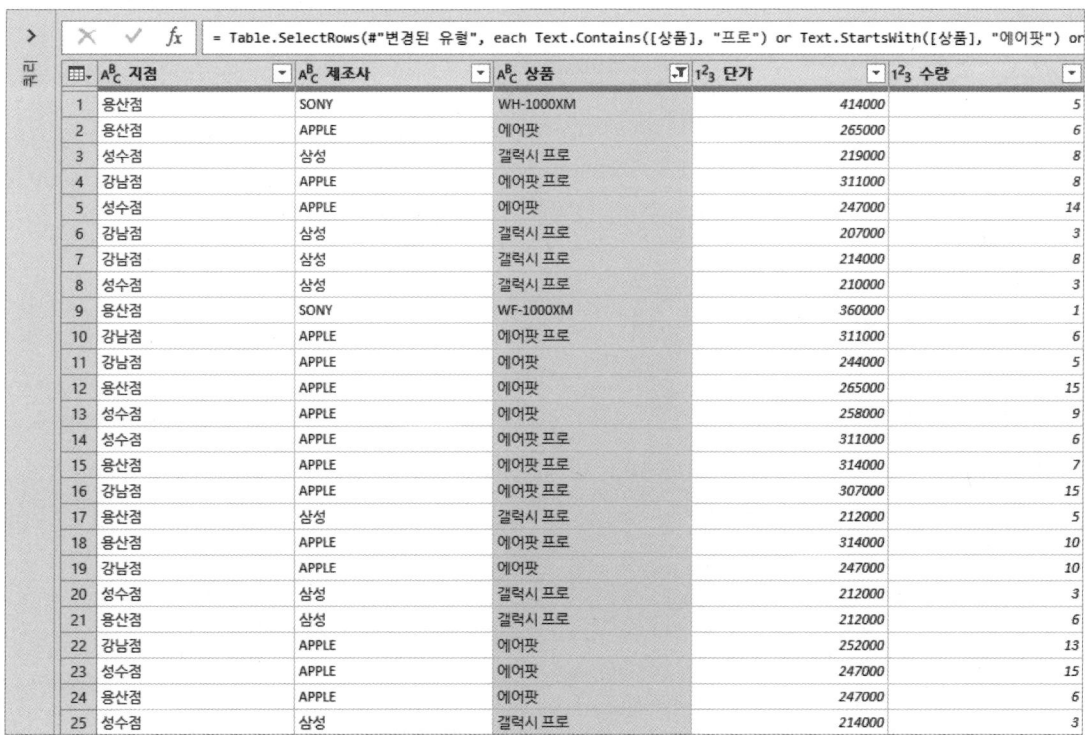

TIP 결과가 맞는지 확인하려면 90페이지의 NOTE 설명을 참고해 피벗을 활용해봅니다.

13 추가한 조건을 변경하거나 우선 순위를 변경할 수도 있습니다. [쿼리 설정] 작업 창의 [적용된 단계]에서 [필터링된 행] 오른쪽의 설정 아이콘을 클릭합니다. 그런 다음 조건 행을 선택하고 오른쪽의 […]을 클릭하면 [삭제], [위로 이동], [아래로 이동]과 같은 하위 메뉴를 확인할 수 있습니다. [취소]를 클릭해 [행 필터] 대화상자를 닫습니다.

14 필터 조건을 삭제하고 새로운 조건을 추가하겠습니다. 먼저 [쿼리 설정] 작업 창의 [적용된 단계]에서 [필터링된 행]의 삭제 단추를 클릭합니다.

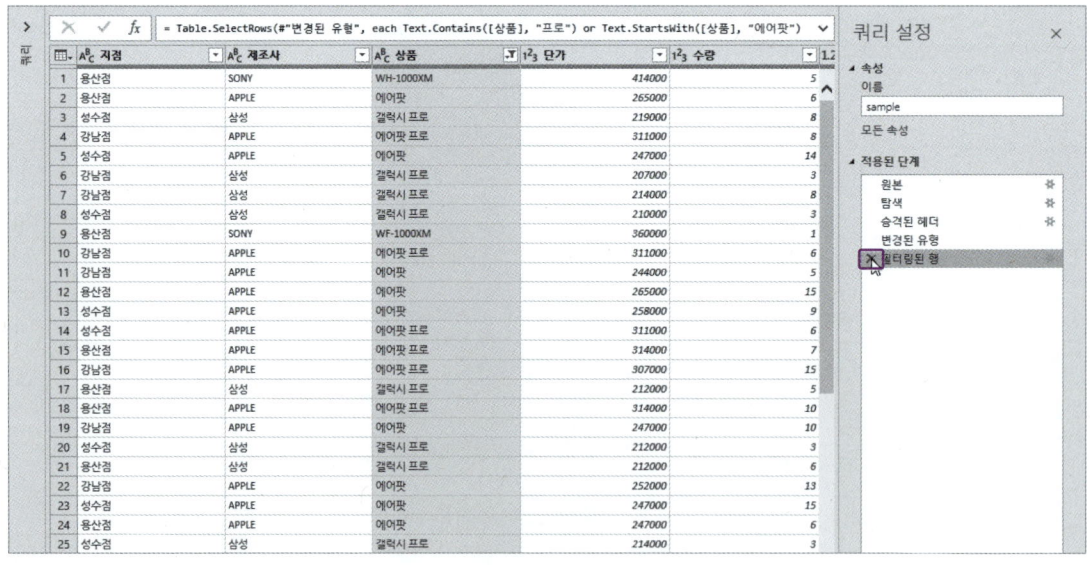

TIP '행 필터'에서 적용된 조건은 조건이 여러 개여도 단계는 한 단계로 이뤄집니다.

15 이번에는 숫자 데이터의 필터 조건을 설정합니다. 거래액이 100만 원~150만 원 사이의 데이터만 가져와 보겠습니다. [판매] 열의 목록 단추를 클릭하고 [숫자 필터]–[사이...]를 선택합니다.

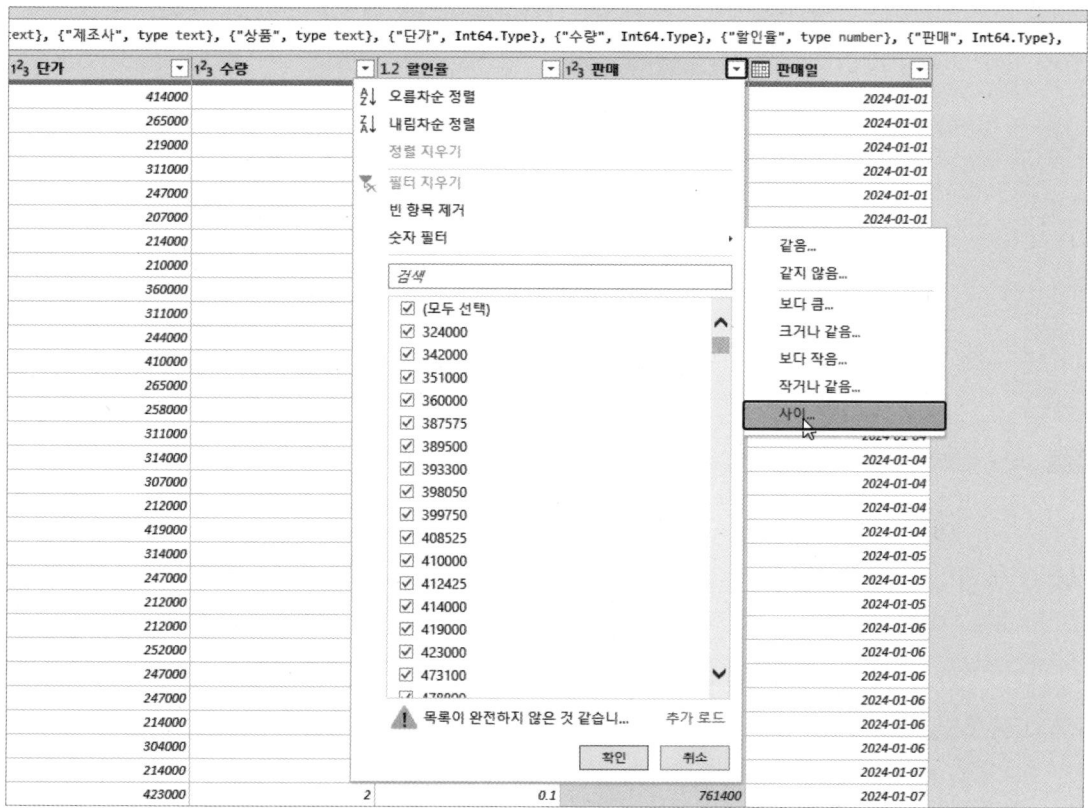

16 [행 필터] 대화상자가 표시되면 순서대로 1000000과 1500000을 입력하고 [확인]을 클릭합니다.

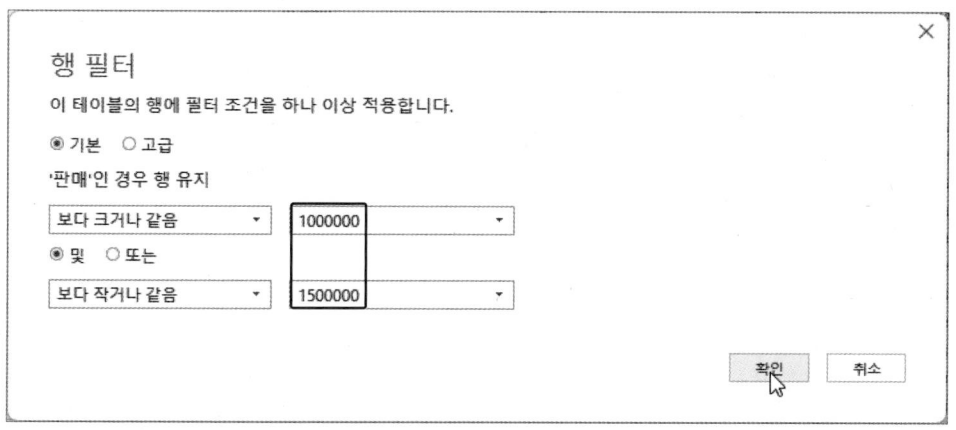

17 [판매] 열에서 100만 원~150만 원 사이의 거래가 이뤄진 데이터만 표시됩니다.

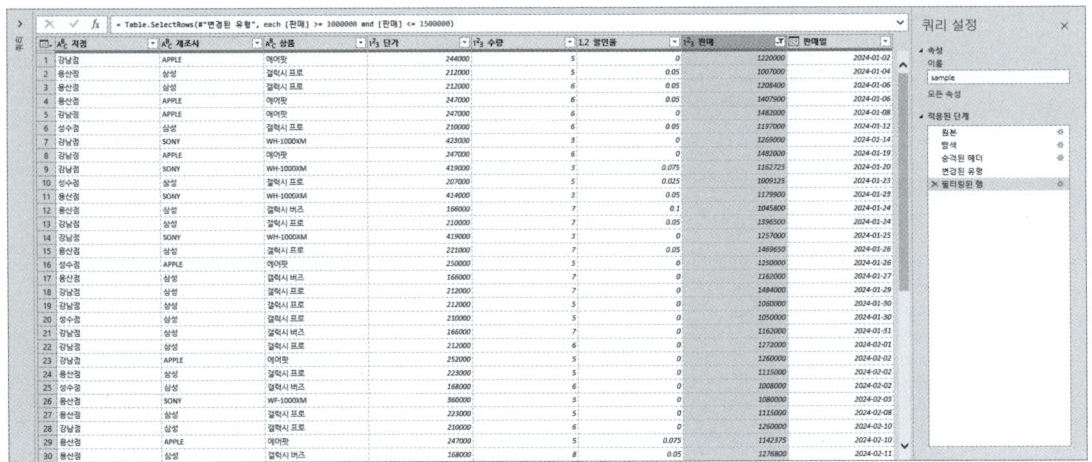

TIP 필터를 설정했으므로 [쿼리 설정] 작업 창의 [적용된 단계]에 [필터링된 행] 항목이 표시됩니다.

18 현재 화면에 표시된 데이터 중에서 '용산점' 데이터만 확인하겠습니다. [지점] 열에서 목록 단추를 클릭하고 [(모두 선택)] 항목의 체크를 해제한 후 [용산점] 항목만 체크하고 [확인]을 클릭합니다.

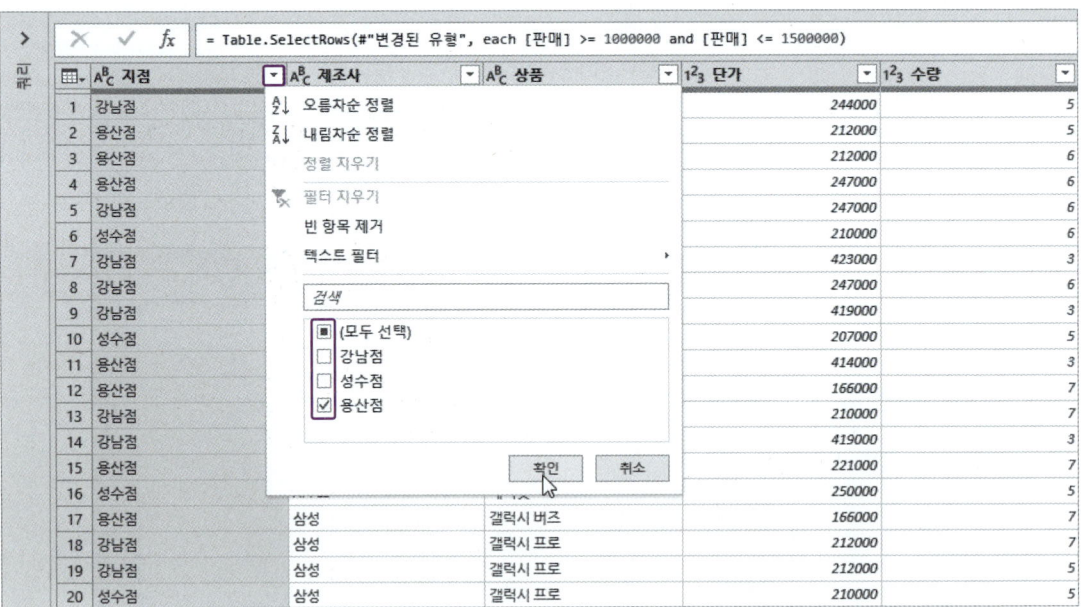

19 이렇게 하면 용산점의 100만 원~150만 원 거래 데이터를 추출할 수 있습니다.

> **TIP** 필터를 열별로 따로 설정했기 때문에 [쿼리 설정] 작업 창 내 [적용된 단계]는 [필터링된 행]과 [필터링된 행1]로 나누어 기록됩니다.

20 마지막으로 날짜 데이터가 있는 열에 필터를 적용하겠습니다. [판매일] 열의 목록 단추를 클릭한 다음 [날짜 필터]–[월]–[7월] 순으로 선택합니다.

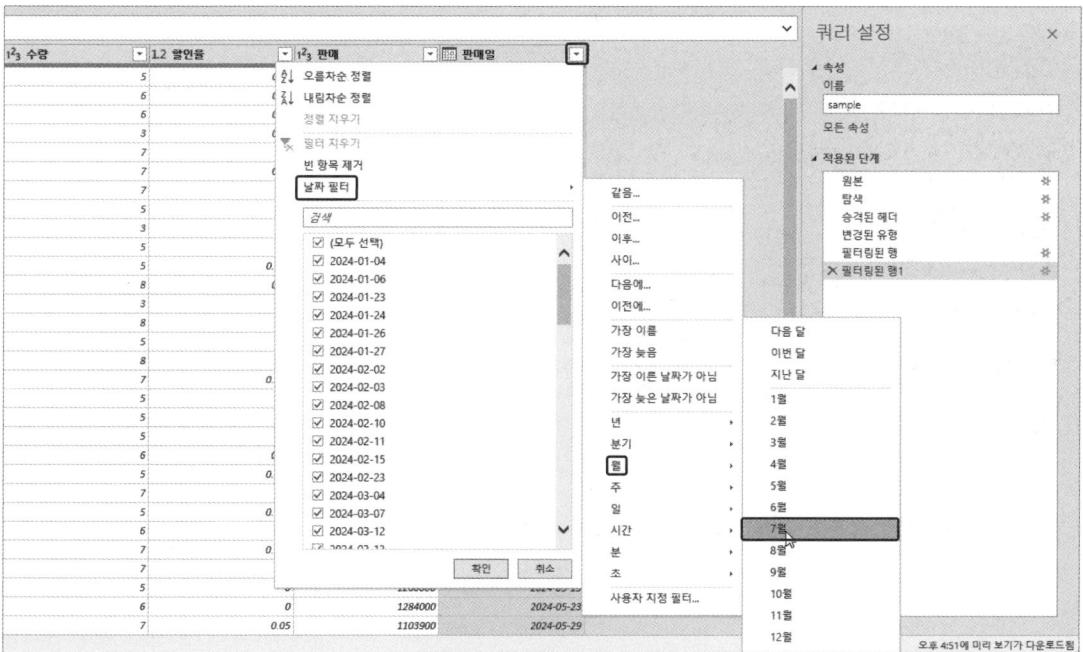

CHAPTER 02 파워 쿼리에서 가장 많이 활용되는 8가지 기능 · **97**

21 [쿼리 설정] 작업 창의 [적용된 단계]에 [필터링된 행2] 단계가 생성되면서 원하는 조건의 데이터만 확인할 수 있습니다.

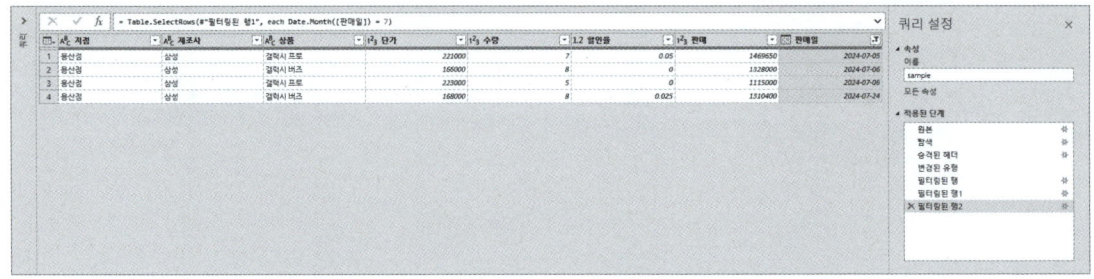

> **TIP** 이번 실습은 여기서 끝이지만, 다양한 방법으로 원하는 데이터만 직접 필터링해보면서 실력을 키우기 바랍니다.

SECTION 05

기능 ⑤ **데이터 정렬**

쿼리는 데이터를 정렬해 반환할 수 있습니다. 엑셀에는 [오름차순 정렬], [내림차순 정렬] 외에 [정렬] 메뉴가 별도로 있지만, 파워 쿼리에는 [오름차순 정렬]과 [내림차순 정렬] 메뉴만 있습니다. 또한 엑셀과 파워 쿼리의 정렬 방식에는 차이가 있으므로, 이러한 차이를 잘 이해해야 실수 없이 원하는 결과를 얻을 수 있습니다.

원본 데이터를 원하는 방법으로 정렬하는 방법 이해하기

예제 파일 CHAPTER 02 \ 정렬.xlsx

01 예제 파일을 열면 각 지점의 제품 판매현황 표가 있습니다.

지점	제조사	상품	판매량	매출
강남점	APPLE	에어팟	510	₩ 125,868,628
강남점	APPLE	에어팟 프로	449	₩ 136,344,676
강남점	SONY	WF-1000XM	42	₩ 14,841,000
강남점	SONY	WH-1000XM	173	₩ 70,433,775
강남점	삼성	갤럭시 버즈	168	₩ 27,604,700
강남점	삼성	갤럭시 프로	699	₩ 147,210,850
성수점	APPLE	에어팟	795	₩ 195,587,880
성수점	APPLE	에어팟 프로	467	₩ 141,049,701
성수점	SONY	WF-1000XM	53	₩ 18,531,000
성수점	SONY	WH-1000XM	176	₩ 71,243,175
성수점	삼성	갤럭시 버즈	274	₩ 44,742,850
성수점	삼성	갤럭시 프로	644	₩ 135,167,875
용산점	APPLE	에어팟	439	₩ 107,716,264
용산점	APPLE	에어팟 프로	432	₩ 130,998,892
용산점	SONY	WF-1000XM	36	₩ 12,708,000
용산점	SONY	WH-1000XM	161	₩ 65,439,525
용산점	삼성	갤럭시 버즈	257	₩ 41,526,550
용산점	삼성	갤럭시 프로	705	₩ 148,388,775

TIP 위 표는 [지점], [제조사], [상품] 열 순으로 정렬되어 있습니다.

02 엑셀에서 매출 순으로 간단하게 정렬하겠습니다. [F3] 셀을 선택하고 리본 메뉴의 [데이터] 탭-[정렬 및 필터] 그룹-[내림차순 정렬 ↓]을 클릭합니다.

	지점	제조사	상품	판매량	매출
3	성수점	APPLE	에어팟	795	₩ 195,587,880
4	용산점	삼성	갤럭시 프로	705	₩ 148,388,775
5	강남점	삼성	갤럭시 프로	699	₩ 147,210,850
6	성수점	APPLE	에어팟 프로	467	₩ 141,049,701
7	강남점	APPLE	에어팟 프로	449	₩ 136,344,676
16	용산점	삼성	갤럭시 버즈	257	₩ 41,526,550
17	강남점	삼성	갤럭시 버즈	168	₩ 27,604,700
18	성수점	SONY	WF-1000XM	53	₩ 18,531,000
19	강남점	SONY	WF-1000XM	42	₩ 14,841,000
20	용산점	SONY	WF-1000XM	36	₩ 12,708,000

TIP F열의 매출 순으로 데이터가 정렬됩니다.

03 실행 취소(Ctrl + Z)를 하지 않고 다시 원래 순서([지점]-[제조사]-[상품])대로 정렬해보겠습니다. 엑셀에서 정렬 작업은 원하는 순서의 반대로 진행해야 합니다. 먼저 [상품] 열의 첫 번째 셀인 [D3] 셀을 선택하고, 리본 메뉴의 [데이터] 탭-[정렬 및 필터] 그룹-[오름차순 정렬 ↑]을 클릭합니다.

04 이번에는 [제조사] 열의 첫 번째 셀인 [C3] 셀을 선택하고 리본 메뉴의 [데이터] 탭-[정렬 및 필터] 그룹-[오름차순 정렬 ↑]을 클릭합니다.

05 마지막으로 [지점] 열의 첫 번째 셀인 [B3] 셀을 선택하고 리본 메뉴의 [데이터] 탭-[정렬 및 필터] 그룹-[오름차순 정렬]을 클릭합니다. 다음과 같이 원래 순서로 정렬됩니다.

	A	B	C	D	E	F	G	H
1								
2		지점	제조사	상품	판매량	매출		
3		강남점	APPLE	에어팟	510	₩ 125,868,628		
4		강남점	APPLE	에어팟 프로	449	₩ 136,344,676		
5		강남점	SONY	WF-1000XM	42	₩ 14,841,000		
6		강남점	SONY	WH-1000XM	173	₩ 70,433,775		
7		강남점	삼성	갤럭시 버즈	168	₩ 27,604,700		
16		용산점	APPLE	에어팟 프로	432	₩ 130,998,892		
17		용산점	SONY	WF-1000XM	36	₩ 12,708,000		
18		용산점	SONY	WH-1000XM	161	₩ 65,439,525		
19		용산점	삼성	갤럭시 버즈	257	₩ 41,526,550		
20		용산점	삼성	갤럭시 프로	705	₩ 148,388,775		
21								

06 복잡하게 작업하지 않고 한 번에 여러 열을 순서대로 정렬하려면 [정렬] 메뉴를 이용합니다. 지점별로 높은 순으로 정렬해보겠습니다. 리본 메뉴의 [데이터] 탭-[정렬 및 필터] 그룹-[정렬]을 클릭합니다.

07 [정렬] 대화상자가 표시되면 [기준 추가]를 클릭하고 다음과 같이 정렬 순서를 지정한 다음 [확인]을 클릭합니다.

- 지점 : 오름차순 정렬
- 매출 : 내림차순 정렬

TIP [정렬] 대화상자에서 설정한 순서대로 정렬됩니다.

08 정렬된 결과가 제대로 표시됐는지 확인하기 위해 '강남점' 데이터 범위([B3:F8])를 선택해보면, 해당 지점에서 매출이 높은 순으로 정렬되어 있는 것을 확인할 수 있습니다.

지점	제조사	상품	판매량	매출
강남점	삼성	갤럭시 프로	699	₩ 147,210,850
강남점	APPLE	에어팟 프로	449	₩ 136,344,676
강남점	APPLE	에어팟	510	₩ 125,868,628
강남점	SONY	WH-1000XM	173	₩ 70,433,775
강남점	삼성	갤럭시 버즈	168	₩ 27,604,700
강남점	SONY	WF-1000XM	42	₩ 14,841,000
성수점	APPLE	에어팟	795	₩ 195,587,880
성수점	APPLE	에어팟 프로	467	₩ 141,049,701
성수점	삼성	갤럭시 프로	644	₩ 135,167,875
성수점	SONY	WH-1000XM	176	₩ 71,243,175
성수점	삼성	갤럭시 버즈	274	₩ 44,742,850
성수점	SONY	WF-1000XM	53	₩ 18,531,000
용산점	삼성	갤럭시 프로	705	₩ 148,388,775
용산점	APPLE	에어팟 프로	432	₩ 130,998,892
용산점	APPLE	에어팟	439	₩ 107,716,264
용산점	SONY	WH-1000XM	161	₩ 65,439,525
용산점	삼성	갤럭시 버즈	257	₩ 41,526,550
용산점	SONY	WF-1000XM	36	₩ 12,708,000

09 이번에는 파워 쿼리를 이용해 데이터를 정렬해보겠습니다. [B3] 셀을 선택하고 리본 메뉴의 [데이터] 탭-[데이터 가져오기 및 변환] 그룹-[테이블/범위에서 ▦]를 클릭합니다. [표 만들기] 대화상자가 열리면 [확인]을 클릭합니다.

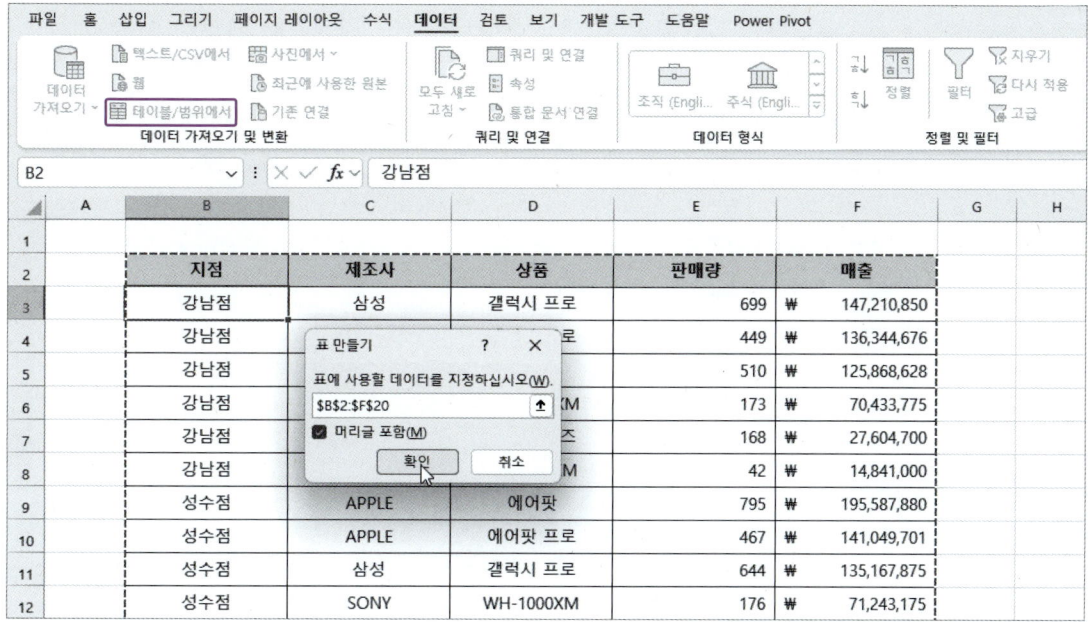

10 [Power Query 편집기] 창이 열리고, 미리보기 화면에 원본 표의 정렬 결과가 동일하게 표시됩니다.

11 매출 순으로 데이터를 표시하기 위해 [매출] 열을 선택하고 리본 메뉴의 [홈] 탭-[정렬] 그룹-[내림차순 정렬 ↓]을 클릭합니다.

TIP 매출 순으로 쿼리 데이터가 표시됩니다.

12 다시 지점별로 정렬하기 위해 [지점] 열을 선택하고 리본 메뉴의 [홈] 탭-[정렬] 그룹-[오름차순 정렬 ↑]을 클릭합니다.

엑셀마스터가 짚어주는 핵심 NOTE

왜 [지점] 열은 정렬되지 않을까?

[지점] 열은 사용자가 요청한 대로 정렬되었지만, 마치 정렬되지 않은 것처럼 보여 당황스러울 수 있습니다. 데이터가 이렇게 표시되는 이유는 [쿼리 설정] 작업 창의 [적용된 단계]를 확인하면 알 수 있습니다.

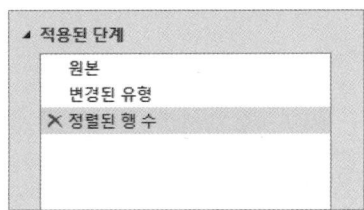

11~12 과정에서 두 번의 정렬 작업을 했는데 [정렬된 행 수] 단계는 하나만 표시됩니다. 이것을 통해 11 과정과 12 과정의 작업이 하나의 정렬로 처리되었음을 알 수 있습니다. 더 정확히 알려면 머리글 위치의 아래 화살표 왼쪽 부분을 자세하게 확인해야 합니다.

위 그림에서 확인할 수 있듯이 [매출] 열은 목록 단추 위치에 숫자 1과 아래 화살표(↓)가, [지점] 열은 숫자 2와 위 화살표(↑)가 표시됩니다.

이는 정렬 작업이 [매출] 열을 첫 번째(1) 기준으로 내림차순(↓) 정렬하고, [지점] 열을 두 번째(2) 기준으로 오름차순(↑) 정렬했음을 나타냅니다.

따라서 첫 번째 기준인 매출 순으로 정렬된 상태에서 동일한 매출은 지점명이 오름차순으로 정렬되어야 하지만, 매출은 현재 고유한 값만 있으므로 지점이 정렬되지 않은 것처럼 보이는 것입니다.

13 원하는 순서대로 정렬하기 위해 이전 정렬 작업을 취소합니다. [쿼리 설정] 작업 창의 [적용된 단계]에서 [정렬된 행 수] 단계의 삭제 ✕ 단추를 클릭해 제거합니다.

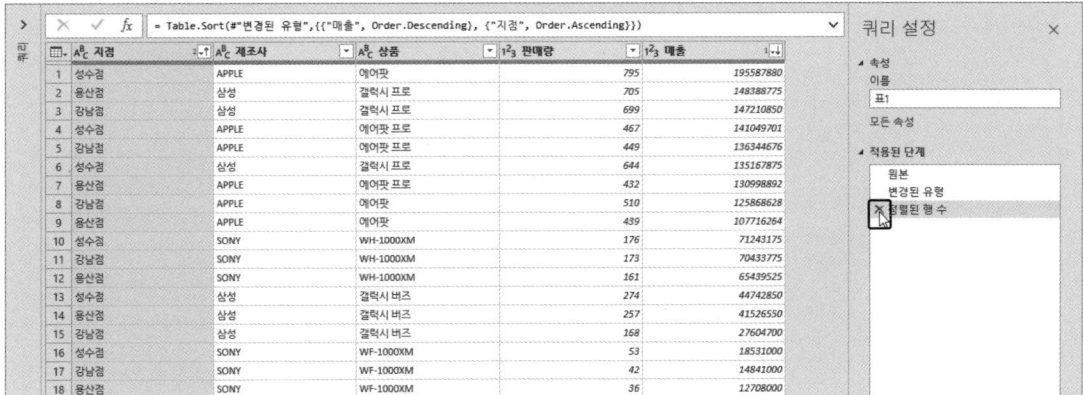

14 [지점]-[제조사]-[상품] 열 순으로 데이터가 표시되도록 정렬하겠습니다. [지점] 열을 선택하고 리본 메뉴의 [홈] 탭-[정렬] 그룹-[오름차순 정렬]을 클릭합니다.

TIP 파워 쿼리는 엑셀과 다르게 정렬할 순서대로 열을 정렬하면 됩니다.

15 [제조사] 열을 선택하고 리본 메뉴의 [홈] 탭-[정렬] 그룹-[오름차순 정렬]을 클릭합니다.

16 [상품] 열을 선택하고 리본 메뉴의 [홈] 탭-[정렬] 그룹-[오름차순 정렬]을 클릭합니다.

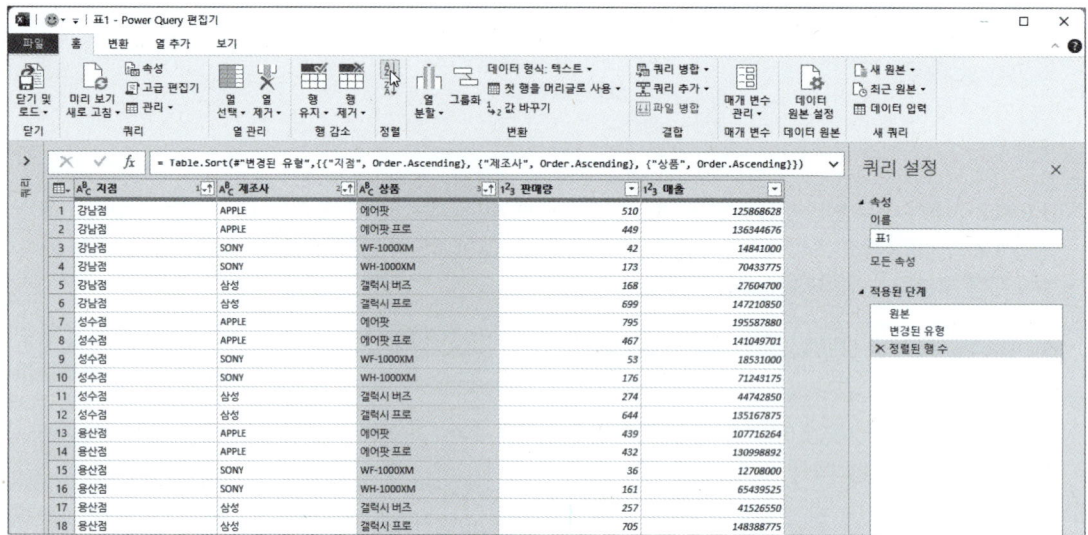

TIP 정렬 결과가 원하는 순서대로([지점]-[제조사]-[상품] 순) 정렬됐는지 확인합니다. 파워 쿼리가 엑셀에서 정렬 작업을 진행하는 것보다 더 직관적입니다.

SECTION 06

기능 ⑥ 열 제거와 열 선택

파워 쿼리는 원본 데이터를 가져올 때 원하는 열만 선택하거나 필요 없는 열을 제거할 수 있습니다. 이 작업은 필터와 비슷하지만 행이 아닌 열을 대상으로 한다는 점이 다릅니다. 필터에서도 언급했듯이 쿼리는 필요한 데이터만 가져오고, 추가 데이터가 필요할 때는 쿼리를 수정하는 방식이 효율적입니다.

[열 제거]와 [열 선택]은 동전의 양면과 같은 기능이므로 둘 중 편한 방법을 사용해 원하는 열을 가져옵니다.

다른 표에서 필요한 열만 선택해 가져오는 방법 이해하기

예제 파일 CHAPTER 02 \ 열 제거, 열 선택.xlsx

01 예제 파일을 열면 다음과 같은 판매 데이터를 확인할 수 있습니다. 재고를 파악하기 위해 다른 파일에서 이 파일에 접근해 [제조사], [상품], [수량] 열로 판매된 수량을 요약하고 싶다고 가정하겠습니다.

	A	B	C	D	E	F	G	H
1	지점	제조사	상품	단가	수량	할인율	판매	판매일
2	용산점	SONY	WH-1000XM	414,000	5	0.0%	2,070,000	2024-01-01
3	용산점	APPLE	에어팟	265,000	6	0.0%	1,590,000	2024-01-01
4	성수점	삼성	갤럭시 프로	219,000	8	0.0%	1,752,000	2024-01-01
5	강남점	APPLE	에어팟 프로	311,000	8	0.0%	2,488,000	2024-01-01
6	성수점	APPLE	에어팟	247,000	14	0.0%	3,458,000	2024-01-01
7	강남점	삼성	갤럭시 프로	207,000	3	0.0%	621,000	2024-01-01
8	강남점	삼성	갤럭시 프로	214,000	8	10.0%	1,540,800	2024-01-02
9	성수점	삼성	갤럭시 프로	210,000	3	10.0%	567,000	2024-01-02
10	용산점	SONY	WF-1000XM	360,000	1	10.0%	324,000	2024-01-02
1244	강남점	APPLE	에어팟	247,000	14	5.0%	3,285,100	2024-12-29
1245	성수점	삼성	갤럭시 프로	212,000	8	5.0%	1,611,200	2024-12-29
1246	용산점	APPLE	에어팟	265,000	13	7.5%	3,186,625	2024-12-29
1247	강남점	SONY	WH-1000XM	419,000	2	7.5%	775,150	2024-12-29
1248	용산점	삼성	갤럭시 버즈	168,000	10	7.5%	1,554,000	2024-12-30
1249	강남점	삼성	갤럭시 프로	214,000	7	7.5%	1,385,650	2024-12-30
1250	성수점	삼성	갤럭시 버즈	166,000	3	7.5%	460,650	2024-12-30
1251	용산점	삼성	갤럭시 프로	214,000	8	5.0%	1,626,400	2024-12-31
1252	성수점	APPLE	에어팟	247,000	9	5.0%	2,111,850	2024-12-31

02 예제 파일은 닫고 빈 엑셀 파일을 하나 연 다음 리본 메뉴의 [데이터] 탭–[데이터 가져오기 및 변환] 그룹–[데이터 가져오기]를 클릭한 다음 [파일에서]–[Excel 통합 문서에서]를 선택합니다.

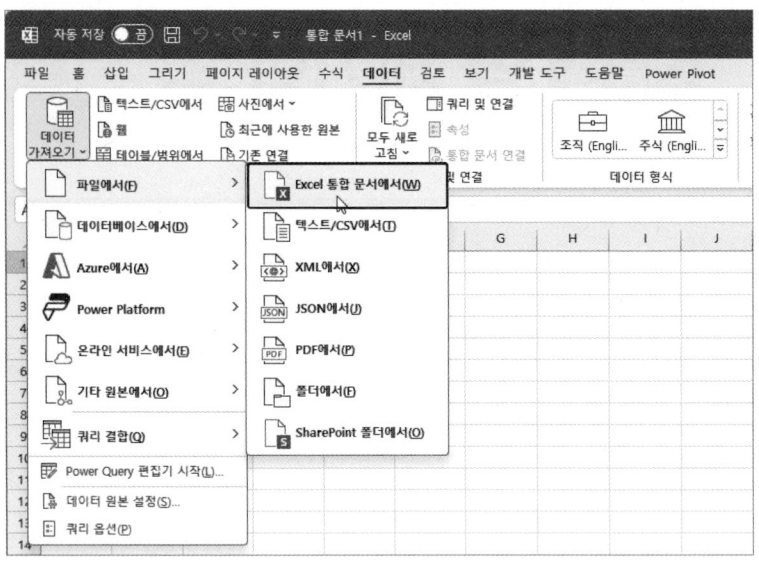

03 [데이터 가져오기] 대화상자가 표시되면 예제 파일이 저장된 폴더에서 [열 제거, 열 선택.xlsx] 파일을 선택하고 [가져오기]를 클릭합니다.

04 [탐색 창]이 표시되면 [sample] 시트를 선택하고 [데이터 변환]을 클릭합니다.

05 [Power Query 편집기] 창에 [sample] 시트의 표 데이터가 그대로 표시됩니다. 원하는 열만 남겨 놓기 위해 필요한 열인 [제조사], [상품], [수량] 열을 Ctrl 을 눌러 선택합니다. 리본 메뉴의 [홈] 탭–[열 관리] 그룹–[열 제거]의 목록 단추를 클릭하고 [다른 열 제거]를 선택합니다.

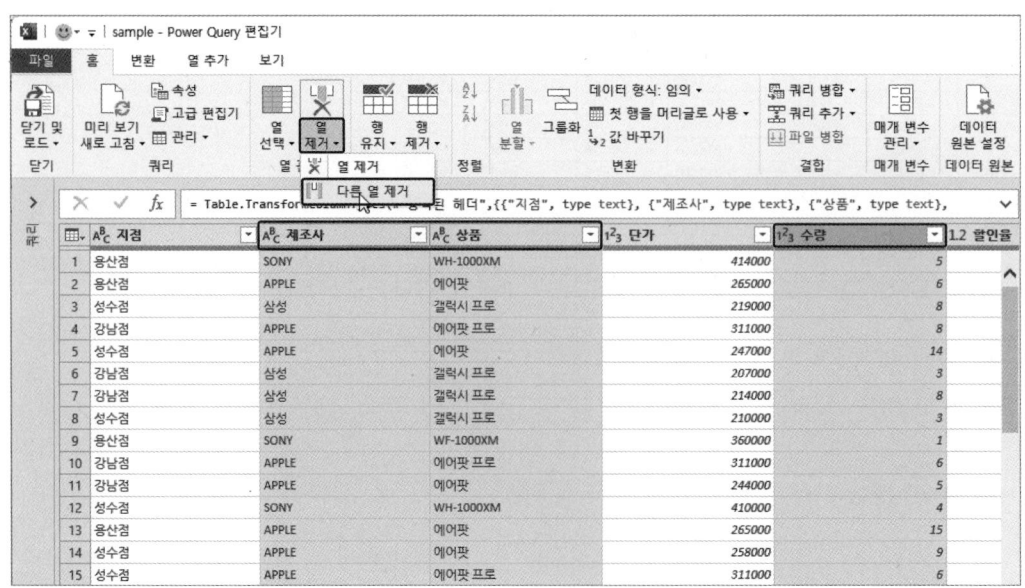

엑셀마스터가 짚어주는 핵심 NOTE

[다른 열 제거]를 더 쉽게 실행하는 방법

원본 데이터에서 가져올 열이 적을 때는 리본 메뉴로 작업하는 것보다 단축 메뉴를 사용하는 방법이 더 간편합니다. 가져올 열을 선택한 상태에서 마우스 오른쪽 버튼을 클릭하여 단축 메뉴의 [다른 열 제거]를 선택합니다.

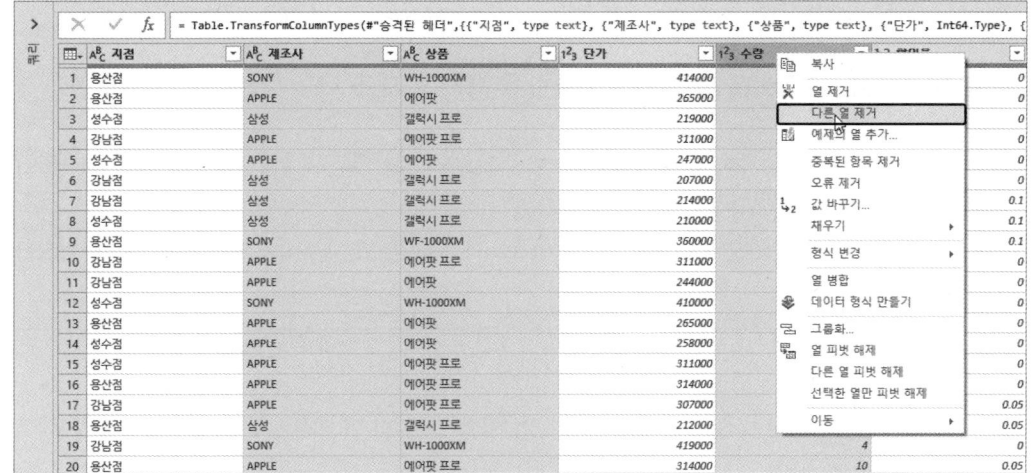

참고로 파워 쿼리 미리보기 화면에서 열을 제거해도 원본 파일의 데이터는 그대로 유지됩니다.

06 선택한 열을 제외한 나머지 열이 모두 삭제됩니다.

엑셀마스터가 짚어주는 핵심 NOTE

이번 작업에서 확인해야 하는 곳

원하는 결과를 얻었지만 파워 쿼리를 더 깊이 이해하려면 [쿼리 설정] 작업 창의 [적용된 단계]와 수식 입력줄을 꼼꼼히 확인해야 합니다.

[적용된 단계]에는 '제거된 다른 열 수'라고 기록되었고, 수식 입력줄에는 다음과 같은 수식이 표시됩니다.

> =Table.SelectColumns(#"변경된 유형", {"제조사", "상품", "수량"})

위에서 강조했듯 이번 작업엔 Table.SelectColumns라는 함수가 사용됐으며 함수 내에 선택했던 열 이름이 사용되고 있습니다.

[수식 입력줄]이 표시되지 않으면 리본 메뉴의 [보기] 탭–[레이아웃] 그룹–[수식 입력줄]의 확인란에 체크합니다.

07 다른 방법으로 작업해보기 위해 [쿼리 설정] 작업 창의 [적용된 단계]에서 [제거된 다른 열 수]의 삭제 ✕ 단추를 클릭해 이전 작업을 취소합니다.

08 이번에는 리본 메뉴의 [홈] 탭–[열 관리] 그룹–[열 선택]을 클릭합니다.

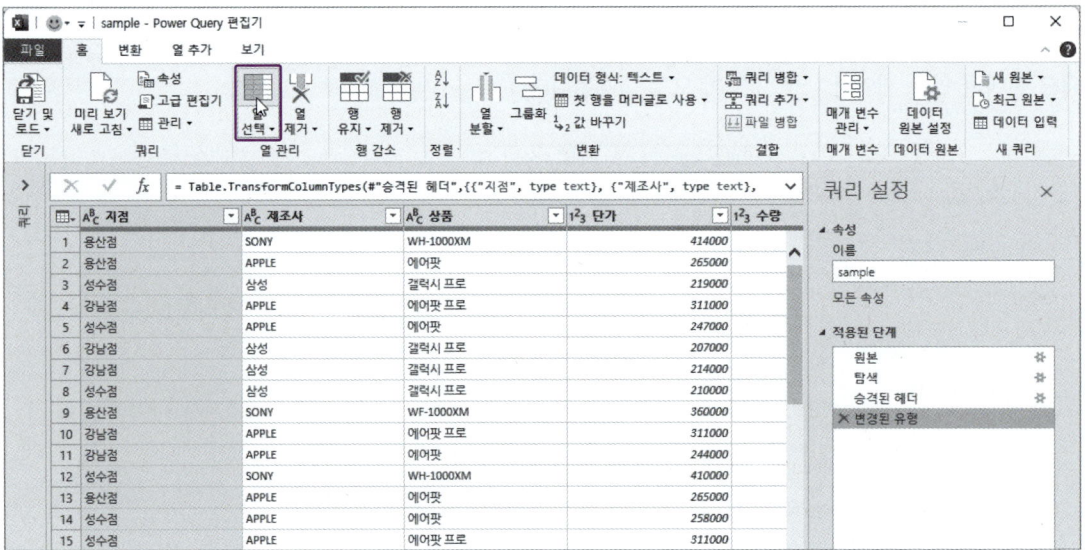

09 [열 선택] 대화상자가 표시되면 [(모든 열 선택)] 확인란의 체크를 해제하고 [제조사], [상품], [수량] 확인란만 체크한 다음 [확인]을 클릭합니다.

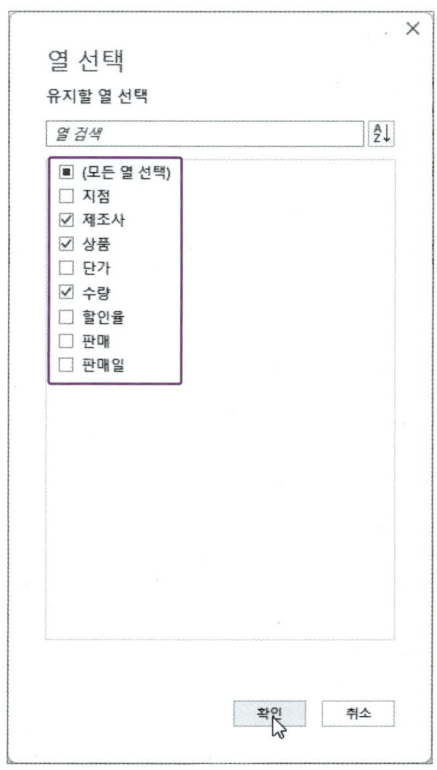

10 [다른 열 제거] 명령을 사용했을 때와 동일한 결과를 얻을 수 있습니다.

CHAPTER 02 파워 쿼리에서 가장 많이 활용되는 8가지 기능 · **111**

엑셀마스터가 짚어주는 핵심 NOTE

[다른 열 제거] 명령과 [열 선택] 명령은 다를까?

이번 작업 후 [쿼리 설정] 작업 창의 [적용된 단계]를 보면 [제거된 다른 열 수]라고 기록되며 수식 입력줄에도 이전과 동일한 수식이 표시됩니다.

=Table.SelectColumns(#"변경된 유형", {"제조사", "상품", "수량"})

이것을 통해 [다른 열 제거]와 [열 선택]은 메뉴만 다를 뿐 동일한 작업임을 확인할 수 있습니다.

---

11 다시 한번 더 작업하기 위해 [쿼리 설정] 작업 창의 [적용된 단계]에서 [제거된 다른 열 수]의 삭제 ⓧ 단추를 클릭해 이전 작업을 취소합니다.

12 이번에는 삭제할 열을 모두 선택하고 [열 제거] 메뉴를 이용해보겠습니다. Ctrl 을 누른 상태에서 [지점], [단가], [할인율], [판매], [판매일] 열을 모두 선택하고, 리본 메뉴의 [홈] 탭-[열 관리] 그룹-[열 제거 ⓧ]를 클릭합니다.

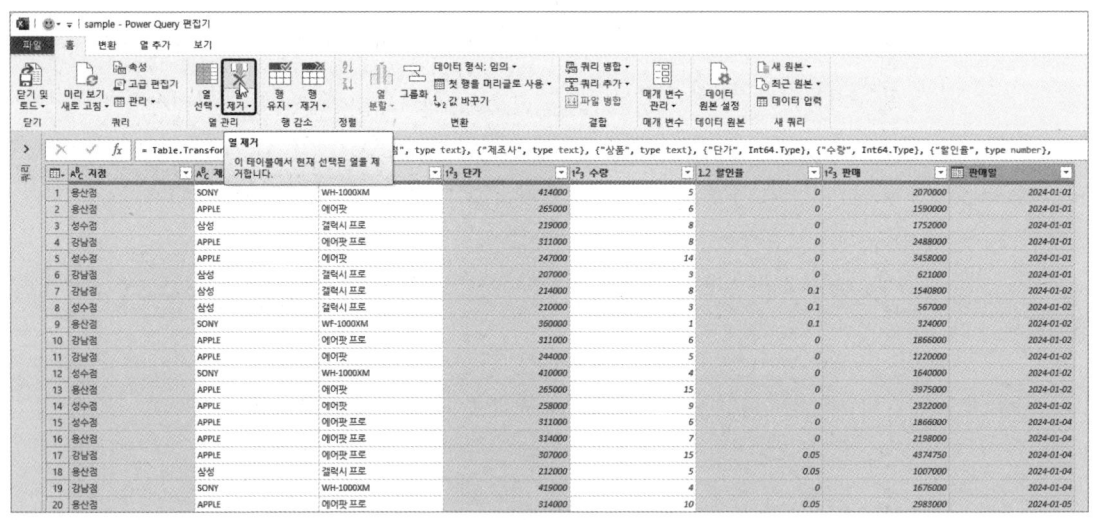

> **TIP** 선택한 열 머리글을 마우스 오른쪽 버튼으로 클릭하고 [열 제거]를 클릭해도 됩니다.

13 이전과 동일하게 [제조사], [상품], [수량] 열만 남겨진 결과를 얻을 수 있습니다.

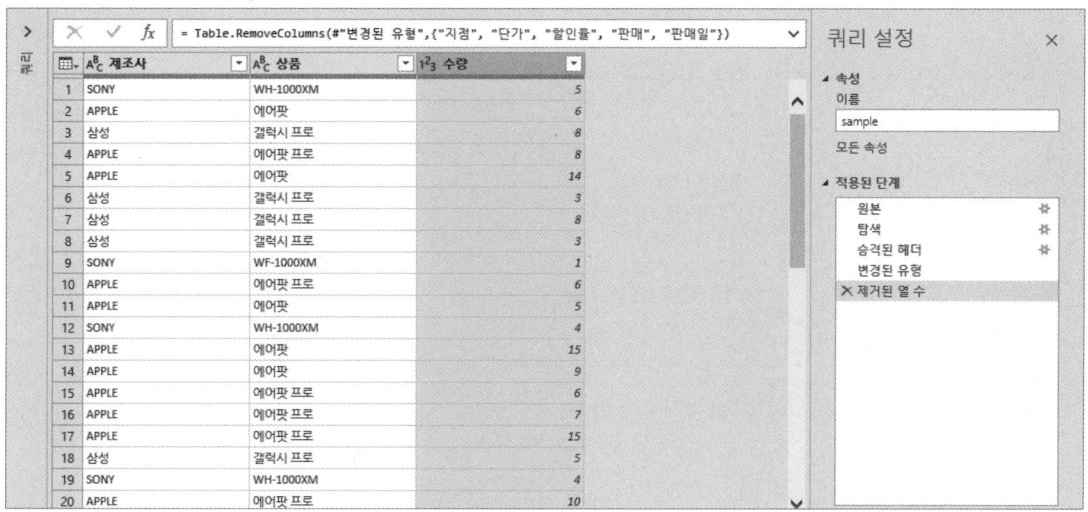

 엑셀마스터가 짚어주는 핵심 NOTE

[열 제거]는 [다른 열 제거]와 [열 선택] 명령과 동일할까?

이번 작업 후 [쿼리 설정] 작업 창의 [적용된 단계]를 보면 [제거된 열 수]라고 기록되며 수식 입력줄에는 다음과 같은 수식이 표시됩니다.

> **=Table.RemoveColumns(#"변경된 유형", {"지점", "단가", "할인율", "판매", "판매일"})**

이것을 통해 [열 제거]는 [다른 열 제거]와 [열 선택]과는 다르다는 것을 알 수 있습니다. 예를 들어 원본에 새로운 열이 추가될 경우 [다른 열 제거]와 [열 선택]은 추가된 열도 함께 제거되지만, [열 제거]는 열 제거의 대상 열이 아니기 때문에 추가된 열은 여기에 나타납니다.

그러므로 원하는 결과에 따라 [열 제거] 명령과 [다른 열 제거], [열 선택] 명령을 구분해 사용해야 합니다.

14 이제 결과를 엑셀로 보내 피벗으로 집계해보겠습니다. 리본 메뉴의 [파일] 탭-[닫기 및 다음으로 로드]를 클릭합니다.

15 [데이터 가져오기] 대화상자가 표시되면 [피벗 테이블 보고서] 옵션과 [기존 워크시트] 옵션을 선택한 다음 피벗 테이블 보고서 위치로 [B2] 셀을 선택하고 [확인]을 클릭합니다.

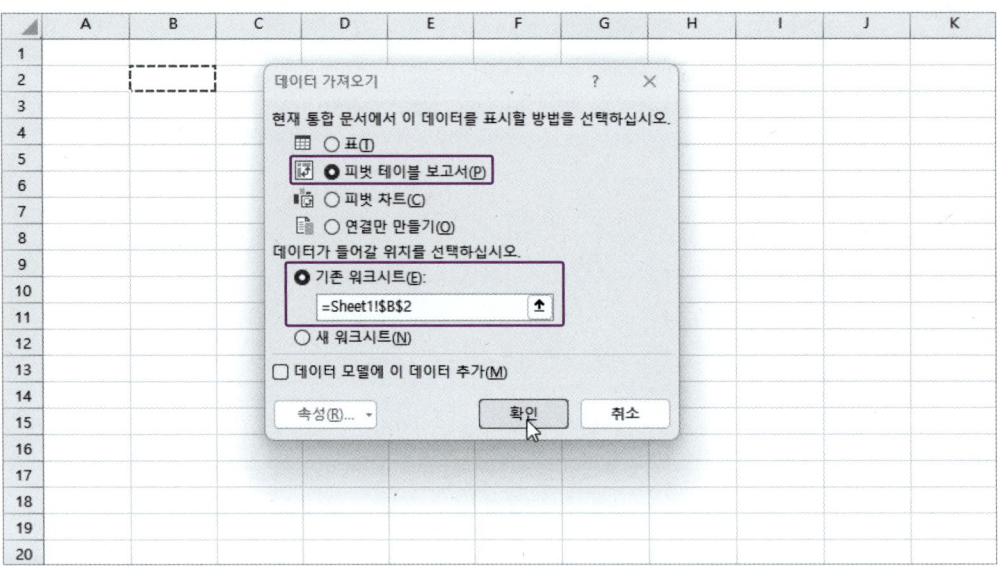

16 피벗 테이블 보고서가 생성되면 [피벗 테이블 필드] 작업 창에서 [제조사] 필드와 [상품], [수량] 필드 확인란을 순서대로 체크하면 다음과 같은 보고서를 확인할 수 있습니다.

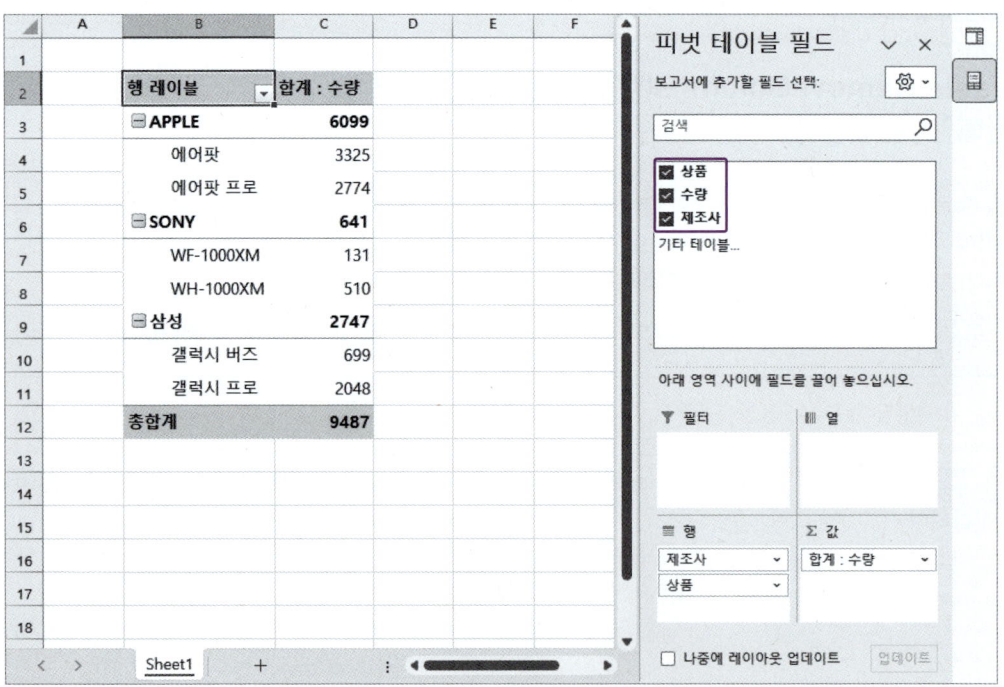

TIP 원본 데이터에서 가져올 열을 제한하면 피벗 테이블 보고서 등에서 피벗을 구성할 때 원하는 필드를 빠르게 찾아 보고서를 구성할 수 있습니다.

SECTION 07

기능 ⑦ 열 분할

하나의 열에 여러 데이터가 입력된 경우, 엑셀의 텍스트 나누기처럼 구분 기호나 문자 개수로 열을 분리할 수 있습니다. 또한 엑셀 2019 버전 이상에서는 숫자와 텍스트가 혼합된 열에서 이를 분리하는 옵션을 사용할 수 있습니다.

다양한 사례로 실습하면서 이 기능의 작동 방식을 더 잘 이해해보겠습니다.

구분 기호를 인식해 열을 분리하는 작업하기

예제 파일 CHAPTER 02 \ 열 분리.xlsx

01 예제 파일을 열면 화면과 같은 표를 확인할 수 있습니다. 이 데이터로 지역별 지점의 실적을 집계하고 싶다고 가정하겠습니다.

	A	B	C	D	E	F
1						
2		지점	실적			
3		과천점 (경기)	₩ 447,300			
4		광명점 (경기)	₩ 314,500			
5		남양주점 (경기)	₩ 492,400			
6		동탄점 (경기)	₩ 477,100			
7		목동점 (서울)	₩ 441,300			
8		분당점 (경기)	₩ 229,300			
9		성남점 (경기)	₩ 143,800			
10		송도점 (인천)	₩ 360,200			
11		수서점 (서울)	₩ 256,300			
12		수지점 (경기)	₩ 401,500			
13		신촌점 (서울)	₩ 406,300			
14		양재점 (서울)	₩ 186,000			
15		여의도점 (서울)	₩ 426,300			
16		용산점 (서울)	₩ 338,400			
17		용인점 (경기)	₩ 455,400			
18		월계점 (서울)	₩ 185,600			
19		일산점 (경기)	₩ 128,000			
20		죽전점 (경기)	₩ 219,700			
21		청라점 (인천)	₩ 328,100			
22						

TIP 예제 파일의 표는 엑셀 표로 변환되어 있고, 표 이름은 [지점실적]입니다.

02 [지점] 열의 데이터를 분리해 작업해야 하므로 파워 쿼리를 이용해 처리합니다. 엑셀 표 내부의 셀이 선택된 상태에서 리본 메뉴의 [데이터] 탭-[데이터 가져오기 및 변환] 그룹-[테이블/범위에서]를 클릭합니다.

03 [Power Query 편집기] 창에 데이터가 표시됩니다.

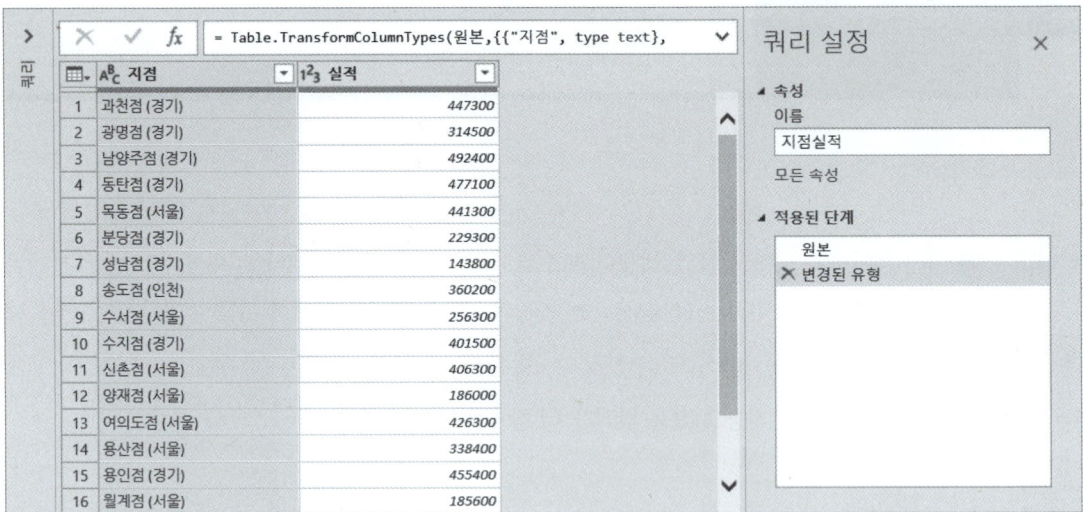

04 열을 분리하기 위해 [지점] 열이 선택된 상태로 리본 메뉴의 [홈] 탭-[변환] 그룹-[열 분할]을 클릭하고 [구분 기호 기준]을 선택합니다.

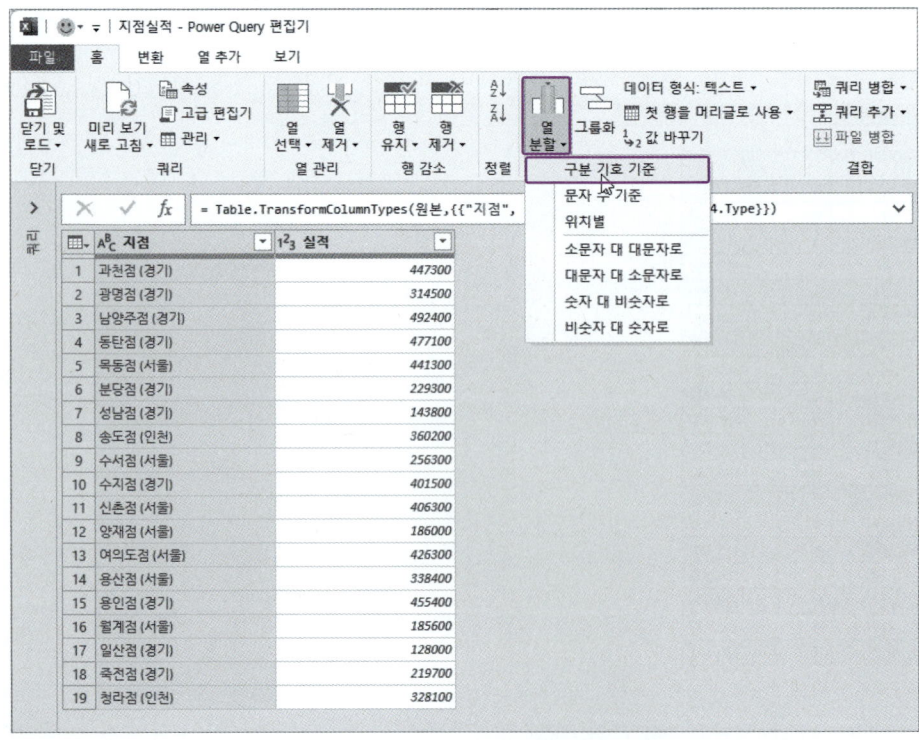

05 [구분 기호에 따라 열 분할] 대화상자가 표시되면 [구분 기호 선택 또는 입력] 옵션을 [--사용자 지정--]으로 변경하고 하단 텍스트 상자에 공백 문자와 (를 입력한 다음 [확인]을 클릭합니다.

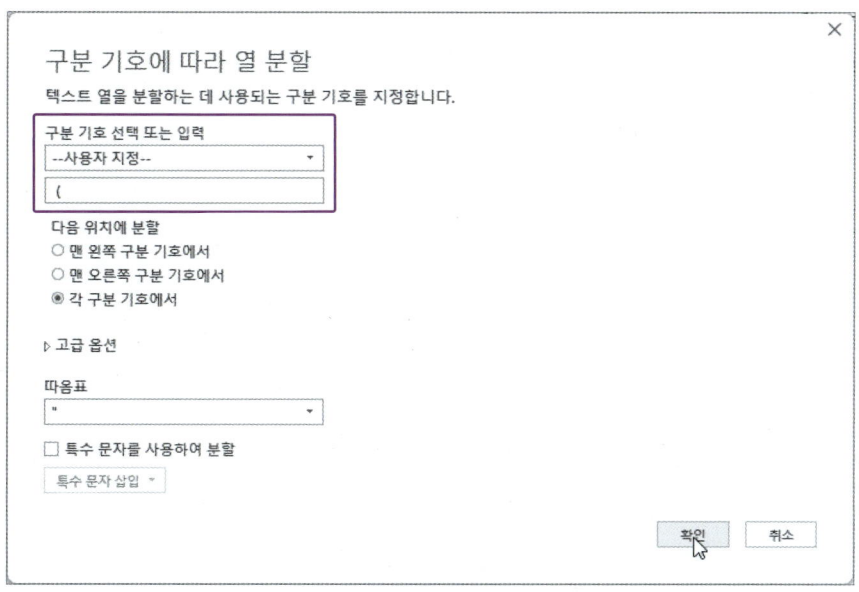

TIP 구분 기호는 (만 입력하면 안 되고 (앞에 반드시 공백 문자를 하나 삽입한 형태로 입력해야 합니다.

06 [지점] 열이 [지점.1] 열과 [지점.2] 열로 분리됩니다. [지점.2] 열의 괄호 닫기 문자())를 마저 제거하기 위해 [지점.2] 열을 선택하고 리본 메뉴의 [변환] 탭–[열] 그룹–[값 바꾸기]를 클릭합니다.

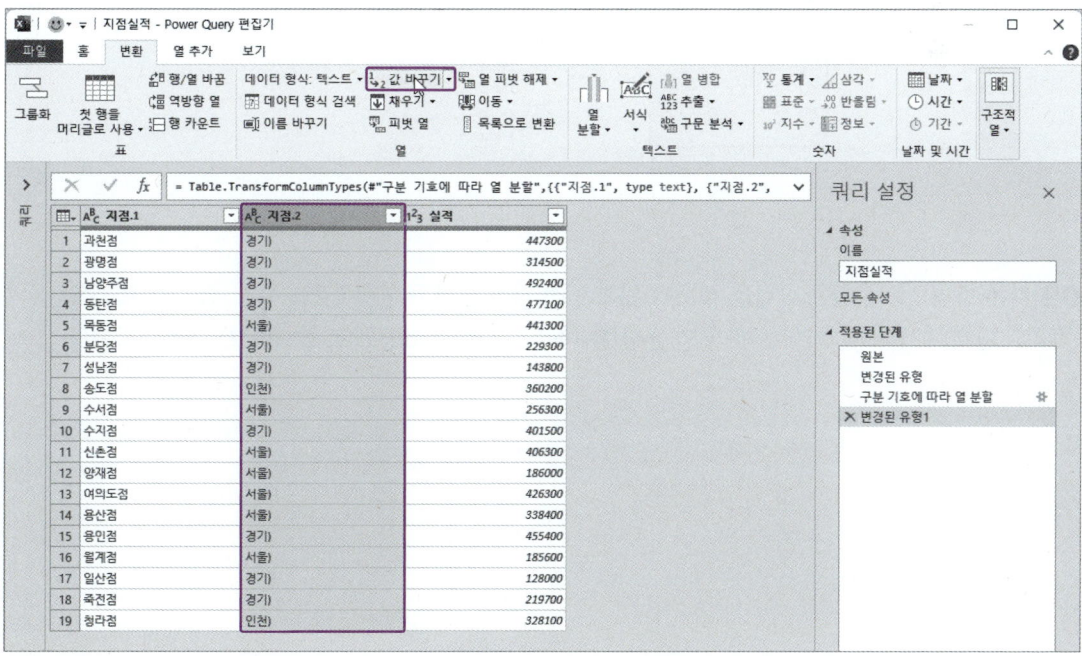

07 [값 바꾸기] 대화상자가 표시되면 [찾을 값]에 지우려는 문자 **)**를 입력하고 [확인]을 클릭합니다.

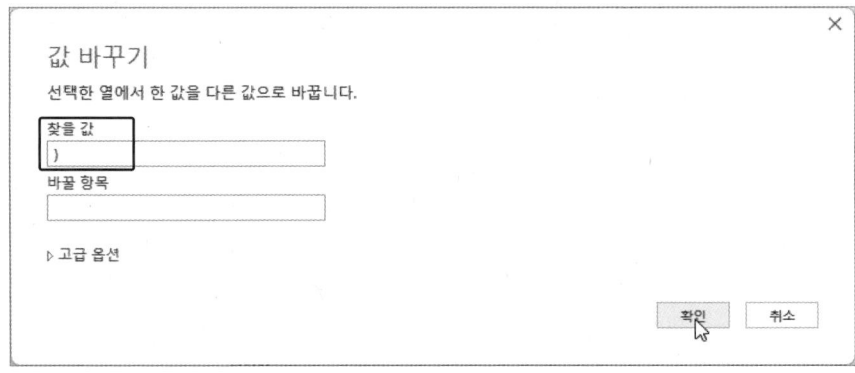

08 깔끔하게 [지점.2] 열에 지역 정보만 표시됩니다.

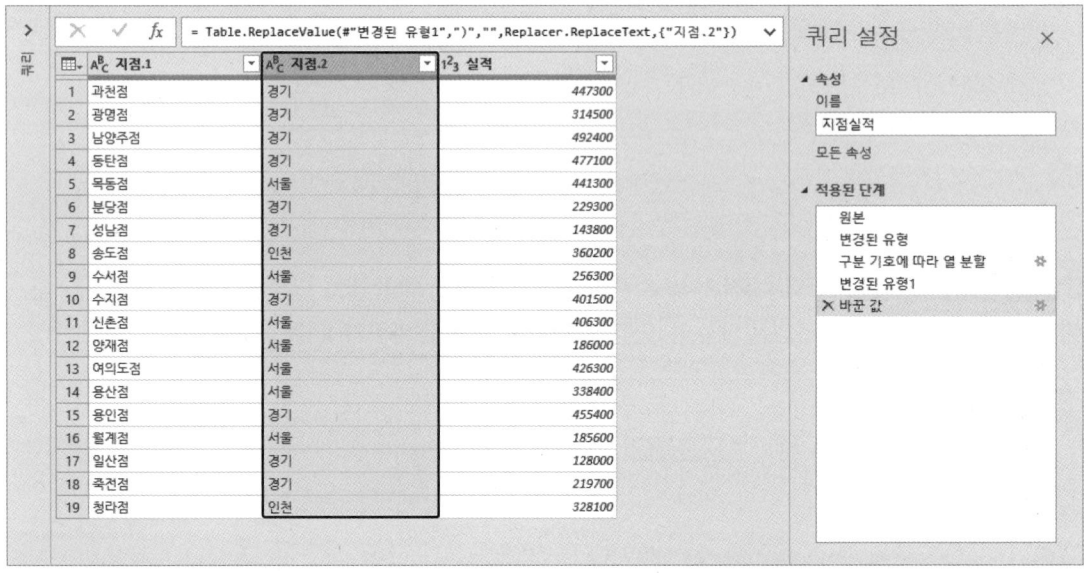

09 다른 방법으로 동일한 작업을 해보기 위해 이전 과정을 모두 삭제하겠습니다. [쿼리 설정] 작업 창의 [적용된 단계]에서 [구분 기호에 따라 열 분할]을 마우스 오른쪽 버튼으로 클릭하고 [끝까지 삭제]를 선택합니다.

TIP [적용된 단계]에서 삭제 ⓧ 단추를 클릭해 한 단계씩 삭제할 수도 있지만, 이렇게 특정 단계부터 마지막까지 한번에 삭제할 수도 있습니다.

10 [단계 삭제] 대화상자가 표시되면 [삭제]를 클릭합니다.

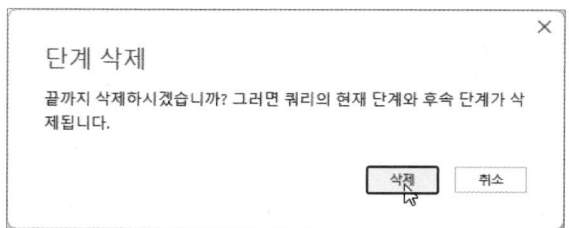

11 다시 원본 데이터가 표시되면 [지점] 열을 선택하고 리본 메뉴의 [열 추가] 탭-[텍스트에서] 그룹-[추출 ABC 123]을 클릭하고 [구분 기호 사이 텍스트]를 선택합니다.

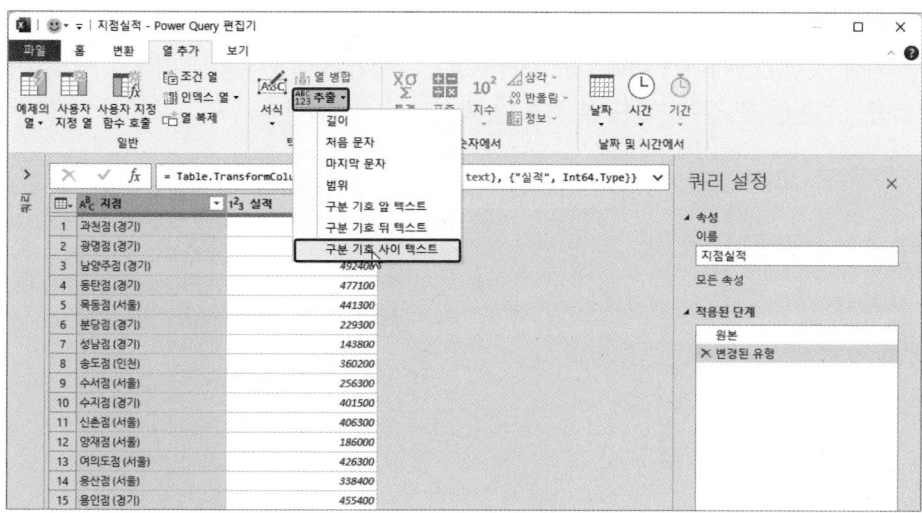

TIP [열 추가] 탭의 [구분 기호 사이 텍스트] 메뉴는 특정 구분 기호 사이의 텍스트만 다른 열에 반환합니다.

12 [구분 기호 사이 텍스트] 대화상자가 표시되면, [시작 구분 기호]에 공백 문자와 **(** 를 입력하고, [종결 구분 기호]에 **)** 를 입력한 다음 [확인]을 클릭합니다.

13 [구분 기호 사이 텍스트] 열이 미리 보기 화면 오른쪽에 표시됩니다.

14 [지점] 열에서 지점 정보만 잘라내기 위해 다시 [지점] 열이 선택된 상태에서 리본 메뉴의 [열 추가] 탭-[텍스트에서] 그룹-[추출]을 클릭하고 [구분 기호 앞 텍스트]를 선택합니다.

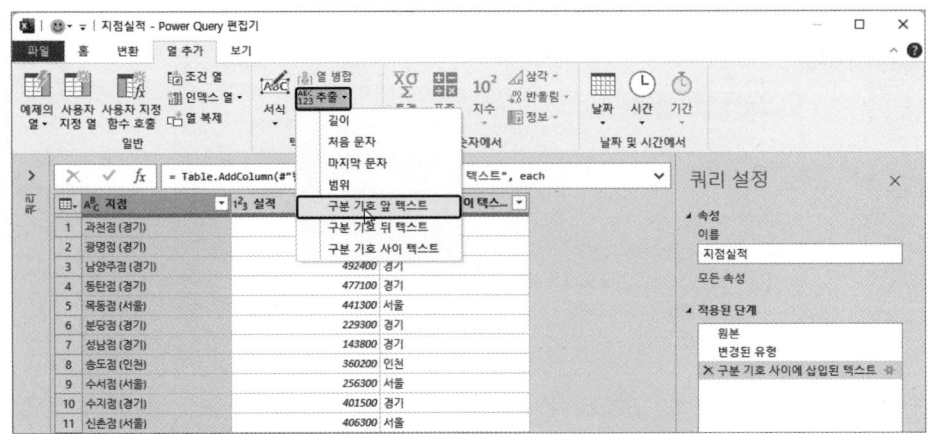

15 [구분 기호 앞 텍스트] 대화상자가 표시되면 [구분 기호]에 공백 문자와 (를 입력하고 [확인]을 클릭합니다.

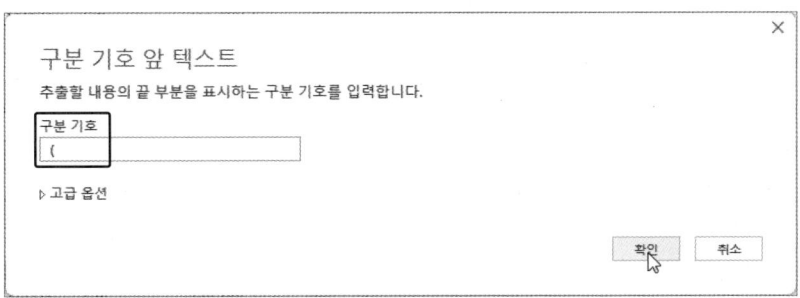

TIP 이번 예제 파일의 경우 공백 문자만 입력해도 원하는 결과를 얻을 수 있습니다.

16 미리 보기 화면 오른쪽에 [구분 기호 앞 텍스트] 열이 추가되면서 지점 데이터만 구해집니다.

17 머리글을 데이터에 맞게 수정합니다. [지점] 열 머리글을 더블클릭한 다음 **지점(지역)**으로 수정합니다. 순서대로 [구분 기호 사이 텍스트] 열은 **지역**으로, [구분 기호 앞 텍스트] 열은 **지점**으로 각각 수정합니다.

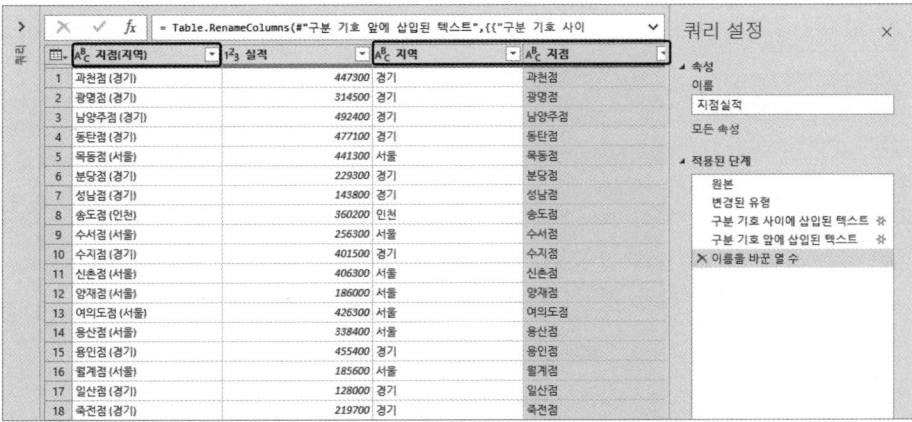

18 피벗으로 원하는 결과를 얻기 위해 엑셀로 쿼리를 로드합니다. 리본 메뉴의 [파일] 탭–[닫기 및 다음으로 로드]를 클릭합니다.

19 엑셀 창으로 전환되고 [데이터 가져오기] 대화상자가 표시되면 [피벗 테이블 보고서] 옵션과 [기존 워크시트] 옵션을 각각 선택하고, 위치는 [F2] 셀로 설정한 다음 [확인]을 클릭합니다.

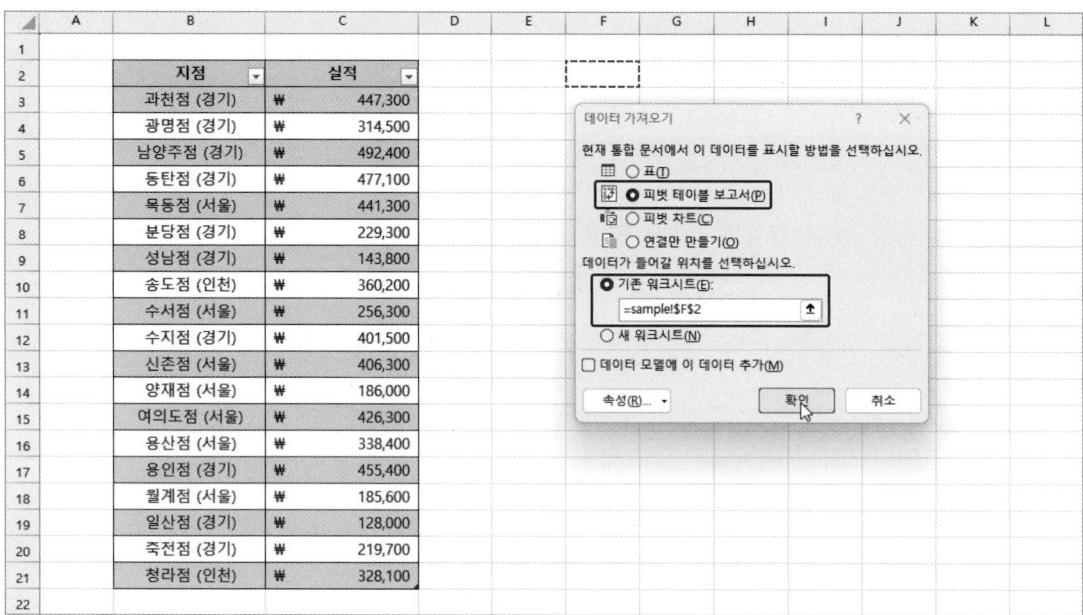

20 피벗 테이블 보고서가 생성됩니다. [피벗 테이블 필드] 작업 창에서 [지역], [지점], [실적] 순으로 필드 확인란을 체크하면 다음과 같은 보고서가 만들어집니다.

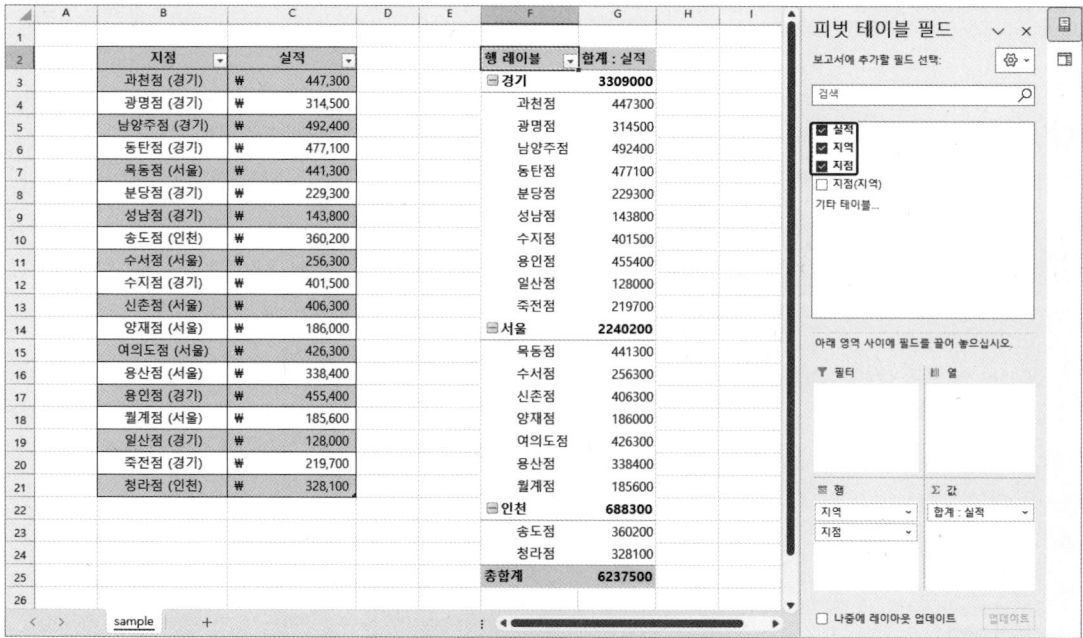

21 경기 지역과 인천 지역을 '경기,인천'으로 묶어 분석하고 싶다면 쿼리를 변경해야 합니다. 오른쪽 작업 창에서 [쿼리 및 연결🔲] 아이콘을 클릭한 다음 [지점실적] 쿼리를 마우스 오른쪽 버튼으로 클릭해 [편집]을 선택합니다.

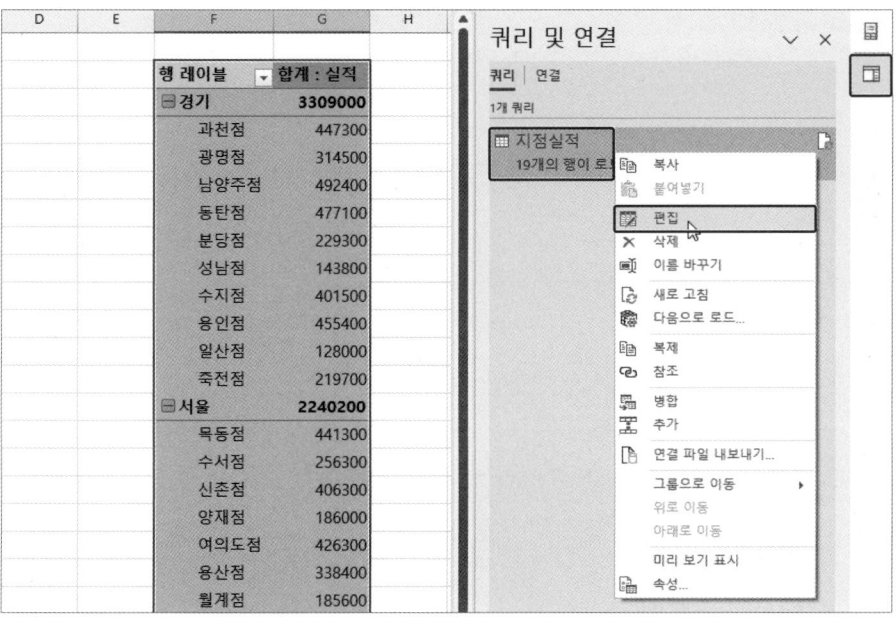

TIP [쿼리 및 연결] 작업 창에서 [지점실적] 쿼리를 더블클릭해도 됩니다.

22 [Power Query 편집기] 창이 열리면 [지역] 열을 선택하고 리본 메뉴의 [변환] 탭-[열] 그룹-[값 바꾸기🔁]를 클릭합니다.

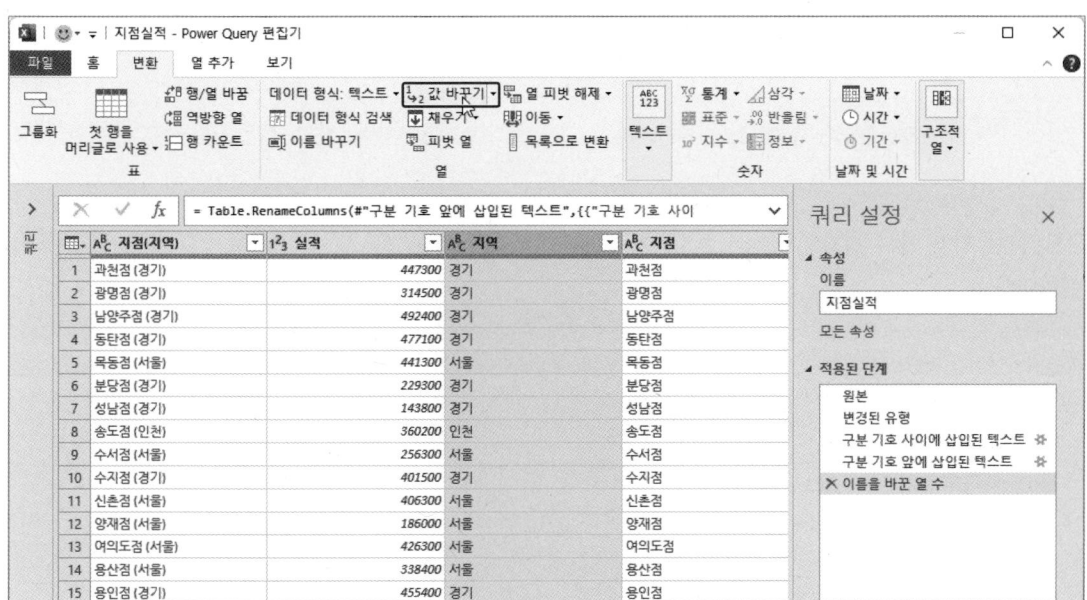

23 [값 바꾸기] 대화상자가 표시되면 [찾을 값]에 **경기**를 입력하고, [바꿀 항목]에 **경기,인천**을 입력한 다음 [확인]을 클릭합니다.

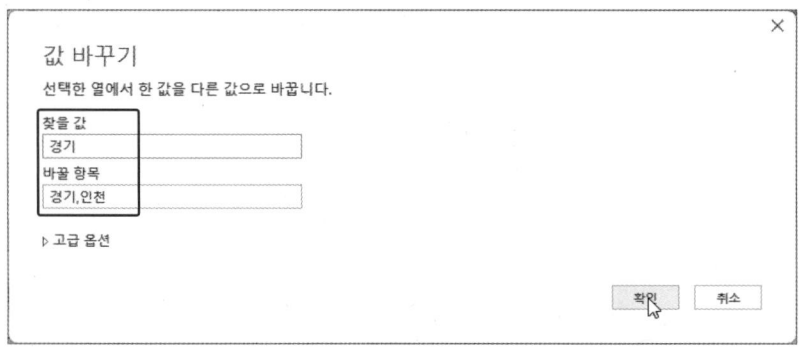

24 [지역] 열의 '경기' 데이터가 모두 '경기,인천'으로 변경됩니다.

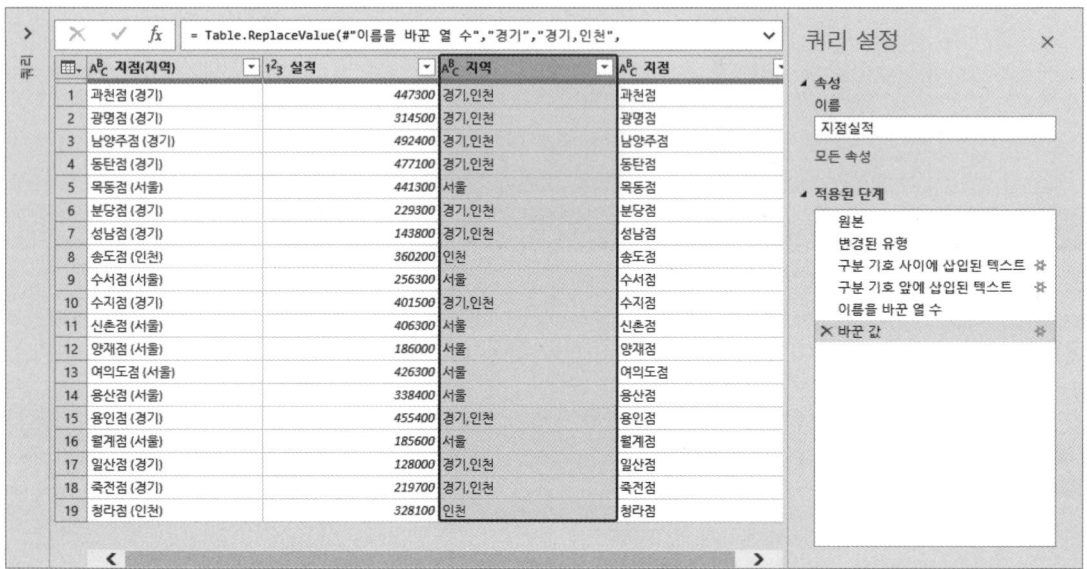

25 '인천' 지역 역시 '경기,인천'으로 변경하기 위해, 리본 메뉴의 [변환] 탭-[열] 그룹-[값 바꾸기]를 클릭합니다.

26 [값 바꾸기] 대화상자가 표시되면 [찾을 값]에 **인천**을, [바꿀 항목]에 **경기,인천**을 각각 입력합니다. 그런 다음 하단의 [고급 옵션]을 클릭하고 [전체 셀 내용 일치] 확인란에 체크한 다음 [확인]을 클릭합니다.

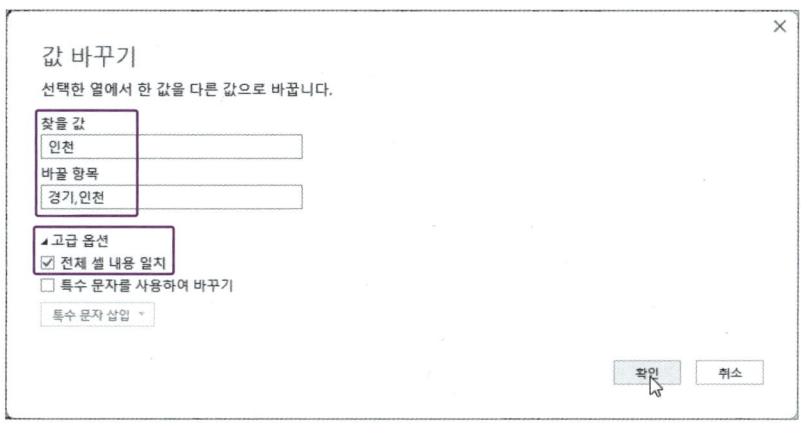

TIP [전체 셀 내용 일치] 옵션을 선택하지 않으면, 앞서 변경한 '경기,인천'도 '경기,경기,인천'으로 변경됩니다.

27 [지역] 열의 데이터가 제대로 변경된 것을 확인하고, 리본 메뉴의 [홈] 탭–[닫기] 그룹–[닫기 및 로드]를 클릭해 엑셀로 결과를 반환합니다.

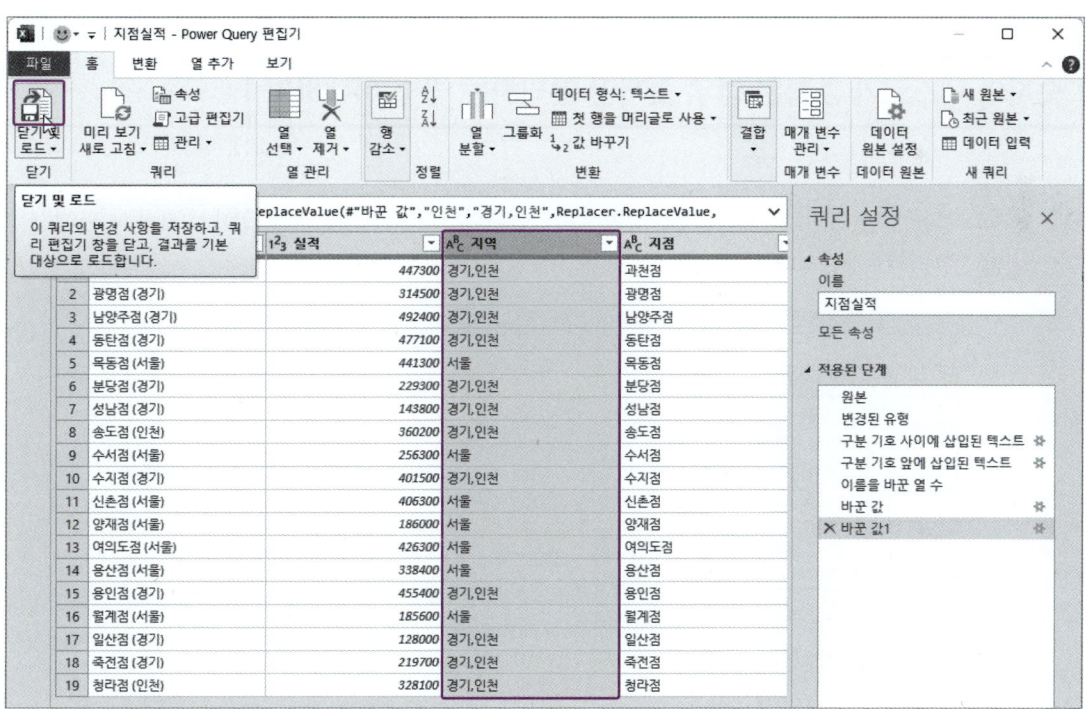

CHAPTER 02 파워 쿼리에서 가장 많이 활용되는 8가지 기능 · **125**

28 쿼리 데이터가 다시 전송되면서 피벗 테이블 보고서의 결과가 화면과 같이 변경됩니다.

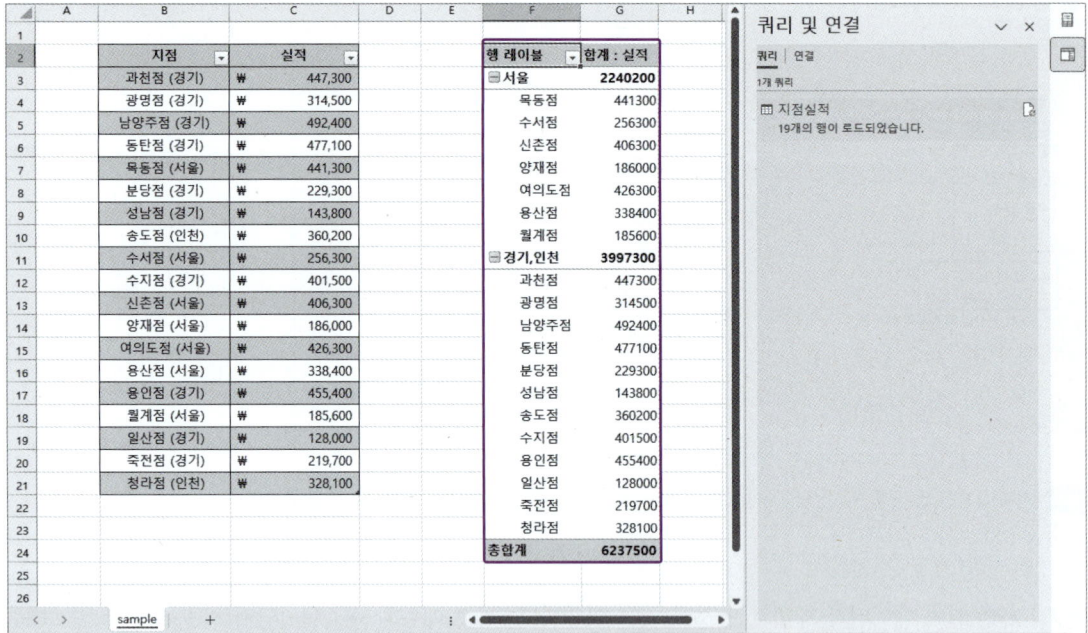

숫자와 텍스트가 혼합된 경우 숫자만 분리하는 방법 이해하기

예제 파일 CHAPTER 02 \ 숫자 분리.xlsx

01 예제 파일을 열면 화면과 같은 표를 확인할 수 있습니다. B열의 [판매 내역] 열에서 제품과 판매량을 별도의 열로 분리해보겠습니다.

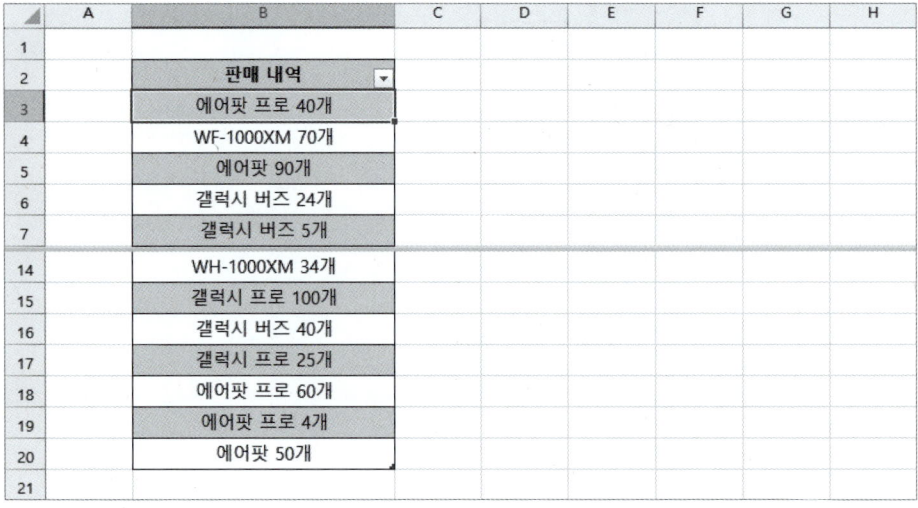

엑셀마스터가 짚어주는 핵심 NOTE

데이터 이해하기

예제 파일의 데이터는 정확하게 다음과 같이 구분되어야 합니다.

제품	판매량
에어팟 프로	40

그런데 두 값을 분리할 특정 구분 기호 없이 공백 문자(" ")로만 구분되어 있습니다. 제품명에도 공백이 있으므로 이런 경우 데이터를 구분하기 어렵습니다.

02 파워 쿼리를 이용해 열을 분리하기 위해 엑셀 표 내부의 셀이 선택된 상태에서 리본 메뉴의 [데이터] 탭-[데이터 가져오기 및 변환] 그룹-[테이블/범위에서]를 클릭합니다.

03 [Power Query 편집기] 창에 데이터가 표시됩니다.

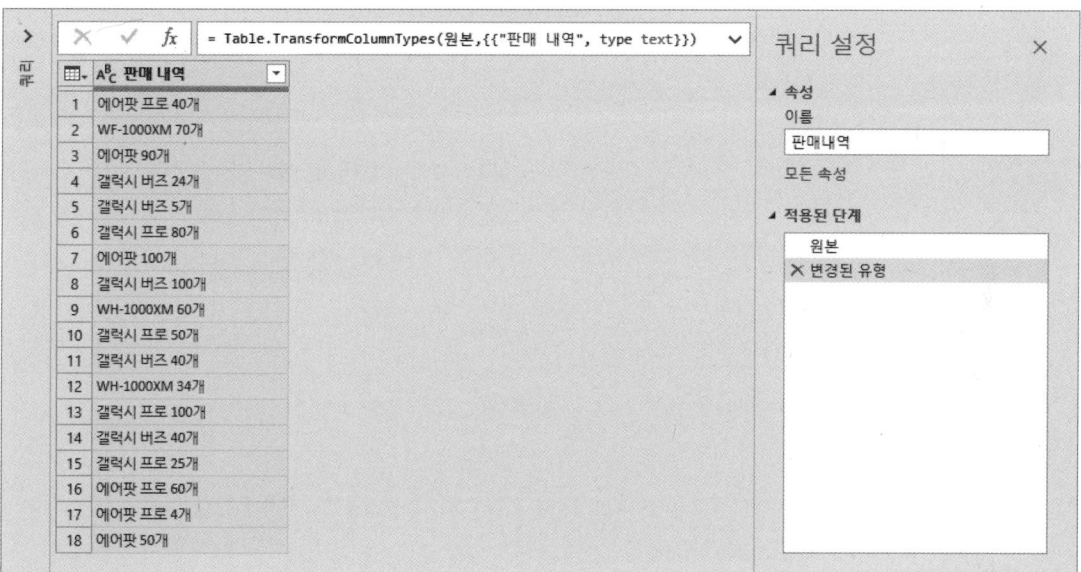

04 리본 메뉴의 [홈] 탭-[변환] 그룹-[열 분할]을 클릭하고 [비숫자 대 숫자로]를 선택합니다.

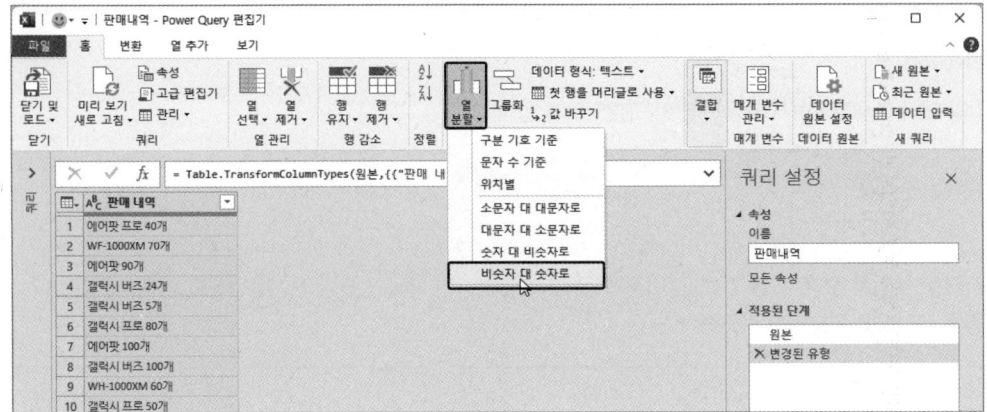

VER. [비숫자 대 숫자로]는 엑셀 2019 이상 버전에서만 제공되므로, 엑셀 2016 버전 이하에서는 [열 분할]을 이용해 '공백 문자'를 구분 기호로 분리해야 합니다.

05 [판매내역] 열이 [판매내역.1], [판매내역.2], [판매내역.3] 열로 분리됩니다.

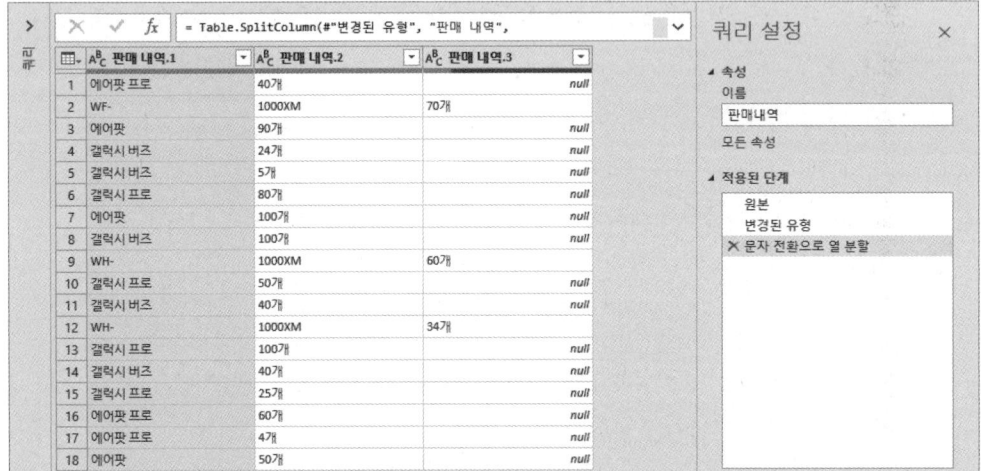

엑셀마스터가 짚어주는 핵심 NOTE

결과 이해하기

[비숫자 대 숫자로]는 숫자가 표시되는 위치를 기준으로 열을 구분합니다. [판매내역] 열의 숫자는 대부분 판매수량이지만, WF-1000XM 제품은 1000이라는 숫자가 제품명에도 포함되어 있어 이번 결과가 총 3개 열로 반환됩니다.

따라서 제품명과 판매수량을 정확히 구분하려면 1000이라는 숫자를 다른 값으로 바꿔야 합니다.

06 이전 작업을 취소하기 위해 [쿼리 설정] 작업 창의 [적용된 단계]에서 [문자 전환으로 열 분할] 단계의 삭제 ⊠ 단추를 클릭합니다.

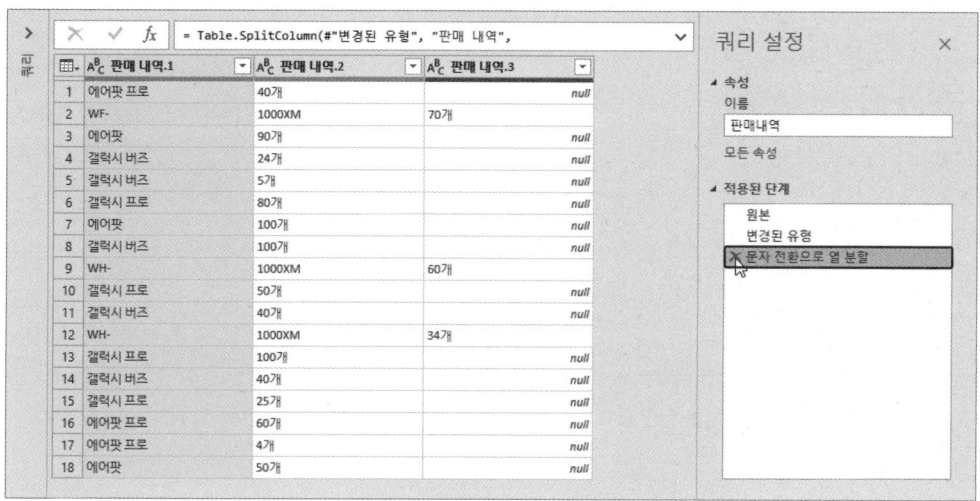

07 이제 [판매 내역] 열에서 1000을 다른 값으로 변경하겠습니다. 리본 메뉴의 [변환] 탭–[열] 그룹–[값 바꾸기]를 클릭합니다.

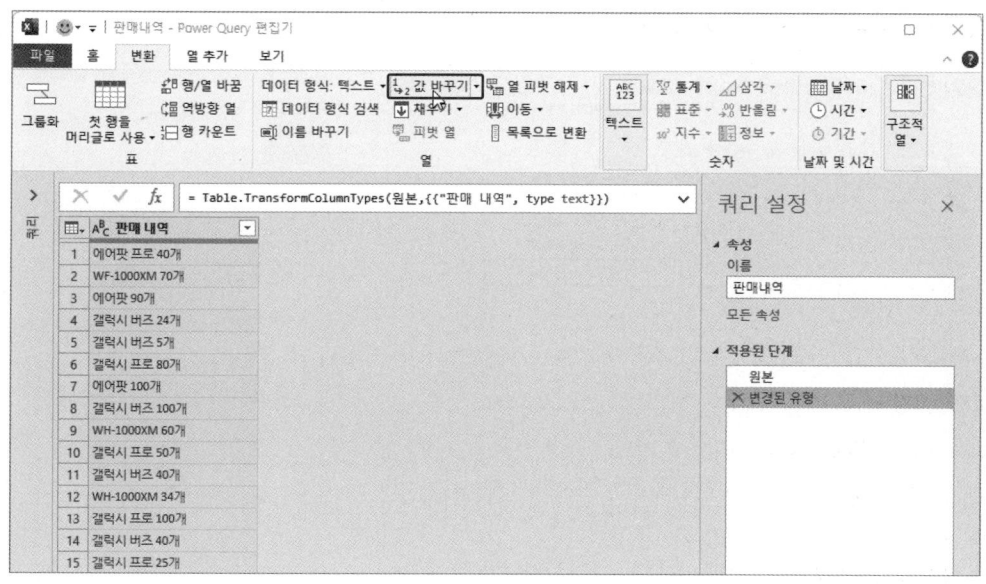

08 [값 바꾸기] 대화상자가 표시되면 [찾을 값]에 **1000**을, [바꿀 항목]에 **일천**을 입력하고 [확인]을 클릭합니다.

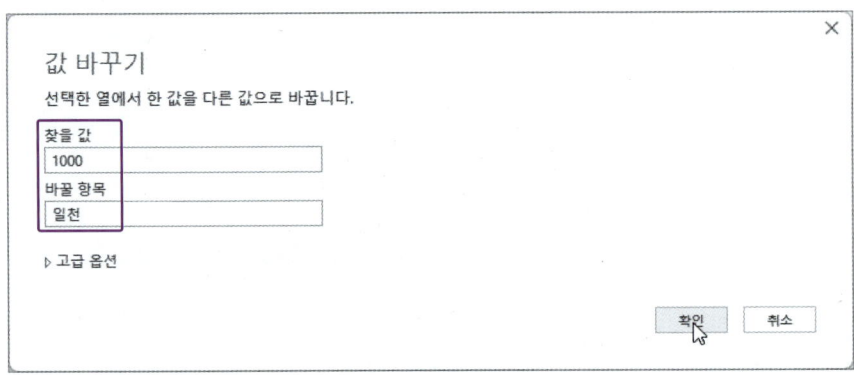

TIP '바꿀 항목'은 기존 데이터와 중복되지만 않으면 '일천' 말고 다른 값을 입력해도 됩니다. 단 숫자가 아닌 텍스트 문자열이어야 합니다.

09 [판매 내역] 열의 데이터가 수정됐다면 다시 열을 구분하는 작업을 합니다. 리본 메뉴의 [홈] 탭-[변환] 그룹-[열 분할]을 클릭한 다음 [비숫자 대 숫자로]를 선택합니다.

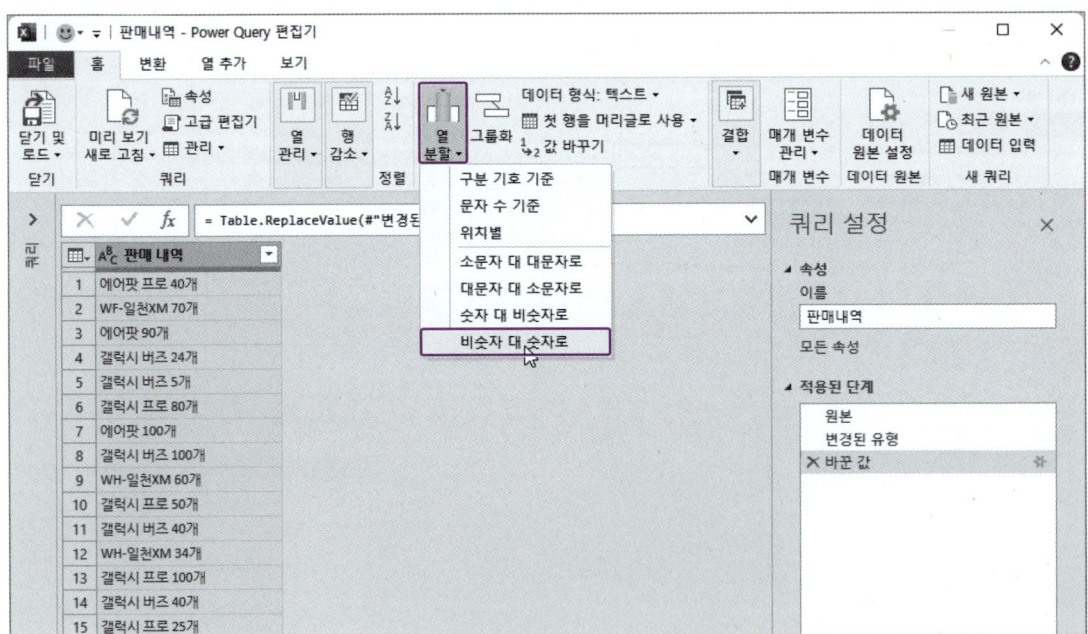

10 제대로 열 데이터가 구분되는 것을 확인할 수 있습니다. **07~08** 과정에서 변경한 제품명을 다시 원래대로 복원합니다. [판매내역.1] 열이 선택된 상태에서 리본 메뉴의 [변환] 탭–[열] 그룹–[값 바꾸기]를 클릭합니다.

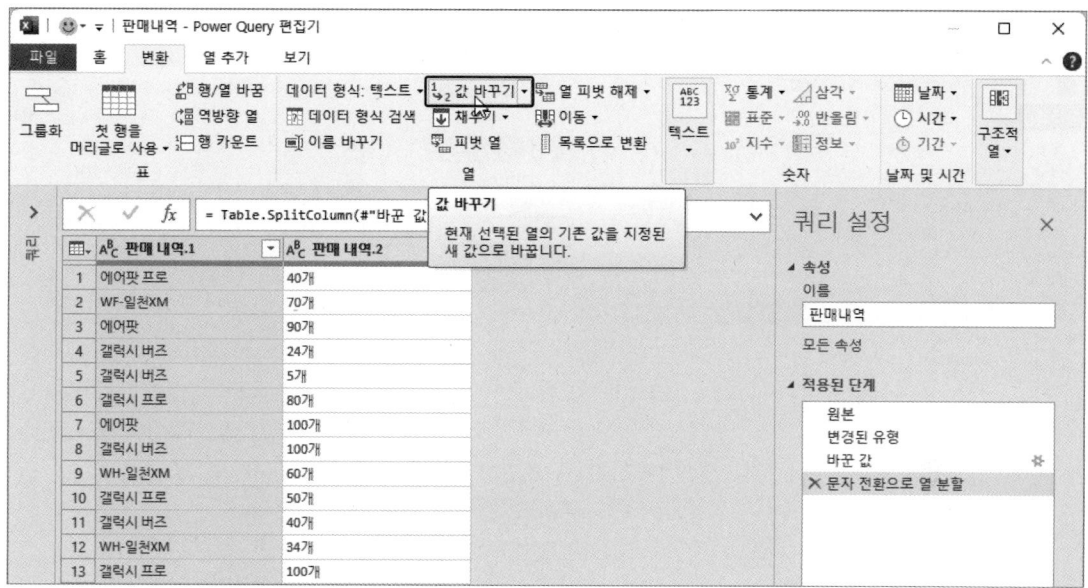

11 [값 바꾸기] 대화상자가 표시되면 [찾을 값]에 **일천**을, [바꿀 항목]에는 **1000**을 입력하고 [확인]을 클릭합니다.

12 이번에는 [판매 내역.2] 열의 '개'를 삭제하겠습니다. [판매내역.2] 열을 선택하고 리본 메뉴의 [변환] 탭–[열] 그룹–[값 바꾸기]를 클릭합니다.

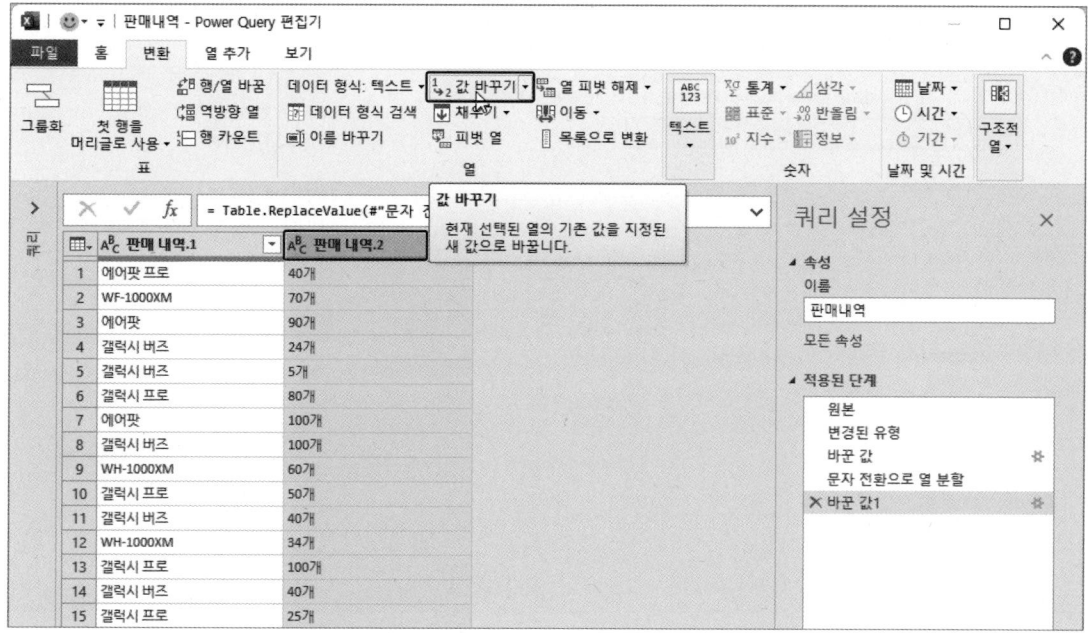

13 [값 바꾸기] 대화상자가 표시되면 [찾을 값]에 **개**를 입력하고, [바꿀 항목]은 비워둔 후 [확인]을 클릭합니다.

14 [판매 내역.2] 열의 데이터 형식을 숫자로 변경합니다. 리본 메뉴의 [홈] 탭-[변환] 그룹-[데이터 형식]을 클릭하고 [정수]를 선택합니다.

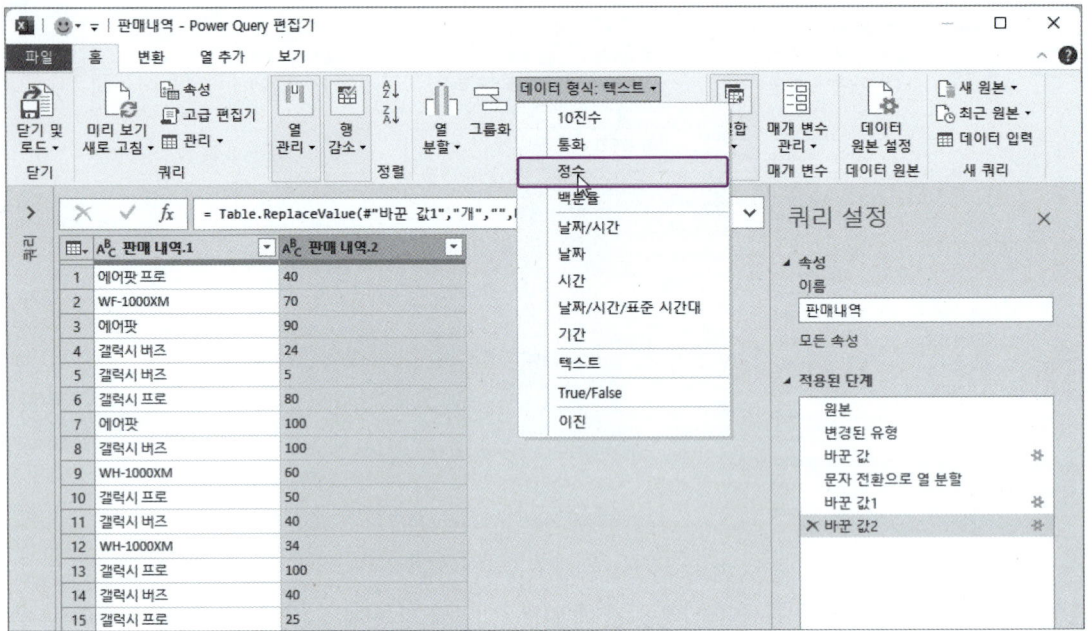

TIP [판매 내역.2] 열 머리글 왼쪽의 [텍스트] 아이콘을 클릭하고 [정수]를 선택해도 됩니다.

15 모든 작업이 끝났으므로, 각 열의 머리글을 더블클릭해 [판매 내역.1]은 **제품**으로, [판매 내역.2]는 **판매량**으로 각각 수정합니다.

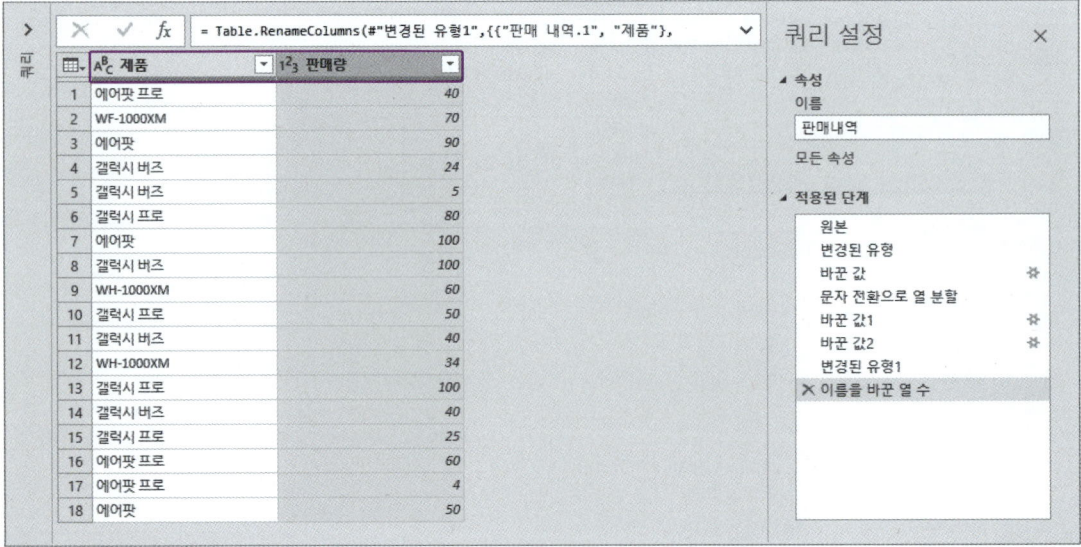

16 엑셀로 내려 보내기 위해 리본 메뉴의 [파일] 탭-[닫기 및 다음으로 로드]를 선택합니다.

17 엑셀 창으로 전환되면 [데이터 가져오기] 대화상자에서 [기존 워크시트] 옵션을 선택하고 반환 위치는 [C2] 셀을 선택한 다음 [확인]을 클릭합니다.

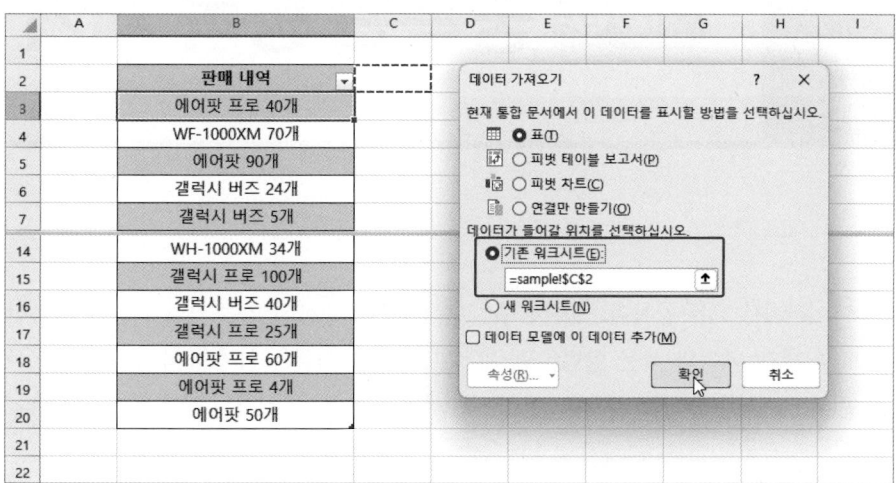

18 기존 엑셀 표의 오른쪽에 파워 쿼리에서 반환한 결과가 그대로 표시됩니다.

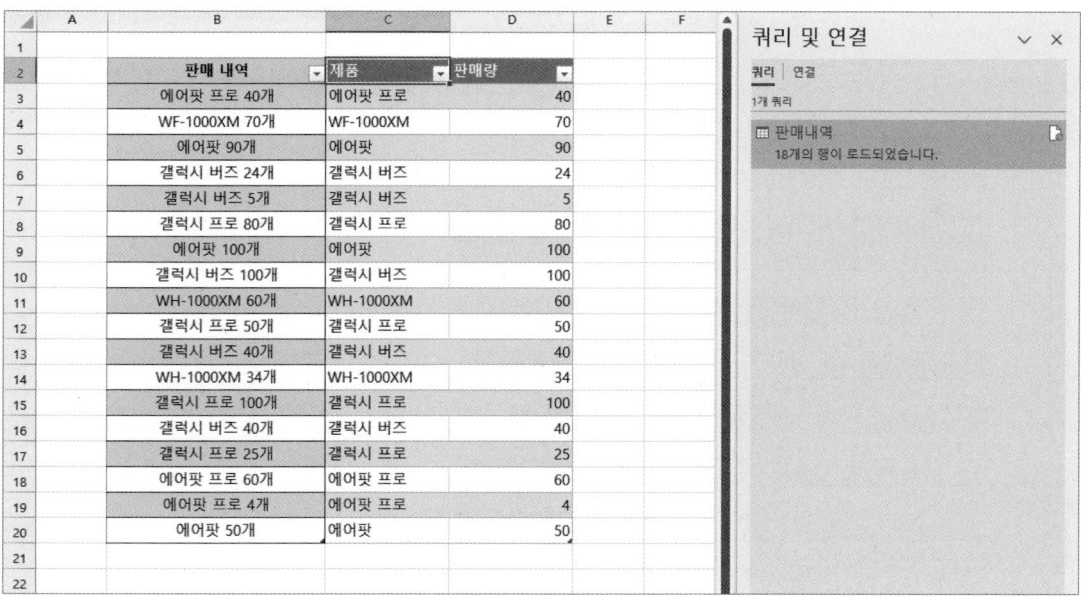

SECTION 08

기능 ⑧ 중복된 항목 제거

원본 데이터의 중복된 데이터에서 고유 항목을 사용하려면 파워 쿼리의 중복된 항목 제거 기능을 사용합니다. 엑셀의 [중복된 항목 제거] 메뉴와 사용 방법은 동일합니다. 다만, 엑셀은 실제 중복된 데이터를 삭제하지만 파워 쿼리는 원본 데이터는 그대로 둔 채 고유한 데이터만 사용할 수 있다는 점에서 편리합니다.

원본 표의 특정 열에서 중복 데이터를 제거한 결과를 쿼리로 반환받기

예제 파일 CHAPTER 02 \ 중복된 항목 제거.xlsx

01 예제 파일을 열면 화면과 같은 표가 있습니다. [지점] 열에서 중복을 제거한 결과를 얻고 싶다고 가정해봅니다.

지점	제조사	상품	날짜
강남점	SONY	WF-1000XM	2024-01-06
용산점	SONY	WF-1000XM	2024-01-23
용산점	삼성	갤럭시 프로	2024-02-10
용산점	삼성	갤럭시 버즈	2024-02-21
강남점	삼성	갤럭시 버즈	2024-03-07
강남점	APPLE	에어팟	2024-03-09
성수점	SONY	WH-1000XM	2024-04-29
용산점	APPLE	에어팟 프로	2024-05-19
강남점	SONY	WH-1000XM	2024-06-18
성수점	삼성	갤럭시 버즈	2024-07-19
용산점	SONY	WH-1000XM	2024-07-21
강남점	삼성	갤럭시 프로	2024-08-03
성수점	삼성	갤럭시 프로	2024-08-21
성수점	APPLE	에어팟	2024-08-28
성수점	APPLE	에어팟 프로	2024-09-19
용산점	APPLE	에어팟	2024-09-24
강남점	APPLE	에어팟 프로	2024-10-11
성수점	SONY	WF-1000XM	2024-10-16

TIP 표는 엑셀 표로 등록되어 있습니다.

02 파워 쿼리를 이용해 중복을 제거하기 위해 엑셀 표 내부의 셀이 선택된 상태에서 리본 메뉴의 [데이터] 탭-[데이터 가져오기 및 변환] 그룹-[테이블/범위에서]를 클릭합니다.

03 [Power Query] 편집기 창에 데이터가 표시됩니다.

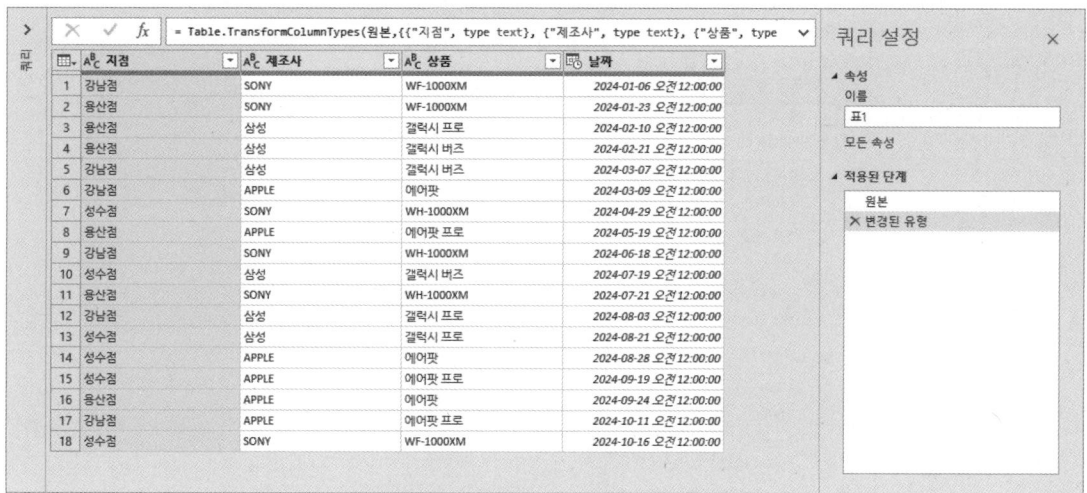

04 [날짜] 열의 데이터 형식을 날짜로 변경하겠습니다. [날짜] 열 머리글 왼쪽의 [날짜/시간] 아이콘을 클릭하고, 하위 메뉴에서 [날짜]를 선택합니다. [열 형식 변경] 대화상자가 표시되면 [현재 전환 바꾸기]를 클릭합니다.

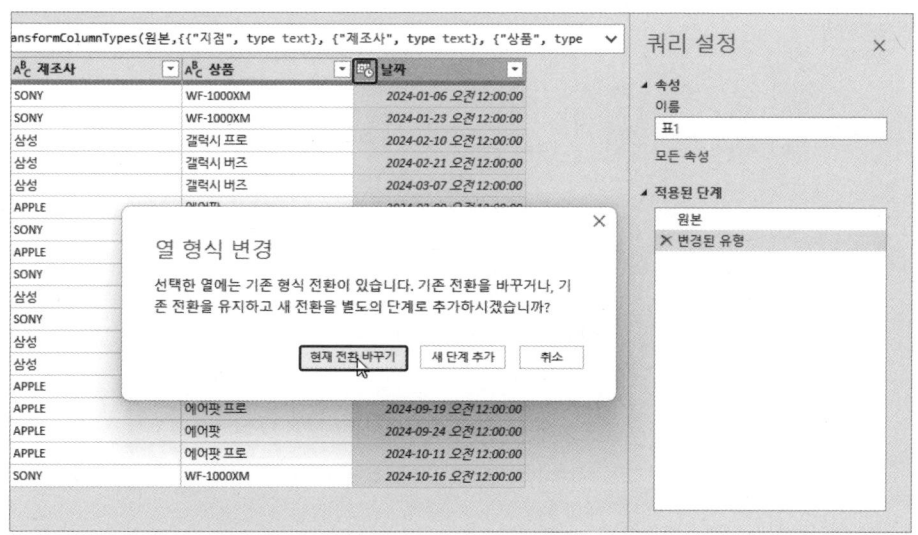

LINK 데이터 형식을 변경하는 방법에 대해서는 이 책의 69~71페이지를 참고합니다.

05 중복을 제거하기 전 필요한 열만 남기기 위해 [지점] 열을 제외한 나머지 열을 모두 제거하겠습니다. [지점] 열을 선택하고 마우스 오른쪽 버튼을 클릭한 다음 [다른 열 제거]를 선택합니다.

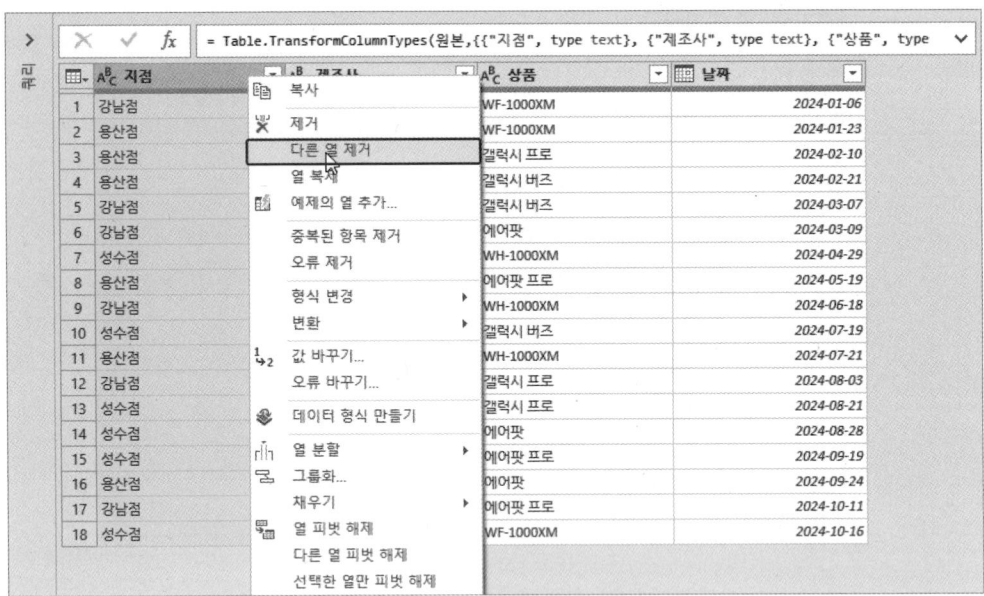

06 리본 메뉴의 [홈] 탭-[행 감소] 그룹-[행 제거]를 클릭하고 하위 메뉴에서 [중복된 항목 제거]를 선택합니다.

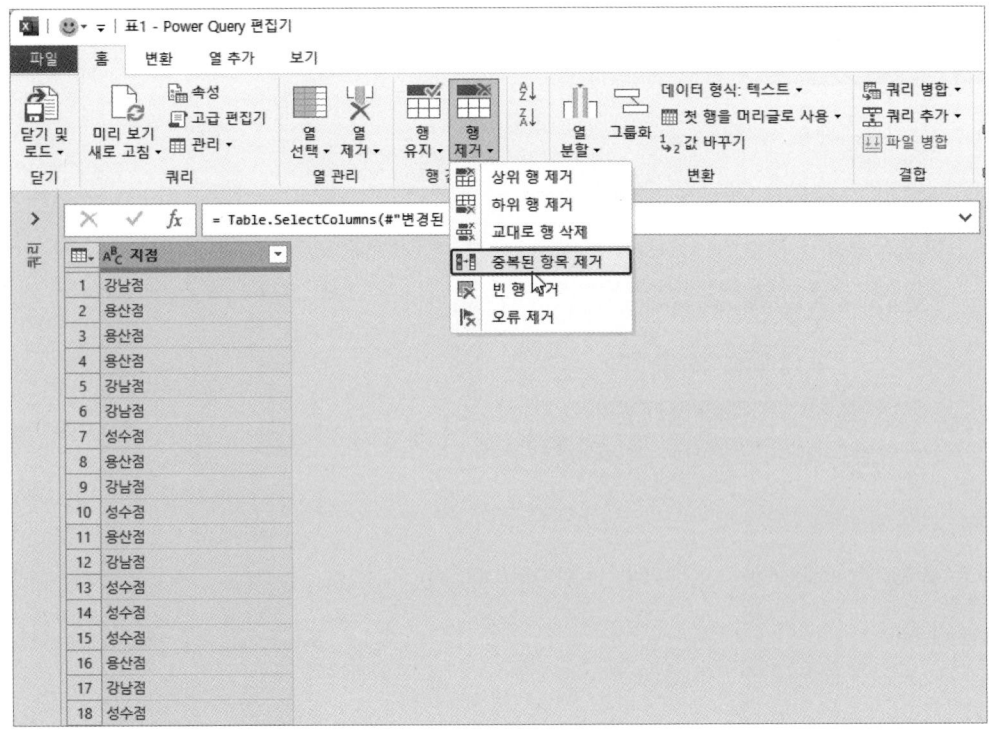

07 다음과 같이 중복이 제거된 결과를 얻을 수 있습니다. 엑셀로 반환하기 전에 쿼리 이름을 변경하기 위해 [쿼리 설정] 작업 창에서 [이름]을 **지점(고유)**로 수정합니다.

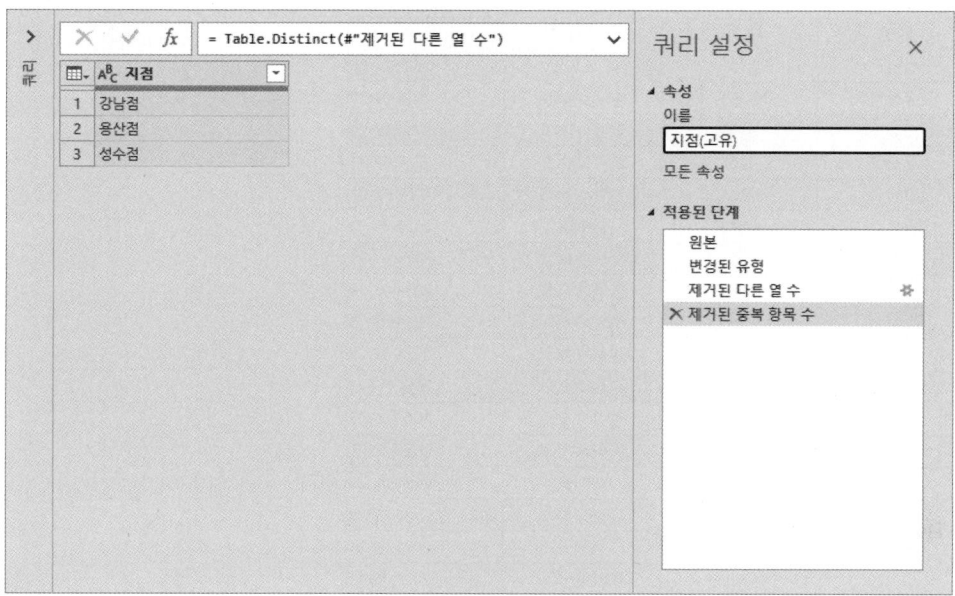

TIP 지점명을 순서대로 반환해야 한다면 리본 메뉴의 [홈] 탭–[정렬] 그룹–[오름차순 정렬]을 클릭합니다.

08 엑셀로 내려 보내기 위해 리본 메뉴의 [파일] 탭–[닫기 및 다음으로 로드]를 선택합니다.

09 엑셀 창으로 전환되면 [데이터 가져오기] 대화상자에서 [기존 워크시트] 옵션을 선택하고 반환 위치는 [H2] 셀을 선택한 다음 [확인]을 클릭합니다.

10 [H2] 셀에 쿼리 결과가 반환됩니다.

	A	B	C	D	E	F	G	H	I
1									
2		지점	제조사	상품	날짜			지점	
3		강남점	SONY	WF-1000XM	2024-01-06			강남점	
4		용산점	SONY	WF-1000XM	2024-01-23			용산점	
5		용산점	삼성	갤럭시 프로	2024-02-10			성수점	
6		용산점	삼성	갤럭시 버즈	2024-02-21				
7		강남점	삼성	갤럭시 버즈	2024-03-07				
8		강남점	APPLE	에어팟	2024-03-09				
9		성수점	SONY	WH-1000XM	2024-04-29				
10		용산점	APPLE	에어팟 프로	2024-05-19				
11		강남점	SONY	WH-1000XM	2024-06-18				
12		성수점	삼성	갤럭시 버즈	2024-07-19				
13		용산점	SONY	WH-1000XM	2024-07-21				
14		강남점	삼성	갤럭시 프로	2024-08-03				
15		성수점	삼성	갤럭시 프로	2024-08-21				
16		성수점	APPLE	에어팟	2024-08-28				
17		성수점	APPLE	에어팟 프로	2024-09-19				
18		용산점	APPLE	에어팟	2024-09-24				
19		강남점	APPLE	에어팟 프로	2024-10-11				
20		성수점	SONY	WF-1000XM	2024-10-16				
21									

TIP 이번 예제 파일의 실습은 다음 실습에서 계속 이어지므로 파일을 닫지 말고 이어서 실습합니다.

중복 데이터를 삭제할 때 마지막 데이터를 남기는 방법 이해하기

예제 파일 CHAPTER 02 \ 중복된 항목 제거.xlsx

01 예제 파일에서 [제조사]-[상품] 열의 중복된 데이터를 제거한 결과를 얻을 때 날짜는 마지막 날짜로 얻고 싶다고 가정합니다.

02 파워 쿼리를 이용해 중복을 제거하기 위해 엑셀 표 내부의 셀이 선택된 상태에서 리본 메뉴의 [데이터] 탭-[데이터 가져오기 및 변환] 그룹-[테이블/범위에서 🔳]를 클릭합니다.

03 [Power Query 편집기] 창에 데이터가 표시됩니다. 중복을 제거하기 전 필요한 열만 남기기 위해 [지점] 열을 제거하겠습니다. [지점] 열을 선택하고 마우스 오른쪽 버튼을 클릭한 다음 [제거]를 선택합니다.

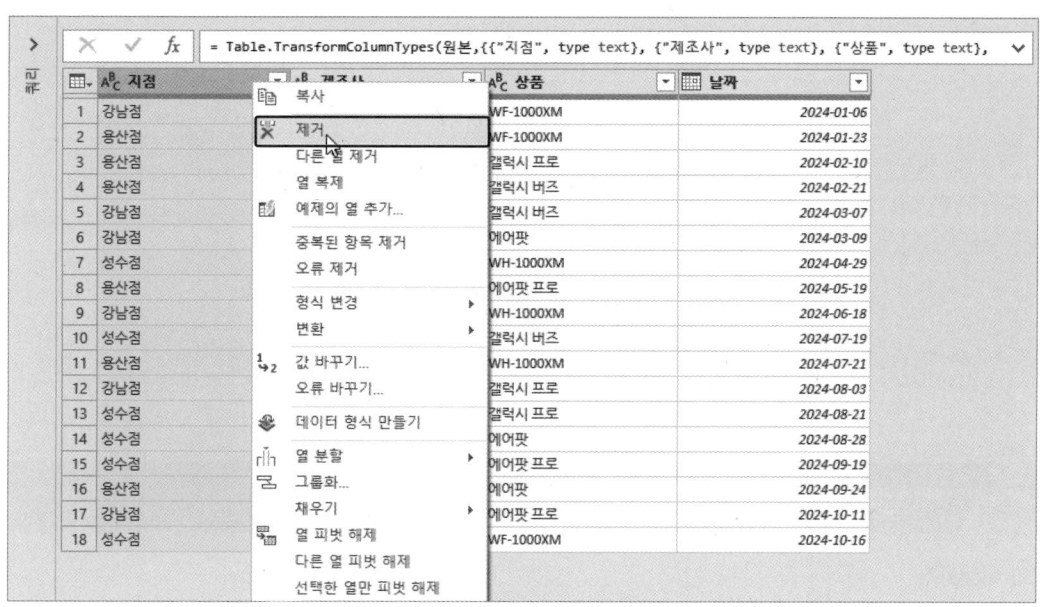

04 중복 제거할 열을 선택하기 위해 [제조사] 열을 선택하고 Shift 를 누른 상태에서 [상품] 열을 선택합니다. 그런 다음 리본 메뉴의 [홈] 탭-[행 감소] 그룹-[행 제거]를 클릭하고 하위 메뉴에서 [중복된 항목 제거]를 선택합니다.

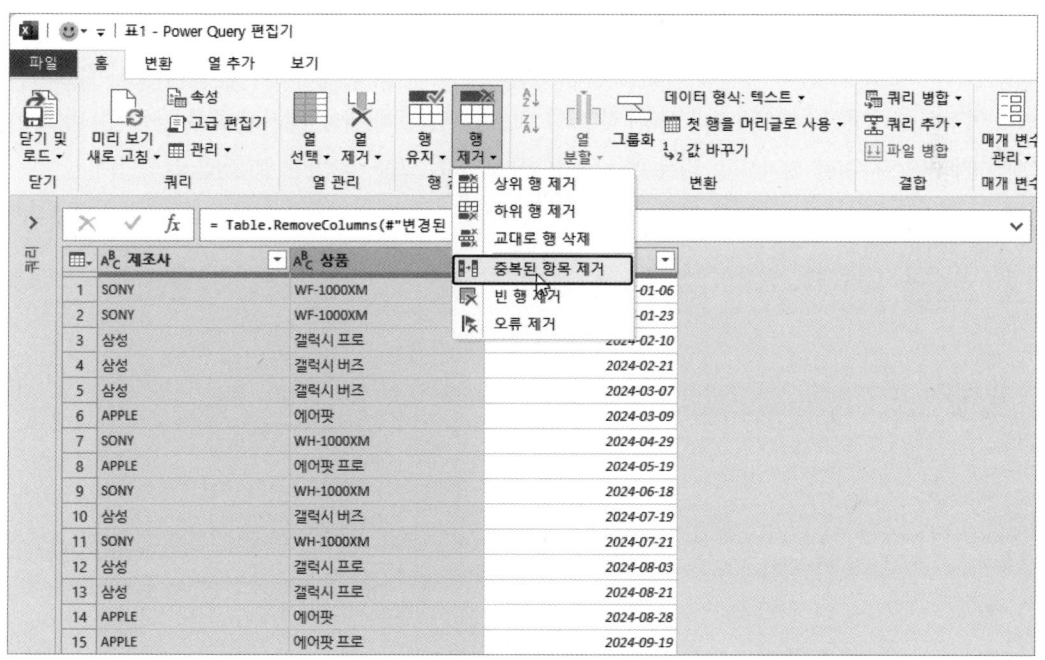

TIP 중복을 제거하기 전에 [날짜] 열의 데이터를 보면 1월부터 10월까지의 날짜가 있습니다. 이후에 결과를 이해하려면 어떤 월의 날짜가 있는지 확인해두어야 합니다.

05 다음과 같이 중복이 배제된 결과를 미리보기 화면에서 확인할 수 있습니다.

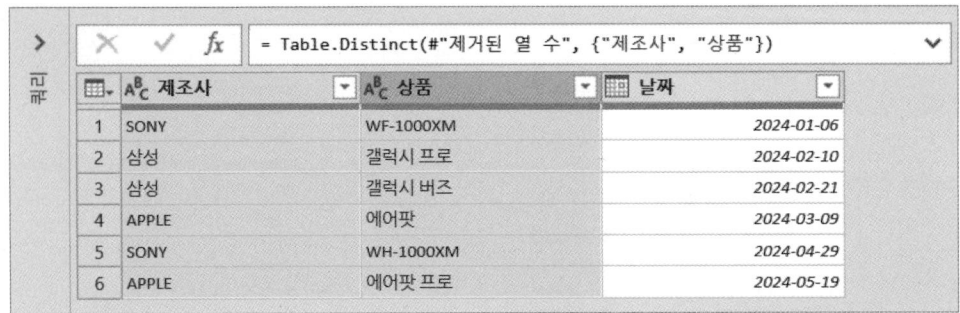

 **엑셀마스터가 짚어주는 핵심 NOTE**

결과 이해하기

각 제조사 상품의 중복이 제거된 결과를 보면 1월부터 5월 데이터만 표시됩니다. 원래 1월~10월 데이터가 있었으므로, 파워 쿼리는 중복 제거 시 상단 데이터는 유지하고 하단의 중복 데이터를 삭제한다는 것을 알 수 있습니다.

프로그램의 기능을 제대로 이해하려면 이처럼 실제 작동 방식을 확인하는 습관이 중요합니다.

06 중복을 제거할 때 상단이 아닌 하단의 데이터를 남기기 위해 중복 제거하기 전 미리 보기에 표시된 데이터를 거꾸로 표시하겠습니다. [쿼리 설정] 작업 창 내 [적용된 단계]에서 [제거된 중복 항목 수] 바로 이전 단계인 [제거된 열 수]를 선택하고, 리본 메뉴의 [변환] 탭-[표] 그룹-[역방향 열]을 클릭합니다.

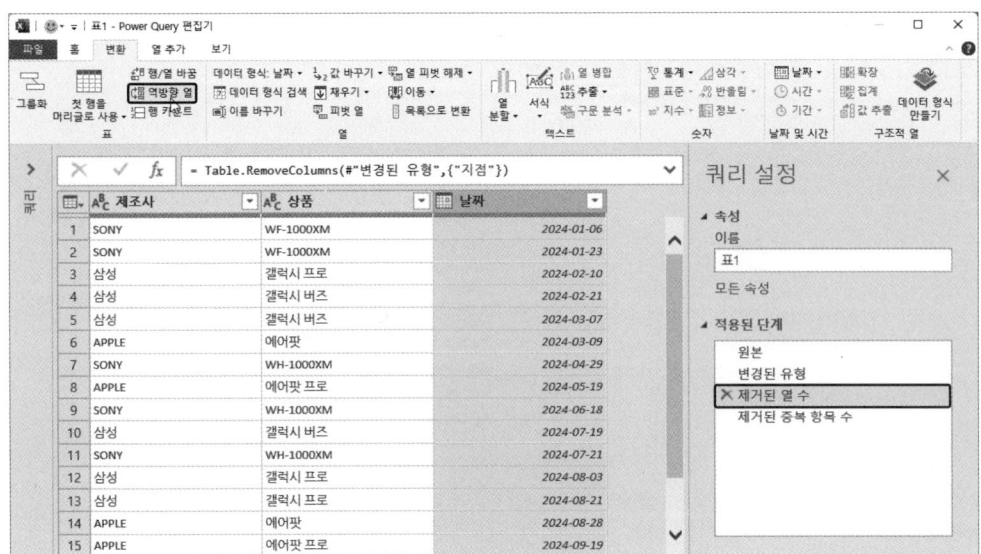

07 [단계 삽입] 대화상자가 열리면 [삽입]을 클릭합니다.

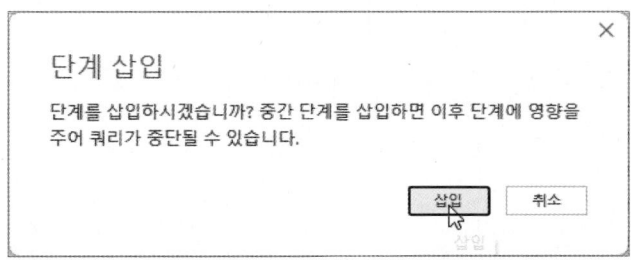

TIP 이런 방법처럼 단계를 추가하는 작업이 어렵다고 느낀다면 [쿼리 설정] 작업 창 내 [적용된 단계]에서 [제거된 중복 항목 수]를 삭제하고 06 과정을 진행한 뒤에 다시 중복 제거 작업을 진행해도 됩니다.

08 미리 보기 화면의 데이터가 거꾸로 표시됩니다. 이제 [적용된 단계]에서 [제거된 중복 항목 수] 단계를 선택해보면 [날짜] 열의 날짜가 7월부터 10월까지로, 상단 데이터가 제거되고 하단 데이터가 남은 것을 확인할 수 있습니다.

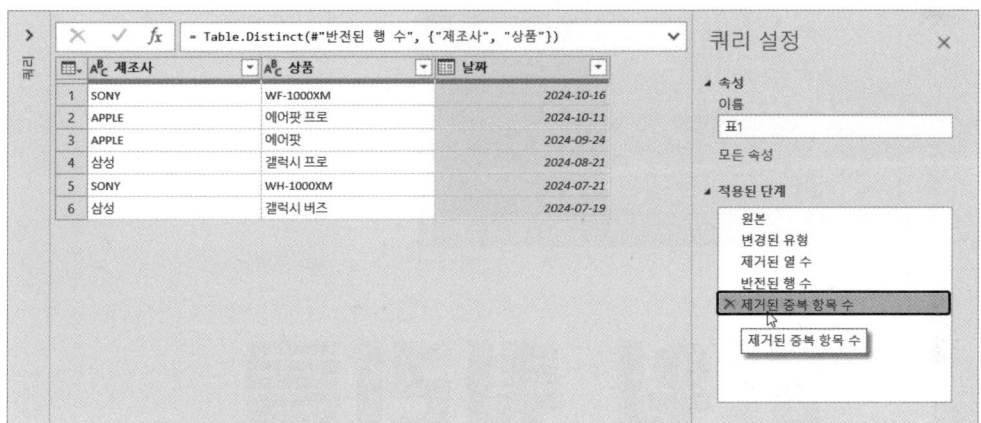

CHAPTER 03

파워 쿼리를 조금 더 알차게 쓰는 4가지 기능

이번 CHAPTER의 핵심!
- [열 피벗 해제] 기능 익히기
- [그룹화] 기능 익히기
- [피벗 열] 기능 익히기
- [사용자 지정 열] 기능 익히기

CHAPTER 02를 통해 파워 쿼리 사용법에 어느 정도 익숙해졌다면, 이번 CHAPTER에서는 파워 쿼리를 더욱 효과적으로 활용할 수 있는 기능들을 알아보겠습니다. 이번 CHAPTER에서 소개할 파워 쿼리 기능은 다음과 같습니다.

파워 쿼리 기능	엑셀 기능
열 피벗 해제	제공되지 않음
그룹화	피벗 테이블
피벗 열	피벗 테이블
사용자 지정 열	수식을 사용하는 열로 엑셀에서는 다양한 함수를 사용해 원하는 결과를 얻을 수 있음

파워 쿼리로 표를 원하는 형태로 다양하게 변형할 수 있고, 계산 작업을 통해 새로운 열을 만들어 활용할 수 있으며, 그룹화나 피벗 열 기능으로 피벗처럼 데이터를 요약할 수도 있습니다. 이번 CHAPTER에서 설명하는 방법을 충분히 익히면 파워 쿼리를 더 깊이 이해하고 효과적으로 활용할 수 있을 것입니다.

SECTION 01

기능 ⑨ 열 피벗 해제

함수나 피벗 테이블을 제대로 사용하려면 원본 표의 데이터가 세로로 쌓여 있어야 합니다. 그런데 많은 경우 보기 좋다는 이유로 가로로 데이터를 쌓습니다. 예를 들어 다음과 같은 표가 가로로 데이터를 쌓은 형태입니다.

지점	23Q1	23Q2	23Q3	23Q4	24Q1	24Q2	24Q3	24Q4
가양점	9,590	3,100	2,270	9,280	8,560	8,520	8,590	7,940
동백점	1,600	6,130	4,890	4,110	2,220	7,520	2,550	9,620
성수점	8,250	7,640	6,180	4,170	5,400	3,670	1,670	6,890
수서점	2,690	1,070	3,160	6,790	1,460	8,530	2,520	7,280
신도림점	3,580	6,690	7,340	9,600	7,640	3,750	3,450	8,500
용산점	2,130	4,810	5,410	2,890	9,380	5,230	6,150	7,980
죽전점	7,290	1,210	1,670	6,160	4,090	8,390	2,770	5,570
청계천점	8,140	5,740	2,910	5,110	8,820	3,270	6,920	4,240
화정점	5,660	3,460	4,510	4,050	3,950	1,780	8,850	3,650

표를 보면 각 지점의 연도와 분기별 실적이 [C5] 셀부터 [J5] 셀까지 오른쪽 방향으로 정리되어 있습니다. 이런 형태의 표로는 다음과 같은 결과를 쉽게 얻을 수 없습니다.

	23년	24년	YoY
Q1			
Q2			
Q3			
Q4			

TIP 왜 어려운지 잘 이해가 되지 않는 분들은 이어지는 작업을 진행하기 전에 예제 파일(열 피벗 해제.xlsx)을 열고 수식을 이용해 원하는 결과를 얻어보세요.

위와 같은 표의 결과를 쉽게 얻으려면 원본 표의 데이터가 가로가 아니라 다음과 같이 세로로 표시되도록 변환해야 합니다.

지점	연도	분기	실적
가양점	23년	Q1	9,590
가양점	23년	Q2	3,400
가양점	23년	Q3	2,270
가양점	23년	Q4	9,280
...	...	...	...
...	...	...	...
화정점	24년	Q3	8,850
화정점	24년	Q4	3,650

이런 작업을 지원하는 기능이 바로 파워 쿼리의 [열 피벗 해제]입니다.

표를 변환해 데이터 쉽게 요약하기

예제 파일 CHAPTER 03 \ 열 피벗 해제.xlsx

01 예제 파일을 열면 [지점 분기별 실적] 표와 [요약] 표가 있습니다. 파워 쿼리를 이용해 왼쪽의 [지점 분기별 실적] 표를 변환해 [요약] 표를 완성하겠습니다

02 엑셀 표 내부의 셀이 선택된 상태에서 리본 메뉴의 [데이터] 탭–[데이터 가져오기 및 변환] 그룹–[테이블/범위에서 ▦]를 클릭합니다.

03 [Power Query 편집기] 창에 데이터가 표시됩니다.

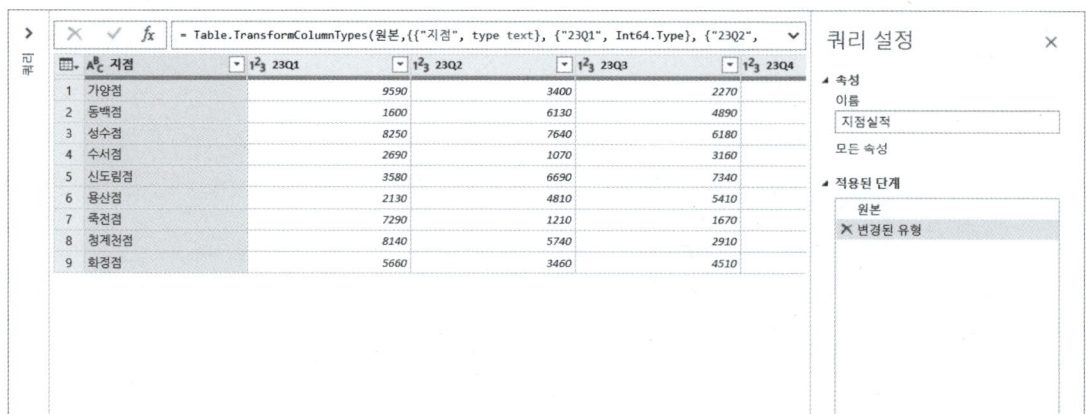

04 [지점] 열을 뺀 나머지 열을 세로 방향으로 기록하기 위해 [23Q1] 열을 선택하고 Shift 를 누른 상태에서 [24Q4] 열을 선택합니다. 그런 다음 리본 메뉴의 [변환] 탭-[열] 그룹-[열 피벗 해제]를 클릭합니다.

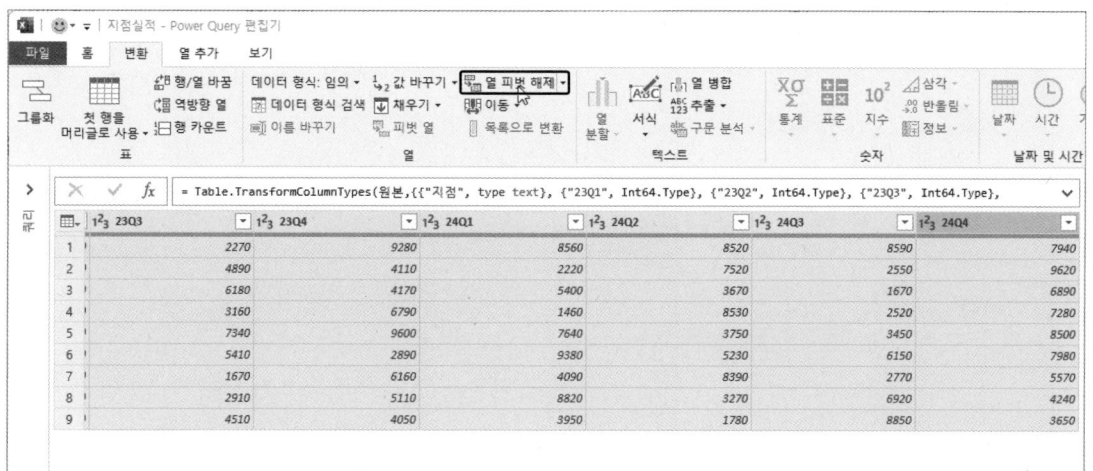

엑셀마스터가 짚어주는 핵심 NOTE

[다른 열 피벗 해제]의 활용

파워 쿼리에는 선택하지 않은 열을 대상으로 작동하는 기능이 많습니다. [열 피벗 해제]는 선택한 열에 적용되지만, [다른 열 피벗 해제]는 선택하지 않은 열을 대상으로 실행할 수 있습니다.

따라서 이번 과정에서는 [지점] 열을 선택하고 리본 메뉴의 [변환] 탭-[열] 그룹-[열 피벗 해제]의 목록 단추를 클릭한 다음 [다른 열 피벗 해제]를 선택해도 됩니다.

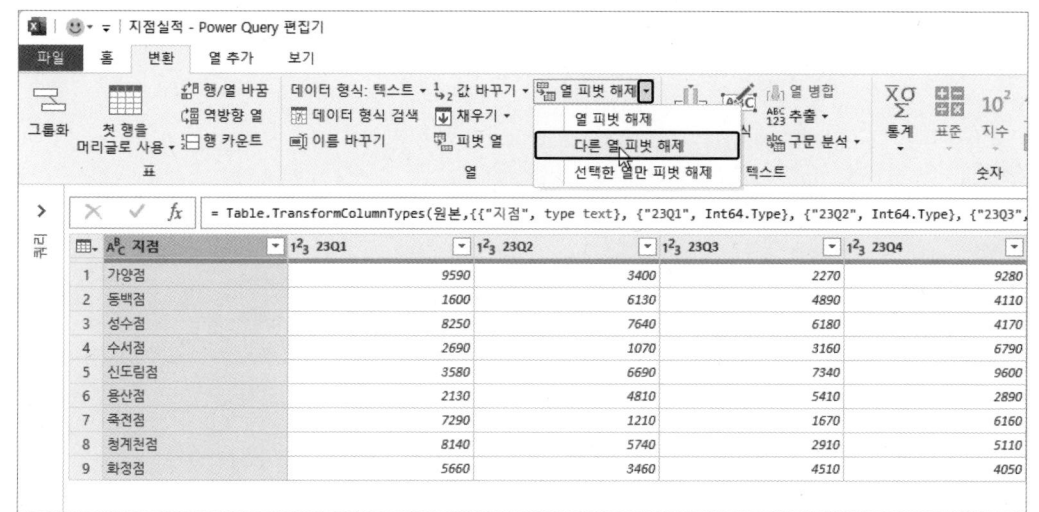

[열 피벗 해제]와 [다른 열 피벗 해제]는 열 머리글을 마우스 오른쪽 버튼으로 클릭하면 표시되는 단축 메뉴에도 있습니다.

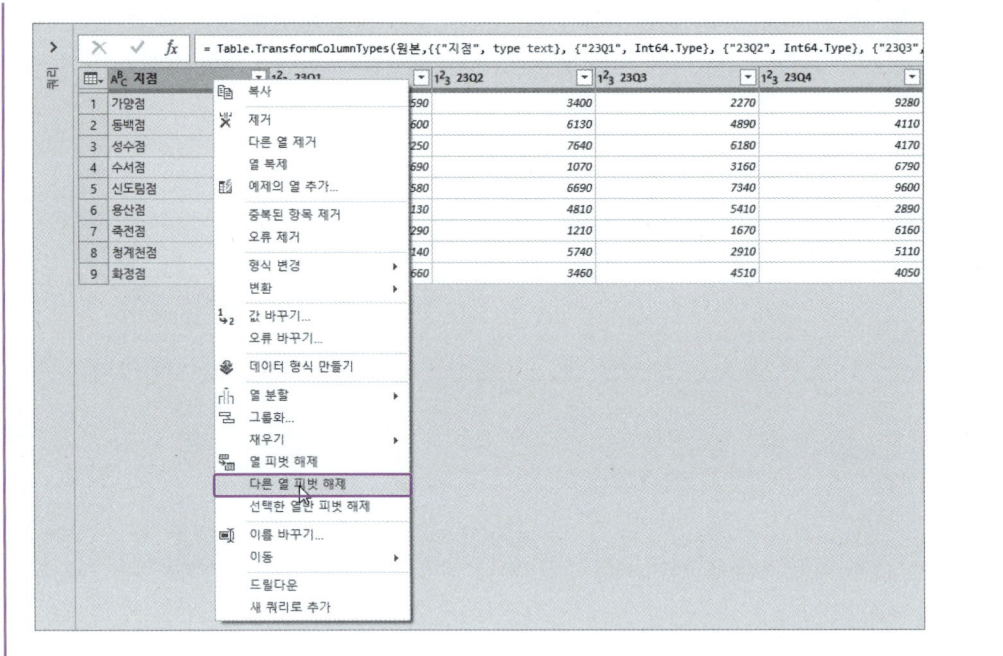

05 [23Q1]부터 [24Q4] 열의 머리글은 [특성] 열에, 해당 열의 값들은 [값] 열에 정리됩니다.

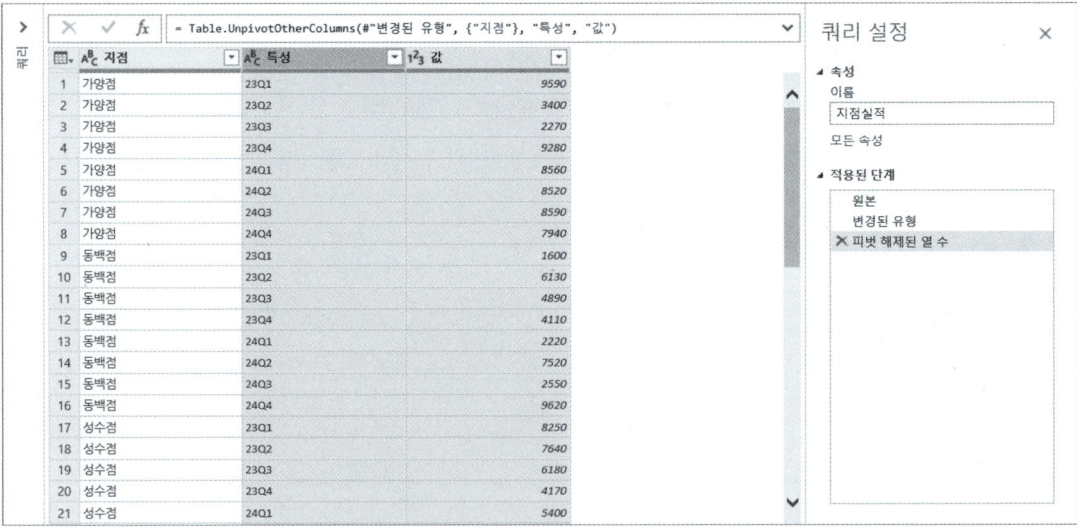

06 집계하려는 표에서 연도와 분기를 다른 머리글로 관리하므로 [특성] 열의 연도와 분기는 분리하겠습니다. [특성] 열을 선택하고 리본 메뉴의 [변환] 탭–[텍스트] 그룹–[열 분할]을 클릭한 다음 [문자 수 기준]을 선택합니다.

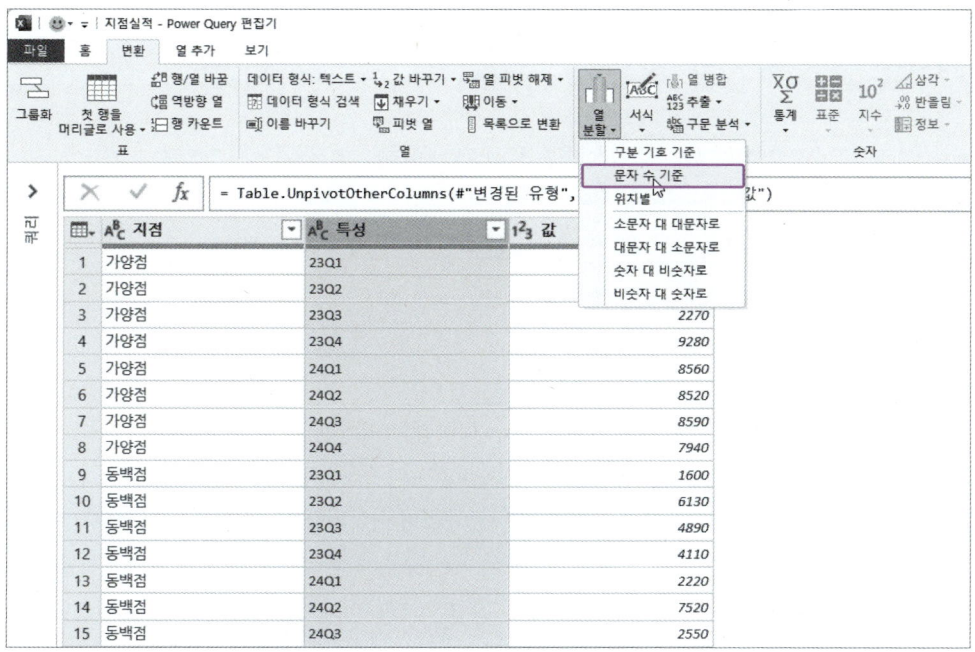

TIP [특성] 열의 값은 연도와 분기가 두 자리씩 입력돼 있습니다.

07 [문자 수로 열 분할] 대화상자가 표시되면 [문자 수]에 **2**를 입력하고 [확인]을 클릭합니다.

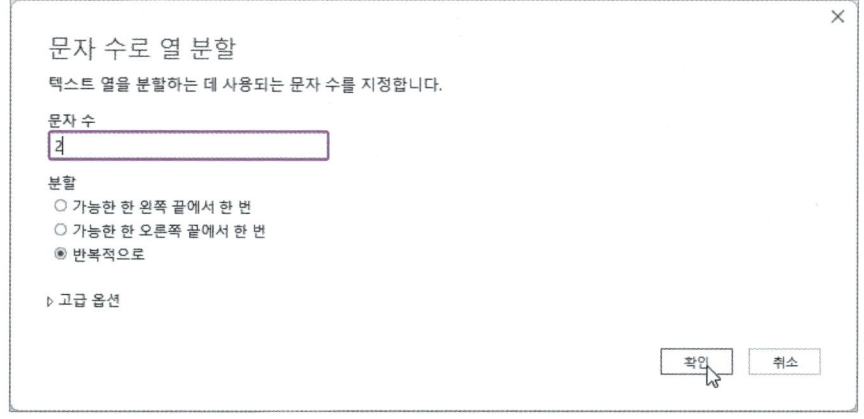

08 다음 화면과 같이 [특성.1] 열과 [특성.2] 열로 분리됩니다. 이제 [특성.1] 열 데이터 뒤에 '년' 단위를 추가하겠습니다. [특성.1] 열이 선택된 상태에서 리본 메뉴의 [변환] 탭–[텍스트] 그룹–[서식]을 클릭하고, [접미사 추가]를 선택합니다.

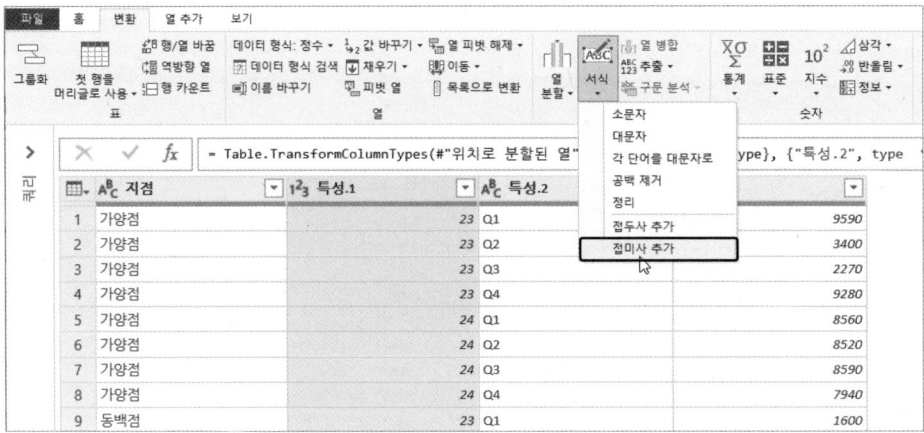

09 [접미사] 대화상자가 표시되면 [값]에 **년**을 입력하고 [확인]을 클릭합니다.

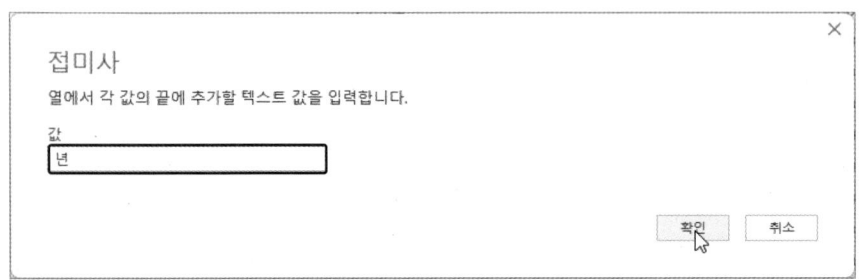

10 그러면 [특성.1] 열의 연도 뒤에 '년' 단위가 모두 추가됩니다.

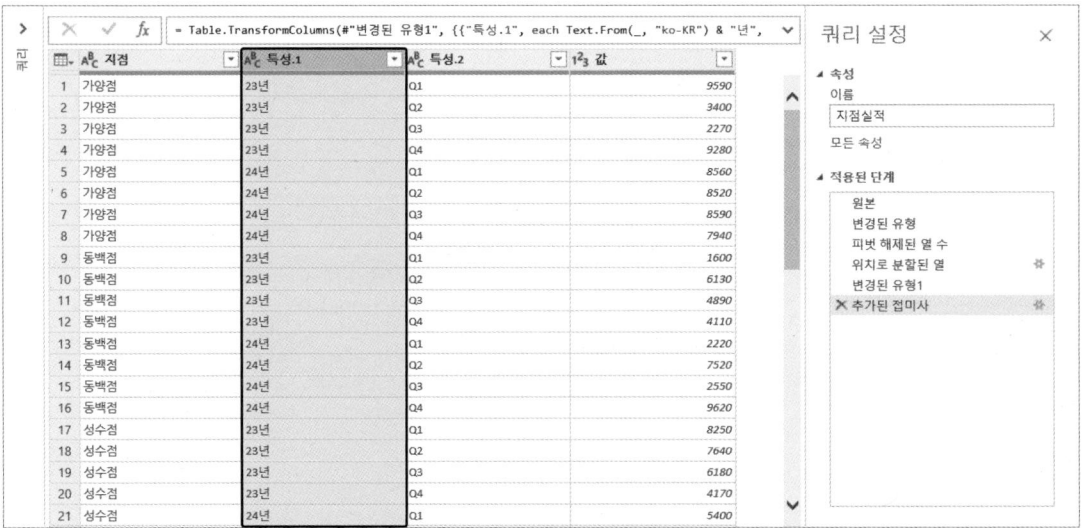

11 머리글을 적절하게 수정합니다. [특성.1] 열의 머리글을 더블클릭해 **연도**로, [특성.2] 열은 **분기**로, [값] 열은 **실적**으로 각각 수정합니다. 그런 다음 엑셀로 반환해 피벗으로 최종 결과를 생성합니다. 리본 메뉴의 [파일] 탭-[닫기 및 다음으로 로드[📊]]를 클릭합니다.

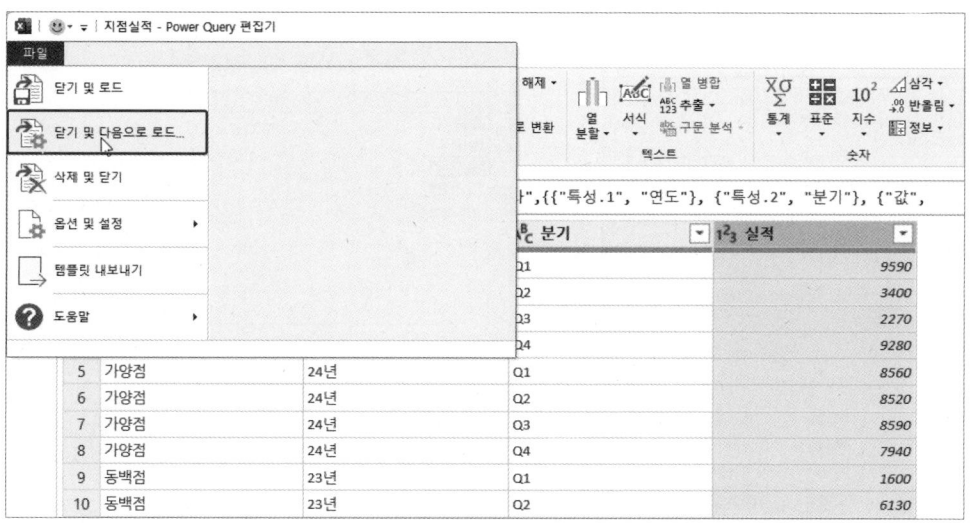

TIP 파워 쿼리를 이용해 최종 결과까지 만들 수 있지만, 이 부분은 뒤에서 배울 기능을 설명할 때 언급하기로 하고 여기서는 피벗을 이용해 최종 결과를 생성합니다.

12 [데이터 가져오기] 대화상자가 표시되면 [피벗 테이블 보고서]와 [기존 워크시트] 옵션을 선택하고, 반환 위치는 [L11] 셀을 클릭해 **=sample!L11**이 되도록 설정한 다음 [확인]을 클릭합니다.

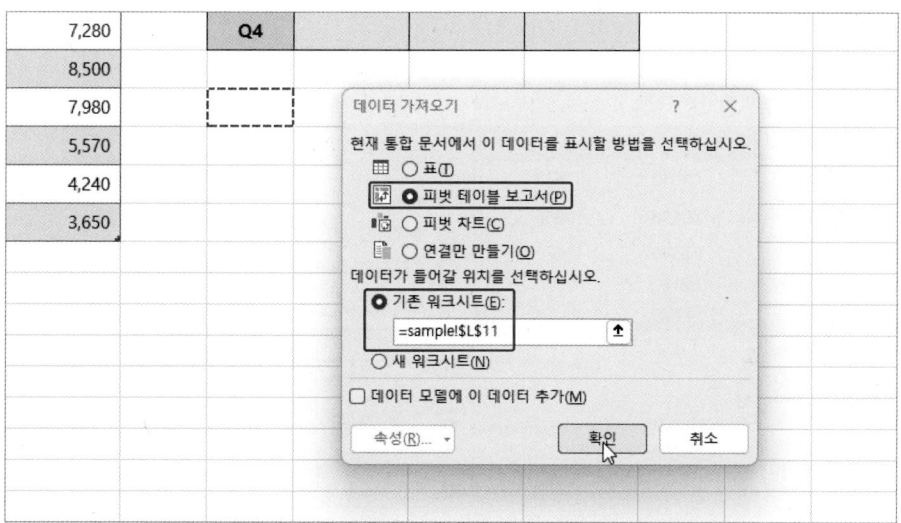

13 [피벗 테이블 필드] 작업 창에서 [분기] 필드와 [실적] 필드 확인란은 체크하고, [연도] 필드는 드래그해 [열] 영역에 추가하면 화면과 같은 피벗 테이블 보고서가 만들어집니다.

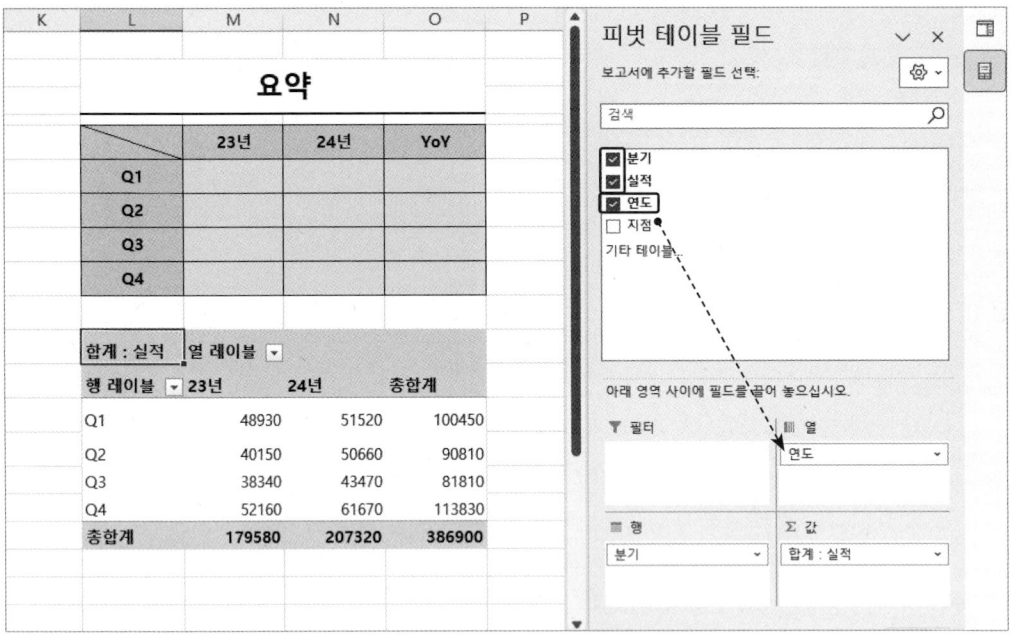

14 [총합계] 열을 제거하고 YoY(전년동기대비증감률)를 구해보겠습니다. [O12] 셀을 마우스 오른쪽 버튼으로 클릭하고 단축 메뉴에서 [합계 제거]를 선택합니다.

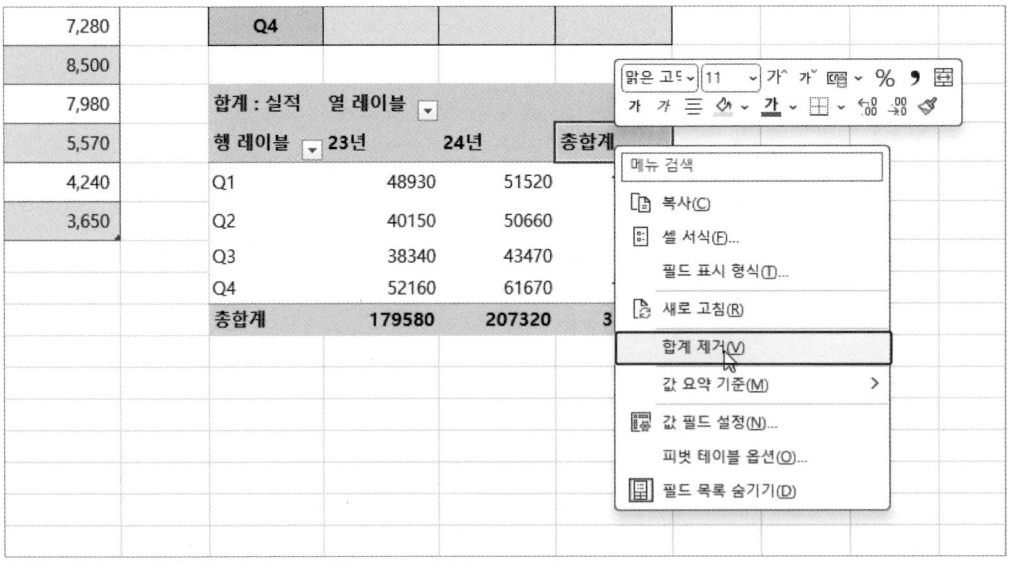

15 YoY를 피벗에서 계산하기 위해 [N12] 셀을 선택한 다음 리본 메뉴의 [피벗 테이블 분석] 탭-[계산] 그룹-[필드, 항목 및 집합]을 클릭하고 [계산 항목]을 선택합니다.

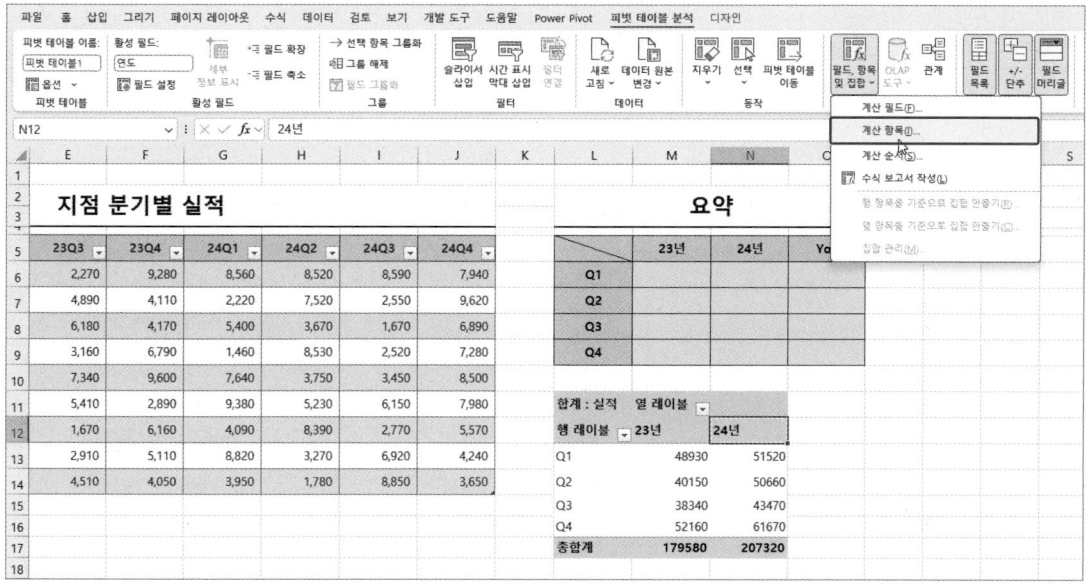

TIP 계산 항목을 이용하려면 계산에 사용되는 23년(또는 24년) 항목(예제 파일에서는 [M12:N12] 셀 범위) 내 셀을 하나 선택하고 있어야 합니다.

16 ["연도"에 계산 항목 삽입] 대화상자가 표시되면 [이름]에는 YoY를, [수식]에는 =('24년' - '23년')/'23년' 계산식을 입력하고 [추가]를 클릭한 후 [확인]을 클릭합니다.

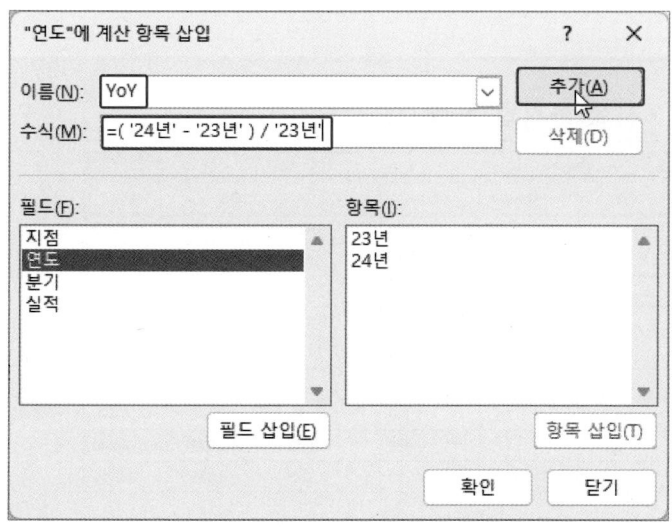

TIP [수식] 란에 수식을 작성할 때 연도는 대화상자 오른쪽의 [항목]을 더블클릭하면 자동으로 입력됩니다.

17 피벗 테이블 [총합계] 열 위치에 YoY 계산 항목이 표시됩니다.

분기별 실적

23Q4	24Q1	24Q2	24Q3	24Q4
9,280	8,560	8,520	8,590	7,940
4,110	2,220	7,520	2,550	9,620
4,170	5,400	3,670	1,670	6,890
6,790	1,460	8,530	2,520	7,280
9,600	7,640	3,750	3,450	8,500
2,890	9,380	5,230	6,150	7,980
6,160	4,090	8,390	2,770	5,570
5,110	8,820	3,270	6,920	4,240
4,050	3,950	1,780	8,850	3,650

요약

	23년	24년	YoY
Q1			
Q2			
Q3			
Q4			

합계 : 실적	열 레이블		
행 레이블	23년	24년	YoY
Q1	48930	51520	0.052932761
Q2	40150	50660	0.261768369
Q3	38340	43470	0.133802817
Q4	52160	61670	0.18232362
총합계	179580	207320	0.6308276

병합을 사용한 표의 열 피벗 해제하기

예제 파일 CHAPTER 03 \ 열 피벗 해제 응용.xlsx

01 예제 파일을 열면 다음과 같은 표를 확인할 수 있습니다.

지점 분기별 실적

지점	23년				24년			
	Q1	Q2	Q3	Q4	Q1	Q2	Q3	Q4
가양점	9,590	3,400	2,270	9,280	8,560	8,520	8,590	7,940
동백점	1,600	6,130	4,890	4,110	2,220	7,520	2,550	9,620
성수점	8,250	7,640	6,180	4,170	5,400	3,670	1,670	6,890
수서점	2,690	1,070	3,160	6,790	1,460	8,530	2,520	7,280
신도림점	3,580	6,690	7,340	9,600	7,640	3,750	3,450	8,500
용산점	2,130	4,810	5,410	2,890	9,380	5,230	6,150	7,980
죽전점	7,290	1,210	1,670	6,160	4,090	8,390	2,770	5,570
청계천점	8,140	5,740	2,910	5,110	8,820	3,270	6,920	4,240
화정점	5,660	3,460	4,510	4,050	3,950	1,780	8,850	3,650

TIP 머리글 행이 병합돼 있어 표 등록을 하면 병합이 해제되므로 이 상태에서 변환된 결과를 파워 쿼리로 얻고 싶다고 가정합니다.

02 먼저 표 범위(B5:J15)를 선택하고 이름 상자를 이용해 이름을 **원본표**로 정의합니다.

지점	23년				24년			
	Q1	Q2	Q3	Q4	Q1	Q2	Q3	Q4
가양점	9,590	3,400	2,270	9,280	8,560	8,520	8,590	7,940
동백점	1,600	6,130	4,890	4,110	2,220	7,520	2,550	9,620
성수점	8,250	7,640	6,180	4,170	5,400	3,670	1,670	6,890
수서점	2,690	1,070	3,160	6,790	1,460	8,530	2,520	7,280
신도림점	3,580	6,690	7,340	9,600	7,640	3,750	3,450	8,500
용산점	2,130	4,810	5,410	2,890	9,380	5,230	6,150	7,980
죽전점	7,290	1,210	1,670	6,160	4,090	8,390	2,770	5,570
청계천점	8,140	5,740	2,910	5,110	8,820	3,270	6,920	4,240
화정점	5,660	3,460	4,510	4,050	3,950	1,780	8,850	3,650

03 빈 쿼리를 생성해 이름 정의된 범위를 불러오겠습니다. 리본 메뉴의 [데이터] 탭-[데이터 가져오기 및 변환] 그룹-[데이터 가져오기]를 클릭한 다음 [기타 원본에서]-[빈 쿼리]를 선택합니다.

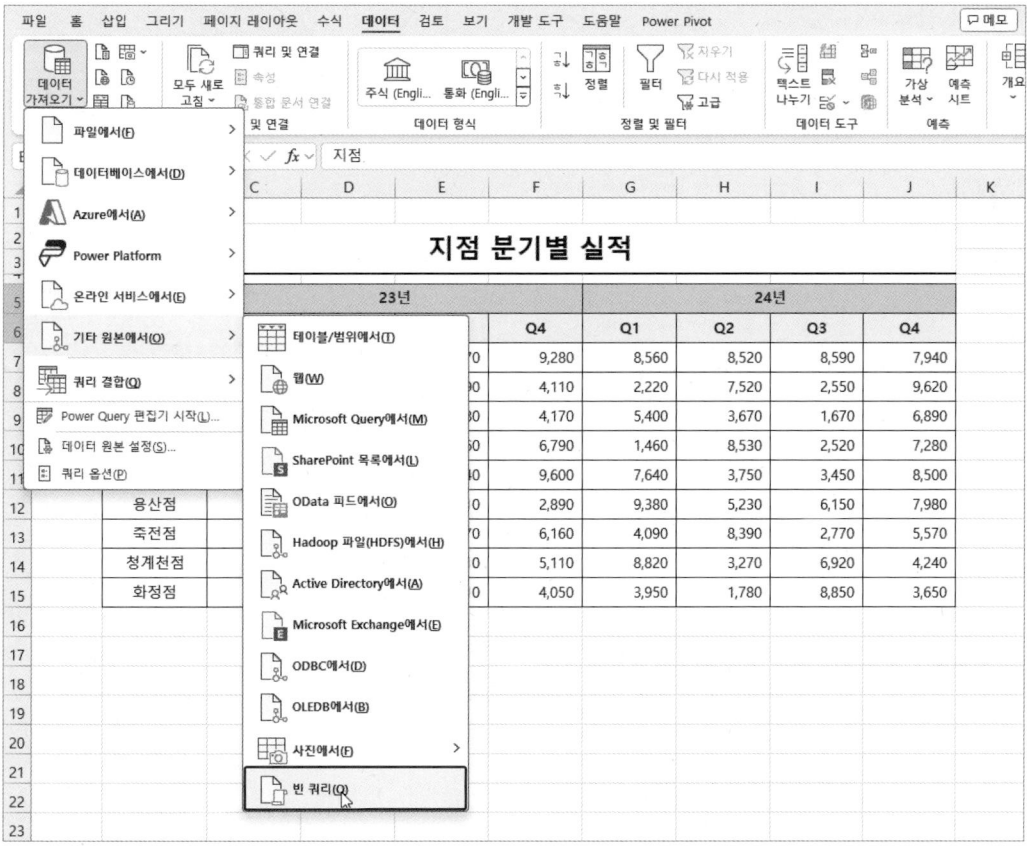

04 빈 쿼리가 생성되면 수식 입력줄에 **=Excel.CurrentWorkbook()**를 입력하고 Enter 를 누릅니다. 이름 정의된 [원본표]가 목록에 표시됩니다.

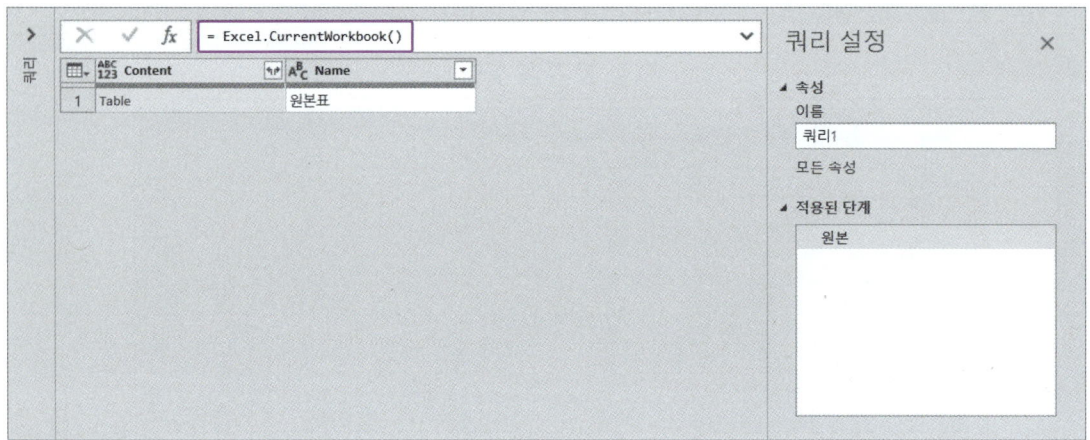

TIP 파워 쿼리의 수식 입력줄이 표시되지 않으면 리본 메뉴의 [보기] 탭-[레이아웃] 그룹-[수식 입력줄]을 클릭합니다.

TIP Excel.CurrentWorkbook()는 파워 쿼리 함수로 대/소문자를 구분하니, 입력에 주의가 필요하며 현재 파일에서 읽어올 수 있는 '엑셀 표', '이름정의'된 표를 불러옵니다.

05 [Name] 열의 이름은 필요하지 않으므로 삭제하겠습니다. [Name] 열을 선택하고 리본 메뉴의 [홈] 탭-[열 관리] 그룹-[열 제거]를 클릭합니다.

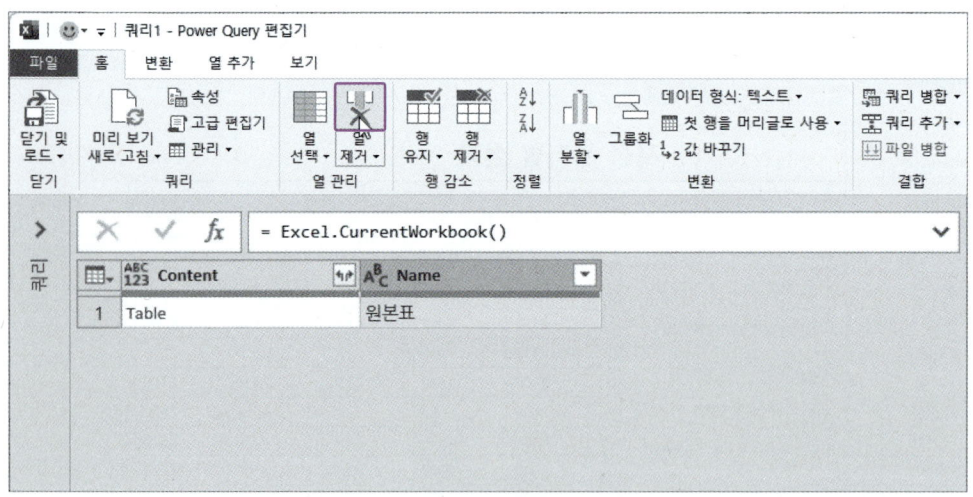

06 표 데이터를 읽어오기 위해 [Content] 열의 확장 단추를 클릭하고 [원래 열 이름을 접두사로 사용] 확인란의 체크를 해제한 다음 [확인]을 클릭합니다.

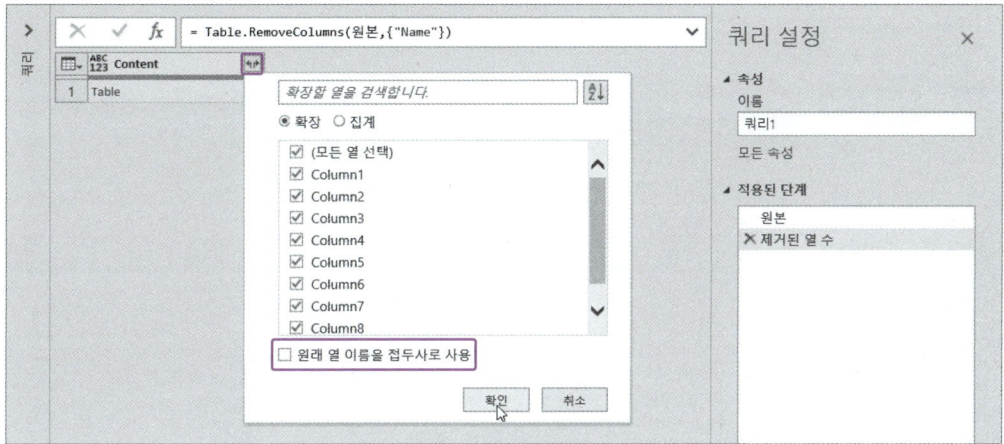

07 화면과 같은 표 데이터를 미리 보기를 통해 확인할 수 있습니다.

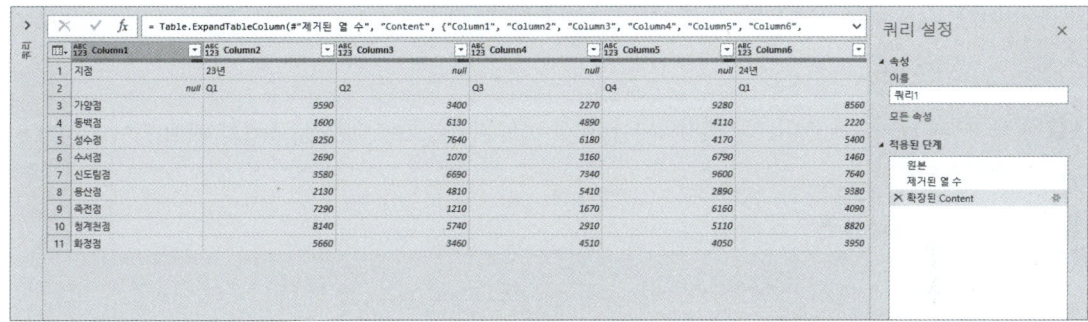

08 머리글에 병합이 있었으므로 빈 셀에 값을 채우기 위해 표의 행/열 위치를 변경합니다. [변환] 탭-[표] 그룹-[행/열 바꿈]을 클릭합니다.

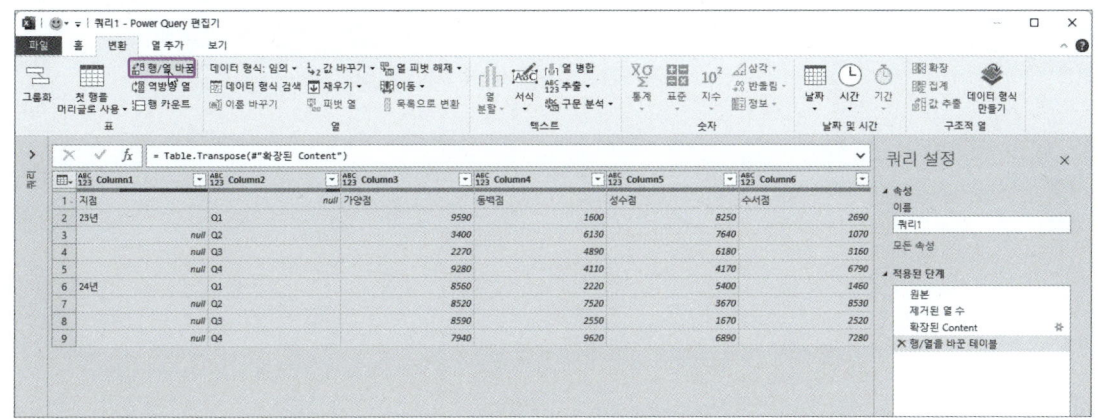

TIP [행/열 바꿈]은 엑셀의 [선택하여 붙여넣기]-[행/열 바꿈]과 동일한 역할을 합니다.

09 [Column1] 열의 null 값 위치에 바로 위 값을 채워 넣습니다. [Column1] 열을 선택하고 리본 메뉴의 [변환] 탭-[열] 그룹-[채우기]를 클릭하고, 하위 메뉴에서 [아래로]를 선택합니다.

10 이제 1행의 데이터를 머리글로 변경합니다. 리본 메뉴의 [홈] 탭-[변환] 그룹-[첫 행을 머리글로 사용]을 클릭합니다.

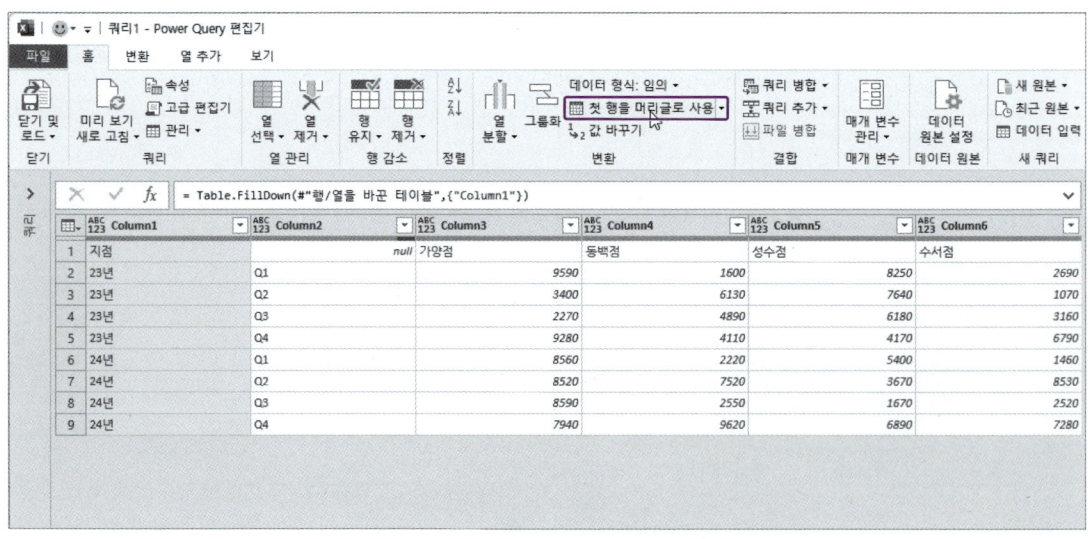

11 [지점] 열의 데이터에 날짜 형식이 자동으로 적용됩니다. 이것은 [첫 행을 머리글로 사용]을 사용했을 때 자동으로 데이터 형식 변환이 진행되어 발생한 것이므로 [적용된 단계]에서 마지막 [변경된 유형] 단계의 삭제 ⨉ 단추를 클릭해 원래대로 복원합니다.

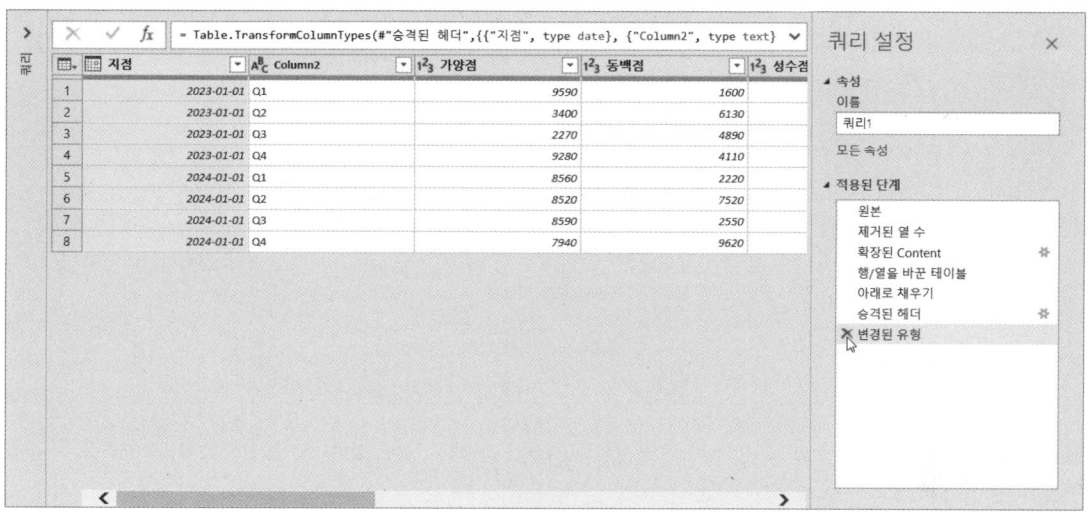

12 이제 마무리로 [지점]과 [Column2] 열만 빼고 나머지 열을 피벗 해제합니다. [지점] 열을 선택하고 Shift 를 누른 상태에서 [Column2] 열을 선택한 다음 마우스 오른쪽 버튼을 클릭하고 [다른 열 피벗 해제]를 선택합니다.

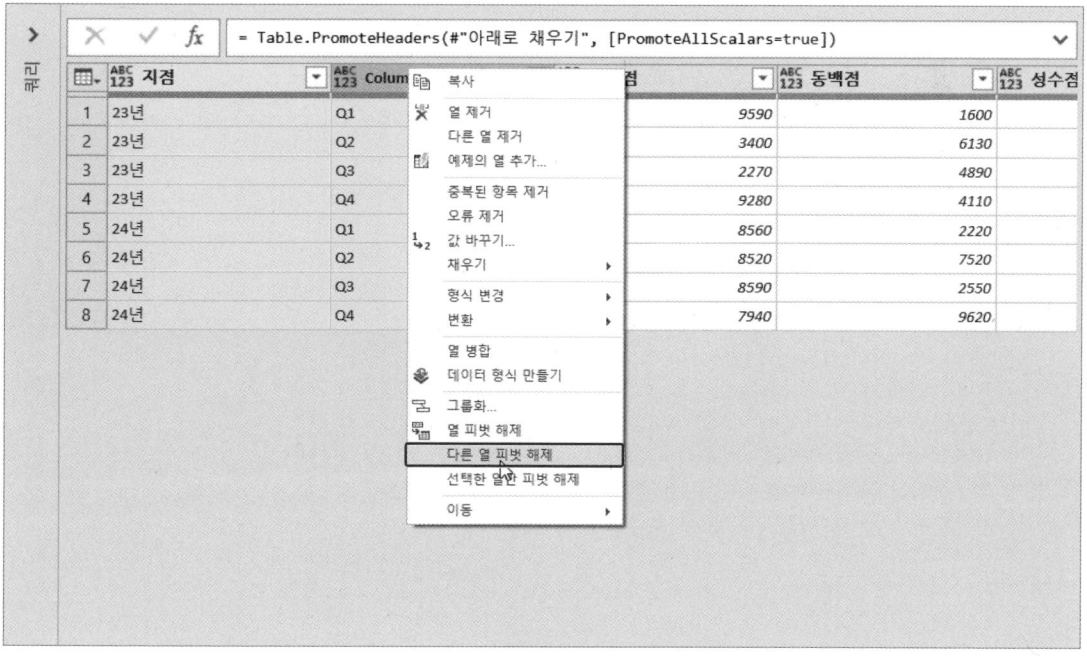

13 다음과 같은 결과를 얻을 수 있습니다.

	지점	Column2	특성	값
1	23년	Q1	가양점	9590
2	23년	Q1	동백점	1600
3	23년	Q1	성수점	8250
4	23년	Q1	수서점	2690
5	23년	Q1	신도림점	3580
6	23년	Q1	용산점	2130
7	23년	Q1	죽전점	7290
8	23년	Q1	청계천점	8140
9	23년	Q1	화정점	5660
10	23년	Q2	가양점	3400
11	23년	Q2	동백점	6130
12	23년	Q2	성수점	7640
13	23년	Q2	수서점	1070
14	23년	Q2	신도림점	6690
15	23년	Q2	용산점	4810
16	23년	Q2	죽전점	1210
17	23년	Q2	청계천점	5740
18	23년	Q2	화정점	3460
19	23년	Q3	가양점	2270
20	23년	Q3	동백점	4890

적용된 단계
- 원본
- 제거된 열 수
- 확장된 Content
- 행/열을 바꾼 테이블
- 아래로 채우기
- 승격된 헤더
- 피벗 해제된 다른 열 수

TIP 각 열의 머리글에서 [지점]은 **연도**로, [Column2]는 **분기**로, [특성]은 **지점**으로, [값]은 **실적**으로 변경한 다음 엑셀로 내려 보내 사용합니다.

SECTION 02

기능 ⑩ 그룹화

[그룹화]는 중복 데이터를 묶고 필요한 집계 작업을 지원하는 기능으로, 간단한 피벗 테이블 보고서와 비슷합니다. 예를 들어 다음과 같은 표가 있다고 가정합니다.

거래처	제품	판매량
A	엑셀	100
A	아웃룩	200
B	파워포인트	150
B	액세스	300

파워 쿼리로 위 표에서 [거래처] 열을 그룹화하고 [판매량] 열의 합계를 다음과 같이 구할 수 있습니다.

거래처	판매량 합계
A	300
B	450

그룹화를 이용해 수행할 수 있는 작업에는 개수나 합계 등의 기본 집계뿐 아니라, 그룹으로 묶인 중복 값의 데이터를 테이블로 저장하는 것도 있습니다. 이는 많은 사용자가 초반에 어려워하는 부분 중 하나이므로 잘 이해해두는 것이 좋습니다.

그룹화를 이용해 표 요약하기

예제 파일 CHAPTER 03 \ 그룹화.xlsx

01 예제 파일을 열면 다음과 같이 두 개 표를 확인할 수 있습니다. 왼쪽 표를 원본으로 오른쪽 표(지점의 분기별 실적)를 만들고 싶다고 가정합니다.

지점	제조사	상품	단가	수량	판매	판매일
용산점	SONY	WH-1000XM	414,000	5	2,070,000	2024-01-01
용산점	APPLE	에어팟	265,000	6	1,590,000	2024-01-01
성수점	삼성	갤럭시 프로	219,000	8	1,752,000	2024-01-01
강남점	APPLE	에어팟 프로	311,000	8	2,488,000	2024-01-01
성수점	APPLE	에어팟	247,000	14	3,458,000	2024-01-01
강남점	삼성	갤럭시 프로	207,000	3	621,000	2024-01-01
강남점	삼성	갤럭시 프로	214,000	8	1,540,800	2024-01-02
성수점	삼성	갤럭시 프로	210,000	3	567,000	2024-01-02
용산점	SONY	WF-1000XM	360,000	1	324,000	2024-01-02
강남점	APPLE	에어팟 프로	311,000	6	1,866,000	2024-01-02
강남점	APPLE	에어팟	244,000	5	1,220,000	2024-01-02
성수점	SONY	WH-1000XM	410,000	4	1,640,000	2024-01-02
용산점	APPLE	에어팟	265,000	15	3,975,000	2024-01-02
성수점	APPLE	에어팟	258,000	9	2,322,000	2024-01-02
...	...	...	...	...	...	...
용산점	삼성	갤럭시 버즈	168,000	10	1,554,000	2024-12-30
강남점	삼성	갤럭시 프로	214,000	7	1,385,650	2024-12-30
성수점	삼성	갤럭시 버즈	166,000	3	460,650	2024-12-30
용산점	삼성	갤럭시 프로	214,000	8	1,626,400	2024-12-31
성수점	APPLE	에어팟	247,000	9	2,111,850	2024-12-31

지점	분기	실적
강남점	Q1	₩ 235,500,200
	Q2	₩ 167,063,425
	Q3	₩ 232,540,275
	Q4	₩ 198,519,850
성수점	Q1	₩ 213,060,375
	Q2	₩ 169,481,175
	Q3	₩ 207,068,350
	Q4	₩ 195,809,275
용산점	Q1	₩ 229,702,600
	Q2	₩ 179,749,200
	Q3	₩ 224,972,000
	Q4	₩ 200,943,250

TIP 왼쪽 표는 이름이 '판매대장'인 엑셀 표입니다.

02 엑셀 표 내부의 셀이 선택된 상태에서 리본 메뉴의 [데이터] 탭-[데이터 가져오기 및 변환] 그룹-[테이블/범위에서 ▦]를 클릭합니다.

03 [Power Query 편집기] 창에 엑셀 표 데이터가 표시됩니다.

04 원본 표에는 '분기' 값이 없으므로 [판매일] 열을 대상으로 [분기] 열을 생성하겠습니다. [판매일] 열을 선택한 상태에서 리본 메뉴의 [열 추가] 탭-[날짜 및 시간에서] 그룹-[날짜]를 클릭하고 [분기]-[연간 사분기]를 선택합니다.

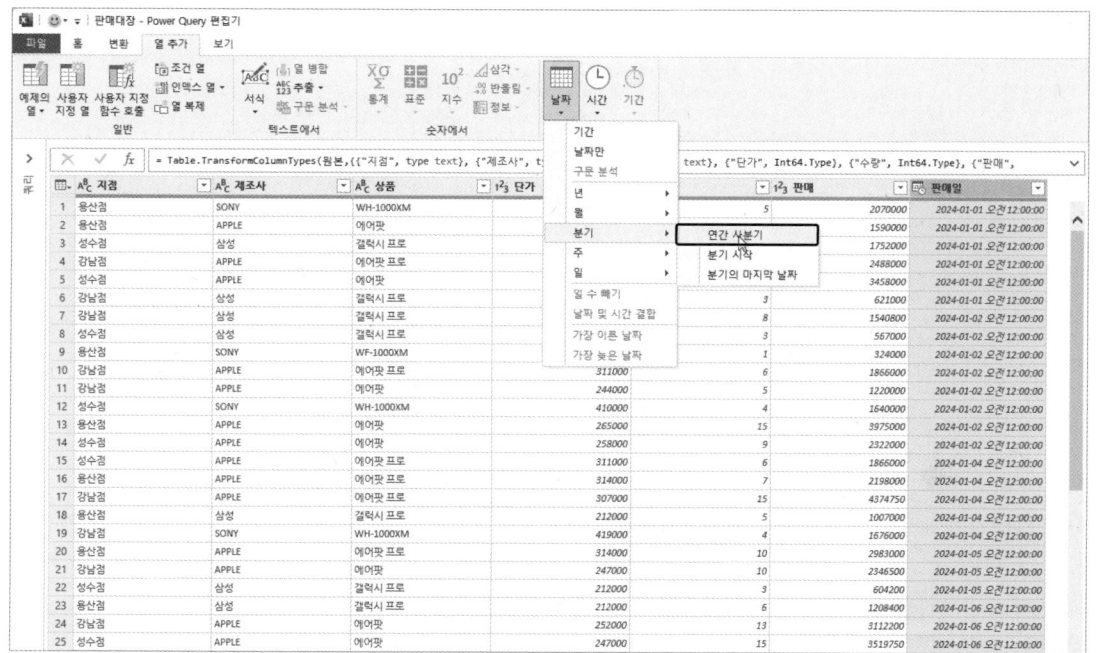

엑셀마스터가 짚어주는 핵심 NOTE

리본 메뉴의 [열 추가] 탭

파워 쿼리의 [열 추가] 탭에서 메뉴를 실행하면 새로운 열이 생성됩니다. [열 추가] 탭의 [텍스트에서], [숫자에서], [날짜 및 시간에서] 그룹의 메뉴는 다음과 같이 [변환] 탭에도 있습니다.

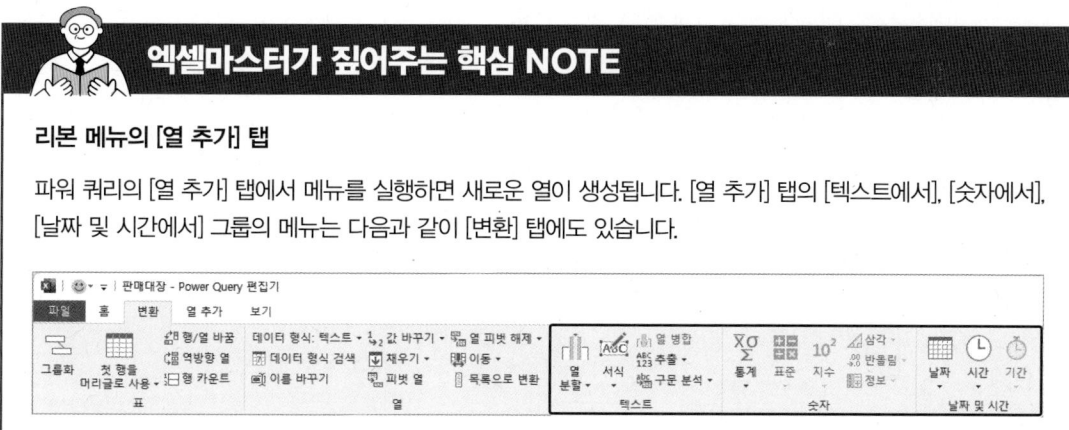

하위 메뉴도 비슷하지만, [변환] 탭의 메뉴들이 선택한 열의 값을 바꾸는 반면 [열 추가] 탭의 메뉴들은 결과를 새로운 열에 반환한다는 점이 다릅니다.

05 [분기] 열이 새로 생성되고, 값으로는 숫자 1, 2, 3, 4가 자동으로 입력됩니다. 숫자 앞에 Q를 붙여 분기를 좀 더 명확하게 표시하겠습니다. 생성된 [분기] 열을 선택하고 리본 메뉴의 [변환] 탭-[텍스트] 그룹-[서식]을 클릭하고 하위 메뉴에서 [접두사 추가]를 선택합니다.

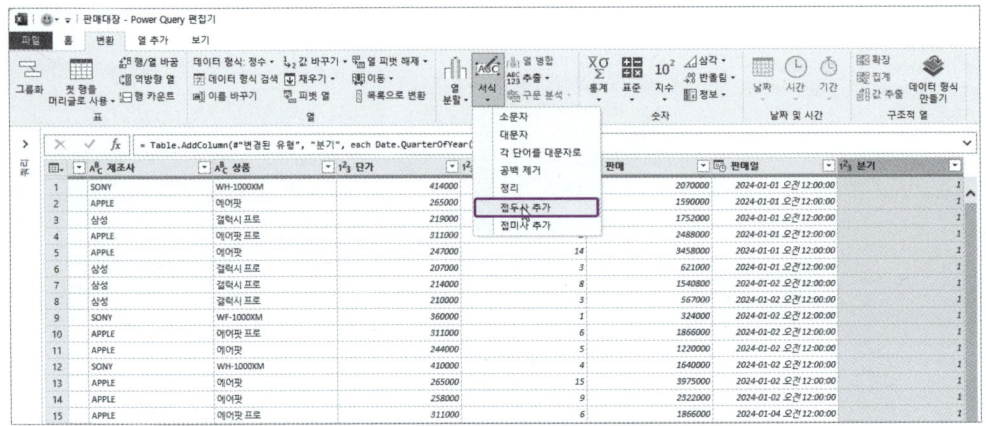

06 [접두사] 대화상자가 표시되면 [값]에 Q를 입력하고 [확인]을 클릭합니다.

07 [분기] 열의 값이 'Q1, Q2, Q3, Q4'와 같이 바뀝니다. 이제 표를 요약하기 전에 필요한 열만 남겨놓는 작업을 진행합니다. 리본 메뉴의 [홈] 탭-[열 관리] 그룹-[열 선택]을 클릭합니다.

TIP 여기서 바로 **09** 단계 작업을 진행해도 됩니다. 이 작업은 [그룹화] 작업을 좀 더 이해하기 쉽게 하기 위해 필요한 열만 선택해놓는 것입니다.

08 [열 선택] 대화상자가 표시되면 [(모든 열 선택)] 항목의 체크를 해제하고, [지점], [판매], [분기] 항목을 체크한 후 [확인]을 클릭합니다.

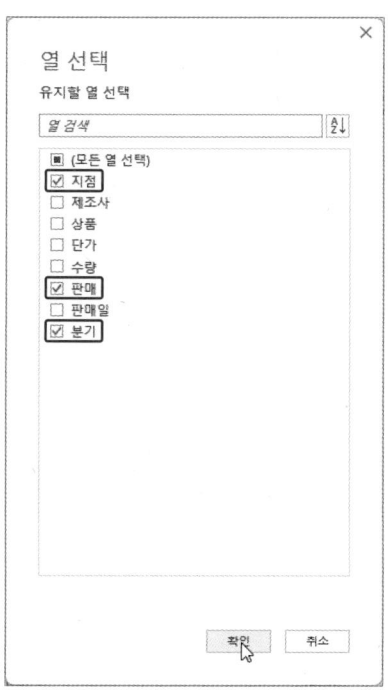

09 이제 데이터를 요약하기 위해 [지점] 열이 선택된 상태에서 리본 메뉴의 [홈] 탭–[변환] 그룹–[그룹화]를 클릭합니다.

10 [그룹화] 대화상자가 다음과 같이 표시됩니다.

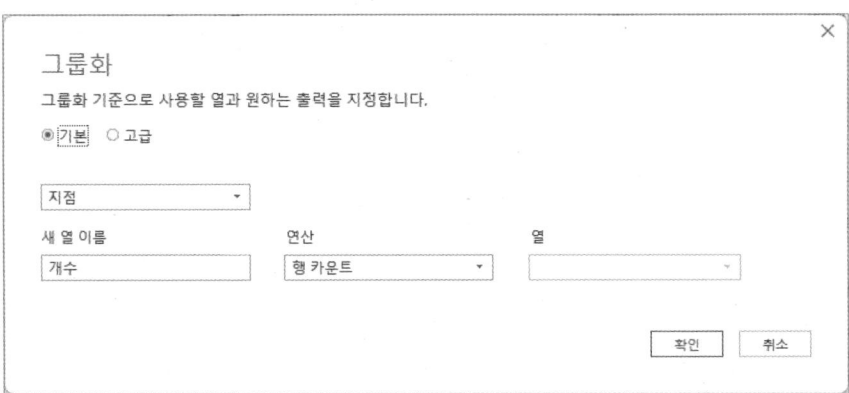

엑셀마스터가 짚어주는 핵심 NOTE

[그룹화] 대화상자의 설정 이해하기

[그룹화] 대화상자는 크게 중복 데이터를 하나로 묶는 부분과 데이터를 요약하는 부분으로 나뉩니다. 위 대화상자에서 데이터를 하나로 묶는 부분은 다음과 같습니다.

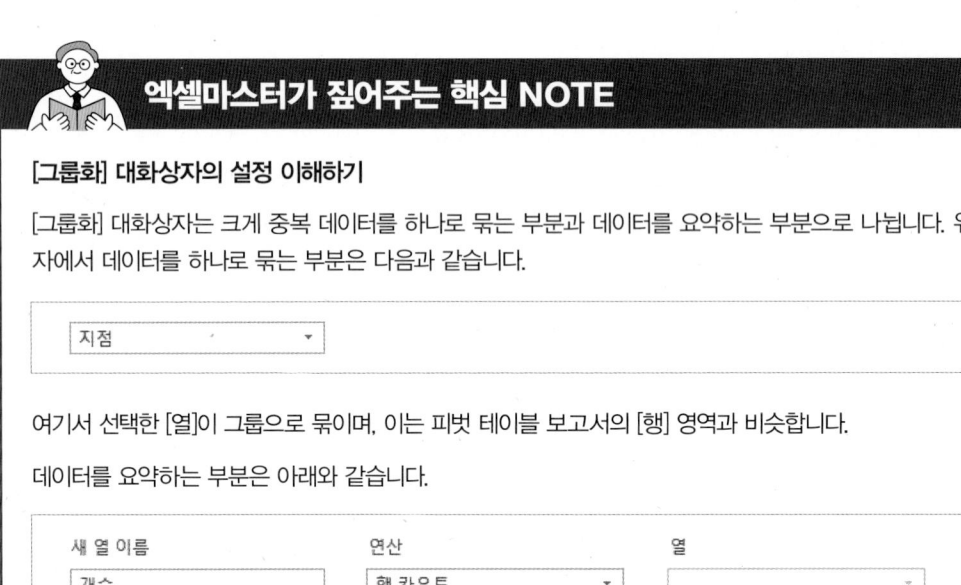

여기서 선택한 [열]이 그룹으로 묶이며, 이는 피벗 테이블 보고서의 [행] 영역과 비슷합니다.

데이터를 요약하는 부분은 아래와 같습니다.

[새 열 이름]은 용어 그대로 새로 집계할 열의 머리글을 입력하는 영역이고, [연산]은 '개수', '합계', '평균' 등의 집계 함수를 선택하는 영역입니다. [열]은 연산에서 선택한 함수로 집계할 열을 의미합니다. 피벗 테이블 보고서의 [값] 영역과 같습니다.

기본적으로 [열]을 하나씩 선택해서 작업하도록 되어 있지만 [고급] 옵션을 선택하면 여러 열을 그룹으로 묶거나, 여러 집계 작업을 진행할 수 있습니다.

11 그룹으로 묶을 열이 [지점]과 [분기] 열로 둘 이상이므로 [고급] 옵션을 선택합니다.

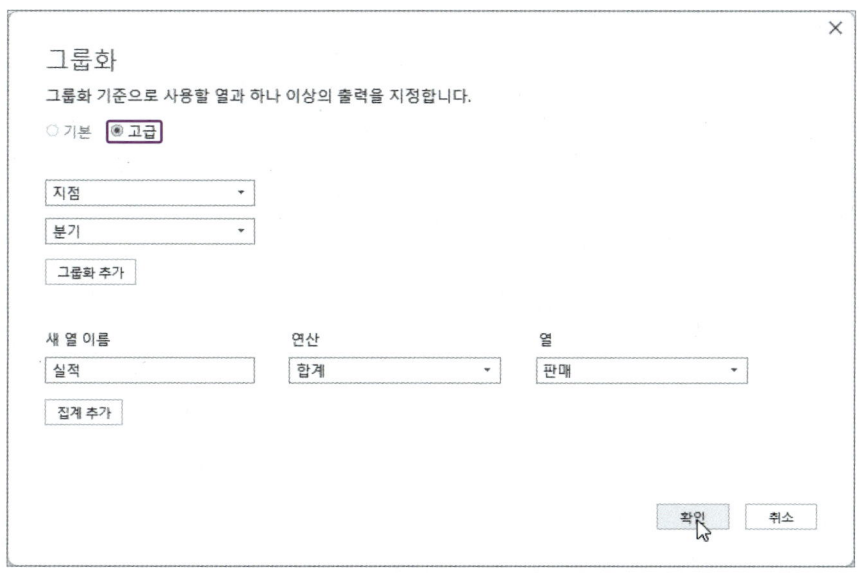

TIP [고급] 옵션을 선택하면 [그룹화 추가], [집계 추가] 버튼이 추가되어 그룹으로 묶을 필드를 여러 개 선택할 수 있습니다.

12 [그룹화 추가]를 클릭하고 [분기] 열을 선택합니다. 이렇게 하면 [지점]이 그룹으로 묶인 다음, 오른쪽에 [분기]가 그룹으로 묶입니다.

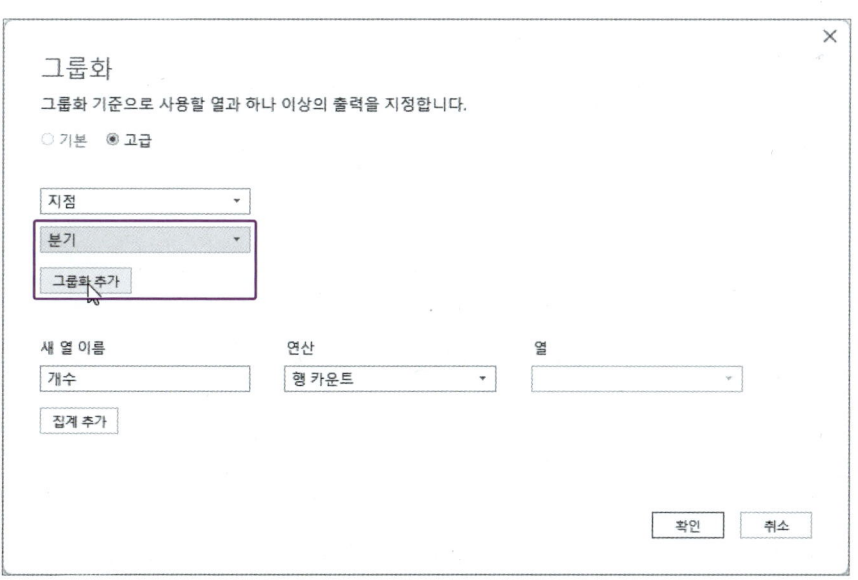

13 [판매] 열의 합계를 구하는 집계 작업을 진행하겠습니다. [새 열 이름]에 **실적**을 입력하고, [연산]은 [합계], [열]은 [판매]를 각각 선택한 후 [확인]을 클릭합니다.

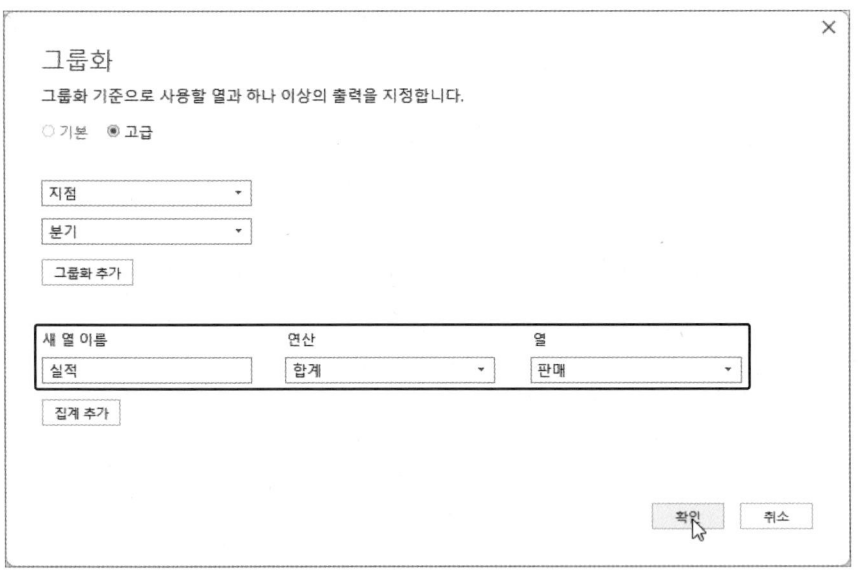

TIP 이렇게 설정하면 [판매] 열의 숫자의 합계를 구한 다음, 열 이름으로 '실적'을 설정합니다.

14 작업이 정상적으로 진행되면 다음과 같은 파워 쿼리 결과를 얻을 수 있습니다.

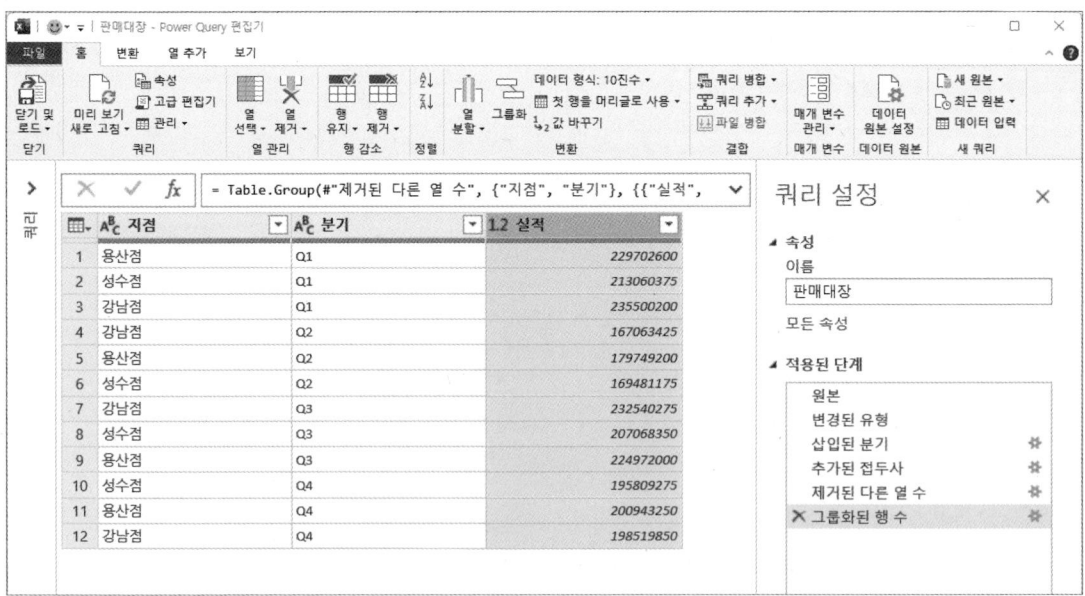

15 원하는 순서로 결과가 표시될 수 있도록 [지점] 열을 선택하고 리본 메뉴의 [홈] 탭-[정렬] 그룹-[오름차순 정렬]을 클릭합니다. [분기] 열도 선택하고 [오름차순 정렬]을 클릭합니다.

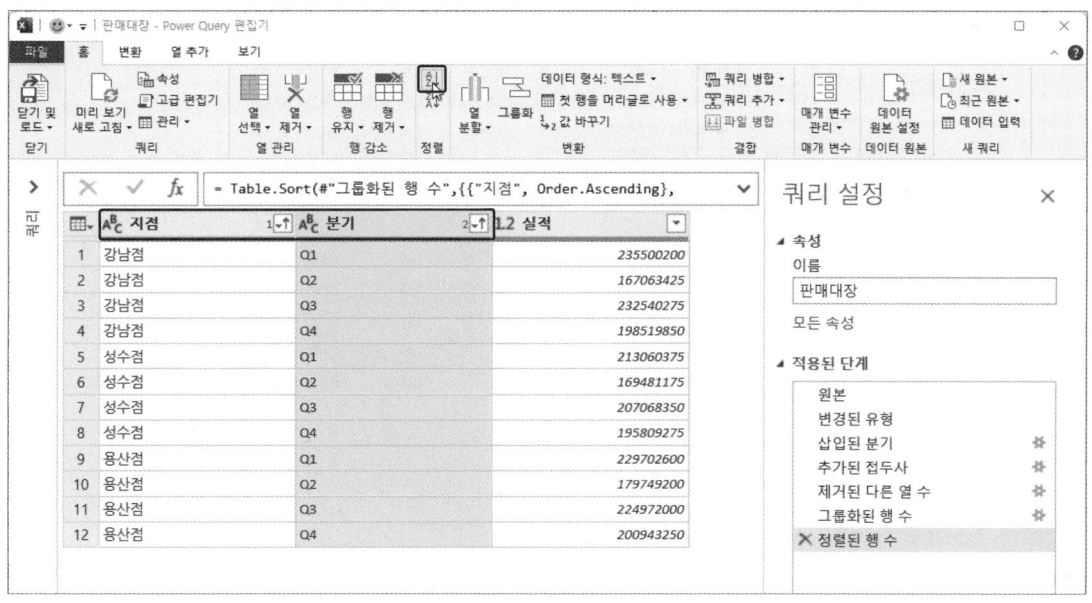

16 엑셀로 내려 보내기 위해 리본 메뉴의 [파일] 탭-[닫기 및 다음으로 로드]를 선택합니다.

17 엑셀 창으로 전환되면 [데이터 가져오기] 대화상자에서 [기존 워크시트] 옵션을 선택하고, 반환 위치는 [M1] 셀을 선택한 다음 [확인]을 클릭합니다.

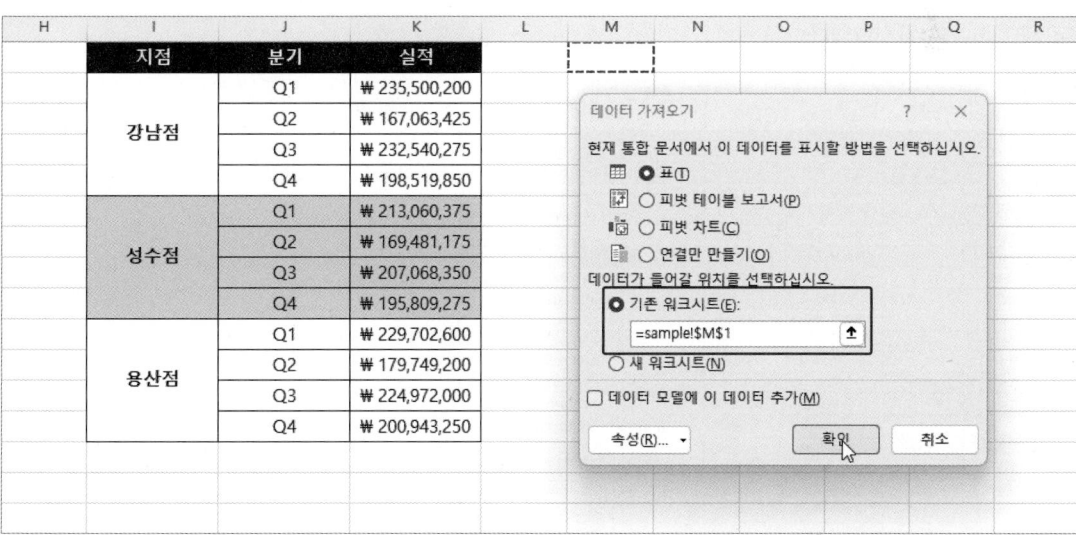

18 다음과 같은 결과를 확인할 수 있습니다.

지점	분기	실적		지점	분기	실적
강남점	Q1	₩ 235,500,200		강남점	Q1	235500200
	Q2	₩ 167,063,425		강남점	Q2	167063425
	Q3	₩ 232,540,275		강남점	Q3	232540275
	Q4	₩ 198,519,850		강남점	Q4	198519850
성수점	Q1	₩ 213,060,375		성수점	Q1	213060375
	Q2	₩ 169,481,175		성수점	Q2	169481175
	Q3	₩ 207,068,350		성수점	Q3	207068350
	Q4	₩ 195,809,275		성수점	Q4	195809275
용산점	Q1	₩ 229,702,600		용산점	Q1	229702600
	Q2	₩ 179,749,200		용산점	Q2	179749200
	Q3	₩ 224,972,000		용산점	Q3	224972000
	Q4	₩ 200,943,250		용산점	Q4	200943250

TIP 파워 쿼리에서 반환된 결과는 셀을 병합해 표시할 수 없고, '천 단위 구분기호'나 '통화' 스타일을 미리 설정할 수 없습니다. 셀 서식은 엑셀에 반환한 다음 설정할 수 있습니다.

그룹화를 이용해 필요한 항목을 쉼표로 연결해 표시하기

예제 파일 CHAPTER 03 \ 그룹화 응용.xlsx

01 예제 파일을 열면 다음과 같은 표를 확인할 수 있습니다. 왼쪽 표에서 오른쪽 표의 결과를 파워 쿼리로 얻고 싶다고 가정합니다.

	A	B	C	D	E	F	G	H	I	J	K
1	지점	제조사	상품	단가	수량	판매	판매일		제조사	상품	
2	용산점	SONY	WH-1000XM	414,000	5	2,070,000	2024-01-01		SONY	WF-1000XM, WH-1000XM	
3	용산점	APPLE	에어팟	265,000	6	1,590,000	2024-01-01		APPLE	에어팟, 에어팟 프로	
4	성수점	삼성	갤럭시 프로	219,000	8	1,752,000	2024-01-01		삼성	갤럭시 버즈, 갤럭시 프로	
5	강남점	APPLE	에어팟 프로	311,000	8	2,488,000	2024-01-01				
6	성수점	APPLE	에어팟	247,000	14	3,458,000	2024-01-01				
7	강남점	삼성	갤럭시 프로	207,000	3	621,000	2024-01-01				
8	강남점	삼성	갤럭시 프로	214,000	8	1,540,800	2024-01-02				
9	성수점	삼성	갤럭시 프로	210,000	3	567,000	2024-01-02				
10	용산점	SONY	WF-1000XM	360,000	1	324,000	2024-01-02				
11	강남점	APPLE	에어팟 프로	311,000	6	1,866,000	2024-01-02				
12	강남점	APPLE	에어팟	244,000	5	1,220,000	2024-01-02				
13	성수점	SONY	WH-1000XM	410,000	4	1,640,000	2024-01-02				
14	용산점	APPLE	에어팟	265,000	15	3,975,000	2024-01-02				
15	성수점	APPLE	에어팟	258,000	9	2,322,000	2024-01-02				
1246	용산점	APPLE	에어팟	265,000	13	3,186,625	2024-12-29				
1247	강남점	SONY	WH-1000XM	419,000	2	775,150	2024-12-29				
1248	용산점	삼성	갤럭시 버즈	168,000	10	1,554,000	2024-12-30				
1249	강남점	삼성	갤럭시 프로	214,000	7	1,385,650	2024-12-30				
1250	성수점	삼성	갤럭시 버즈	166,000	3	460,650	2024-12-30				
1251	용산점	삼성	갤럭시 프로	214,000	9	1,626,400	2024-12-31				
1252	성수점	APPLE	에어팟	247,000	9	2,111,850	2024-12-31				

02 엑셀 표 내부의 셀이 선택된 상태에서 리본 메뉴의 [데이터] 탭-[데이터 가져오기 및 변환] 그룹-[테이블/범위에서]를 클릭합니다.

03 [Power Query 편집기] 창에 데이터가 표시됩니다. 중복 제거할 열만 화면에 표시하기 위해 리본 메뉴의 [홈] 탭-[열 관리] 그룹-[열 선택]을 클릭합니다.

04 [열 선택] 대화상자가 표시되면 [(모든 열 선택)] 항목의 체크를 해제하고, [제조사], [상품] 항목 확인란만 체크한 다음 [확인]을 클릭합니다.

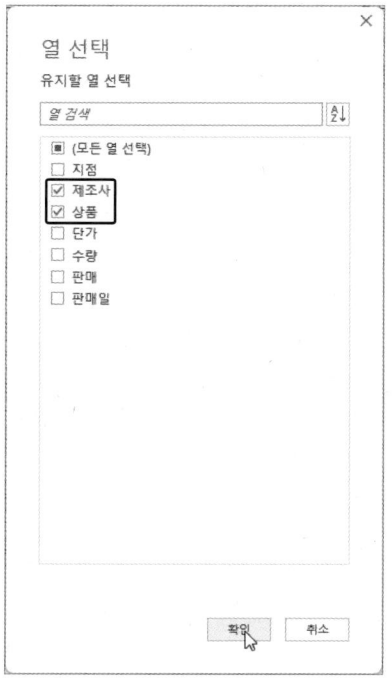

05 남겨진 열을 대상으로 중복을 제거하겠습니다. [제조사] 열을 선택하고 Shift를 누른 상태에서 [상품] 열을 선택합니다. 그런 다음 리본 메뉴의 [홈] 탭-[행 감소] 그룹-[행 제거]를 클릭한 다음 [중복된 항목 제거]를 선택합니다.

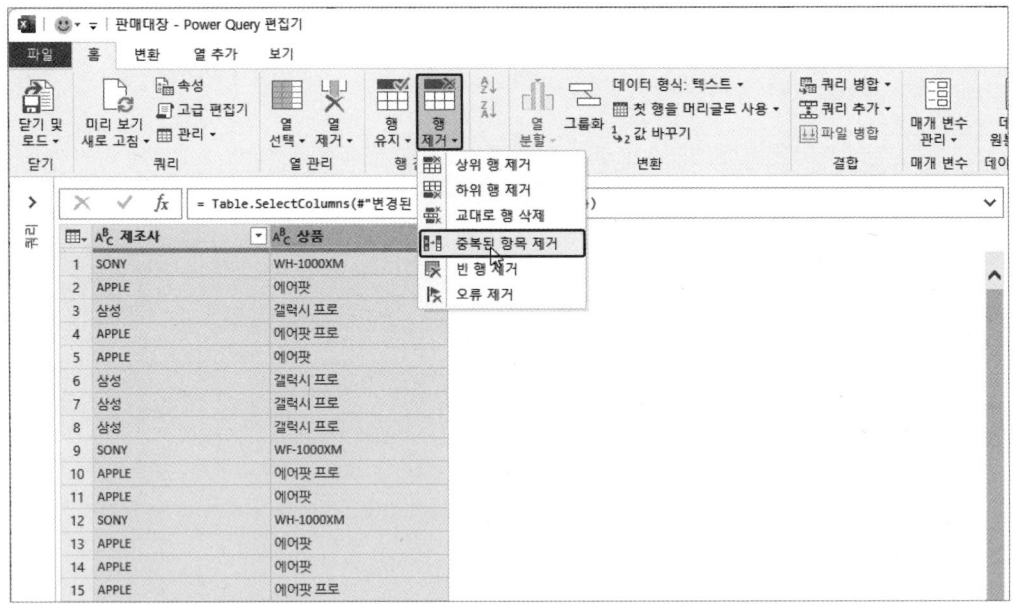

06 다음 화면과 같이 중복이 제거됩니다. 이제 [제조사] 열을 그룹으로 묶고 [상품] 열의 데이터를 가지고 있을 수 있도록 [그룹화] 작업을 진행합니다. [제조사] 열만 선택하고 리본 메뉴의 [홈] 탭-[변환] 그룹-[그룹화]를 클릭합니다.

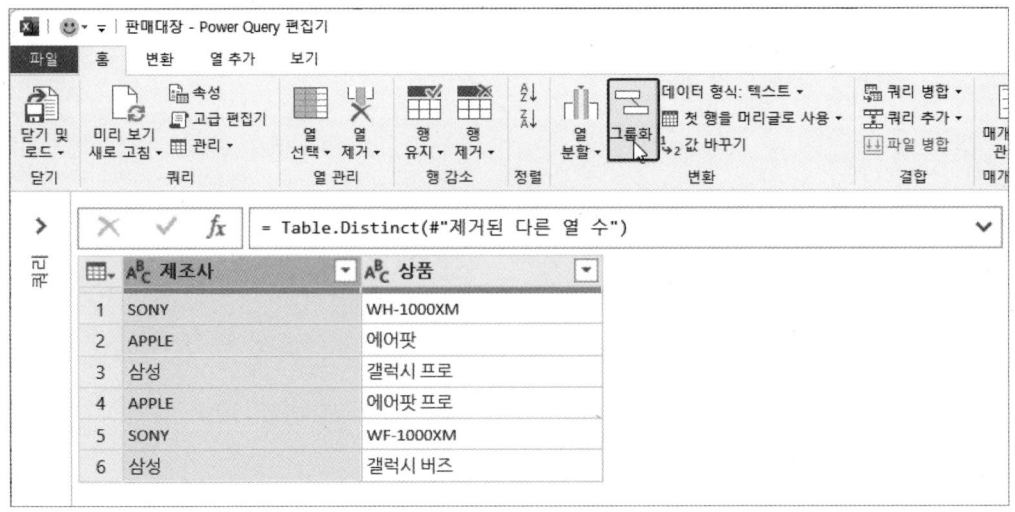

07 [그룹화] 대화상자가 표시되면 [새 열 이름]에 **상품리스트**를 입력하고 [연산]은 [모든 행]을 선택한 후 [확인]을 클릭합니다.

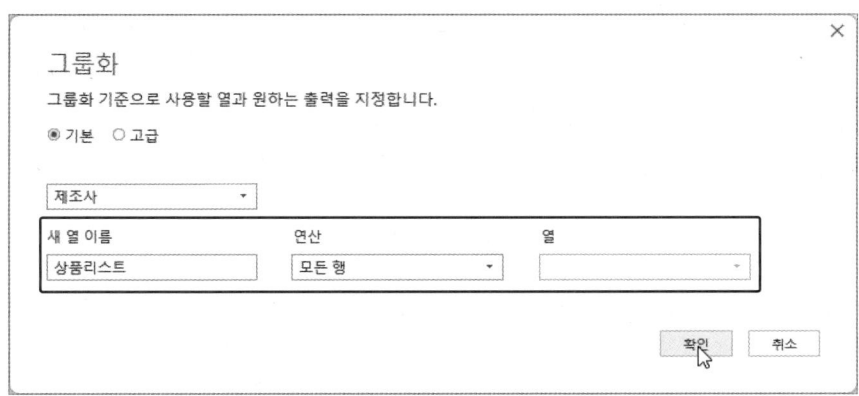

08 제조사 항목이 그룹으로 묶이고 [상품리스트] 열에는 'Table'이라고만 표시됩니다. 'Table' 항목을 직접 클릭하지 않고 오른쪽 빈 영역을 클릭하면 해당 Table 데이터를 하단의 미리보기 화면으로 확인할 수 있습니다.

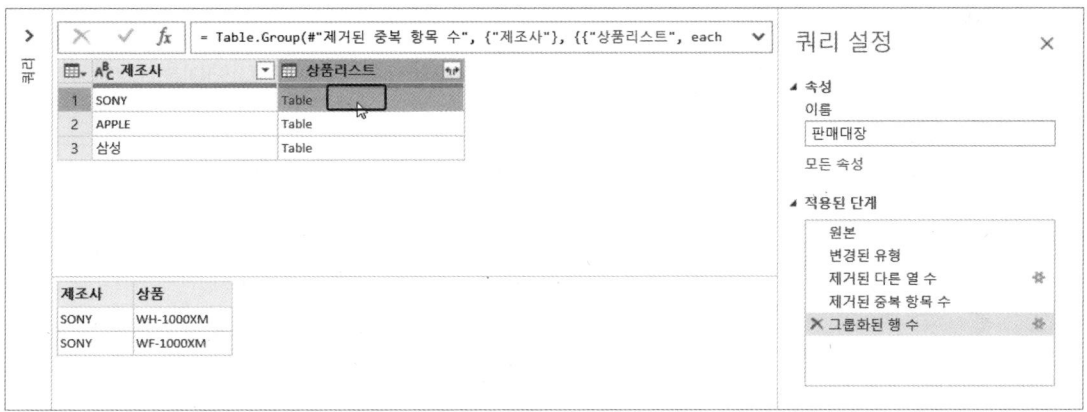

09 [상품리스트] 열의 Table에서 [상품] 열의 데이터만 뽑아 내기 위해 수식 입력줄의 코드를 다음과 같이 수정하고 Enter 를 누릅니다.

=Table.Group(#"제거된 중복 항목 수", {"제조사"}, {{"상품리스트", each _[상품]}})

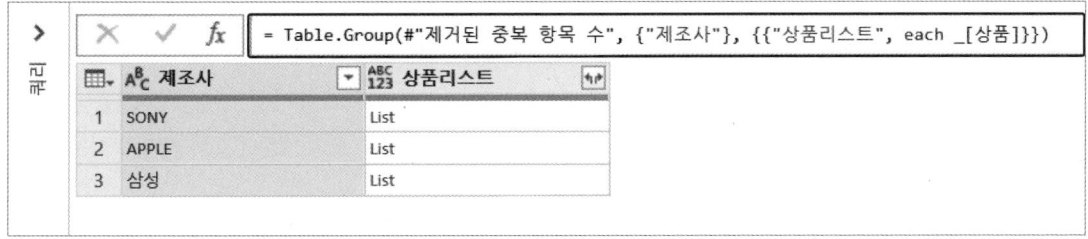

TIP 수식 입력줄에 표시되지 않는 경우에는 리본 메뉴의 [보기] 탭-[레이아웃] 그룹-[수식 입력줄] 확인란을 체크합니다.

엑셀마스터가 짚어주는 핵심 NOTE

수식을 왜 고쳐야 할까?

07 과정에서 [그룹화]를 이용해 '모든 행'을 갖는 [상품리스트] 열을 생성하면 이 열에는 '제조사'별 레코드만 Table 형식으로 저장됩니다.

하지만 전체 열이 아닌 [상품] 열의 데이터만 필요하므로 **08** 단계에서 [상품리스트] 열의 확장 단추를 클릭해 Table을 확장한 후 [상품] 열을 선택하면 **06** 단계와 동일한 결과밖에 얻을 수 없습니다. 그렇기 때문에 [상품리스트] 열을 전체 레코드가 있는 Table 형식에서 [상품] 열 데이터만 포함하는 List 형식으로 변경해야 합니다.

이 작업은 [그룹화] 대화상자에서 지원하지 않으므로 수식을 직접 수정해야 합니다.

08 과정의 수식 입력줄에서 확인할 수 있는 수식은 다음과 같습니다.

```
= Table.Group(#"제거된 다른 열 수",
               {"제조사"},
               {{"상품리스트",
               each _,
               type table [제조사=nullable text, 상품=nullable text]}})
```

TIP 이해를 돕기 위해 여러 줄로 나눠 함수를 정리해놓았습니다.

위 수식에서 each _ 다음 부분이 바로 Table의 내부 참조 열과 데이터 형식을 표시합니다.

```
= Table.Group(#"제거된 다른 열 수",
               {"제조사"},
               {{"상품리스트",
               each _,
               type table [제조사=nullable text, 상품=nullable text]}})
```

이 부분을 지우고, each _ 키워드 뒤에 참조할 열만 대괄호([]) 안에 입력한 것이 이번에 고친 수식입니다.

```
= Table.Group(#"제거된 다른 열 수",
               {"제조사"},
               {{"상품리스트",
                each _[상품]}})
```

이렇게 수식을 수정하면 [상품리스트] 열이 Table 형식에서 [상품] 열만 참조하는 List(값 목록) 형식으로 변경됩니다.

파워 쿼리에서 List는 해당 열의 데이터를 구분 기호로 연결해 반환 받을 수 있기 때문에 이번 예제와 같은 결과를 얻으려면 이런 과정을 거쳐야 합니다.

10 [상품리스트] 열의 확장 단추를 클릭하고 [값 추출]을 선택합니다.

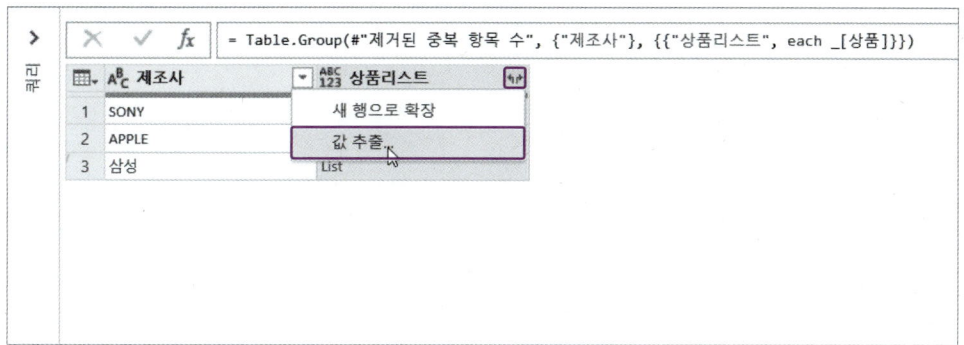

11 [목록에서 값 추출] 대화상자가 표시되면 구분 기호를 [쉼표]로 수정하고 [확인]을 클릭합니다.

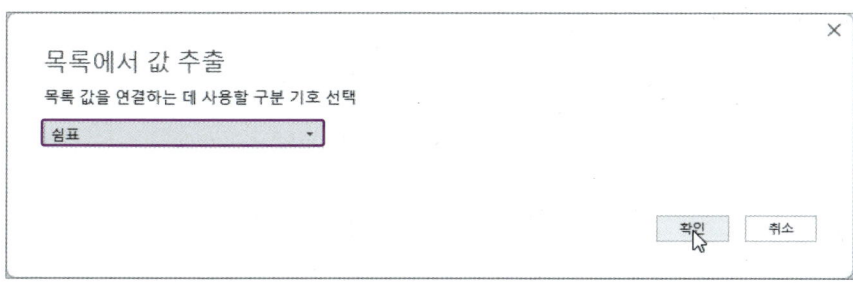

TIP 쉼표나 공백 등 선택할 수 있는 구분 기호 말고 다른 구분 기호를 사용하고 싶다면 [—사용자 지정—] 항목을 선택하고, 원하는 구분 기호를 입력합니다.

12 다음과 같은 결과를 얻을 수 있습니다.

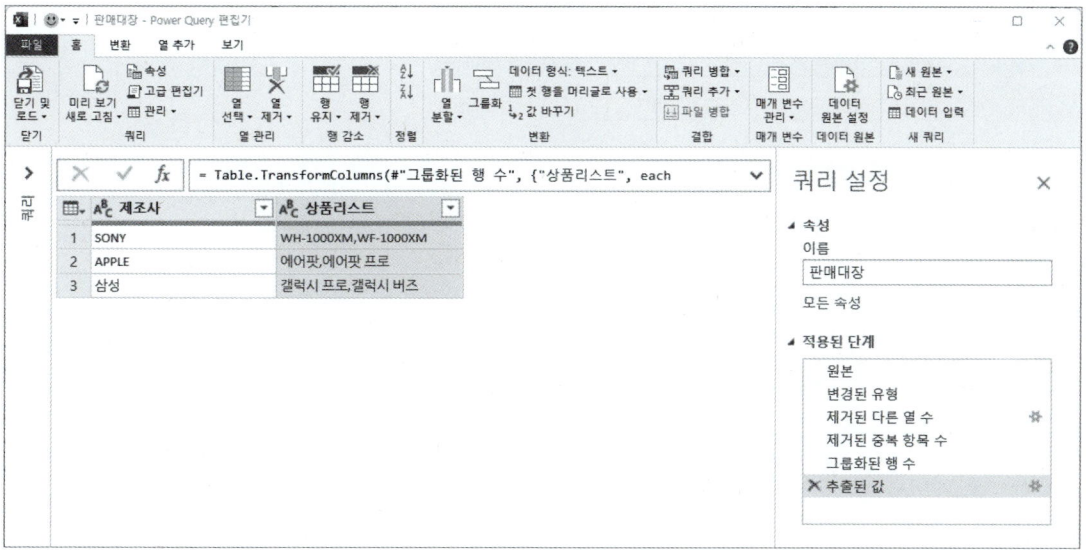

13 엑셀로 내려 보내기 위해 리본 메뉴의 [파일] 탭-[닫기 및 다음으로 로드]를 선택합니다.

14 엑셀 창으로 전환되면 [기존 워크시트] 옵션을 선택하고, 반환 위치로 [I6] 셀을 선택한 다음 [확인]을 클릭합니다.

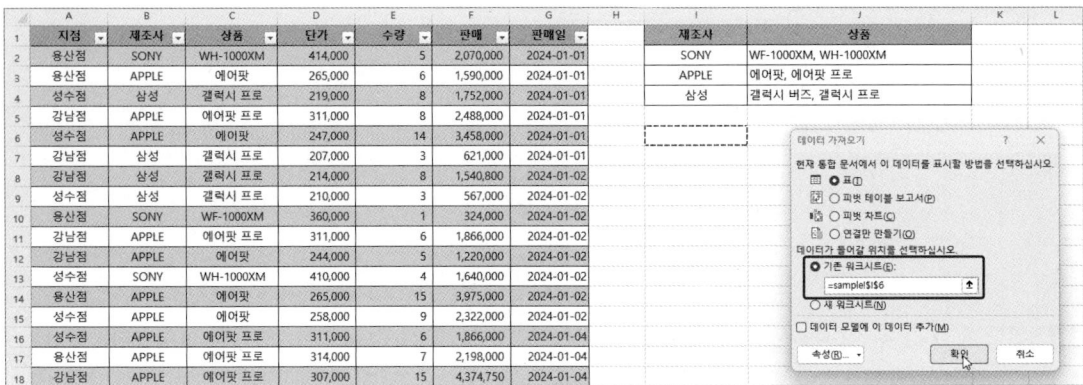

15 [I6] 셀 위치에 쿼리 결과가 다음과 같이 표시됩니다.

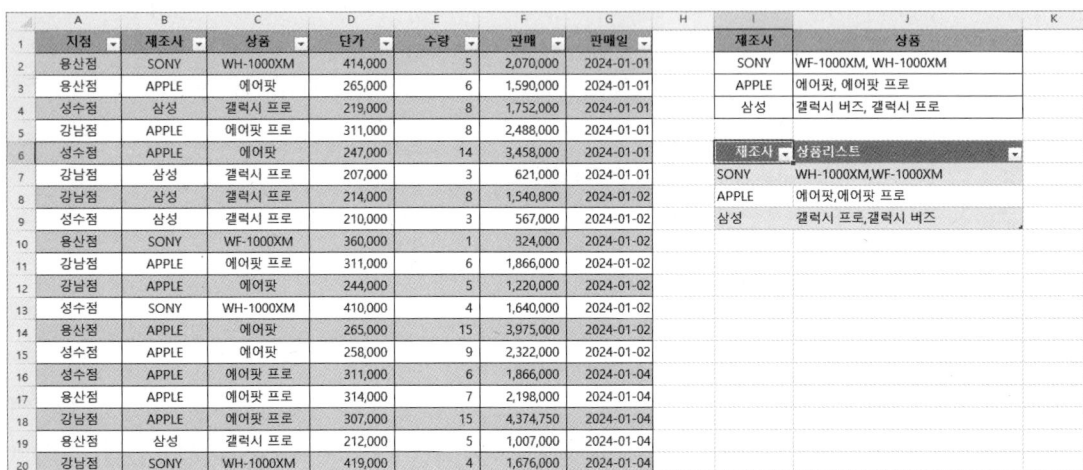

SECTION 03

기능⑪ 피벗 열

피벗 열은 그룹화와 유사하지만, 피벗 테이블 보고서와 유사하게 그룹으로 묶을 항목을 가로 방향으로 나열할 수 있습니다. 다음과 같은 표가 있다고 가정합니다.

거래처	월	판매량
A	1월	100
A	2월	200
A	3월	300
B	1월	150
B	2월	300
B	3월	450

위 표를 다음과 같이 만들고 싶다고 가정합니다.

거래처	1월	2월	3월
A	100	200	300
B	150	300	450

위와 같이 하려면 [월] 필드를 세로 방향에서 가로 방향으로 표시해야 하는데 이렇게 데이터 진행 방향을 세로(행) 방향에서 가로(열) 방향으로 변경하는 것을 피벗이라고 합니다. 나아가 이렇게 세로 방향으로 누적된 데이터를 가로 방향으로 그룹으로 묶어 집계하는 기능을 피벗 열이라고 합니다.

피벗 열을 사용해 데이터 요약하는 방법 이해하기

예제 파일 CHAPTER 03 \ 피벗 열.xlsx

01 예제 파일을 열면 다음과 같은 표를 확인할 수 있습니다. 왼쪽 표에서 오른쪽 표를 파워 쿼리만을 이용해 얻고 싶다고 가정합니다.

02 앞선 예제 파일에서 진행한 부분은 이미 쿼리로 생성되어 있으므로 불러서 사용하겠습니다. 리본 메뉴의 [데이터] 탭-[쿼리 및 연결] 그룹-[쿼리 및 연결]을 클릭하면 [쿼리 및 연결] 작업 창이 오른쪽에 표시되면서 파일에 저장되어 있는 [피벗 열 사례] 쿼리를 확인할 수 있습니다.

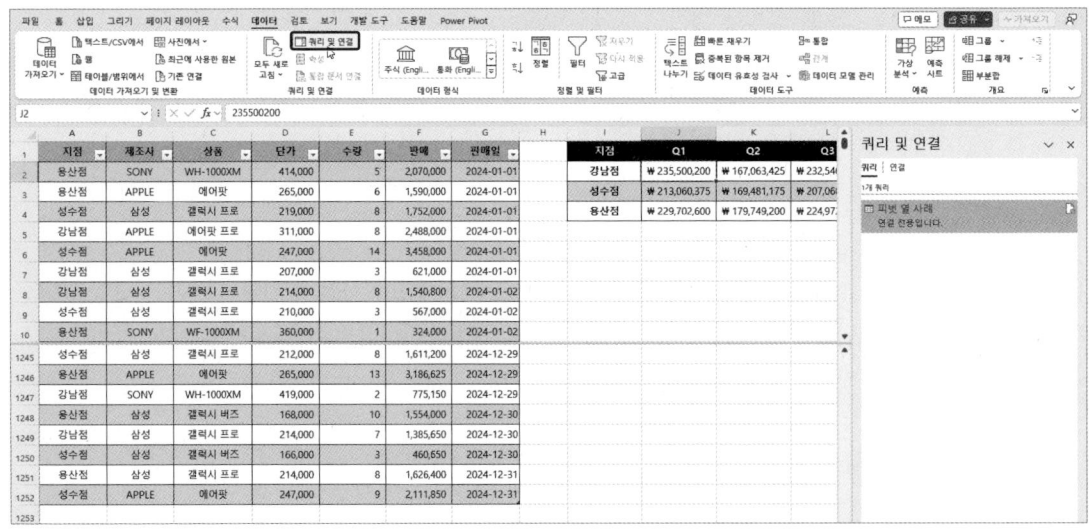

VER. 엑셀 2010, 2013 버전 사용자는 리본 메뉴의 [파워 쿼리] 탭에서 [통합 문서 쿼리]-[창 표시]를 클릭합니다.

03 [피벗 열 사례] 쿼리를 수정하기 위해 마우스 오른쪽 버튼으로 클릭하고 [편집]을 선택하거나 더블클릭합니다.

엑셀마스터가 짚어주는 핵심 NOTE

호환성 경고 메시지 창

예제 파일의 쿼리는 마이크로소프트 365 버전을 사용해 생성된 것으로, 엑셀 2021 버전을 포함한 하위 버전에서 쿼리를 열면 다음과 같은 [호환성 경고] 메시지 창이 표시될 수 있습니다.

상위 버전에서 만든 쿼리를 열어서 표시된 메시지이므로 걱정하지 말고 [닫기]를 클릭합니다. 쿼리가 열리면 이후 작업을 진행합니다.

04 [Power Query 편집기] 창이 열리면서 미리 작업해둔 내용을 확인할 수 있습니다.

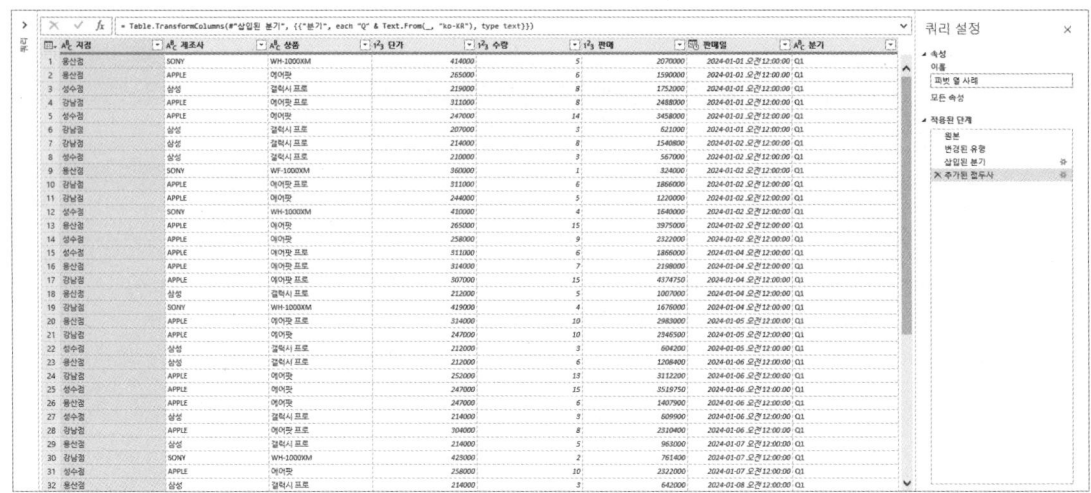

LINK 예제의 쿼리는 [판매일] 열을 대상으로 [분기] 열을 생성해놓은 것입니다. 이 책의 162~170페이지에서 생성 방법을 설명해둔 부분이 있으니, 해당 페이지를 참고해보면 좋습니다.

05 [피벗 열]을 사용해 집계하기 전에 쿼리에서 필요한 열만 남기겠습니다. 리본 메뉴의 [홈] 탭- [열 관리] 그룹-[열 선택▦]을 클릭합니다. [열 선택] 대화상자가 열리면 [(모든 열 선택)] 항목의 체크를 해제하고, [지점], [판매], [분기] 항목에 체크한 다음 [확인]을 클릭합니다.

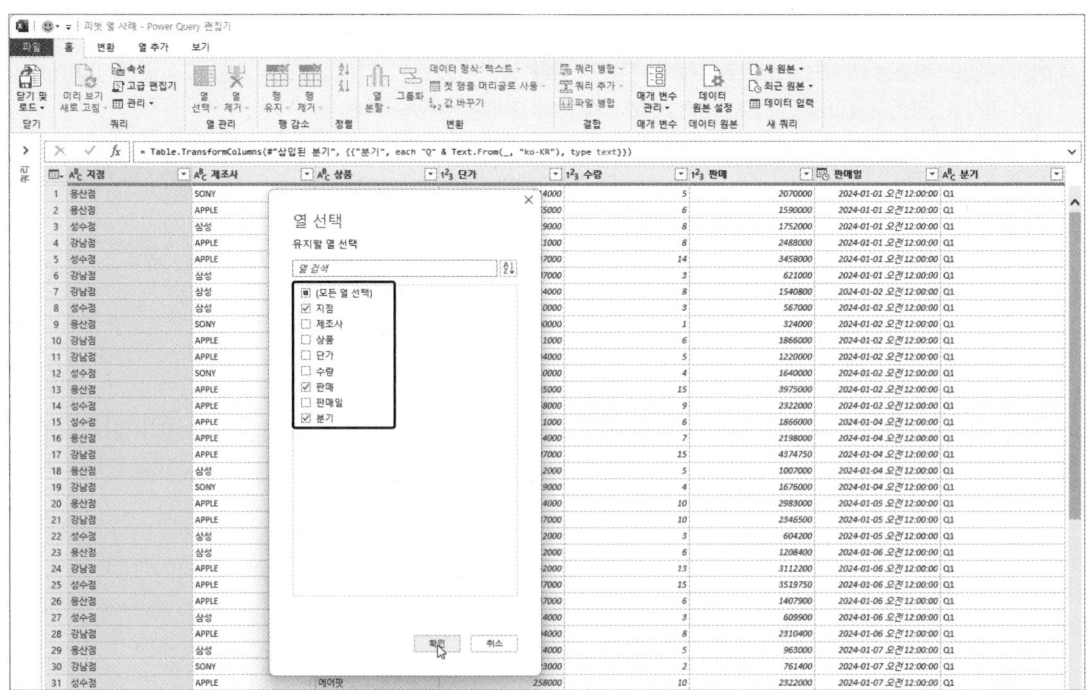

TIP [그룹화]를 사용할 때는 이렇게 필요한 열만 남겨놓는 작업이 해도 좋고 하지 않아도 좋은 선택의 문제지만, [피벗 열]을 사용할 때는 반드시 해야 하는 필수 작업입니다.

06 가로 방향으로 표시할 [분기] 열을 선택하고 리본 메뉴의 [변환] 탭-[열] 그룹-[피벗 열]을 클릭합니다.

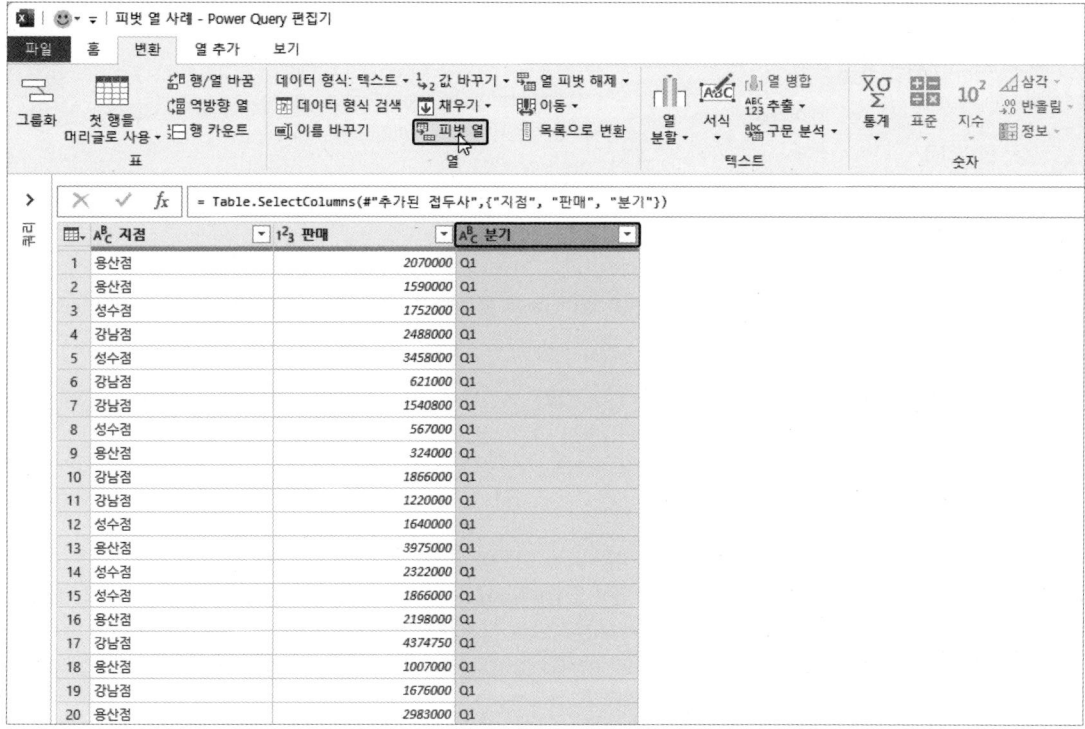

07 [피벗 열] 대화상자가 표시되면 [값 열] 필드를 [판매] 열로 변경하고 [확인]을 클릭합니다.

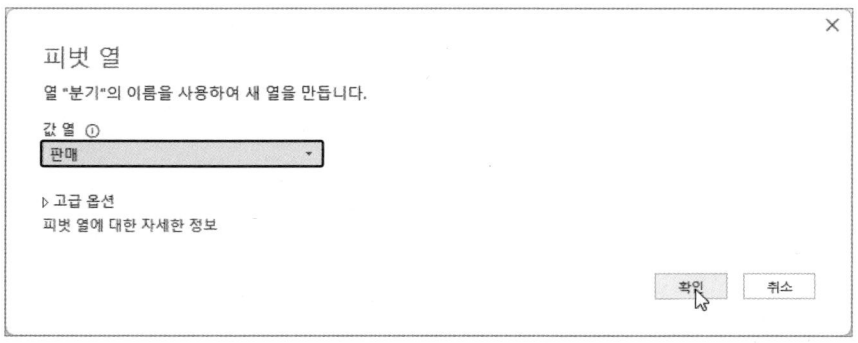

엑셀마스터가 짚어주는 핵심 NOTE

[피벗 열] 대화상자 설정 방법 이해하기

[피벗 열]은 다음과 같은 표를 만든다고 생각해야 합니다.

	열 머리글
행 머리글	집계

위 표에서 [열 머리글] 부분은 06 과정처럼 [피벗 열] 메뉴를 클릭하기 전에 미리 선택하고 있어야 합니다. 그러면 다음과 같은 표가 구성됩니다.

	Q1	Q2	Q3	Q4
행 머리글	집계			

[피벗 열] 대화상자에서는 [값 열]을 선택하게 되어 있습니다. [값 열]에서 선택한 필드는 피벗 테이블 보고서로 치면 [값] 영역에 다음과 같이 합계(또는 개수)가 기본적으로 집계가 되며, 선택하지 않은 나머지 열들(이번 예제에서는 [지점] 열)은 [행 머리글]로 구성됩니다. 즉, 이번과 같이 [값 열]에 [판매] 열을 선택하면 쿼리는 다음과 같은 구성으로 표시됩니다.

	Q1	Q2	Q3	Q4
강남점	[판매] 열 집계			
성수점				
용산점				

이때, [판매] 열은 숫자 데이터를 가지고 있으므로, 기본 집계 함수는 합계(SUM)입니다. 이는 [고급 옵션]에서 변경할 수 있습니다. [고급 옵션]을 확장하면 [값 집계 함수]를 변경할 수 있는데 목록 단추를 클릭하면 다음과 같은 함수를 선택할 수 있습니다.

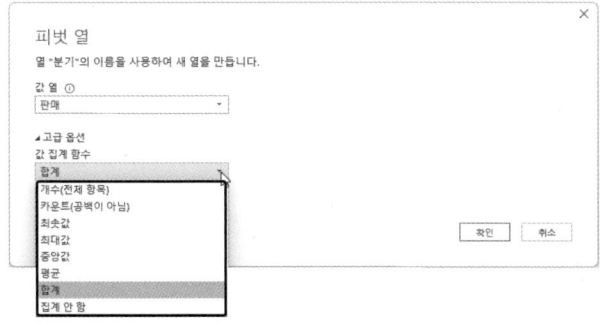

참고로 [값 열]에 선택한 열의 데이터 형식이 숫자가 아니면 기본 집계 함수는 '개수'가 되며, '집계 안 함'을 선택하면 [값 열]에서 선택한 열의 데이터가 그대로 표시됩니다. 단 이 경우 [행] 영역과 [열] 영역의 머리글이 교차하는 위치에 데이터가 하나만 있어야 합니다.

08 화면과 같은 집계 결과가 미리 보기 창에 표시됩니다.

09 엑셀로 내려 보내기 위해 리본 메뉴의 [파일]-[닫기 및 로드]를 클릭합니다.

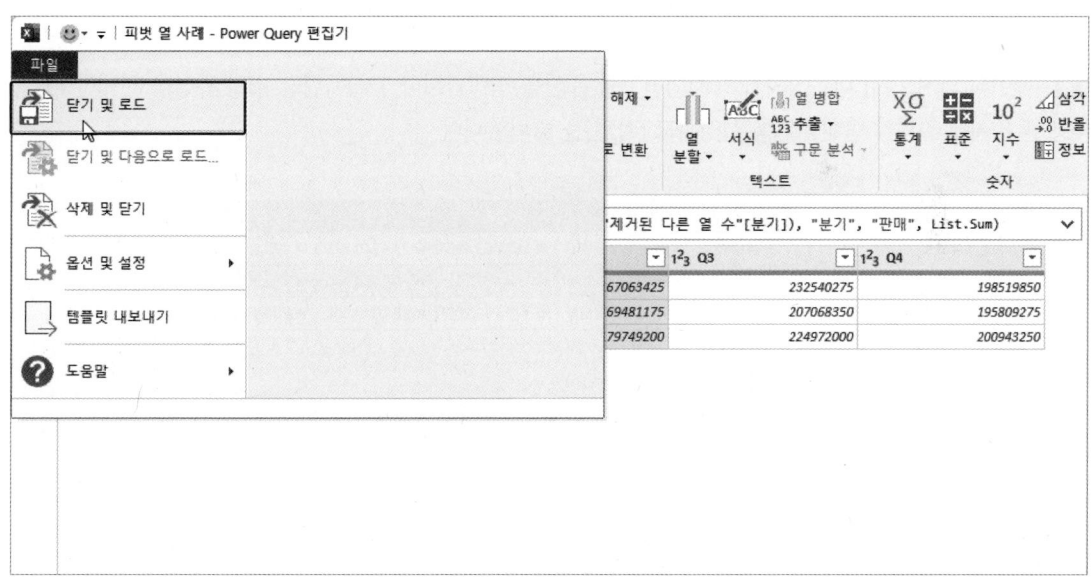

TIP 한 번 로드된 쿼리는 편집 후 [닫기 및 다음으로 로드] 메뉴를 이용할 수 없습니다.

10 [쿼리 및 연결] 작업 창에서 [피벗 열 사례] 쿼리를 마우스 오른쪽 버튼으로 클릭하고 [다음으로 로드]를 선택합니다.

TIP 한 번 로드된 쿼리는 이 방법을 이용해 로드 방법을 변경할 수 있습니다.

11 [데이터 가져오기] 대화상자가 표시되면 [표] 옵션을 선택합니다. [기존 워크시트] 옵션을 선택한 다음, [I6] 셀 위치에 결과가 반환되도록 설정하고 [확인]을 클릭합니다.

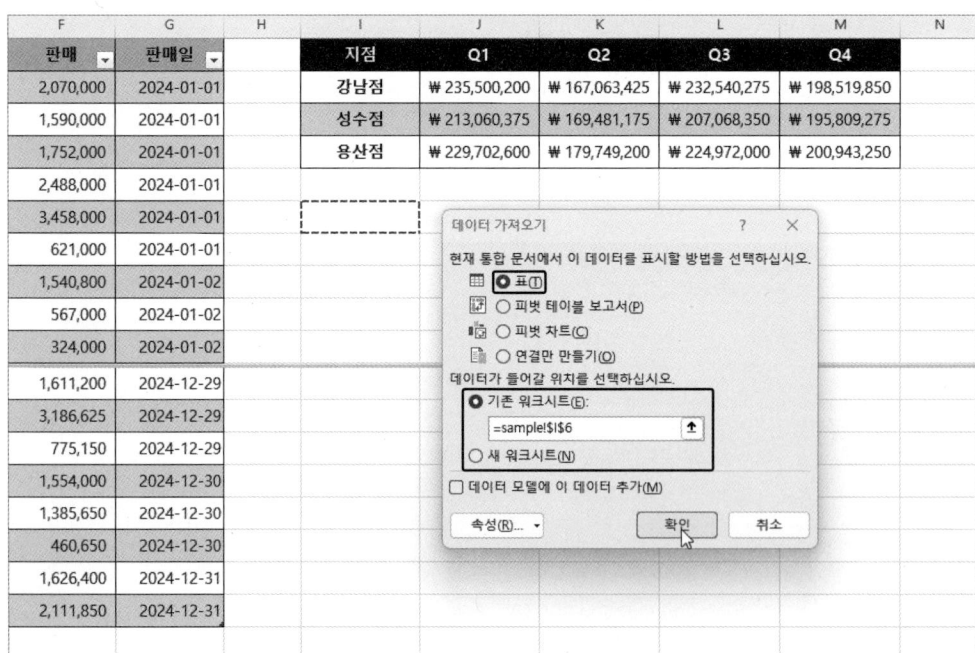

12 [I1:M4] 범위의 표와 동일한 결과를 쿼리로 돌려받을 수 있습니다.

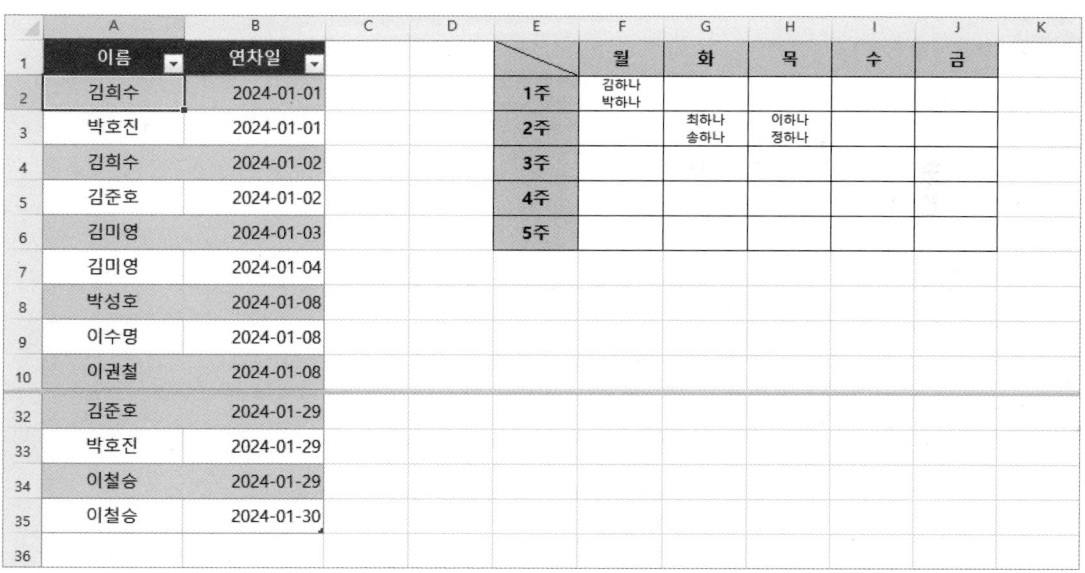

파워 쿼리에서 날짜 데이터 변환하는 방법 알아보기

예제 파일 CHAPTER 03 \ 피벗 열 응용.xlsx

01 예제 파일을 열면 화면과 같은 표를 확인할 수 있습니다. 연차를 낸 직원 명단인 왼쪽 표(A:B 열)를 이용해 오른쪽 표(E:J 열)와 같이 정리해보겠습니다.

02 엑셀 표 내부의 셀이 선택된 상태에서 리본 메뉴의 [데이터] 탭-[데이터 가져오기 및 변환] 그룹-[테이블/범위에서]를 클릭합니다.

03 [Power Query 편집기] 창에 엑셀 표 데이터가 표시됩니다.

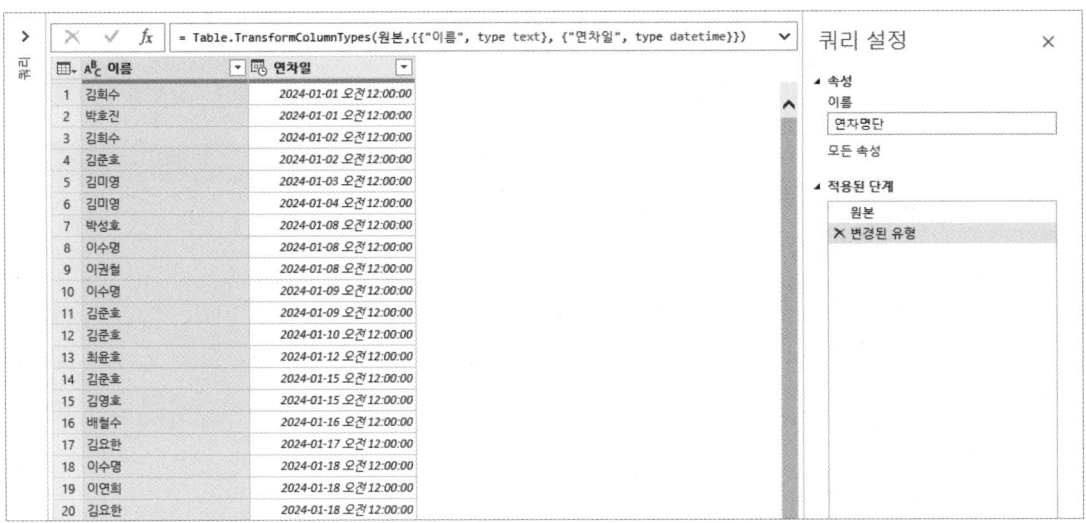

04 먼저 [연차일] 열의 데이터로 월의 주차열을 생성하겠습니다. [연차일] 열을 선택하고, 리본 메뉴의 [열 추가] 탭-[날짜 및 시간에서] 그룹-[날짜]를 클릭한 다음, 하위 메뉴에서 [주]-[월간 주]를 선택합니다.

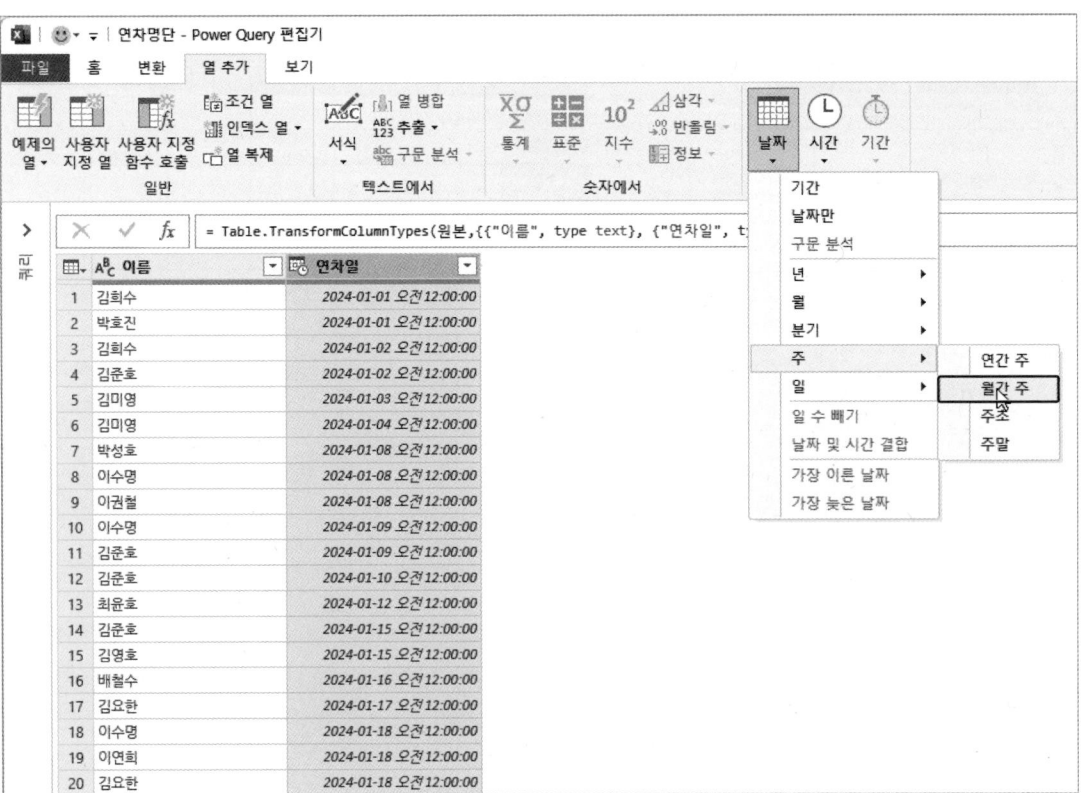

> **TIP** 주차는 월의 1주, 2주, … 5주와 같은 월 주차와 1년을 대상으로 1주, 2주, … 54주로 표시하는 연의 주차로 표시할 수 있습니다. [월간 주]는 월 주차를, [연간 주]는 연의 주차를 반환합니다.

05 [월간 주] 열의 월의 주차가 1, 2, ⋯ 5와 같은 숫자로 반환됩니다. 숫자 뒤에 '주' 단위를 붙이기 위해 [월간 주] 열을 선택하고 리본 메뉴의 [변환] 탭-[텍스트] 그룹-[서식]을 클릭하고 하위 메뉴에서 [접미사 추가]를 선택합니다.

TIP 접미사는 단어 뒤에 붙일 문자열을 의미합니다.

06 [접미사] 대화상자가 표시되면 [값]에 **주**를 입력하고 [확인]을 클릭합니다.

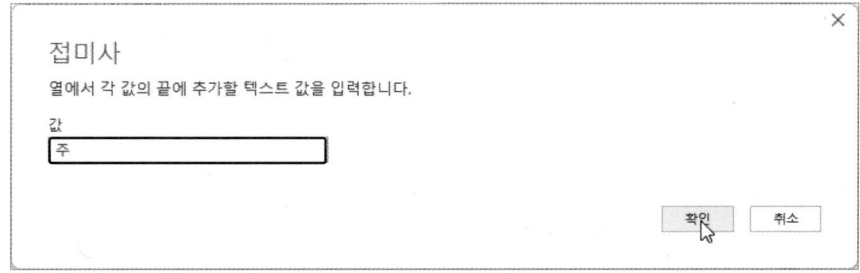

07 [월간 주] 열의 데이터가 1주, 2주, … 5주와 같이 표시됩니다. 이번에는 요일 열을 새로 생성하겠습니다. [연차일] 열을 다시 선택하고, 리본 메뉴의 [열 추가] 탭-[날짜 및 시간에서] 그룹-[날짜▦]를 클릭한 후 [일]-[요일 이름]을 선택합니다.

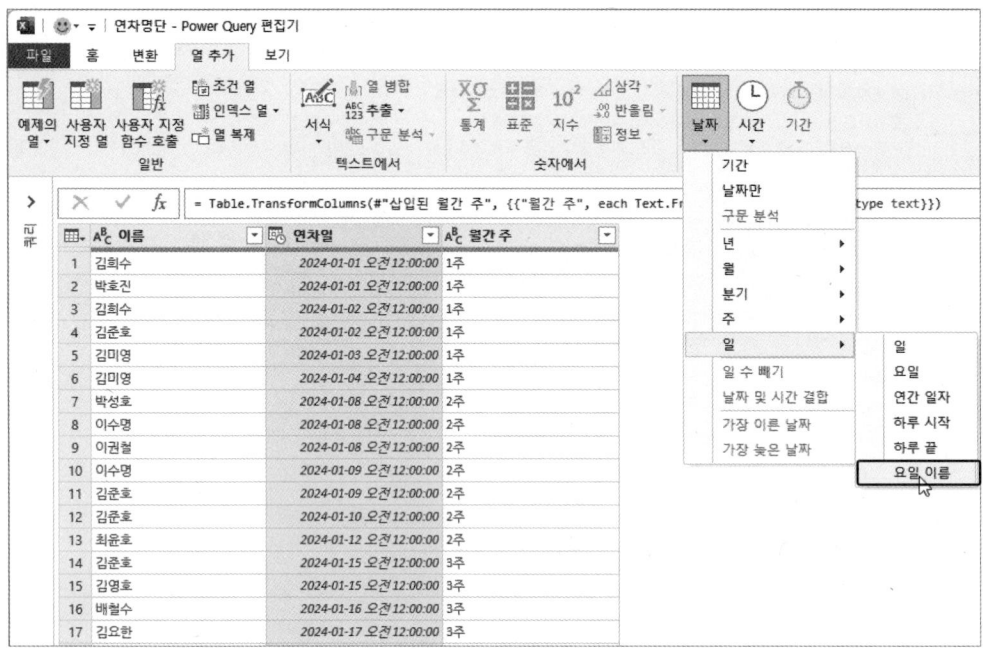

TIP [일] 하위 메뉴의 [요일] 메뉴는 요일을 1, 2, … 7과 같은 숫자로 반환합니다.

08 [요일 이름] 열이 화면과 같이 반환됩니다.

TIP 요일을 월, 화, 수, …과 같이 표시하려면 [요일 이름] 열을 선택하고, 리본 메뉴의 [변환] 탭-[텍스트] 그룹-[추출]을 클릭한 후 [처음 문자]를 선택합니다. 이후 표시되는 대화상자에서 **1**을 입력합니다.

09 필요한 열은 모두 생성했으므로 바로 표를 만들고 싶겠지만, 같은 요일에 연차 대상자가 여러 명 있을 수 있으므로 이 값을 하나로 묶어야 합니다. 이때 그룹화 기능을 이용합니다. [월간 주]와 [요일 이름] 열을 모두 선택하고 리본 메뉴의 [홈] 탭-[변환] 그룹-[그룹화]를 클릭합니다.

TIP [그룹화]는 [변환] 탭-[표] 그룹에도 있으며, 동일한 메뉴이므로 어디에서 실행해도 상관 없습니다.

10 [그룹화] 대화상자가 표시되면 선택한 열들이 상단에 선택되어 있습니다. 하단의 집계 방법을 변경합니다. [새 열 이름]에 **연차자**를 입력하고 [연산]은 [모든 행]을 선택한 후 [확인]을 클릭합니다.

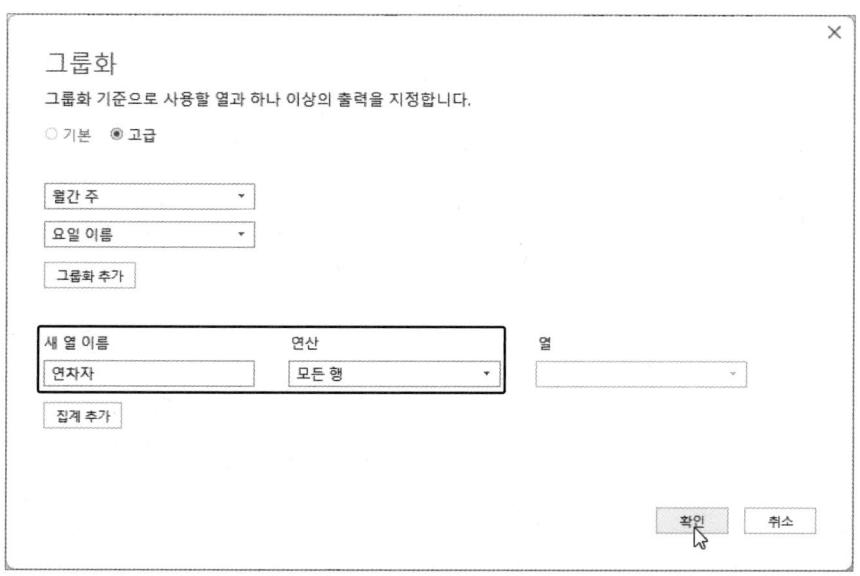

11 다음과 같이 [월간 주]와 [요일 이름] 열은 그룹으로 묶이고, 그룹으로 묶인 데이터는 [연차자] 열에 Table로 표시됩니다. Table 오른쪽의 빈 영역을 마우스로 클릭하면 해당 Table의 데이터를 하단에서 미리 보기 화면으로 확인할 수 있습니다.

12 [연차자] 열에 연차를 신청한 직원 이름만 남도록 수식 입력줄의 수식을 다음과 같이 수정합니다.

= Table.Group(#"삽입된 요일 이름", {"월간 주", "요일 이름"}, {{"연차자", each _[이름]}})

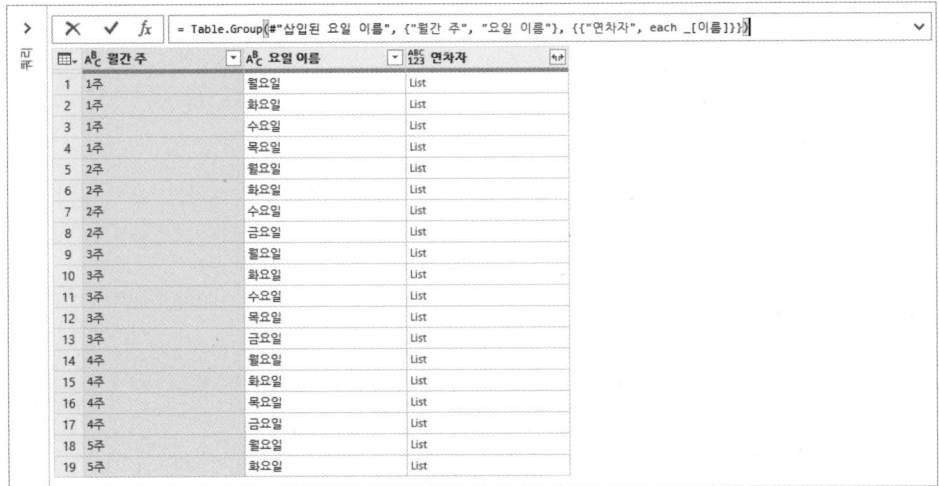

LINK each _ 키워드 뒤에 참조할 열 머리글을 대괄호([ ])로 묶어 전달한 것인데, 이렇게 수정이 된 다음 }})와 같이 끝나야 합니다. 잘 되지 않으면 이 책의 174페이지의 설명을 참고합니다.

13 [연차자] 열의 'List' 값을 하나로 연결해 반환 받기 위해 [연차자] 열의 확장 단추를 클릭하고 하위 메뉴에서 [값 추출]을 선택합니다.

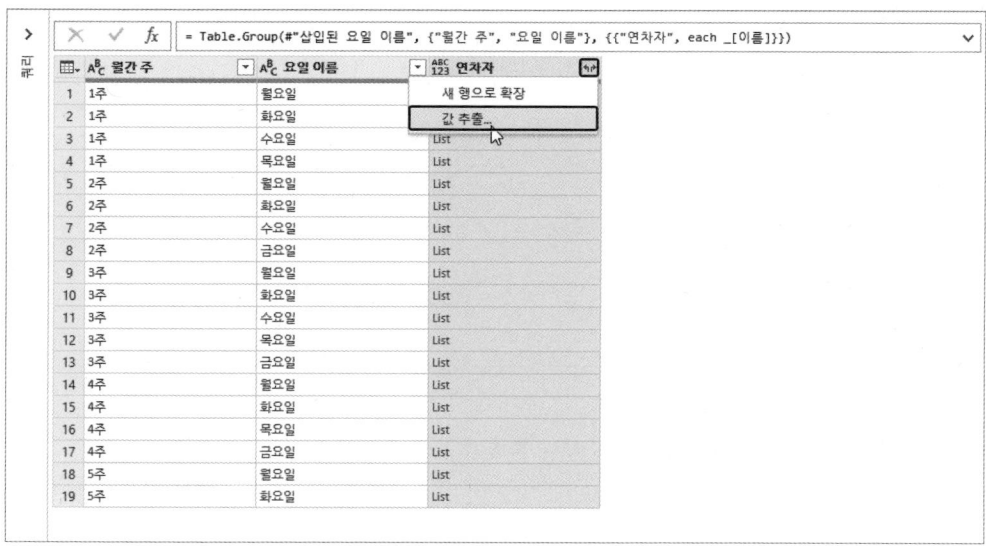

14 [목록에서 값 추출] 대화상자가 표시되면 먼저 첫 번째 콤보 상자의 값을 [--사용자 지정--]으로 변경합니다.

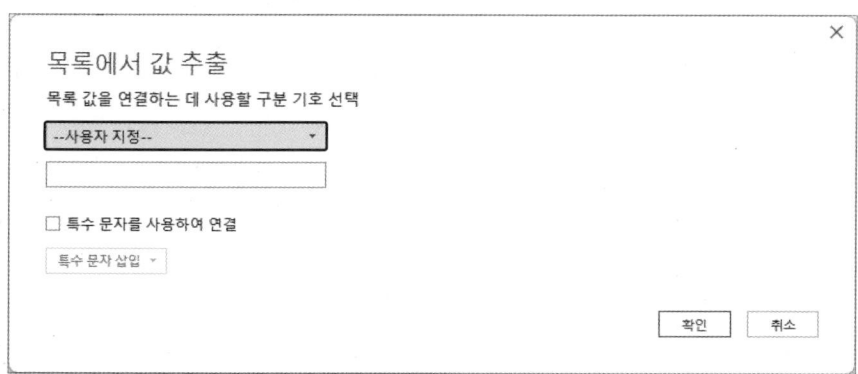

TIP [--사용자 지정--] 조건은 List의 값을 추출할 때 연결할 문자열을 사용자가 원하는 것이나 '특수 문자'를 선택할 수 있습니다.

15 [특수 문자를 사용하여 연결] 확인란에 체크하고 [특수 문자 삽입]을 클릭한 다음 [줄 바꿈]을 선택하고 [확인]을 클릭합니다.

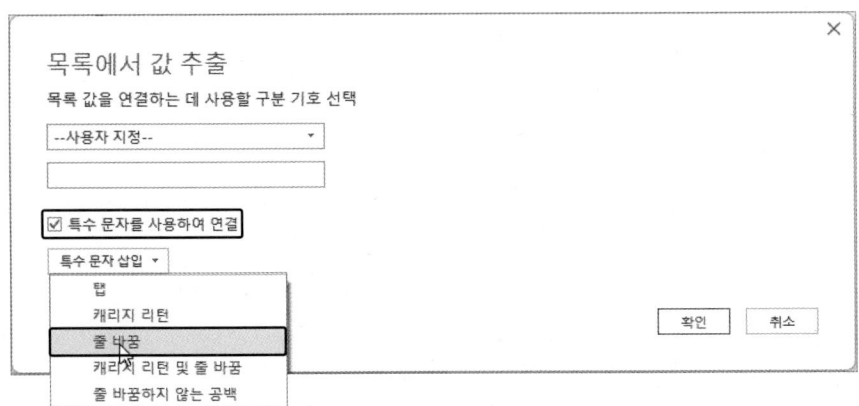

TIP [줄 바꿈]을 선택하면 [—사용자 지정—] 콤보 상자 아래에 '#(lf)' 기호가 삽입됩니다.

16 [연차자] 열에 연차를 신청한 직원 이름이 한 칸에 여러 줄로 표시됩니다.

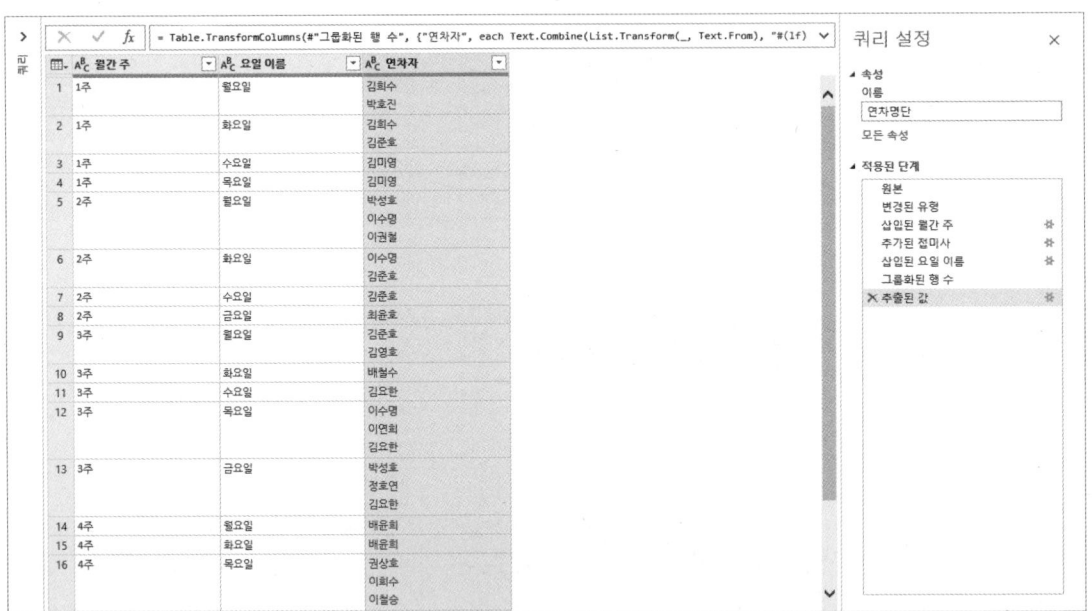

TIP [피벗 열]에는 숫자뿐만 아니라 텍스트 데이터도 표시할 수 있지만, 한 칸에 하나의 데이터만 나열해야 합니다. 따라서 [피벗 열]로 가로 방향 결과를 만들 때 [값] 영역에 텍스트 데이터도 표시하려면 먼저 그룹화 기능을 사용해 데이터를 적절히 변환하는 작업을 주로 수행합니다.

17 이제 [피벗 열]을 이용해 원하는 결과를 표시하겠습니다. [요일 이름] 열을 선택하고 리본 메뉴의 [변환] 탭-[열] 그룹-[피벗 열]을 클릭합니다.

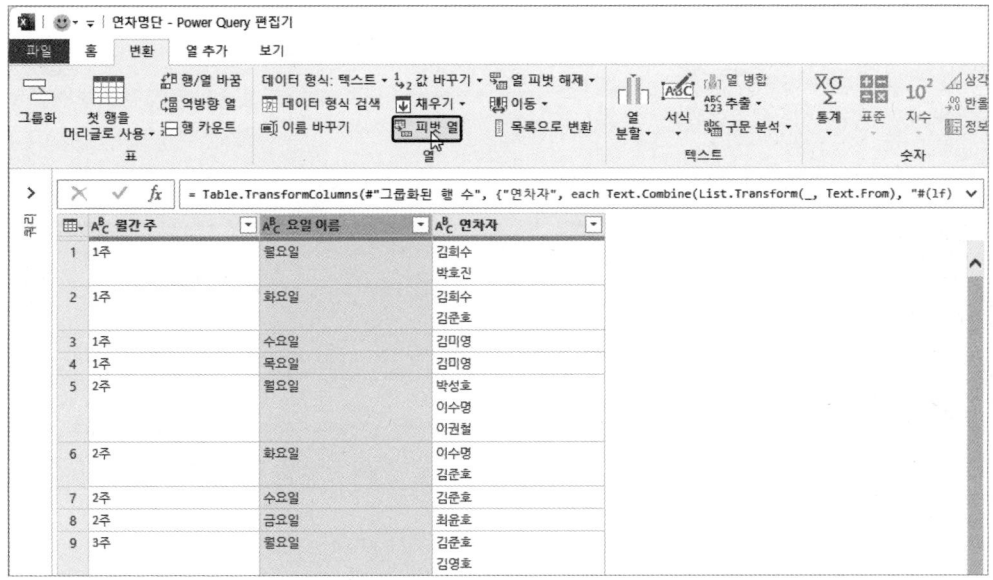

18 [피벗 열] 대화상자가 표시되면 [값 열]에서 [연차자] 열을 선택하고 [고급 옵션]을 클릭합니다.

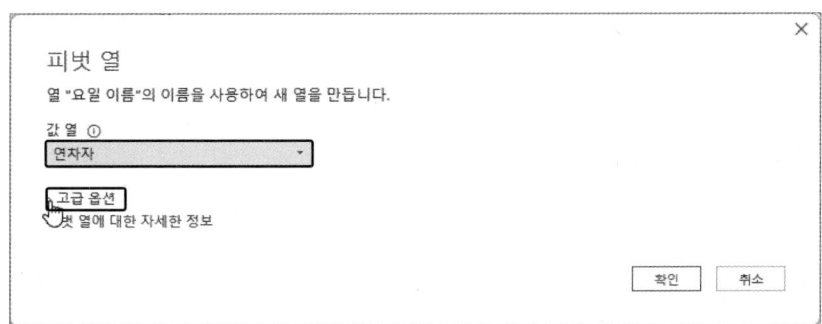

19 [값 집계 함수] 옵션을 [집계 안 함]으로 변경하고 [확인]을 클릭합니다.

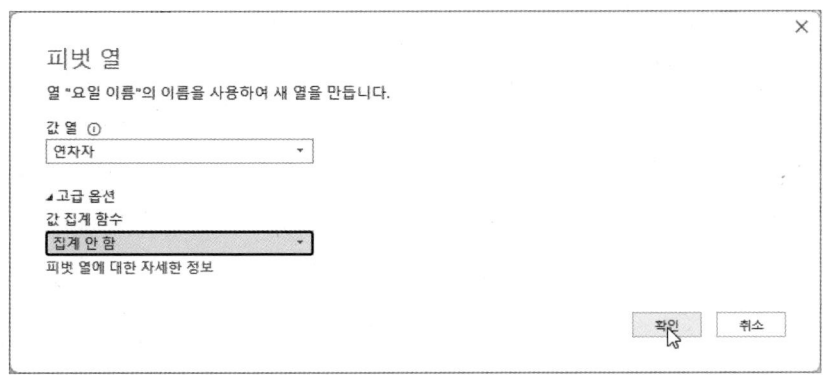

20 화면과 같이 정돈된 데이터를 확인할 수 있습니다. 새로운 시트에 표로 결과를 반환하기 위해 리본 메뉴의 [홈] 탭-[닫기] 그룹-[닫기 및 로드]를 클릭합니다.

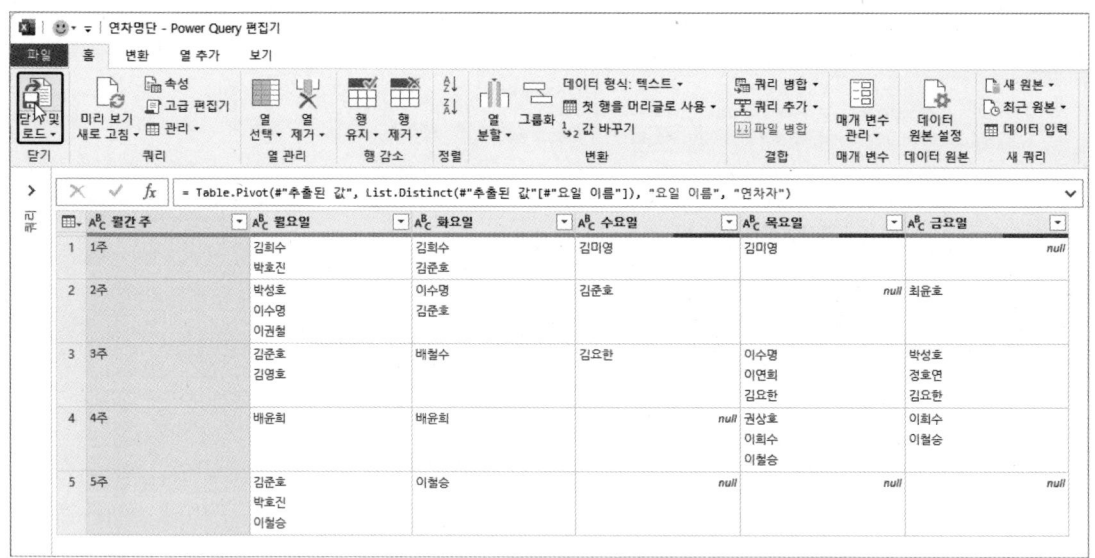

21 빈 시트에 다음과 같은 결과가 반환됩니다.

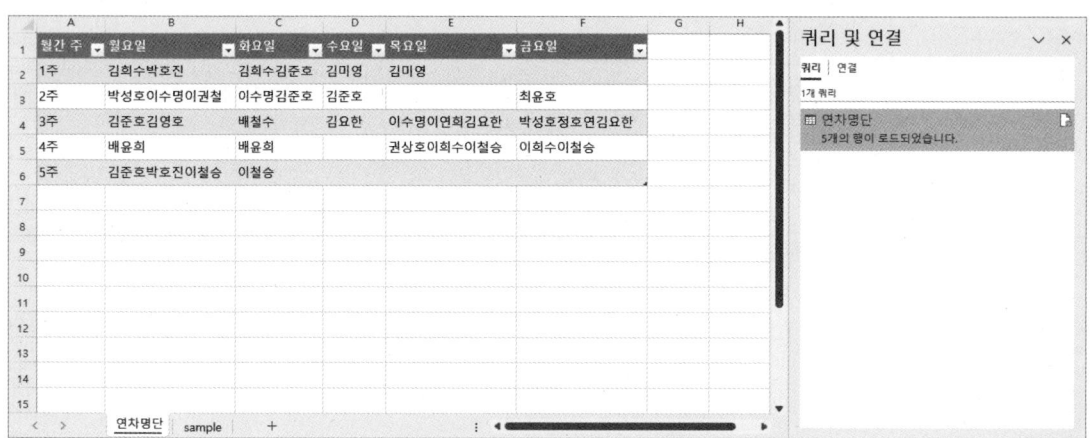

22 엑셀에서는 여러 줄로 데이터가 표시되지 않는데, 이것은 옵션 설정으로 간단하게 해결할 수 있습니다. [B2:F6] 범위를 선택하고 리본 메뉴의 [홈] 탭-[맞춤] 그룹-[자동 줄 바꿈]을 클릭합니다.

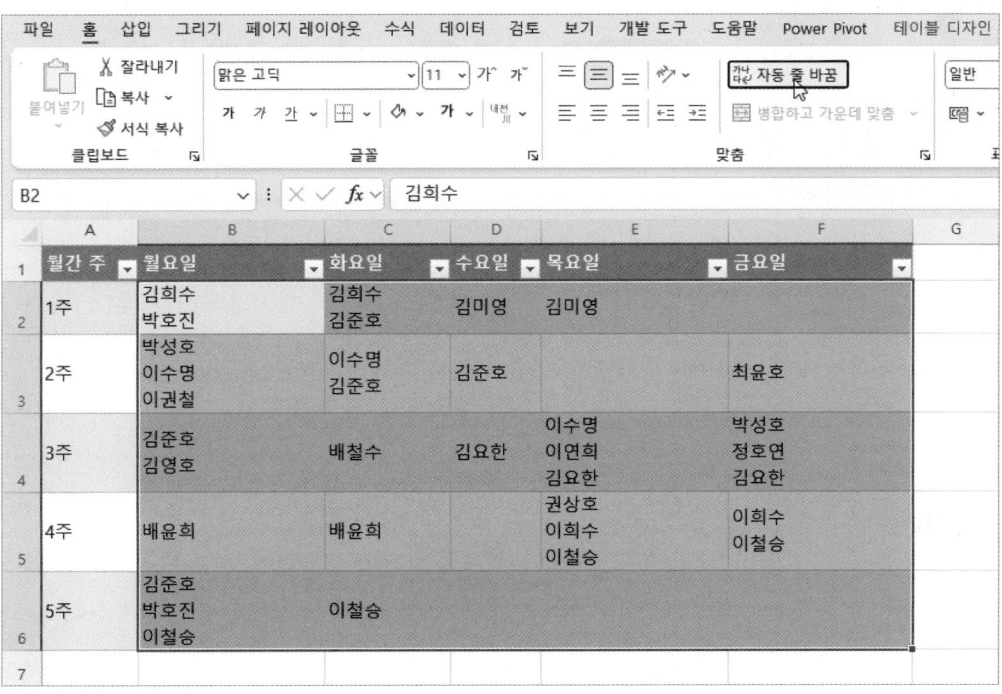

SECTION 04

기능 ⑫ 사용자 지정 열

원본에 없는 열을 쿼리에 여러 방법으로 추가할 수 있습니다. 예를 들면 앞서 사용했던 날짜와 관련된 분기, 주, 요일 등의 열을 추가하는 방식을 생각해볼 수 있습니다. 이런 열은 모두 파워 쿼리가 제공하는 M code 함수로 생성할 수 있지만, 사용자가 직접 원하는 열을 참조하거나 계산해 추가할 수도 있습니다. 이렇게 원하는 열을 쉽게 추가할 수 있게 해주는 기능이 [사용자 지정 열]입니다.

파워 쿼리는 사용자 지정 열 외에도 사용자가 원하는 방식으로 새 열을 생성할 수 있는 다음과 같은 메뉴를 제공합니다.

열 추가	설명
계산 열	[계산 열]은 용어 그대로 다양한 계산식을 생성해 원하는 열을 추가할 수 있는 기능입니다.
예제의 열	[예제 열]은 엑셀의 [빠른 채우기]와 유사한 열 생성 방법으로, 사용자의 입력 패턴을 분석해 새로운 열을 생성해줍니다.
조건 열	[조건 열]은 엑셀에서 IF 함수를 사용한 열과 같습니다. [조건 열]은 [계산 열]을 통해서도 만들 수 있지만 자주 사용하는 방법이다 보니 이렇게 별도의 메뉴로도 제공됩니다.
인덱스 열	0, 1, 2, 3, …와 같은 일정한 패턴의 숫자를 갖는 열을 추가할 수 있습니다.

계산 열을 추가해 새로운 열을 생성하는 방법 이해하기

예제 파일 CHAPTER 03 \ 사용자 지정 열.xlsx

01 예제 파일을 열면 화면과 같은 표를 확인할 수 있습니다. 여기서 사용한 쿼리로 피벗 없이 오른쪽 표의 결과를 얻어보겠습니다.

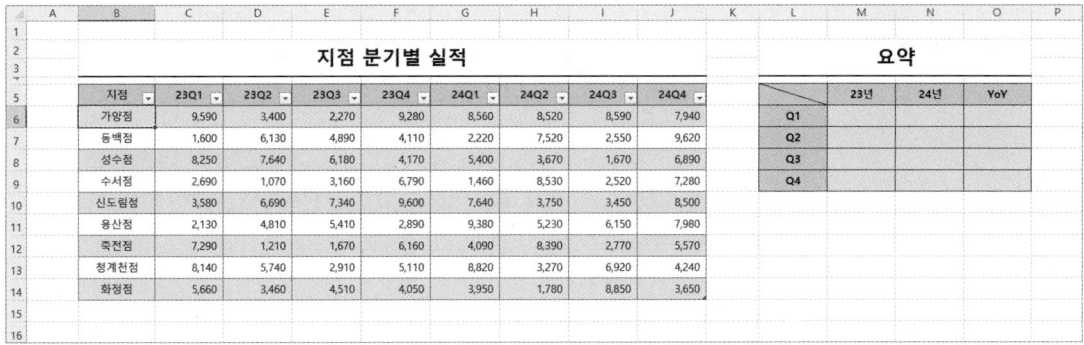

TIP 146페이지에서 이미 사용한 예제입니다. 이전 사례를 아직 실습해보지 않았다면 이 책의 146페이지에 있는 실습을 먼저 진행하고 이번 실습을 진행하는 것이 좋습니다.

02 이 파일에는 이미 생성해둔 쿼리가 있으므로 리본 메뉴의 [데이터] 탭-[쿼리 및 연결] 그룹-[쿼리 및 연결]을 클릭합니다. [쿼리 및 연결] 작업 창의 [표 변환] 쿼리에 마우스 커서를 가져가면 화면과 같이 미리 보기 창이 표시되면서 쿼리 내 데이터를 확인할 수 있습니다.

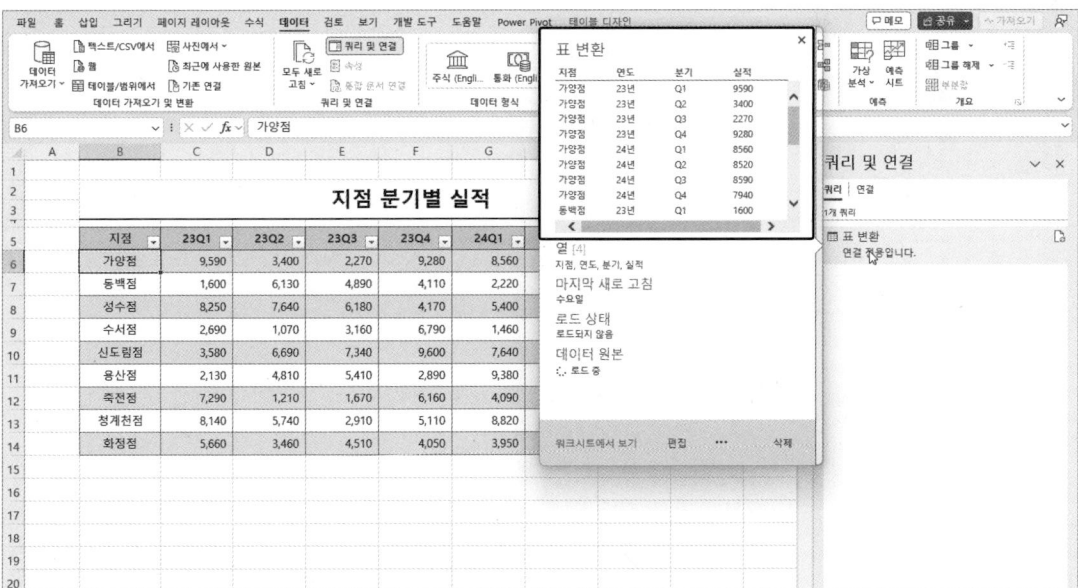

CHAPTER 03 파워 쿼리를 조금 더 알차게 쓰는 4가지 기능 **197**

03 [쿼리 및 연결] 작업 창에서 [표 변환] 쿼리를 더블클릭하면 [Power Query] 편집기 창이 열립니다. 이 창에서 쿼리를 추가로 변환하거나 기존 쿼리를 수정할 수 있습니다.

04 [연도] 필드가 가로 방향으로 표시되려면 [피벗 열]을 사용해야 하는데, 원하는 표에는 [지점] 열이 없어도 되므로 먼저 제거하겠습니다. [지점] 열을 선택하고 리본 메뉴의 [홈] 탭-[열 관리] 그룹-[열 제거]를 클릭합니다.

05 이제 [연도] 열을 선택하고 리본 메뉴의 [변환] 탭-[열] 그룹-[피벗 열]을 클릭합니다.

06 [피벗 열] 대화상자가 표시되면 [값 열]을 [실적]으로 선택하고 [확인]을 클릭합니다.

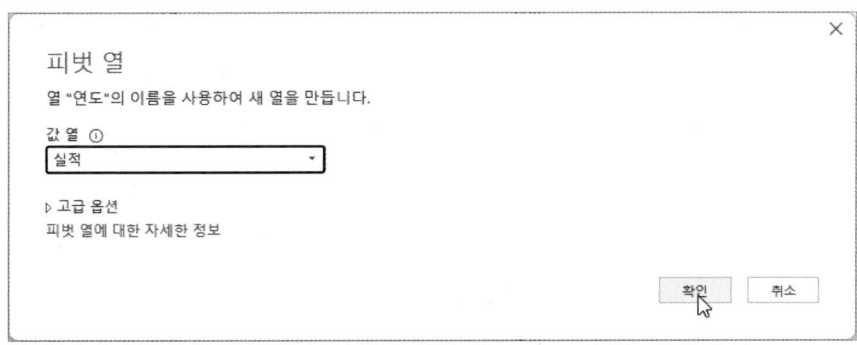

07 다음과 같이 분기와 연도별 실적이 바로 집계됩니다.

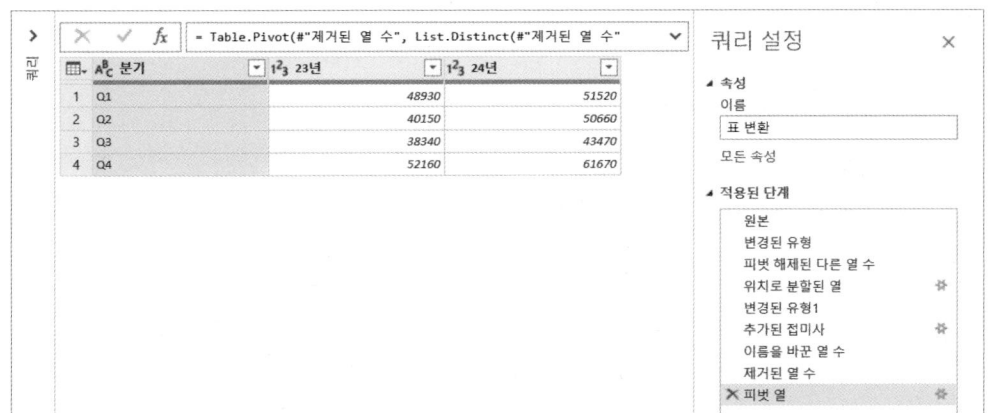

CHAPTER 03 파워 쿼리를 조금 더 알차게 쓰는 4가지 기능

08 이제 YoY(전년 동기 대비 증감률)를 구하기 위해 계산 열을 추가합니다. 리본 메뉴의 [열 추가] 탭-[일반] 그룹-[사용자 지정 열]을 클릭합니다.

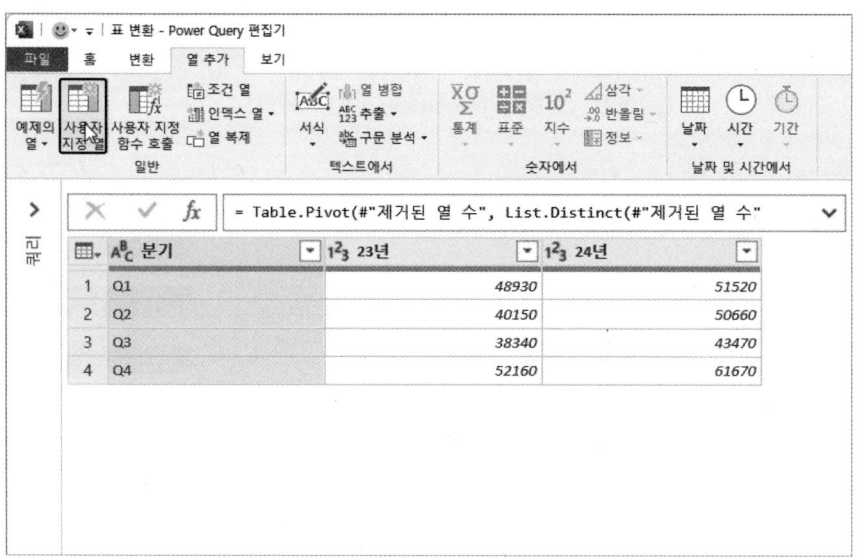

09 [사용자 지정 열] 대화상자가 표시되면 [새 열 이름]에 **YoY**를 입력하고, [사용자 지정 열 수식] 란에 다음 수식을 입력한 후 [확인]을 클릭합니다.

=([24년]-[23년])/[23년]

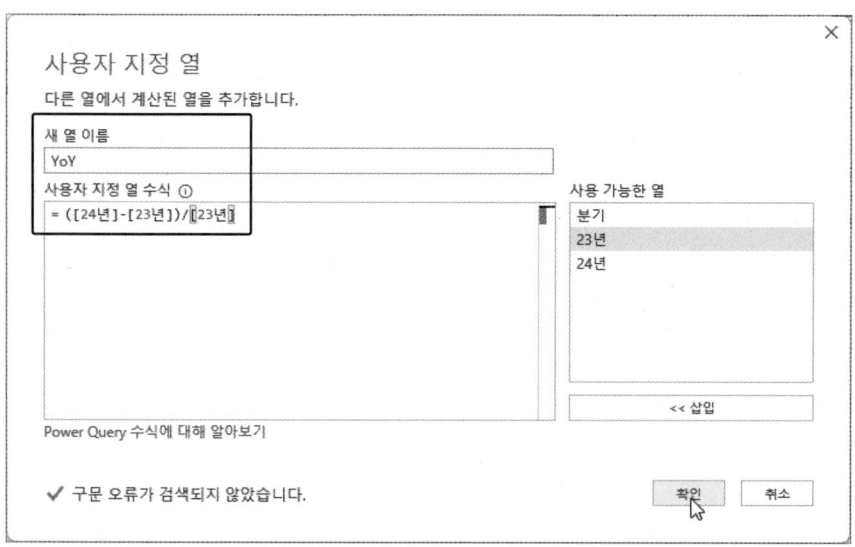

엑셀마스터가 짚어주는 핵심 NOTE

[사용자 지정 열] 대화상자 구성

[사용자 지정 열] 대화상자를 설정하는 방법은 아래를 참고합니다.

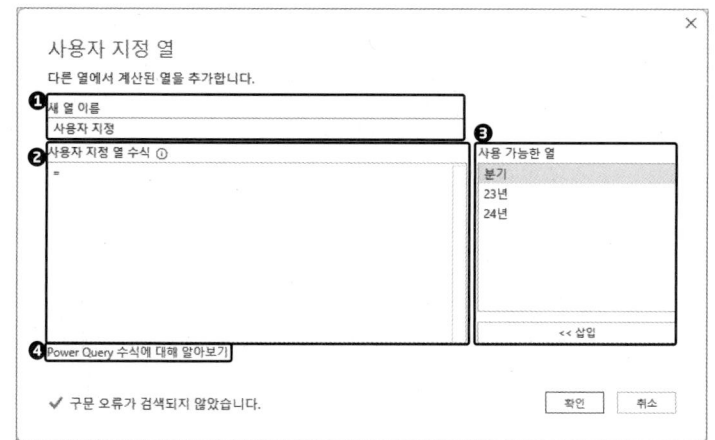

❶ **[새 열 이름]** : 새로 생성할 열의 머리글을 입력합니다.

❷ **[사용자 지정 열 수식]** : 새로 생성할 열의 계산식을 작성합니다. 계산식에서 사용하는 다양한 M code 함수에 대해 살펴보려면 하단의 ❹ [Power Query 수식에 대해 알아보기] 하이퍼링크를 클릭합니다. 다음과 같은 온라인 도움말이 기본 브라우저에 표시됩니다.

❸ **[사용 가능한 열]** : 새로 생성할 열에서 참조할 열을 선택합니다. 목록 내의 항목을 더블클릭하거나, 선택하고 하단의 [삽입]을 클릭하면 [사용자 지정 열 수식] 란에 대괄호([])로 묶어 삽입됩니다.

[사용자 지정 열] 대화상자는 [사용자 지정 열 수식] 란에서 원하는 결과를 반환하는 계산식을 작성할 수 있는지 여부가 중요합니다. 몇 가지 사례를 참고용으로 간단하게 살펴보겠습니다.

첫째, 동일한 값을 갖는 열을 만들 수 있습니다. 예를 들어 사용자 지정 열로, 숫자 1,000이 입력된 열을 만들고 싶다면 다음과 같은 수식을 입력합니다.

=1000

텍스트 형식의 데이터라면 큰 따옴표("")로 묶어 다음과 같은 계산식을 사용합니다.

="엑셀"

날짜 데이터를 입력하려면 파워 쿼리의 내장 함수를 사용해야 하는데, 원하는 날짜 데이터를 입력할 때는 #date 함수를 사용합니다.

=#date(2024, 1, 1)

#date 함수

파워 쿼리의 #date 함수는 연, 월, 일 숫자를 받아 날짜를 반환합니다.

#date(year, month, day)

- year : 연도를 의미하는 숫자로 1에서 9999 사이의 숫자를 사용
- month : 월을 의미하는 숫자로 1에서 12 사이의 숫자를 사용
- day : 일을 의미하는 숫자로 1에서 31 사이의 숫자를 사용

엑셀의 DATE 함수와 유사하지만, 다르게 동작하는 부분은 다음 두 가지입니다.

- 첫째, 엑셀보다 넓은 날짜 범위를 지원합니다. year 인수에 1부터 입력할 수 있어 0001~1899년 사이의 연도를 사용할 수 있습니다. 참고로 엑셀은 1900년부터 날짜로 인식합니다.
- 둘째, 정확한 날짜에 맞는 숫자만 입력해야 합니다. month 인수와 day 인수 값의 표현 한계치가 엑셀의 Date 함수와는 다릅니다. 예를 들어 '=#date(2024, 2, 29)'는 2024년이 윤년이므로 문제가 없지만, '=#date(2023, 2, 29)'는 실제로 존재하지 않는 날짜이므로 에러가 발생합니다. 반면 엑셀에서는 '=Date(2023, 2, 29)'와 같은 수식을 입력하면 자동으로 보정하여 2023-03-01 날짜를 반환합니다.

그러므로 위와 같은 수식을 사용하면 2024-01-01 날짜 데이터를 갖는 열이 새로 생성됩니다.

참고로 시간은 #time 함수를 사용해 입력합니다.

> =#time(9, 30, 0)

날짜 시간을 동시에 입력하려면 #datetime 함수를 사용하면 되고 구문은 다음과 같습니다.

> **#datetime 함수**
>
> 파워 쿼리의 #datetime 함수는 연, 월, 일, 시, 분, 초 숫자를 받아 날짜와 시간이 함께 포함된 데이터를 반환합니다.
>
> > **#datetime(year, month, day, time, minute, second)**
> >
> > - year, month, day : #date 함수와 동일한 규칙을 사용
> > - time : 0에서 23까지의 숫자를 사용
> > - minute, second : 0에서 59까지의 숫자를 사용
>
> #datetime 함수 역시 정확한 범위 내의 숫자만 사용해야 에러가 발생하지 않습니다.

둘째, 원하는 계산식의 결과를 반환하는 열을 만들 수 있습니다. 파워 쿼리는 셀 주소가 없기 때문에 열을 참조해 계산하며, 열 머리글을 대괄호 안에 넣어 참조합니다. 파워 쿼리 M code 함수를 사용해 원하는 계산식을 사용할 수도 있는데, M code 함수는 '데이터형식.함수'와 같은 규칙의 이름을 사용합니다.

예를 들어 오늘 날짜를 반환하는 열을 사용자 지정 열로 추가하려면 다음과 같은 수식을 사용할 수 있습니다.

> =Date.From(DateTime.LocalNow())

위 수식에서 사용한 DateTime.LocalNow 함수와 Date.From 함수에 대한 설명은 다음과 같습니다.

> **DateTime.LocalNow 함수**
>
> 파워 쿼리의 DateTime.LocalNow 함수는 시스템상의 현재 날짜와 시간을 반환합니다. 인수는 따로 없고, 엑셀 함수인 NOW 함수와 동일합니다.

> **Date.From 함수**
>
> 파워 쿼리의 Date.From 함수는 인수로 전달된 값에서 날짜값만 반환합니다.
>
> > **Date.From(value, culture)**
> >
> > - value : 날짜값을 반환할 수 있는 데이터(텍스트, 날짜 시간, 숫자)
> > - culture : 국가 설정 코드를 지정할 수 있음. 예를 들어 한국은 "ko-KR" 값을 넣을 수 있지만, 생략하면 현재 시스템 설정을 따름
>
> 파워 쿼리에는 날짜를 반환해주는 함수가 따로 제공되지 않아 DateTime.LocalNow 함수에서 반환하는 값 중 날짜값 부분만 얻기 위해 Date.From 함수를 추가로 사용한 것입니다.

참고로 M code 함수는 대/소문자를 구분해 사용해야 합니다. 대/소문자가 잘못되면 함수가 동작하지 않고 에러가 발생합니다. 쿼리에 [생년월일] 열이 있다면 다음과 같은 계산식으로 나이를 계산할 수 있습니다.

=Date.Year(DateTime.LocalNow()) - Date.Year([생년월일]) + 1

위 수식에서 사용한 Date.Year 함수에 대한 설명은 다음과 같습니다.

Date.Year 함수

파워 쿼리의 Date.Year 함수는 인수로 전달된 날짜가 포함된 데이터에서 연도에 해당하는 숫자를 반환합니다.

Date.Year(dateTime)

- dateTime : 날짜가 포함된 데이터

이 함수는 엑셀의 YEAR 함수와 동일합니다.

M code 함수 역시 엑셀의 함수 못지 않게 다양하기 때문에 한 번에 모두 익히기는 어려우며 익숙해질 때까지는 시간이 걸리는 것이 사실입니다. 좀 더 다양한 M code 사용 방법은 뒤에서 자세하게 설명하겠습니다.

10 [YoY] 열이 다음과 같이 추가됩니다.

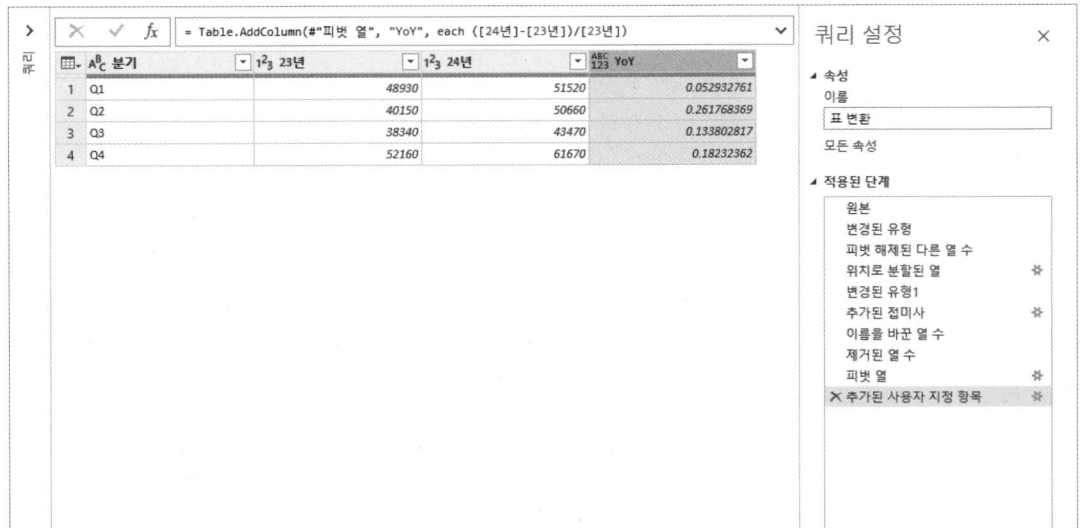

11 [YoY] 열 머리글 왼쪽의 [데이터 형식] 아이콘을 클릭해 데이터 형식을 [백분율]로 변경한 후 변경된 결과를 엑셀로 내려 보내기 위해 리본 메뉴의 [홈] 탭-[닫기] 그룹-[닫기 및 로드]를 클릭합니다.

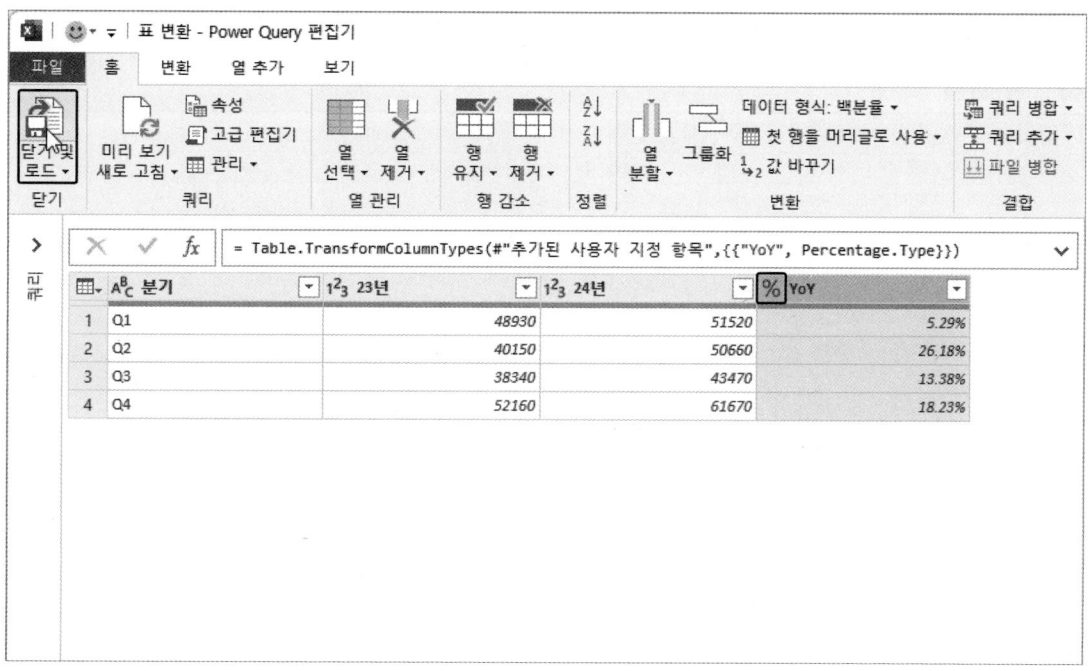

12 엑셀 창에서 [쿼리 및 연결] 작업 창의 [표 변환] 쿼리를 마우스 오른쪽 버튼으로 클릭하고 [다음으로 로드]를 선택합니다.

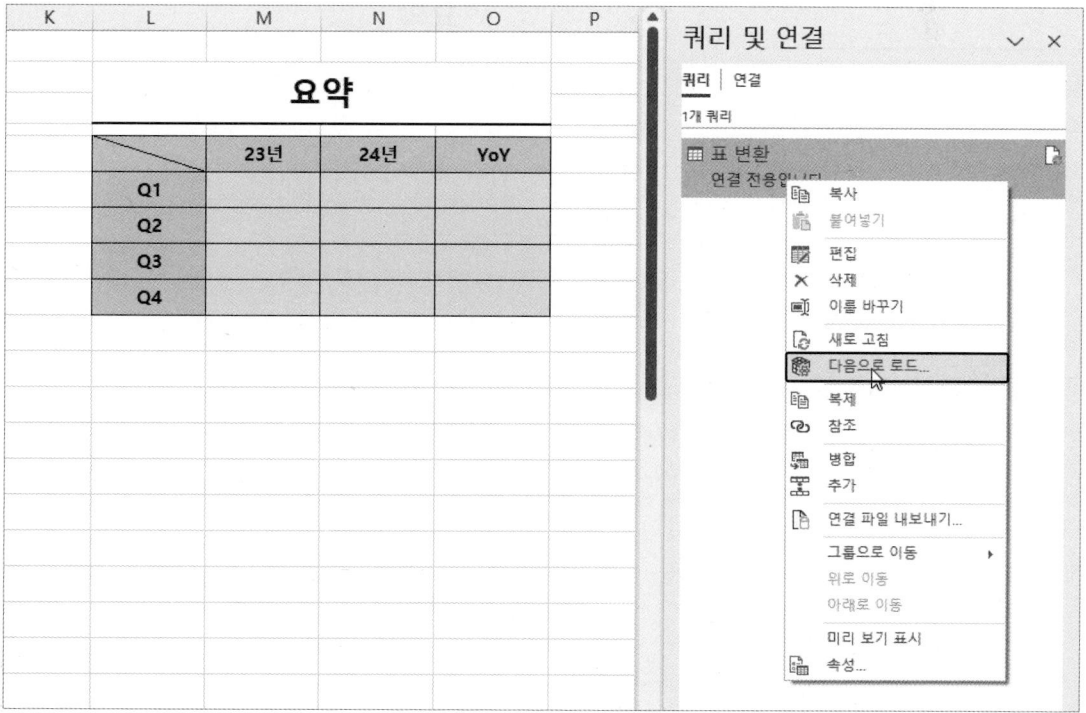

13 [데이터 가져오기] 대화상자가 표시되면 [표] 옵션과 [기존 워크시트] 옵션을 선택합니다. 반환 위치로 [L11] 셀을 선택하고 [확인]을 클릭합니다.

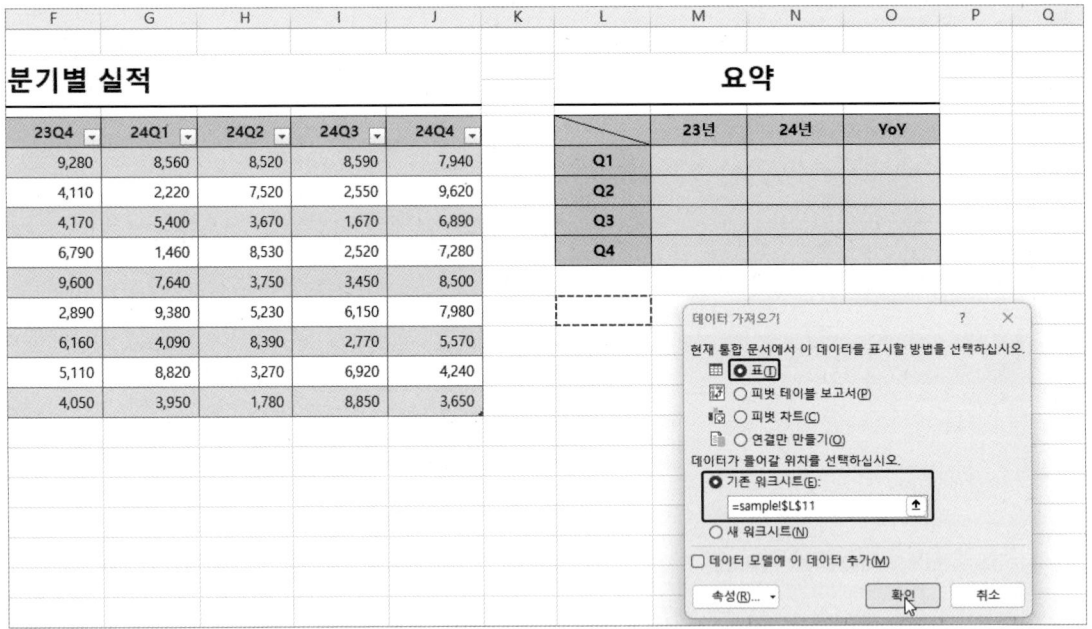

14 다음과 같은 결과를 얻을 수 있습니다.

분기	23년	24년	YoY
Q1	48930	51520	0.052932761
Q2	40150	50660	0.261768369
Q3	38340	43470	0.133802817
Q4	52160	61670	0.18232362

예제 열을 사용해 열을 새로 생성하는 방법 이해하기

예제 파일 CHAPTER 03 \ 예제 열.xlsx

01 예제 파일을 열면 화면과 같은 표를 확인할 수 있습니다. 왼쪽 표 데이터로 오른쪽 표와 같은 쿼리를 생성해보겠습니다.

데이터	거래처	사업자등록번호
금화0045703033	금화	004-57-03033
길가온5163607516	길가온	516-36-07516
나래백화점3014503254	나래백화점	301-45-03254
SDI네트워크0058308318	SDI네트워크	005-83-08318
동서미래0040206321	동서미래	004-02-06321
미성화학8124407504	미성화학	812-44-07504
GI인터내셔널0054003466	GI인터내셔널	005-40-03466
칠성0041100687	칠성	004-11-00687
한정상사5136402774	한정상사	513-64-02774

02 엑셀 표 내부의 셀이 선택된 상태에서 리본 메뉴의 [데이터] 탭-[데이터 가져오기 및 변환] 그룹-[테이블/범위에서 ▦]를 클릭합니다.

03 [Power Query 편집기] 창에 데이터가 표시됩니다.

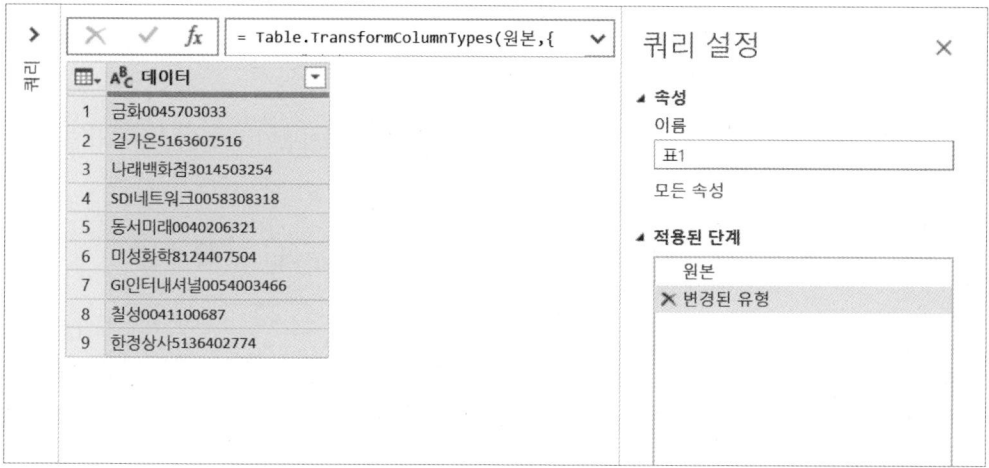

04 [데이터] 열을 참조해 [거래처] 열을 새로 만들기 위해 리본 메뉴의 [열 추가] 탭-[일반] 그룹-[예제의 열]의 이름 부분을 클릭하고 하위 메뉴에서 [선택 항목에서]를 선택합니다.

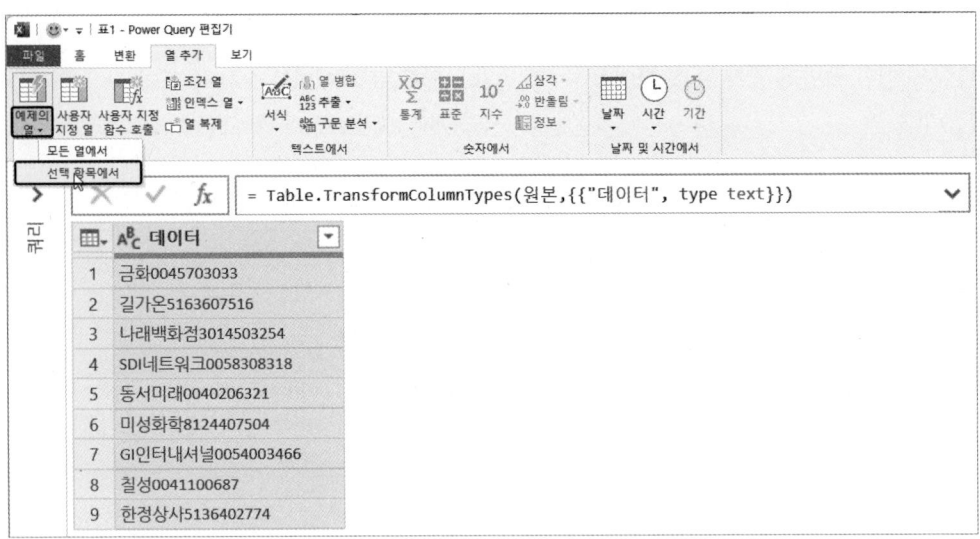

엑셀마스터가 짚어주는 핵심 NOTE

[예제의 열] 동작 방식 이해하기 01

[예제의 열]을 바로 클릭하면 쿼리 내 모든 열을 대상으로 입력된 값의 패턴을 분석합니다. 특정 열만 대상으로 작업하고 싶다면 이번 과정처럼 [선택 항목에서] 하위 메뉴를 선택해 작업합니다. 이렇게 하면 패턴을 확인할 열이 선택한 열로 한정되어 더 정확한 결과를 얻을 수 있습니다.

05 쿼리 미리보기 화면이 [예제의 열 추가] 화면으로 전환됩니다. 왼쪽 미리보기 화면의 [데이터] 열 머리글 오른쪽에 확인란이 체크된 것으로 표시됩니다.

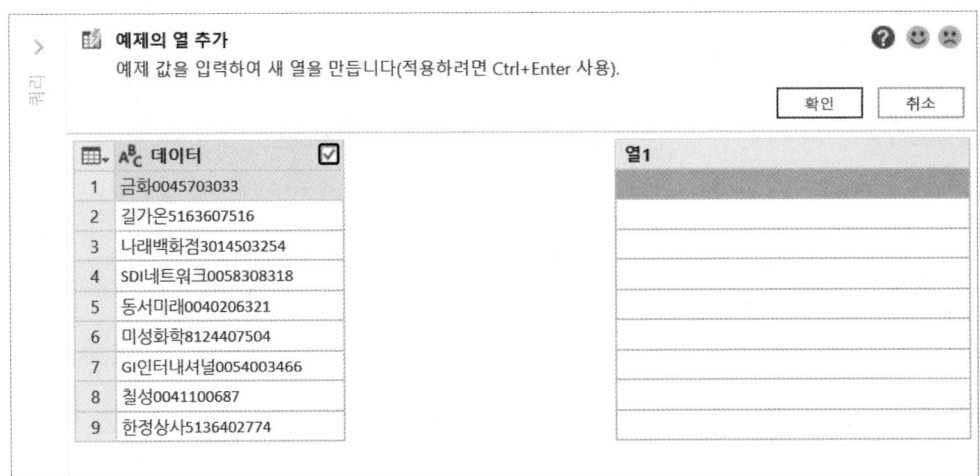

엑셀마스터가 짚어주는 핵심 NOTE

[예제의 열] 동작 방식 이해하기 02

이번 예제는 열이 하나밖에 없어서 [예제의 열]을 실행할 때 굳이 [선택 항목에서]를 선택할 필요는 없습니다. 하지만 이렇게 선택하면 선택된 열만 대상으로 예제의 열이 생성됩니다. 이러한 선택 상태를 시각적으로 표시하는 옵션이 바로 머리글 오른쪽의 확인란입니다.

쿼리에 열이 많을 경우, 이처럼 패턴을 인식할 열을 직접 지정하면 더 정확한 열을 생성하는 데 도움이 됩니다. 참고로 **04** 과정에서 [열 추가] 탭-[일반] 그룹-[예제의 열]을 클릭하고 [예제의 열 추가] 화면에서 필요 없는 머리글 오른쪽의 확인란을 체크 해제해도 동일한 결과가 나옵니다.

---

06 오른쪽 [열1]의 첫 번째 칸에 첫 번째 거래처 이름인 **금화**를 입력합니다. 입력된 값의 패턴을 분석해 하단에 나머지 거래처 이름이 회색으로 표시됩니다.

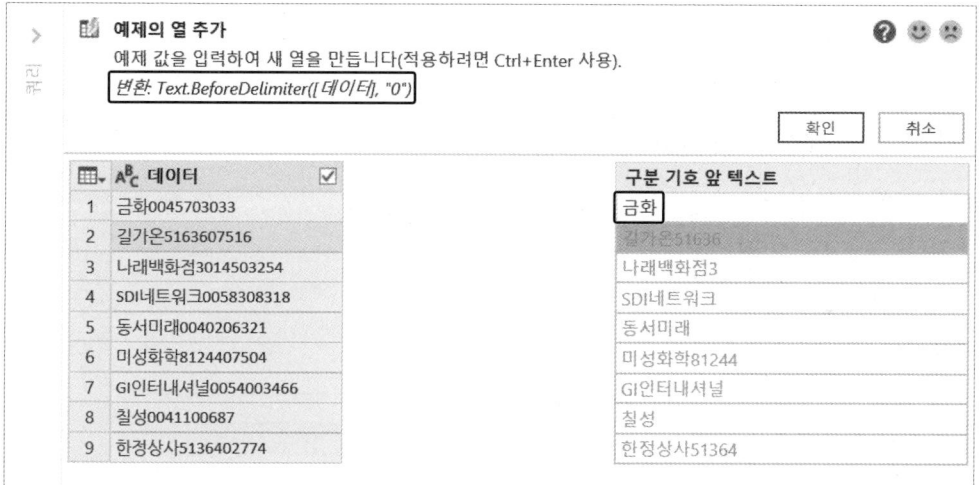

엑셀마스터가 짚어주는 핵심 NOTE

결과 이해하기

[열1]의 첫 번째 칸에 '금화'를 입력하면 왼쪽 [데이터] 열에서 입력 패턴을 분석해 나머지 결과를 자동으로 채워 줍니다. 이때 두 가지를 정확하게 확인해야 합니다.

첫 번째, [예제의 열 추가] 하단에 다음과 같은 부분이 표시됩니다.

> **변환: Text.BeforeDelimiter([데이터], "0")**

이것은 첫 번째 칸에 입력된 값이 위 M code 함수를 사용해 표시할 수 있다는 의미이며, 이 수식을 사용한 결과가 하단에 미리 보기로 표시됩니다.

이 수식은 문자 '0'의 앞부분을 잘라내는 것으로 엑셀의 수식으로 바꾸면 다음과 같습니다.

=LEFT([데이터], FIND("0", [데이터])-1)

물론 엑셀 2024 버전이나 마이크로소프트 365 버전에서는 위와 동일한 TEXTBEFORE 함수가 엑셀에도 제공되므로 다음 수식을 사용하는 것과 동일합니다.

=TEXTBEFORE([데이터], "0")

물론 모든 사업자등록번호가 0으로 시작되진 않기 때문에 이번과 같이 열 데이터를 채우면 안 되므로, 몇 개를 추가로 입력해야 합니다.

두 번째, [열1] 머리글이 [구분 기호 앞 텍스트]로 변경됩니다. 이는 파워 쿼리 내 [열 추가] 탭의 하단 메뉴 중 하나를 선택했을 때와 동일한 열 머리글을 사용하는 것으로, 사용자가 입력한 결과에 따라 얼마든지 변경될 수 있습니다.

07 원하는 결과가 반환되지 않으므로, 두 번째 칸의 데이터를 두 번째 거래처인 **길가온**으로 수정합니다. 하단에 표시된 미리보기가 원하는 결과가 맞으므로 [확인]을 클릭합니다.

엑셀마스터가 짚어주는 핵심 NOTE

결과 이해하기

두 번째 칸의 값을 '길가온'으로 수정하면 상단의 수식이 다음과 같이 변경됩니다.

> **변환: Text.Remove([데이터], {"0".."9"})**

위 수식은 M code 함수인 **Text.Remove** 함수를 사용해 0부터 9사이의 문자를 모두 지웁니다. 사용자가 입력한 두 가지 입력 값을 모두 정확하게 처리하려면 이처럼 M code 함수를 사용한 계산식으로 변경되는 것이 적합하며, 하단의 결과도 이 수식에 맞게 표시됩니다.

Text.Remove 함수는 엑셀 함수로는 제공되지 않아 이런 작업이 쉽지 않습니다. 하지만 파워 쿼리에서는 리본 메뉴의 [홈] 탭-[변환] 그룹-[열 분할]을 클릭하고 [비숫자 대 숫자로]를 선택하면 유사한 결과를 얻을 수 있습니다.

---

08 [제거된 문자] 열이 새로 생성되며 [예제의 열 추가] 대화상자에서 확인했던 데이터가 그대로 표시됩니다. 바로 이어서 사업자등록번호도 얻기 위해 리본 메뉴의 [열 추가] 탭-[일반] 그룹-[예제의 열]을 클릭합니다.

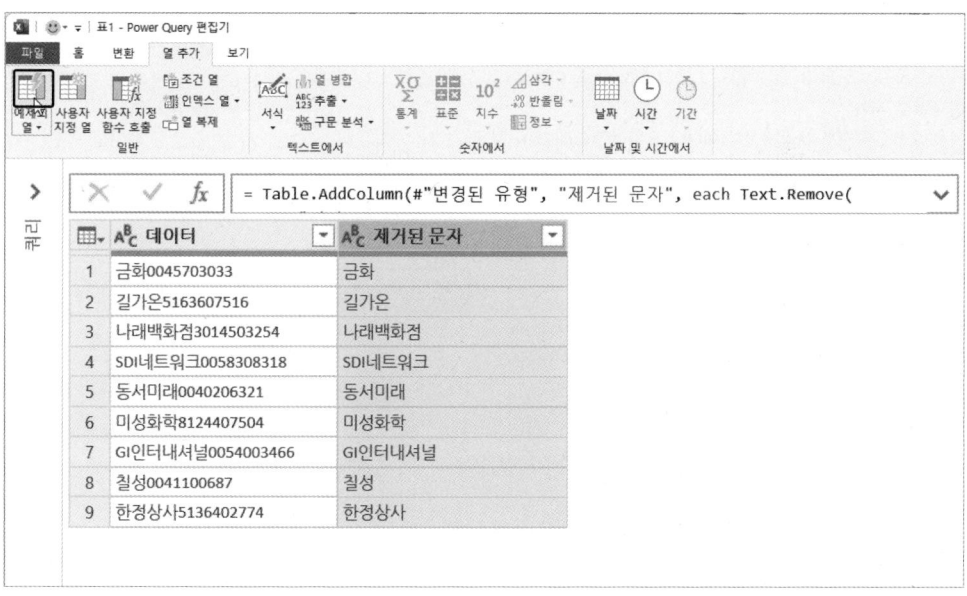

09 [예제의 열 추가] 화면이 표시되고, 왼쪽 두 열의 머리글 오른쪽에 확인란이 체크된 것을 확인할 수 있습니다.

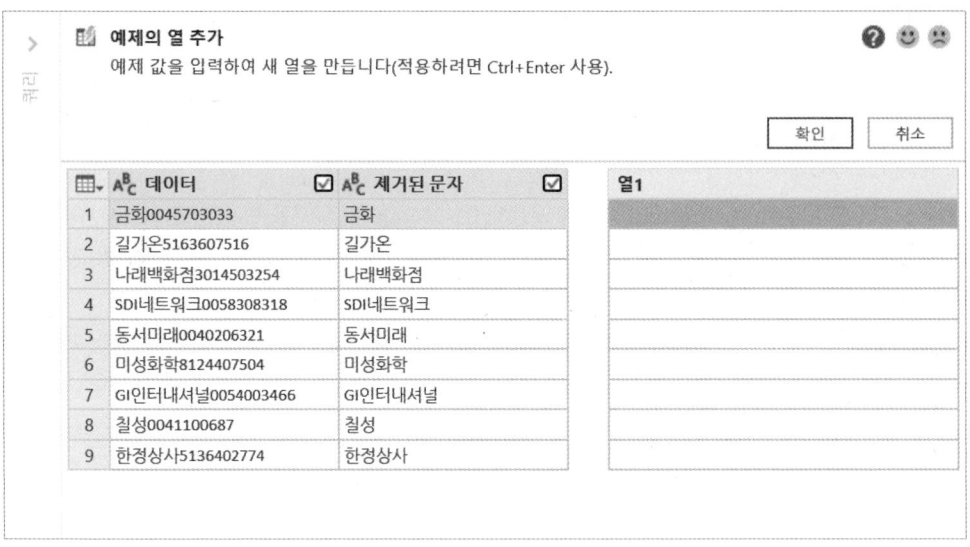

TIP 오른쪽 [열1]에 입력하는 값은 두 열에서 모두 입력 패턴을 확인한다는 의미로, [데이터] 열만 대상으로 하려면 [제거된 문자] 열의 오른쪽 확인란은 체크 해제하는 것이 좋습니다. 이렇게 하면 **04** 과정에서 [선택 항목에서]를 선택한 것과 동일하게 동작합니다.

10 [열 1]의 첫 번째 칸에 004-57-03033을 입력합니다. 하단에 아무것도 표시되지 않습니다.

11 두 번째 칸에 516-36-07516을 마저 입력하면 하단에 미리보기로 결과가 표시됩니다. 원하는 결과 이므로 [확인]을 클릭합니다.

12 [사용자 지정] 열이 생기면서 [예제의 열 추가] 화면에서 확인했던 데이터가 반환됩니다.

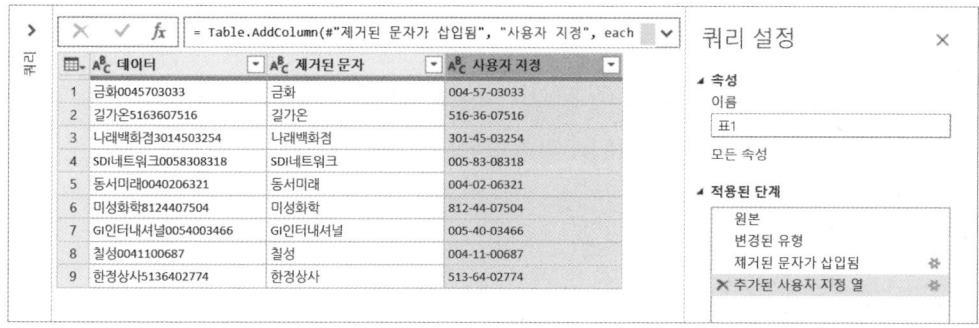

조건 열을 사용해 원하는 열을 생성하는 방법 이해하기

예제 파일 CHAPTER 03 \ 조건 열.xlsx

01 예제 파일을 열고 [sample] 시트를 클릭하면 화면과 같은 표를 확인할 수 있습니다.

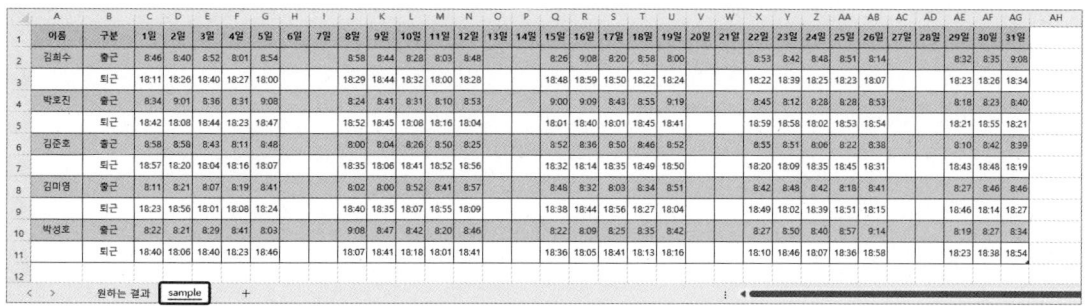

TIP 예제의 표는 엑셀 표로 등록되어 있어 A열의 이름이 병합 해제되어 있습니다.

CHAPTER 03 파워 쿼리를 조금 더 알차게 쓰는 4가지 기능 · **213**

02 [sample] 시트에 출/퇴근 시간이 기록되어 있고 정규 9시 이후 출근할 경우 지각이라고 간주합니다. [원하는 결과] 시트를 클릭하면 다음과 같은 표를 확인할 수 있는데, 이 표를 만드는 작업을 파워 쿼리로 진행하겠습니다.

이름	지각일수	지각일
김희수	2일	16일, 31일
박성호	2일	8일, 26일
박호진	4일	2일, 5일, 16일, 19일

03 [sample] 시트로 이동한 다음 엑셀 표 내부의 셀이 선택된 상태에서 리본 메뉴의 [데이터] 탭–[데이터 가져오기 및 변환] 그룹–[테이블/범위에서 ▦]를 클릭합니다.

04 [Power Query 편집기] 창에 엑셀 표 데이터가 표시됩니다.

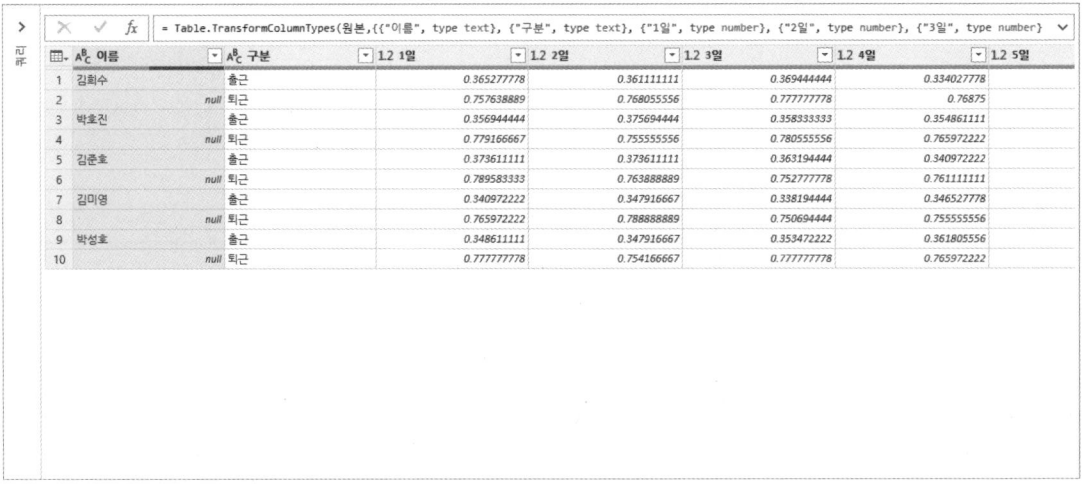

05 먼저 [이름] 열의 빈 칸에 값을 채우겠습니다. [이름] 열이 선택된 상태에서 리본 메뉴의 [변환] 탭-[열] 그룹-[채우기]를 클릭한 다음 [아래로]를 선택합니다.

06 출/퇴근 데이터가 1일부터 31일까지 열(가로) 방향으로 쓰여져 있으므로, 이를 다시 행(세로) 방향으로 전환합니다. [이름] 열과 [구분] 열을 선택하고 마우스 오른쪽 버튼으로 클릭하여 [다른 열 피벗 해제]를 선택합니다.

TIP 지각인지 여부를 빠르게 확인하려면 출/퇴근 시간이 하나의 열에 기록되어 있어야 편리합니다.

07 이제 [값] 열의 데이터를 시간 형식으로 변경합니다. [값] 열 머리글 왼쪽의 [데이터 형식] 아이콘을 클릭하고 [시간]을 선택합니다.

08 지각자를 확인할 것이기 때문에 [구분] 열에서 '지각' 데이터만 필터링하겠습니다. [구분] 열 머리글의 목록 단추를 클릭하고, 필터 목록에서 [(모두 선택)]의 체크를 해제한 후 [출근] 항목만 체크하고 [확인]을 클릭합니다.

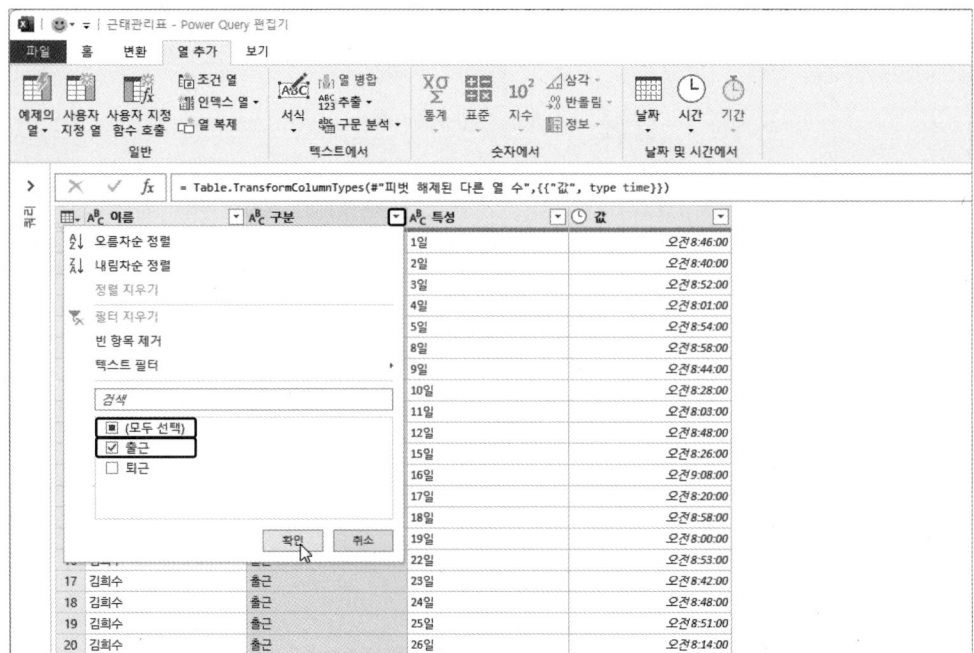

09 지각 여부를 확인할 조건 열을 추가하겠습니다. 리본 메뉴의 [열 추가] 탭-[일반] 그룹-[조건 열]을 클릭합니다.

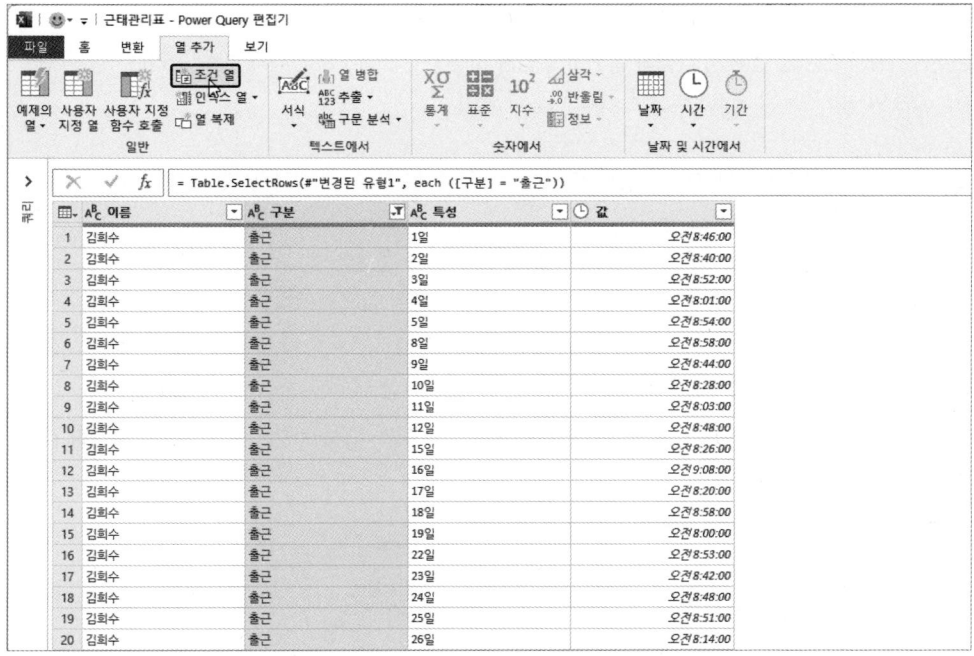

TIP 이번 예제에 한정하면 [조건 열] 대신 [값] 열에 오전 9시 이후 데이터만 필터링해 작업해도 무방합니다.

10 [조건 열 추가] 대화상자가 표시되면 [새 열 이름]을 **지각여부**로 수정하고, [열 이름]은 [값]을, [연산자]는 [보다 큼]을 선택하고, [값]에 **9:00**을 입력합니다.

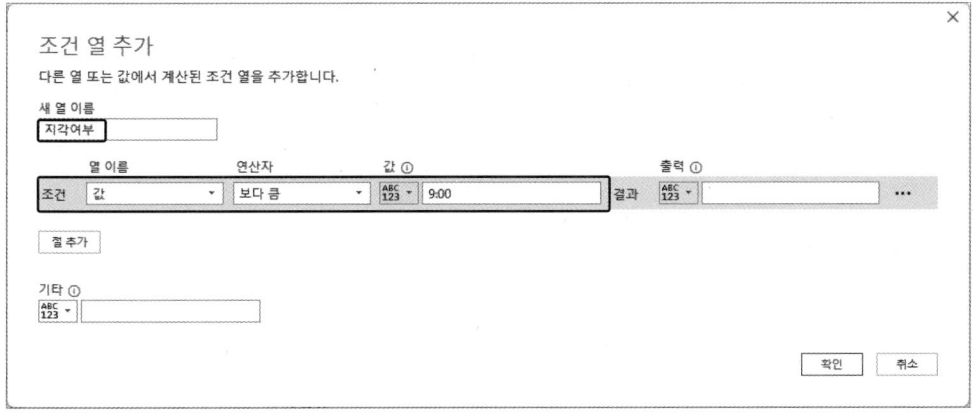

엑셀마스터가 짚어주는 핵심 NOTE

[조건 열 추가] 대화상자 설정 이해하기 01

[조건 열]은 사실 [사용자 지정 열]에서 다음과 같은 if 문법을 사용하는 것과 동일합니다. 파워 쿼리는 if를 함수로 제공하는 것이 아니라 별도의 문법으로 제공하며, 다음과 같이 사용해야 합니다.

> **if if-condition then true-expression else false-expression**
> - if-condition : 논리값을 반환하는 계산식
> - true-expression : if-condition의 결과가 TRUE일 때 반환할 값(또는 열)
> - false-expression : if-condition의 결과가 FALSE일 때 반환할 값(또는 열)

TIP 파워 쿼리의 M code는 대/소문자를 구분하므로 항상 주의해야 합니다.

[조건 열 추가] 기능은 파워 쿼리의 if 문법을 좀 더 쉽게 사용할 수 있도록 지원하지만, if를 중첩해서 사용할 경우에는 불편하므로 [사용자 지정 열] 기능을 이용하는 것이 좋습니다.

어쨌든 이번에 작성할 것을 if 문법으로 변경하면 다음과 같습니다.

> **if [값] > #time(9,0,0) then**

[조건 열 추가] 대화상자의 [열 이름]은 목록에서 선택하는 것이므로 화면에 '값'만 표시되지만, 직접 수식으로 [값] 열을 참조할 때는 위 수식처럼 대괄호로 열 이름을 묶어 사용해야 합니다.

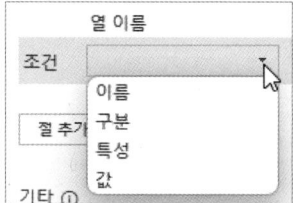

[연산자] 란에서는 같음(=), 같지 않음(<>), 보다 큼(>), 보다 크거나 같음(>=), 보다 작음(<), 보다 작거나 같음(<=) 중 하나를 선택할 수 있습니다.

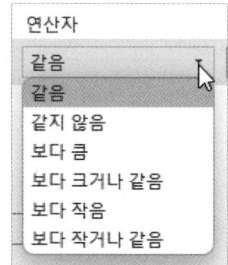

마지막 [값] 란은 값을 반환할 열을 선택하거나 비교할 값을 직접 입력할 수 있습니다. 다음 화면과 같이 첫 번째 데이터 형식 아이콘을 클릭하면 [값 입력]이나 [열 선택] 중 하나를 선택할 수 있습니다.

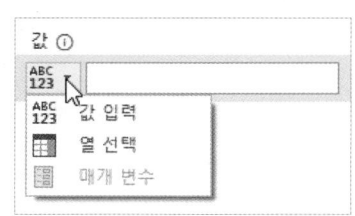

이번에는 원하는 시간(오전 9시)과 비교할 것이므로 [값 입력]이 선택된 상태로 오전 9시에 해당하는 9:00을 입력합니다. 이렇게 하면 파워 쿼리가 내부적으로 이 값을 #time 함수로 변환하여 오전 9시로 인식합니다. 물론 시간이 자동으로 내부 함수로 변환되는 부분은 **07** 과정에서 [값] 열의 데이터 형식을 미리 '시간'으로 변경해두었기 때문에 가능한 것입니다. 따라서 데이터 형식을 미리 변경해두는 습관을 들이는 것이 좋습니다.

11 TRUE와 FALSE를 원하는 값으로 대체하기 위해 [출력]에 **지각**을, [기타]에 **null**을 입력하고 [확인]을 클릭합니다.

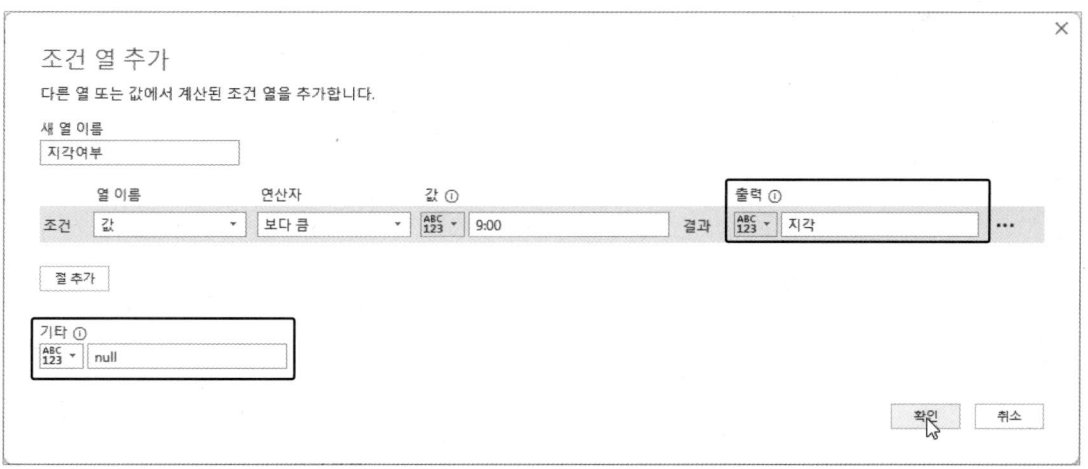

엑셀마스터가 짚어주는 핵심 NOTE

[조건 열 추가] 대화상자 설정 이해하기 02

이 부분은 엑셀의 IF 함수로 치면 두 번째와 세 번째 인수를 설정하는 부분으로, 파워 쿼리의 M code로 변환하면 전체 수식은 다음과 같습니다.

> **if [값] > #time(9,0,0) then "지각" else null**

TIP 파워 쿼리의 M code는 대/소문자를 구분하므로 항상 주의해야 합니다.

참고로 대화상자의 [출력] 란에서는 지각을 입력할 때 큰 따옴표("")로 값을 묶지 않습니다. 그리고 null은 파워 쿼리의 빈 칸을 의미하는 값으로, 엑셀의 빈 문자("")와는 다릅니다.

이렇게 하면 if 문법을 몰라도 [조건 열]을 사용해 원하는 조건에 맞는 결과를 갖는 열을 따로 생성할 수 있습니다. 다만 [조건 열 추가] 대화상자로는 추가 조건을 구성하기 어렵습니다.

간단하게 엑셀에서 IF 함수를 중첩해야 하는 상황을 생각해봅시다. 성적이 있고 이를 학점으로 변환하려면 엑셀에서는 다음과 같은 수식을 사용할 수 있습니다.

```
=IF(A1>=90, "A",
    IF(A1>=80, "B",
        IF(A1>=70, "C",
            IF(A1>=60, "D", "F"))))
```

이러한 중첩을 파워 쿼리의 [조건 열 추가]로 처리하려면 [조건 열 추가] 대화상자에서 [절 추가]를 클릭하여 if 문을 중첩할 수 있습니다.

다음은 [절 추가]를 클릭해 위 엑셀의 IF 함수 중첩을 [조건 열 추가]에서 설정한 화면입니다.

하지만 이번 사례와 같이 '필터'를 이용하지 않고, '출근'이면서 오전 9시 이후에 출근한 경우를 '지각'으로 표시하는 것을 [조건 열 추가] 대화상자를 이용해 처리하기는 어렵습니다. 이 경우라면 [사용자 지정 열] 추가를 이용해 직접 다음과 같은 계산식을 이용해 처리해야 합니다.

if [구분] = "출근" and [값] > #time(9,0,0) then "지각" else null

TIP 파워 쿼리의 M code는 대/소문자를 구분하므로 항상 주의해야 합니다.

> 참고로 and 연산자는 엑셀의 AND 함수를 대체하는 연산자로 왼쪽과 오른쪽 조건이 모두 TRUE인 경우를 의미합니다. 만약 AND 대신 OR 조건을 처리하고 싶다면 and 연산자를 or로 변경합니다.

12 [지각여부] 열이 생성되면 지각자 데이터만 요약하기 위해 필터를 설정합니다. [지각여부] 열 머리글의 목록 단추를 클릭하고 [(Null)] 항목만 체크 해제한 다음 [확인]을 클릭합니다.

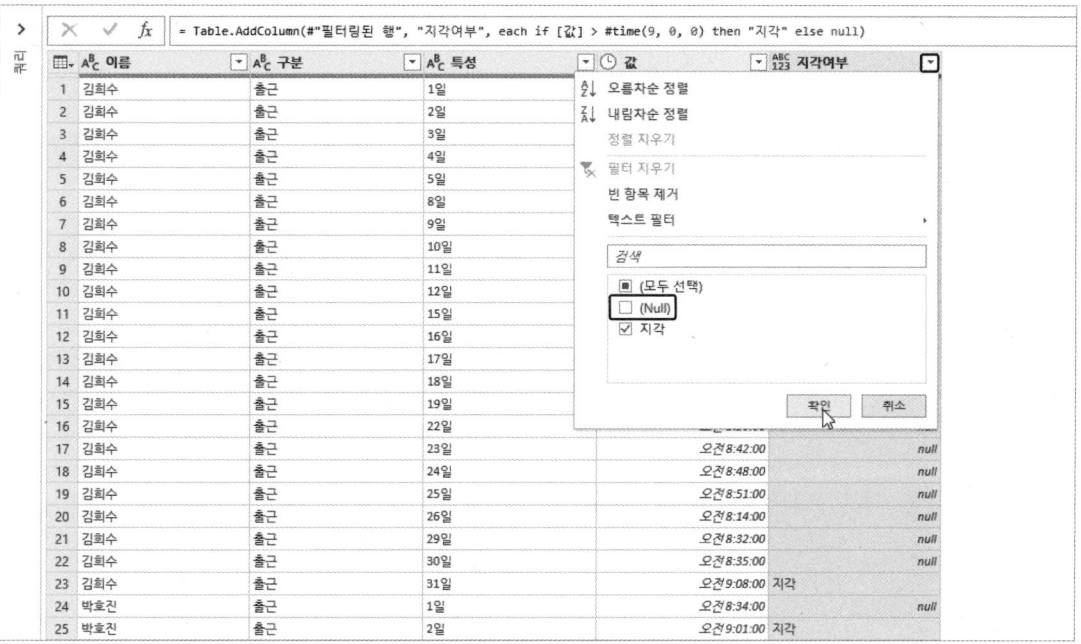

13 화면에 표시된 데이터를 [이름] 열을 기준으로 묶어 요약하겠습니다. [이름] 열을 선택하고 리본 메뉴의 [홈] 탭-[변환] 그룹-[그룹화]를 클릭합니다.

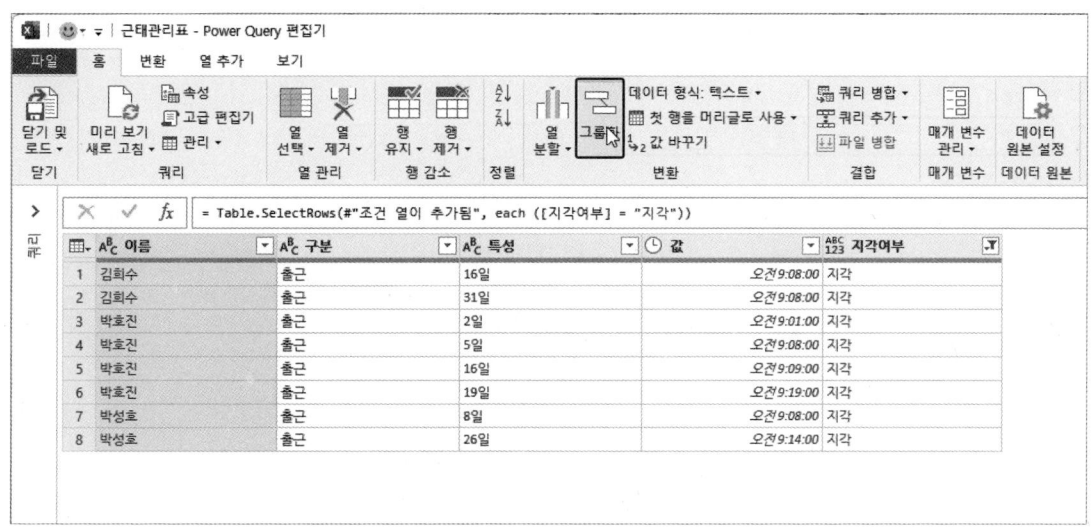

14 [그룹화] 대화상자가 표시되면 [고급] 옵션을 먼저 선택하고 [새 열 이름]은 **지각일수**로 변경한 다음 [집계 추가]를 클릭합니다.

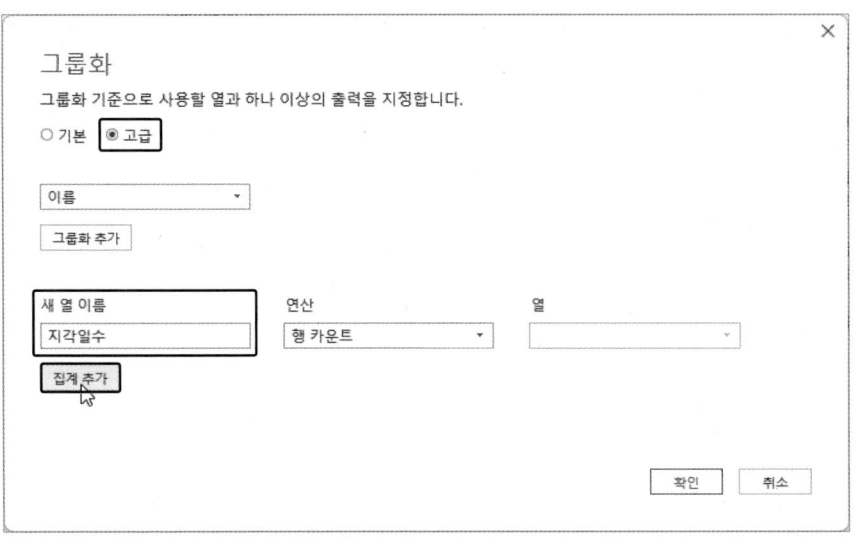

TIP [고급] 옵션을 선택해야 그룹으로 묶인 열을 대상으로 여러 집계 작업을 할 수 있습니다. **02** 과정 결과 화면에서 지각일수와 지각일을 각각 다른 열에 표기하고 싶었던 것이므로 집계 열은 두 개가 되어야 합니다.

15 추가된 열의 이름으로 [새 열 이름]에 **지각일**을 입력합니다. [연산]은 [모든 행]을 선택하고 [확인]을 클릭합니다.

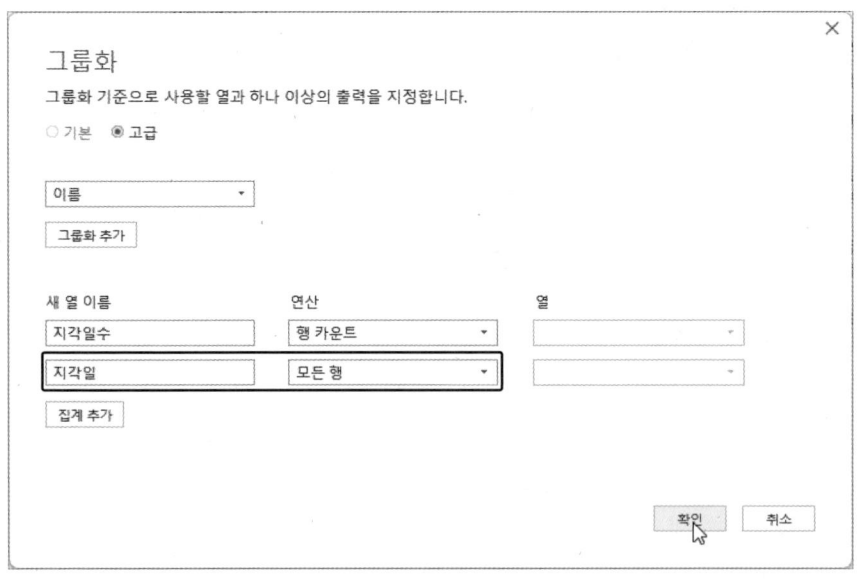

16 그러면 [지각일] 열은 Table 데이터를 갖는 열이 됩니다. Table 오른쪽 빈 영역을 클릭하면 해당 Table 내의 데이터를 하단의 미리 보기 화면으로 확인할 수 있습니다.

17 [지각일] 열에서 지각한 날짜를 갖는 [특성] 열의 데이터만 추출하기 위해 수식 입력줄의 수식을 다음과 같이 수정합니다.

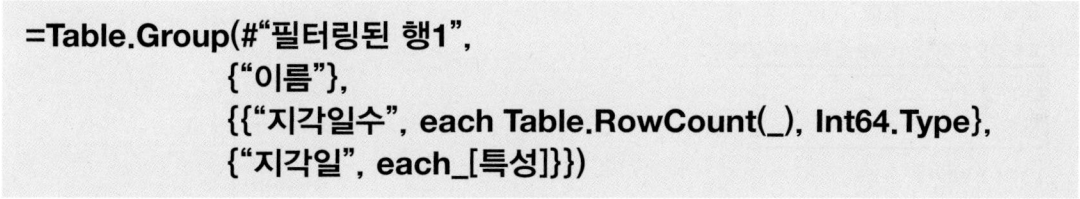

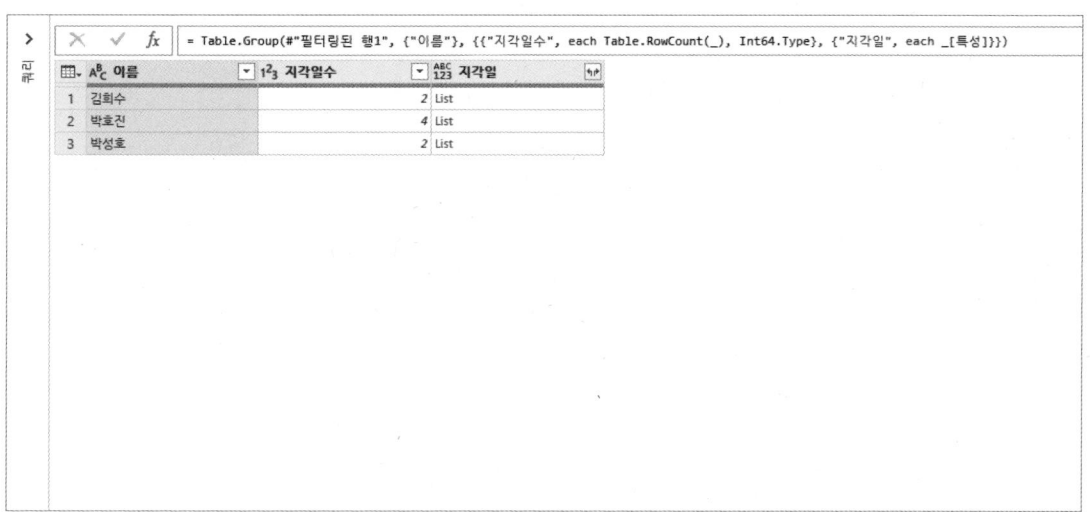

LINK 그룹화 후 수식을 수정하는 방법이 어렵다면 이 책의 174페이지를 참고합니다.

18 [지각일] 열의 날짜 데이터를 화면에 표시하기 위해 [지각일] 열 오른쪽의 확장 단추를 클릭하고 [값 추출]을 선택합니다.

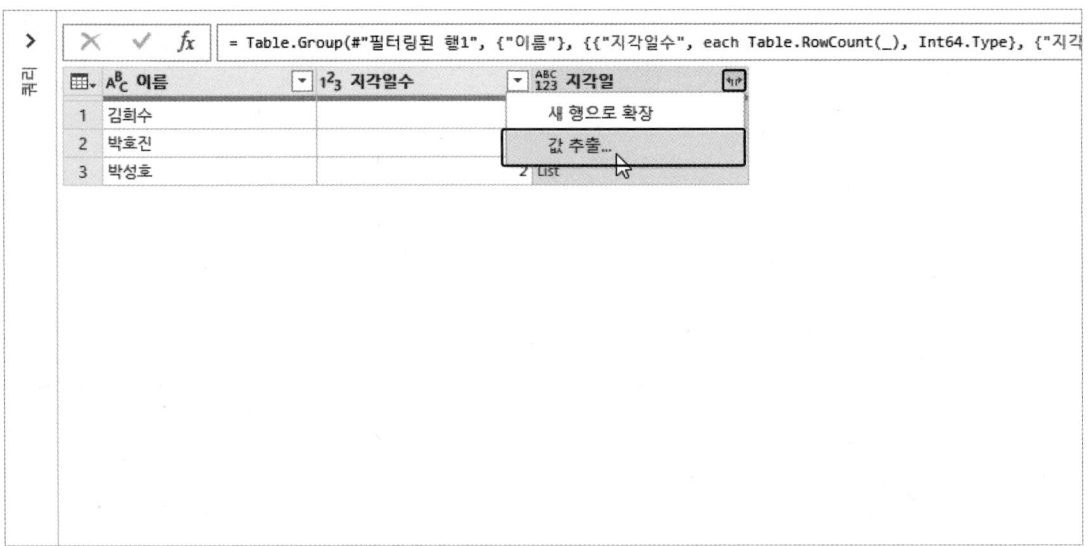

19 [목록에서 값 추출] 대화상자가 표시되면 첫 번째 콤보 상자에서 [--사용자 지정--]을 선택하고, 두 번째 입력란에 ,(쉼표)와 공백 문자를 입력한 다음 [확인]을 클릭합니다.

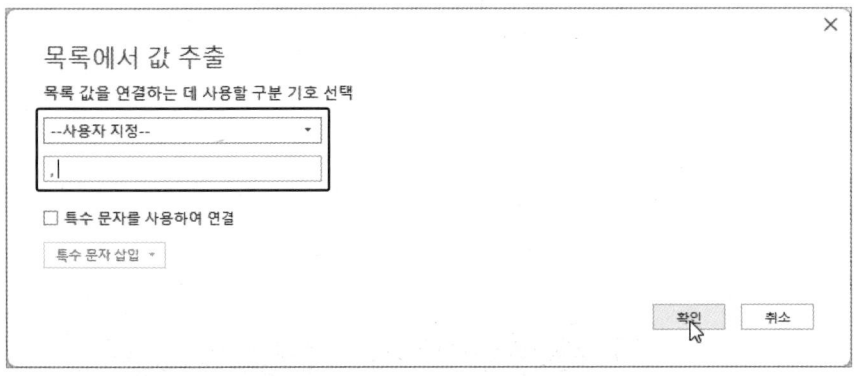

TIP 첫 번째 콤보 상자에서 '쉼표'를 선택해도 되지만, 쉼표(,) 뒤에 공백을 하나 넣고 싶어 [--사용자 지정--] 옵션을 선택하고 구분 문자열을 직접 입력한 것입니다.

20 이렇게 하면 [원하는 결과] 시트에 있는 것과 동일한 결과를 쿼리로 얻을 수 있습니다.

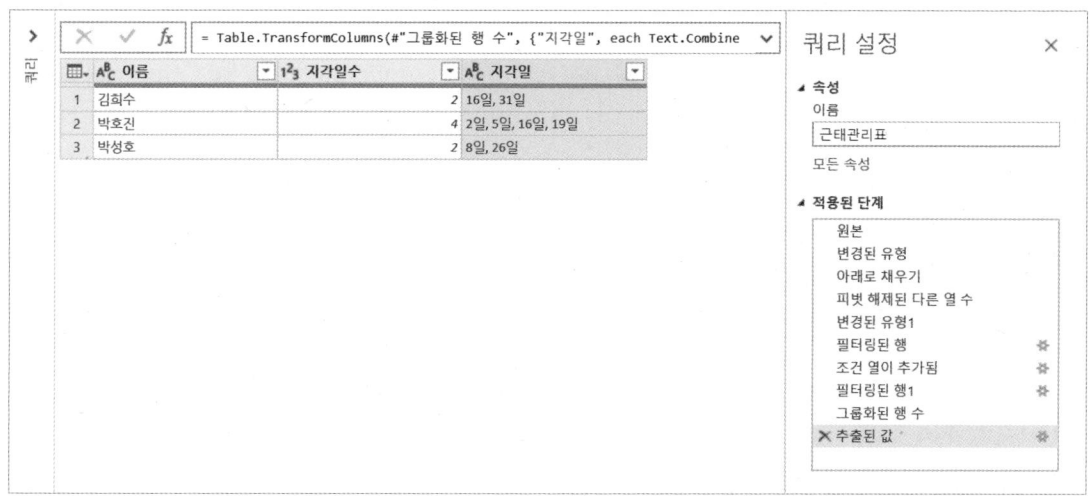

TIP 쿼리를 엑셀로 반환하는 작업은 직접 진행해보세요.

인덱스 열을 활용하는 방법 이해하기

예제 파일 CHAPTER 03 \ 인덱스 열.xlsx

01 예제 파일을 열면 A열에 사용자 이름과 전화번호가 함께 입력돼 있습니다. 이 데이터를 오른쪽 표와 같이 정리하는 작업을 파워 쿼리로 진행하겠습니다.

	A	B	C	D	E	F	G
1	데이터			번호	이름	전화번호	
2	김희수			1	김희수	010-2557-9039	
3	010-2557-9039			2	박호진	010-8069-3784	
4	박호진			3	김준호	010-3800-2273	
5	010-8069-3784			4	김미영	010-2391-9263	
6	김준호			5	박성호	010-4695-8479	
7	010-3800-2273			6	이수명	010-2672-2575	
8	김미영			7	이권철	010-5208-9924	
9	010-2391-9263			8	최윤호	010-7934-6421	
10	박성호			9	김영호	010-6638-7880	
11	010-4695-8479			10	배철수	010-3400-8765	
28	배윤희						
29	010-3859-8320						
30	권상호						
31	010-4622-9505						
32							

TIP 예제의 왼쪽 표는 엑셀 표로 등록되어 있으며, 이름은 '데이터'입니다.

02 엑셀 표 내부의 셀이 선택된 상태에서, 리본 메뉴의 [데이터] 탭-[데이터 가져오기 및 변환] 그룹-[테이블/범위에서▦]를 클릭합니다.

03 [Power Query 편집기] 창에 데이터가 표시됩니다. [데이터] 열의 데이터는 두 행이 하나의 행 데이터이므로, 이를 번호로 구분하기 위해 리본 메뉴의 [열 추가] 탭-[일반] 그룹-[인덱스 열▦]의 목록 단추를 클릭하고 [0부터]를 선택합니다.

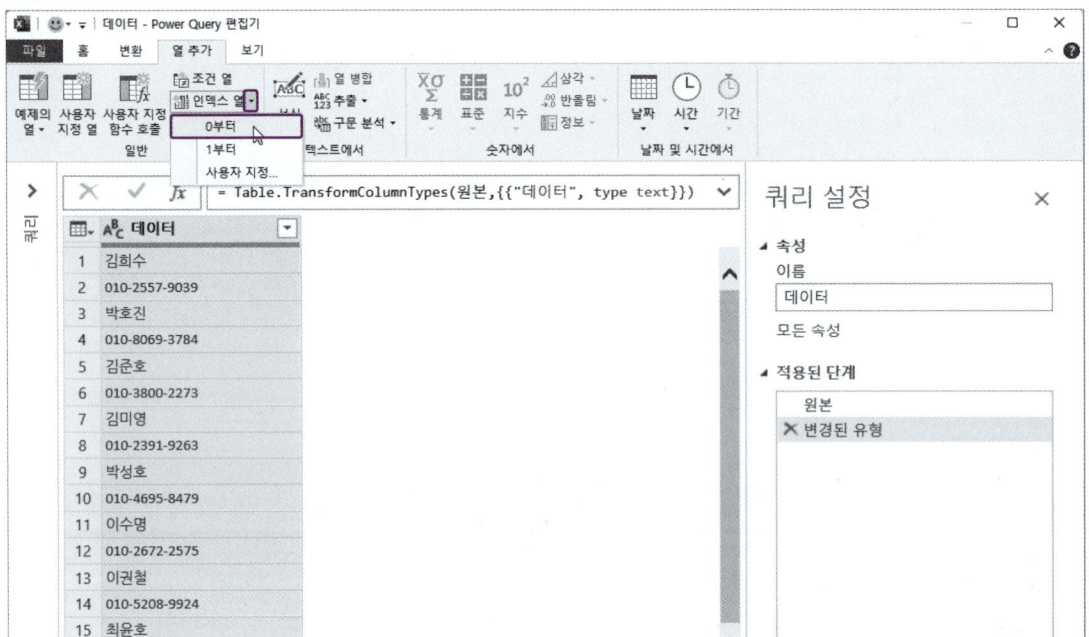

엑셀마스터가 짚어주는 핵심 NOTE

왜 0부터 시작하는 열을 추가할까?

1부터 시작하는 [No] 열이나 [일련번호] 열을 추가하려면 당연히 [1부터]를 선택하는 것이 좋습니다. 하지만 이번에는 0부터 시작하는 [인덱스 열]을 추가하는데, 이것은 이후 작업과 연관이 있습니다.

이번에 [인덱스 열]을 추가하는 이유는 [데이터] 열의 항목이 2칸씩 하나의 행 데이터를 이루지만, 데이터 자체에는 이 2개가 같은 행에 속한다는 구분이 없기 때문입니다. 따라서 [인덱스 열]을 추가해 이를 표현하려는 것입니다.

1, 2, 3, …과 같은 일련번호를 2개씩 같은 번호로 만들려면 2로 나누는 작업이 필요합니다. 이때 1부터 시작하면 2로 나눴을 때 0.5, 1, 1.5, 2, …과 같은 숫자가 나오므로, 이를 정수 값만 남기면 0, 1, 1, 2, 2, …과 같은 숫자가 반환되어 짝이 맞지 않게 됩니다.

그래서 0부터 시작해야 2로 나눴을 때 0, 0.5, 1, 1.5, 2, 2.5, …과 같은 값이 나오고, 정수로 만들면 0, 0, 1, 1, 2, 2, …처럼 규칙적인 패턴을 얻을 수 있습니다.

엑셀에서 수식으로 이런 작업을 해본 적이 없다면 이 설명만으로는 이해하기 어려울 수 있습니다. 그래도 이후 과정을 진행하다 보면 자연스럽게 이해가 될 테니 참고합니다.

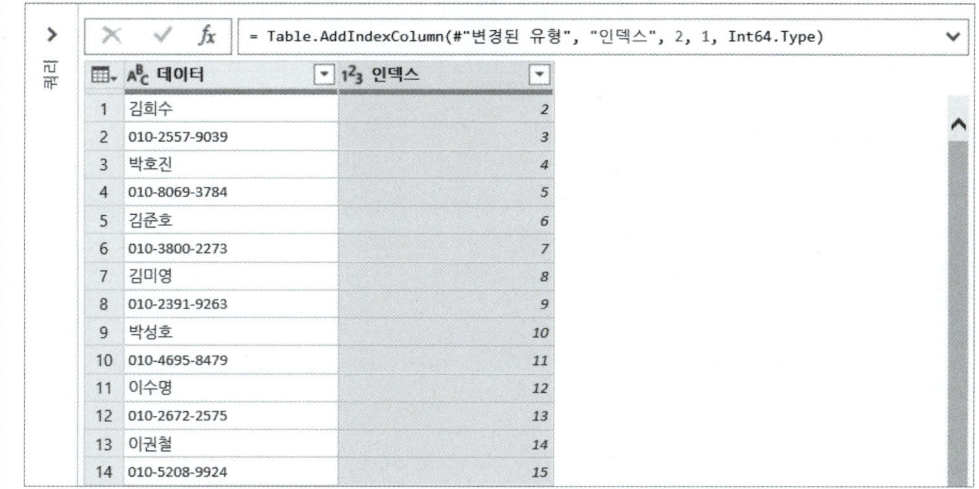

이 상태에서 [정수로 나누기]를 이용해 2로 나누면 [인덱스] 열은 1부터 표시됩니다. 이렇게 작업 단계 자체를 하나씩 고민하면서 연습한다면 파워 쿼리를 좀 더 잘 활용할 수 있습니다.

10 [인덱스] 열의 머리글을 **번호**로 변경한 다음 [데이터] 열의 머리글을 입력하기 위해 새로운 인덱스 열을 추가합니다. 리본 메뉴의 [열 추가] 탭-[일반] 그룹-[인덱스 열]을 클릭합니다.

TIP [인덱스 열]을 그냥 클릭하면 0부터 시작하는 열이 생성됩니다.

09 [인덱스] 열의 값이 1, 1, 2, 2, 3, 3, …과 같이 표시됩니다.

	데이터	1.2 인덱스
1	김희수	1
2	010-2557-9039	1
3	박호진	2
4	010-8069-3784	2
5	김준호	3
6	010-3800-2273	3
7	김미영	4
8	010-2391-9263	4
9	박성호	5
10	010-4695-8479	5
11	이수명	6
12	010-2672-2575	6
13	이권철	7
14	010-5208-9924	7
15	최윤호	8
16	010-7934-6421	8
17	김영호	9
18	010-6638-7880	9
19	배철수	10
20	010-3400-8765	10

수식: `= Table.TransformColumns(#"정수로 나누기 열", {{"인덱스", each _ + 1, type number}})`

엑셀마스터가 짚어주는 핵심 NOTE

[인덱스 열]을 추가할 때부터 1씩 표시되도록 할 수 있나?

[인덱스 열]의 값이 0부터 시작했으므로 2로 나눴을 때 정숫값이 0부터 시작하게 되고, 이를 다시 1부터 표시하도록 하기 위해 [추가] 메뉴를 사용해 1을 더하는 작업을 수행합니다.

이 방법이 맞기는 하지만, 더 효율적으로 작업하려면 이런 단계를 줄일 방법을 생각해볼 필요가 있습니다. 만약 **03** 과정에서 [인덱스 열]을 추가할 때 [0부터] 대신 [사용자 지정]을 선택해 다음 화면과 같이 설정했다고 가정합니다.

인덱스 열 추가

지정한 시작 인덱스 및 증분이 있는 인덱스 열을 추가합니다.

시작 인덱스
`2`

증분
`1`

[확인] [취소]

TIP [시작 인덱스]는 [인덱스] 열의 시작 값을 의미합니다. 이번 예제는 2개씩 하나의 행 데이터임을 표시하기 위한 것이므로 2로 설정해야 합니다. 만약 4개씩 하나의 행 데이터라면 [시작 인덱스]에 4를 입력해야 합니다. [증분] 값은 얼마씩 증가(또는 감소)해야 하는지를 의미하므로 1이면 2부터 1씩 증가한다는 의미입니다.

그러면 [인덱스] 열은 다음과 같이 2로 시작하고 1씩 증가하는 같은 값을 가지게 됩니다.

06 [정수로 나누기] 대화상자가 표시되면 **2**를 입력하고 [확인]을 클릭합니다.

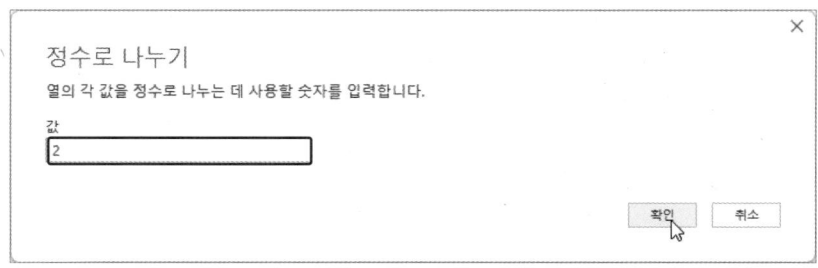

07 [인덱스] 열에 0, 0, 1, 1, 2, 2, …과 같이 두 칸씩 동일한 값이 입력됩니다. 번호는 1부터 시작하는 것이 좋으므로, [인덱스] 열이 선택된 상태에서 리본 메뉴의 [변환] 탭-[숫자] 그룹-[표준]을 클릭하고 [추가]를 선택합니다.

TIP [추가]를 선택한 열에 일정 숫자를 더할 수 있는 기능입니다.

08 [추가] 대화상자가 표시되면 **1**을 입력하고 [확인]을 클릭합니다.

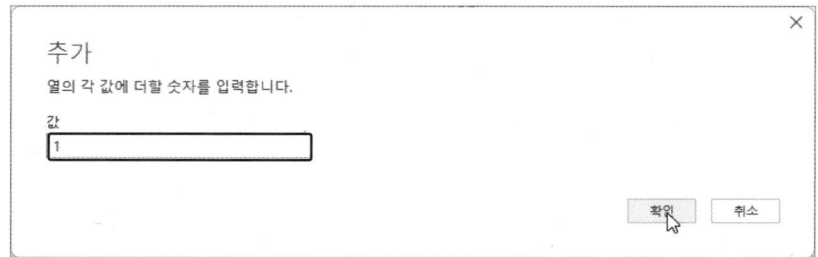

TIP [인덱스] 열은 0부터 시작하므로 1을 더하면 1부터 시작하도록 만들 수 있습니다.

04 그러면 [인덱스] 열이 하나 새로 추가되는데, 0부터 1씩 증가하는 방식으로 숫자가 입력되어 있습니다.

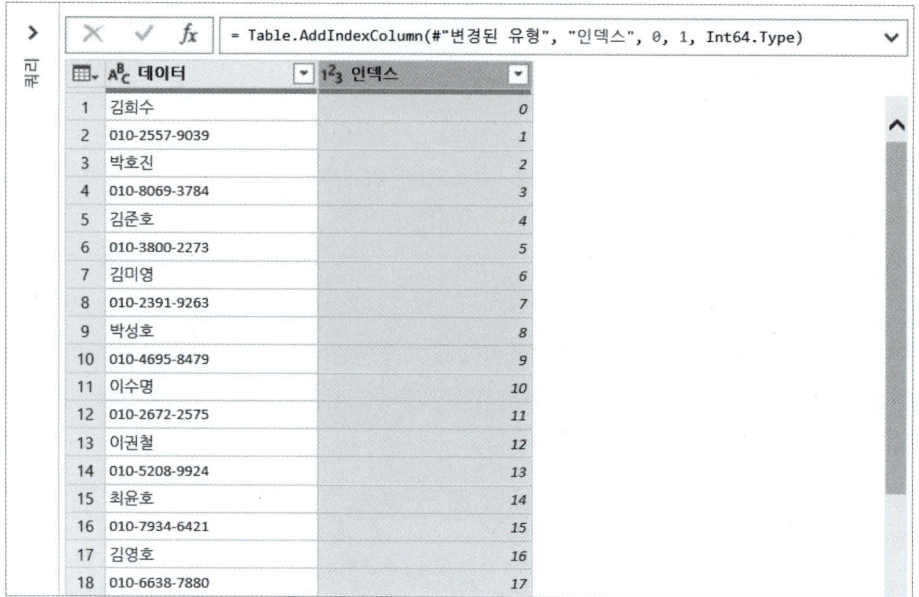

05 왼쪽 [데이터] 열은 두 개씩 하나의 행 데이터이므로, 오른쪽 [인덱스] 열의 숫자가 같은 행 데이터는 같은 숫자가 나타나도록 숫자를 2로 나누는 작업을 진행합니다. [인덱스] 열이 선택된 상태에서 리본 메뉴의 [변환] 탭-[숫자] 그룹-[표준 ▦]을 클릭한 다음 [정수로 나누기]를 선택합니다.

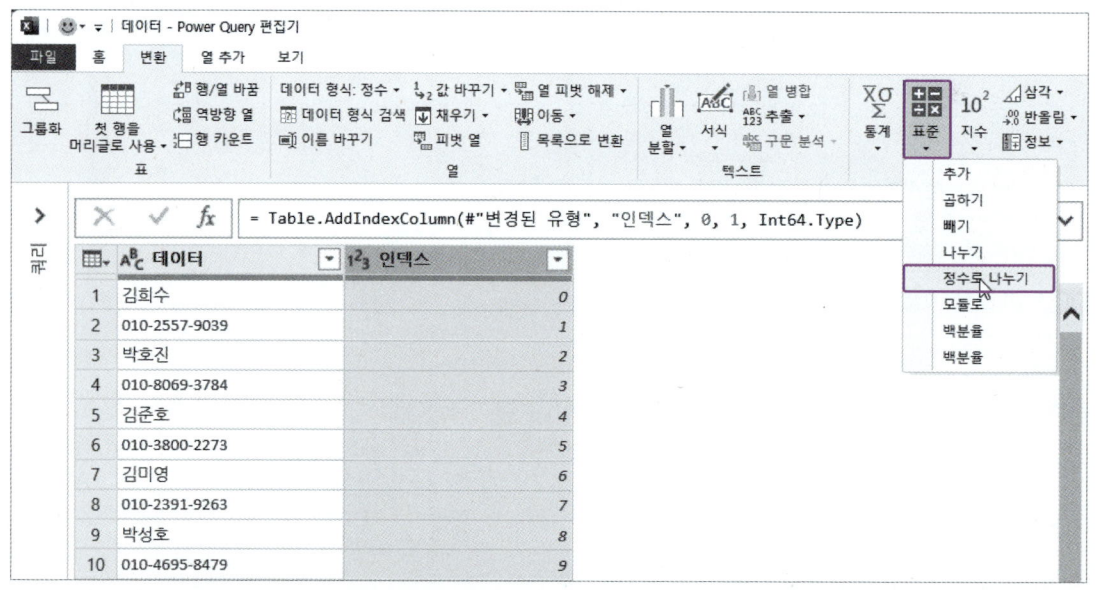

TIP [나누기]는 숫자를 나눌 때 발생하는 소수점 이하 값을 그대로 표시하며, [정수로 나누기]는 소수점 이하 값은 버리는 방식으로 반환합니다.

11 새로운 [인덱스] 열이 추가되면 2로 나눈 나머지 값을 구합니다. [인덱스] 열이 선택된 상태에서 리본 메뉴의 [변환] 탭-[숫자] 그룹-[표준]을 클릭하고 [모듈로]를 선택합니다.

TIP [모듈로]는 나눗셈의 나머지 값을 반환합니다.

12 [모듈로] 대화상자가 표시되면 [값]에 **2**를 입력하고 [확인]을 클릭합니다.

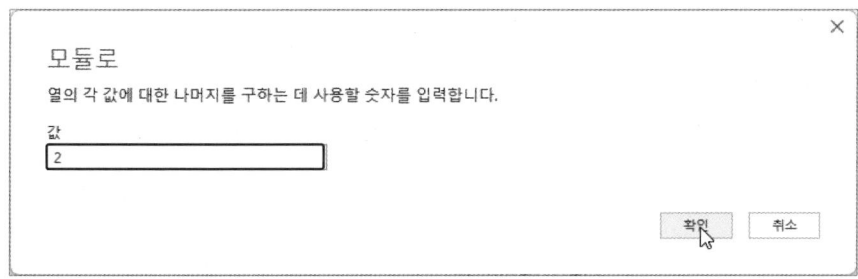

TIP 이번 작업은 열 번호를 생성한다고 생각합니다.

13 [인덱스] 열의 값으로 0과 1이 반환됩니다. 조건 열을 사용해 [인덱스] 열의 값을 원하는 열 머리글로 교체하겠습니다. 리본 메뉴의 [열 추가] 탭–[일반] 그룹–[조건 열]을 클릭합니다.

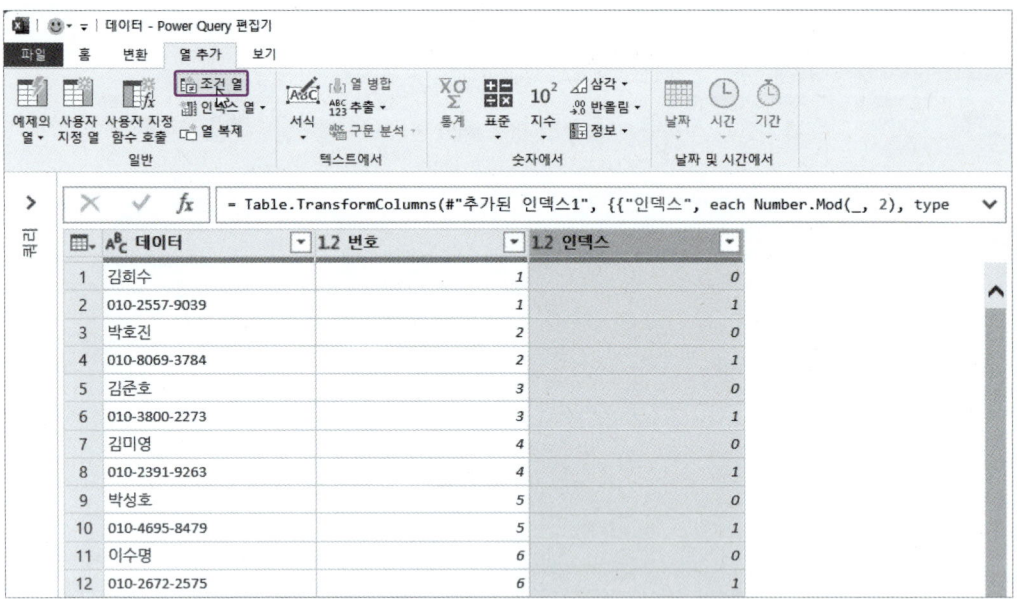

14 [조건 열 추가] 대화상자가 표시되면 [새 열 이름]에 **열이름**을 입력하고 [열 이름]은 [인덱스]를 선택합니다. [값]에 **0**을, [출력]에 **이름**을, [기타]에 **전화번호**를 각각 입력하고 [확인]을 클릭합니다.

엑셀마스터가 짚어주는 핵심 NOTE

[조건 열 추가] 대화상자의 설정 이해하기

이번 [조건 열 추가] 대화상자의 설정을 파워 쿼리의 if 문법으로 변경하면 다음과 같은 계산식이 됩니다.

> **if [인덱스] = 0 then "이름" else "전화번호"**

TIP 파워 쿼리의 M code는 대/소문자를 구분하므로 항상 주의해야 합니다.

즉, [인덱스] 열의 값이 0이면 "이름"을 반환하고, 아니면(1이면) "전화번호"를 반환하라는 의미입니다.

15 [열이름] 열이 제대로 생성되면 [인덱스] 열은 삭제합니다. [인덱스] 열을 선택하고 리본 메뉴의 [홈] 탭–[열 관리] 그룹–[열 제거]를 클릭합니다.

16 이제 [피벗 열]을 이용해 데이터를 정리합니다. [열이름] 열을 선택하고 리본 메뉴의 [변환] 탭-[열] 그룹-[피벗 열]을 클릭합니다.

17 [피벗 열] 대화상자가 표시되면 [값 열]에서 [데이터]를 선택합니다. [고급 옵션]을 클릭한 후 [값 집계 함수]에서 [집계 안 함]을 선택하고 [확인]을 클릭합니다.

18 다음과 같이 원하는 결과 화면을 확인할 수 있습니다.

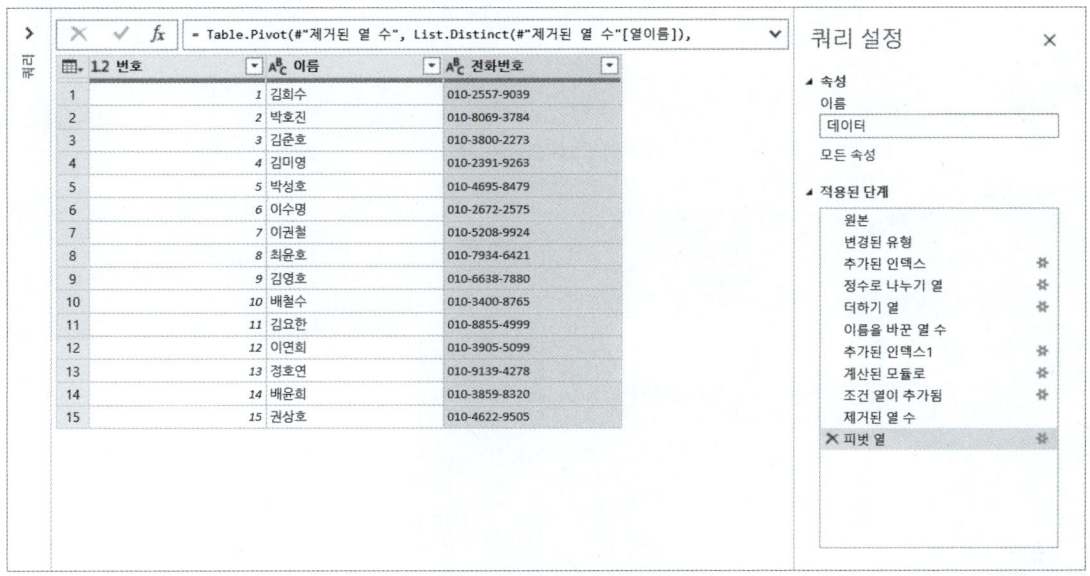

TIP 쿼리를 엑셀 창으로 내려 보내 원하는 결과가 맞는지 확인해봅니다.

CHAPTER 04

파워 쿼리 심화 활용을 위한 핵심 기능 3가지

이번 CHAPTER의 핵심!
- [병합] 기능 익히기
- [추가] 기능 익히기
- [폴더에서] 기능 익히기

파워 쿼리는 단일 쿼리 생성뿐만 아니라 여러 쿼리를 통합해 데이터를 더욱 효율적으로 관리하는 다양한 방법을 갖추고 있습니다. 이 기능들은 복잡한 데이터 작업을 단순화하고 반복 작업을 자동화하는 데 큰 도움이 됩니다. 특히 여러 쿼리를 하나로 합치는 방법은 데이터 통합의 핵심 기능으로, 파워 쿼리에서는 [병합(Merge)]과 [추가(Append)] 기능으로 이를 지원합니다.

[병합(Merge)]은 두 개 이상의 쿼리를 결합해 새로운 열을 만드는 기능입니다. 예를 들어 기존 쿼리의 표 데이터에 다른 쿼리의 열을 가져와 새로운 열을 추가하거나, 특정 조건에 따라 데이터를 결합할 수 있습니다. 이는 SQL의 JOIN 연산과 비슷하며, 엑셀에서는 VLOOKUP 함수를 사용하는 것과 유사한 작업입니다.

[추가(Append)]는 여러 쿼리의 데이터를 하나의 표로 합치는 기능입니다. 기존 표의 하단에 새로운 데이터를 추가하는 방식으로, 데이터 구조가 동일할 때 유용합니다. 예를 들어, 월별로 분리된 판매 데이터를 하나의 통합된 표로 만들 때 [추가] 기능을 사용할 수 있습니다. 이 기능은 데이터의 연속성을 유지하거나 대량의 데이터를 단일 표로 관리해야 할 때 매우 효율적입니다.

또한, [추가] 기능은 [폴더에서]라는 특별한 옵션을 제공합니다. 이 기능으로 폴더 내에 저장된 여러 파일(Excel, CSV 파일 등)의 데이터를 하나의 통합 표로 결합할 수 있습니다. 예를 들어, 매월 생성되는 동일한 형식의 파일이 폴더에 저장되어 있다면 [폴더에서] 기능을 사용하여 하나의 쿼리로 통합할 수 있습니다. 이 기능을 이용하면 하나의 파일이 너무 커지지 않으면서 필요할 때 표를 하나로 만들어 사용할 수 있어, 엑셀 사용자의 데이터 관리 효율성을 높일 수 있습니다.

다음은 파워 쿼리에서 제공하는 [병합]과 [추가] 기능 외에 이번에 함께 설명할 기능을 엑셀의 기능과 비교한 표입니다.

기능	엑셀 기능
병합	- 리본 메뉴의 [데이터] 탭-[데이터 도구] 그룹-[관계] - 2013 버전부터 지원
추가	제공되지 않음
폴더에서	제공되지 않음

SECTION 01

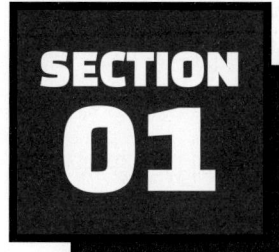

기능 ⑬ 병합

엑셀에서 다른 표의 데이터를 내 표로 가져오려면 VLOOKUP 함수와 같은 참조 함수를 사용합니다. VLOOKUP 함수를 사용하려면 두 표에 값이 같은 열이 있어야 합니다.

엑셀에서 VLOOKUP 함수를 사용하는 작업을 파워 쿼리에서는 [병합] 기능을 이용해 처리합니다. 물론 엑셀도 2013 버전부터는 [병합]과 유사한 [관계] 기능이 지원되지만, 파워 쿼리의 [병합]은 두 표를 연결하는 더 다양한 방법을 제공합니다. [병합]을 이해하기 위해 다음 두 표를 보겠습니다. 두 표 모두 [제품] 열이 있습니다.

[표1]

날짜	제품	수량
2024-7-1	A	1
2024-7-1	B	5
2024-7-1	C	2
2024-7-2	A	4
2024-7-2	C	3
2024-7-3	B	2

[표2]

제품	단가
A	50,000
B	80,000
C	12,000

TIP [표1]에는 A~C 제품이 여러 번 판매된 데이터가 있고, [표2]에는 A~C 제품의 단가가 기록되어 있습니다.

위의 두 표를 가지고 다음과 같은 표를 만들고 싶다고 가정합니다.

[표3]

날짜	제품	수량	단가	금액
2024-7-1	A	1	50,000	50,000
2024-7-1	B	5	80,000	400,000
2024-7-1	C	2	12,000	24,000
2024-7-2	A	4	50,000	200,000
2024-7-2	C	3	12,000	36,000
2024-7-3	B	2	80,000	160,000

엑셀에서 [표3]을 만들 경우 보통 [표1]에 열을 추가하고 VLOOKUP 함수를 사용해 [표2]의 [단가] 열을 참조해온 다음 [수량] 열과 [단가] 열을 곱해 [금액] 열을 생성합니다. 이렇게 하려면 [표1]과 [표2]가 항상 같은 파일에 있어야 합니다.

하지만 파워 쿼리를 사용하면 두 표가 각각 다른 파일에 있어도 됩니다. 쿼리를 이용해 [표3]을 생성하면 [표1]과 [표2]를 서로 다른 사용자가 관리해도 되고, 데이터가 추가될 경우 쿼리를 [새로 고침]하면 확인할 수 있어 관리하기 편리합니다.

또한 [병합]은 VLOOKUP 함수와 달리 열 순서와 상관없이 표를 연결할 수 있어 편리합니다. 참고로 파워 쿼리의 [병합]은 쿼리를 연결하는 기술이므로 연결할 두 개 이상의 쿼리가 있어야 합니다.

[조인 종류] 옵션 6가지

파워 쿼리의 [병합]을 실행하면 다음과 같은 대화상자가 열립니다.

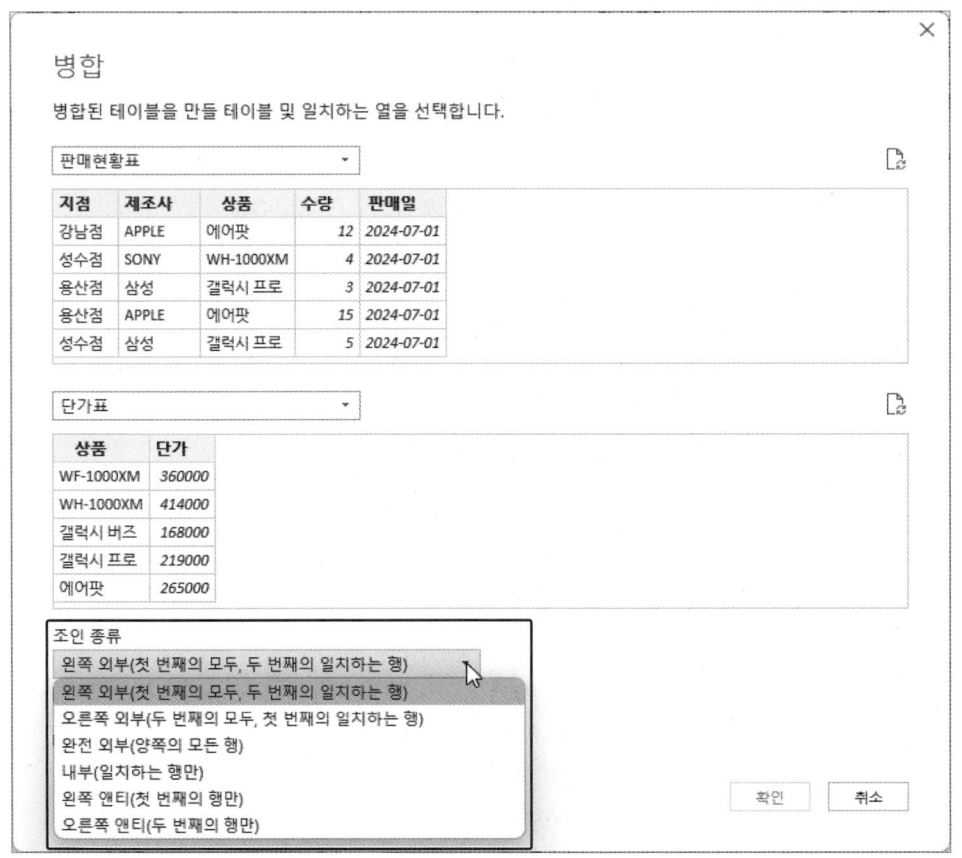

[병합]을 사용할 때 가장 중요한 부분은 [조인 종류] 옵션을 이해하는 것입니다. [조인 종류]는 두 쿼리를 연결하는 방법을 선택하는 옵션입니다. 다음과 같은 6가지 옵션이 있습니다.

조인 종류
왼쪽 외부(Left outer)
오른쪽 외부(Right outer)
완전 외부(Full outer)
내부(Inner)
왼쪽 앤티(Left anti)
오른쪽 앤티(Right anti)

TIP 조인 종류에서 표현하는 용어 중 [왼쪽]과 [오른쪽]이라는 용어는 [병합] 대화상자의 위쪽에 있는 쿼리와 아래쪽에 있는 쿼리를 의미합니다. 자세한 [조인 종류]에 대한 설명은 이어지는 내용을 참고합니다.

왼쪽 외부(Left outer)

[조인 종류] 옵션의 기본 값으로 가장 많이 사용됩니다. [왼쪽 외부]는 왼쪽에 있는 쿼리는 모든 값을 사용하고, 오른쪽에 있는 쿼리는 왼쪽 쿼리와 매칭되는 데이터만 사용한다는 의미입니다. 예를 들어 다음과 같은 표가 있다고 가정합니다.

왼쪽 쿼리(주문서)

주문번호	배송방법
1101-1	우체국
1101-2	택배
1101-3	직접방문
1102-1	퀵
1103-1	우체국
1103-2	택배
1104-1	택배
1104-2	직접방문

오른쪽 쿼리(배송비)

배송방법	배송비
우체국	2,500
택배	3,000
편의점	2,000
퀵	10,000

엑셀마스터가 짚어주는 핵심 NOTE

표 관계 해설

왼쪽 '주문서' 쿼리에 없는 [배송비]를 오른쪽 '배송비' 쿼리에서 참조해오려면 두 쿼리를 연결해야 하는데, 이때 [배송방법] 열의 값이 같은 경우 데이터를 매칭하도록 합니다. 참고로 왼쪽 [주문서] 표에는 오른쪽 [배송비] 표에 없는 '직접방문' 항목이 있고, 오른쪽 [배송비] 표의 [배송방법] 열에는 왼쪽 표에 없는 '편의점' 항목이 있습니다.

엑셀 사용자라면 이런 작업을 하기 위해 [주문서] 쿼리에 새로운 열을 하나 만들고 VLOOKUP 함수를 사용해 다음과 같은 수식을 사용할 겁니다.

=VLOOKUP(배송방법, 쿼리_배송비, 2, FALSE)

이렇게 VLOOKUP 함수에 가장 가까운 연결 방법이 바로 [왼쪽 외부]입니다. [왼쪽 외부]를 이용해 다음과 같은 쿼리를 새로 만들거나 [주문서] 쿼리에 새로운 열을 추가할 수도 있습니다.

[주문서 확장]

주문번호	배송방법	배송비
1101-1	우체국	2,500
1101-2	택배	3,000
1101-3	직접방문	
1102-1	퀵	10,000
1103-1	우체국	2,500
1103-2	택배	3,000
1104-1	택배	3,000
1104-2	직접방문	

참고로 VLOOKUP 함수는 하나의 열만 사용해 데이터를 매칭할 수 있지만, 파워 쿼리는 여러 열이 동시에 동일한 경우에도 매칭해 쿼리를 하나로 연결할 수 있습니다. [병합]을 활용한 다양한 쿼리 연결 방법은 이어지는 실습에서 확인할 수 있습니다.

[왼쪽 외부]를 이용해 두 쿼리를 하나로 연결하는 방법 이해하기

예제 파일 CHAPTER 04 \ 왼쪽 외부.xlsx

01 예제 파일을 열면 화면과 같은 표를 확인할 수 있습니다. 왼쪽 [주문대장] 표의 판매액(G열)에 오른쪽 [배송비대장] 표의 배송비(L열)를 더해 총액을 표시하는 쿼리를 생성하겠습니다.

TIP 두 표는 모두 엑셀 표로 등록되어 있으며, 왼쪽 표는 [주문대장], 오른쪽 표는 [배송비대장]입니다.

02 두 표를 모두 쿼리로 생성하기 위해 리본 메뉴의 [데이터] 탭-[데이터 가져오기 및 변환] 그룹-[데이터 가져오기 📷]를 클릭하고 [기타 원본에서]-[빈 쿼리]를 선택합니다.

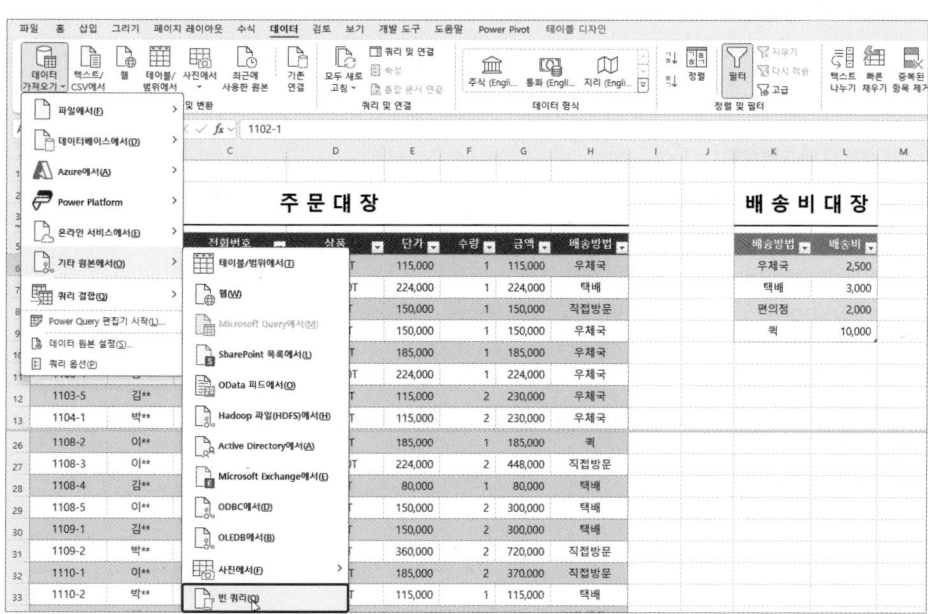

TIP 여러 표를 한 번에 쿼리로 생성할 때는 하나씩 쿼리를 생성하는 것보다 [빈 쿼리]를 이용해 한 번에 생성하는 것이 쉽습니다.

03 [Power Query 편집기] 창이 열리면 수식 입력줄에 =Excel.CurrentWorkbook()를 입력하고 Enter 를 누릅니다.

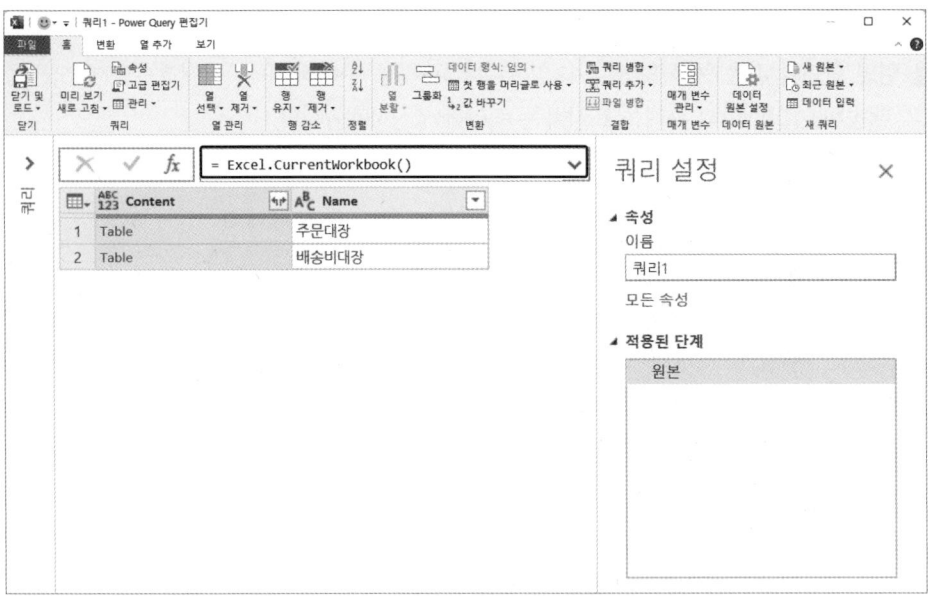

TIP Excel.CurrentWorkbook 함수는 대/소문자를 구분해 정확하게 입력해야 합니다. 이 함수는 현재 파일에서 읽어올 수 있는 엑셀 표, 정의된 이름 범위를 하단에 표로 반환합니다.

 **엑셀마스터가 짚어주는 핵심 NOTE**

Excel.CurrentWorkbook 함수 이해하기

파워 쿼리의 Excel.CurrentWorkbook 함수는 현재 엑셀 파일에서 인식(테이블, 이름, 동적 배열)할 수 있는 표 데이터를 반환합니다. 별도의 인수는 없으므로, 다음과 같이 사용합니다.

Excel.CurrentWorkbook()

TIP 파워 쿼리의 M code는 대/소문자를 구분하므로 항상 주의해야 합니다.

유사한 기능을 하는 Excel.Workbook 함수에 대한 자세한 설명은 이 책의 323페이지에서 확인할 수 있습니다. Excel.CurrentWorkbook 함수를 Excel.Workbook 함수로 대체하면 다음과 같은 수식을 사용할 수 있습니다.

Excel.Workbook(File.Contents("C:₩예제₩파일명.xlsx"), true)

위와 같이 수식을 변경하면 Excel.CurrentWorkbook 함수에서 인식하지 못하는 시트도 인식할 수 있습니다.

04 반환된 표에서 새 쿼리를 생성하겠습니다. [Content] 열의 첫 번째 칸의 오른쪽 빈 영역을 클릭하면 하단에 해당 Table에 저장된 데이터가 미리 보기로 표시됩니다. 바로 쿼리로 생성하기 위해 첫 번째 셀을 마우스 오른쪽 버튼으로 클릭하고 [새 쿼리로 추가]를 선택합니다.

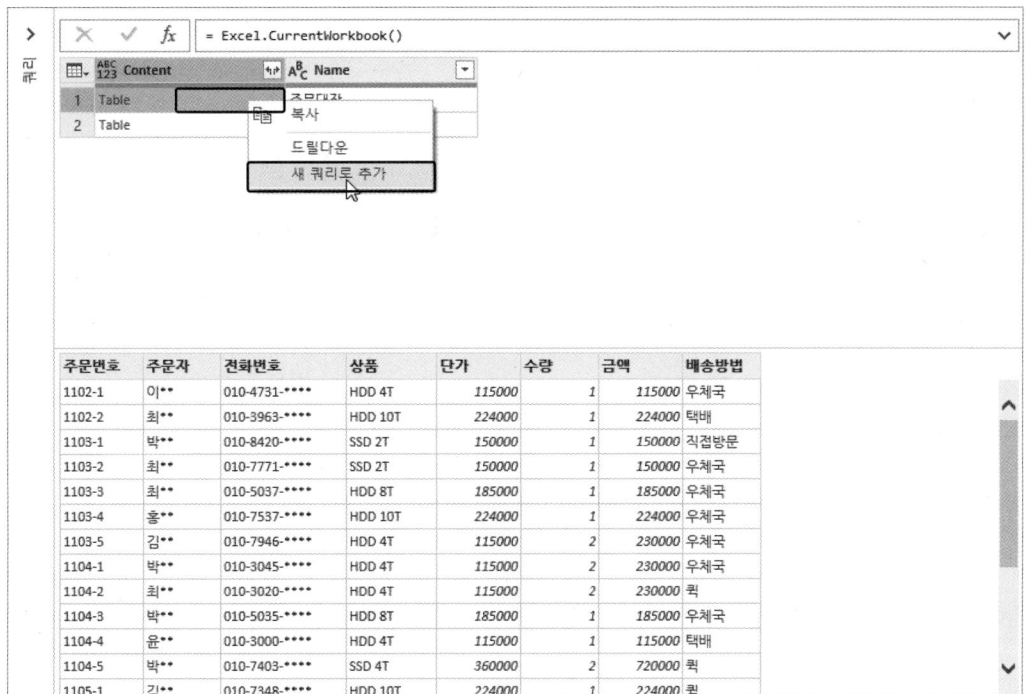

05 화면 왼쪽에 [쿼리] 작업 창이 열리면서 [주문대장] 쿼리가 새로 생성됩니다.

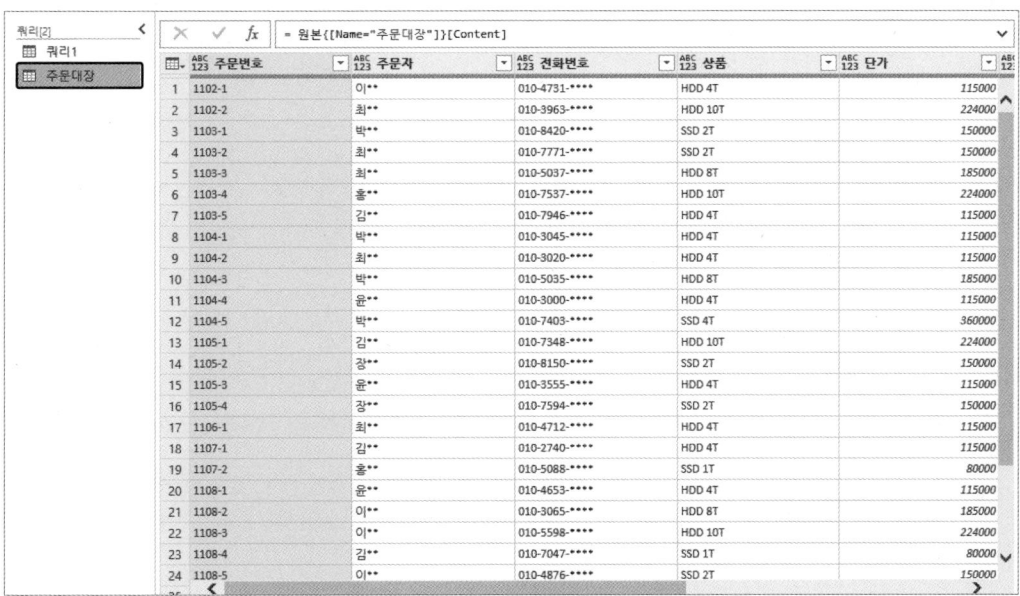

CHAPTER 04 파워 쿼리 심화 활용을 위한 핵심 기능 3가지 · **245**

06 두 번째 쿼리를 생성하기 위해 [쿼리] 작업 창에서 [쿼리1]을 선택합니다. [Content] 열의 두 번째 칸의 Table 오른쪽 빈 영역을 클릭해 데이터를 확인하고 바로 마우스 오른쪽 버튼을 클릭해 [새 쿼리로 추가]를 선택합니다.

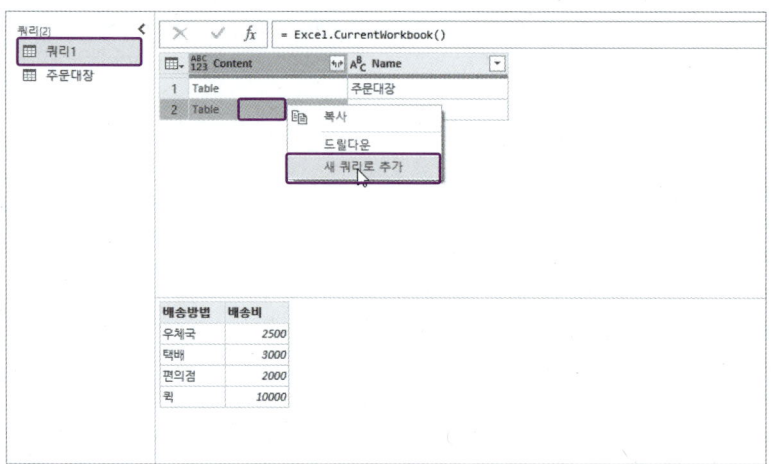

TIP Table 내 데이터를 꼭 확인해야 하는 것은 아니며 오른쪽 [Name] 열의 이름을 확인하고, 해당 표를 새 쿼리로 생성할 수 있습니다.

07 [쿼리] 창에 [주문대장]과 [배송비대장] 쿼리가 생성되면 [쿼리] 작업 창에서 [쿼리1]을 마우스 오른쪽 버튼으로 클릭하고 [삭제]를 선택합니다.

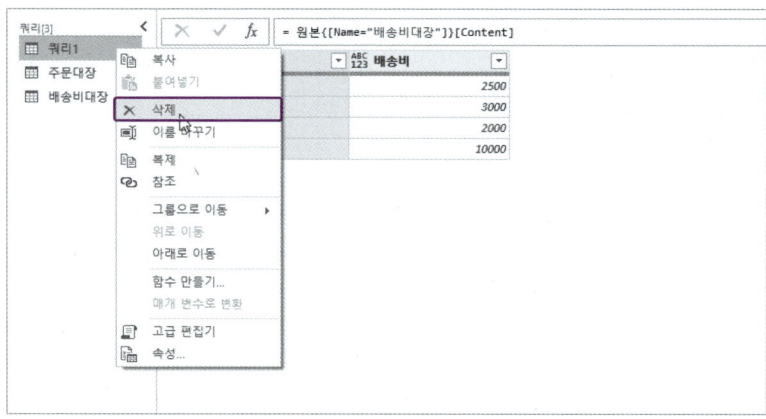

08 [쿼리 삭제] 대화상자가 표시되면 [삭제]를 클릭합니다.

엑셀마스터가 짚어주는 핵심 NOTE

단계 줄이기

03~06 과정까지 작업하면 두 쿼리를 모두 생성할 수 있지만, 단계가 조금 길다고 생각할 수 있습니다. 그렇다면 **03** 과정의 수식에서 다음과 같은 수식을 사용하면 바로 해당 표 데이터를 갖는 쿼리를 생성할 수 있습니다.

=Excel.CurrentWorkbook(){[Name="표이름"]}[Content]

TIP 파워 쿼리의 M code는 대/소문자를 구분하므로 항상 주의해야 합니다.

위 수식에서 "표이름"에서 생성할 엑셀 표 이름이나 정의된 이름을 입력하면 바로 원하는 쿼리가 생성됩니다. 위 수식을 이용해 [주문대장] 표를 바로 가져오는 수식은 다음과 같습니다.

=Excel.CurrentWorkbook(){[Name="주문대장"]}[Content]

다음과 같이 선택한 표 데이터를 가져온 후 데이터 형식이 자동으로 변환되는 단계가 추가됩니다.

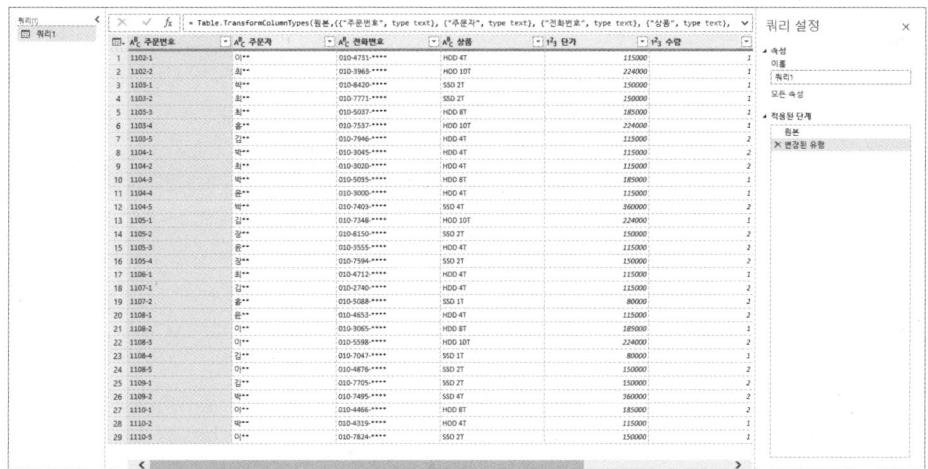

그런 다음 새 쿼리를 또 만들려면 굳이 엑셀 창으로 돌아가지 않고 왼쪽 [쿼리] 작업 창에서 빈 영역을 마우스 오른쪽 버튼으로 클릭한 다음 [새 쿼리]-[기타 원본]-[빈 쿼리]를 선택합니다.

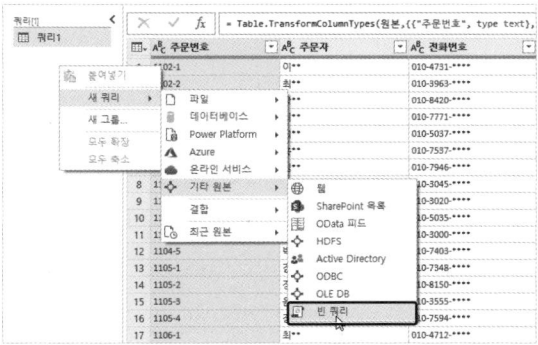

그런 다음 다시 처음 수식을 사용하면 새로운 쿼리를 여러 개 쉽게 생성할 수 있습니다.

09 이제 두 쿼리를 병합하겠습니다. [쿼리] 작업 창에서 [주문대장] 쿼리를 선택합니다. 리본 메뉴의 [홈] 탭-[결합] 그룹-[쿼리 병합]의 목록 단추를 클릭하고 [쿼리를 새 항목으로 병합]을 선택합니다.

TIP [쿼리를 새 항목으로 병합]은 두 쿼리를 연결한 새로운 쿼리를 생성해줍니다. [쿼리 병합]을 클릭한 경우에는 선택된 쿼리(화면에서는 [주문대장] 쿼리)에 다른 쿼리 데이터를 새 열로 추가합니다.

10 [병합] 대화상자가 표시되면 [쿼리] 작업 창에서 선택한 쿼리가 상단에 먼저 선택됩니다.

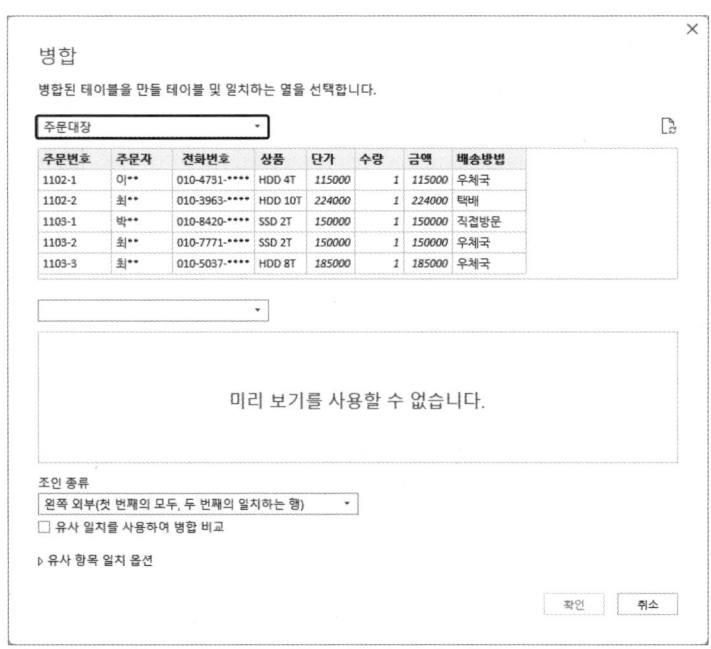

TIP 만약 [배송비대장]이 선택되어 있다면 [주문대장]으로 변경합니다.

11 하단 콤보 상자의 목록 단추를 클릭하고 [배송비대장] 쿼리를 선택합니다. 그런 다음 두 쿼리를 매칭할 열을 선택합니다. 데이터 미리 보기 화면에서 [배송방법] 열을 각각 선택하고 [확인]을 클릭합니다.

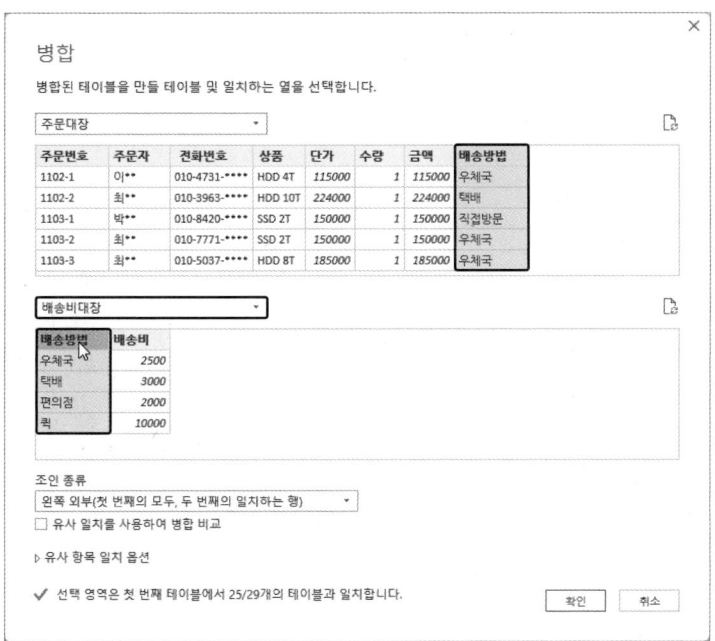

엑셀마스터가 짚어주는 핵심 NOTE

[병합] 대화상자 설정 이해하기

[병합] 대화상자를 화면과 같이 구성하면 하단에서 [조인 종류]를 확인할 수 있습니다. 기본 설정값이 '왼쪽 외부(첫 번째의 모두, 두 번째의 일치하는 행)'임을 알 수 있습니다.

이는 [주문대장] 쿼리의 [배송방법]은 모두 표시하되, [배송비대장] 쿼리의 [배송방법]은 [주문대장] 쿼리의 [배송방법]에 입력된 값만 연결한다는 의미입니다.

이렇게 [조인 종류]에 따라 두 쿼리가 얼마나 일치하는지 제일 하단에 다음과 같이 표시됩니다.

✓ 선택 영역은 첫 번째 테이블에서 25/29개의 테이블과 일치합니다.

예제의 경우 [주문대장]에 '직접방문'과 같이 [배송비대장]의 [배송방법] 열에 없는 항목이 있으므로, 전체가 일치하지 않고 29개 중 25개만 일치한다는 내용이 표시됩니다.

12 [쿼리] 창에 [병합1] 쿼리가 새로 생성됩니다. 이 쿼리는 [주문대장] 쿼리를 기본으로 마지막 열에 연결된 [배송비대장] 쿼리의 값을 갖는 [배송비대장] 열이 추가됩니다.

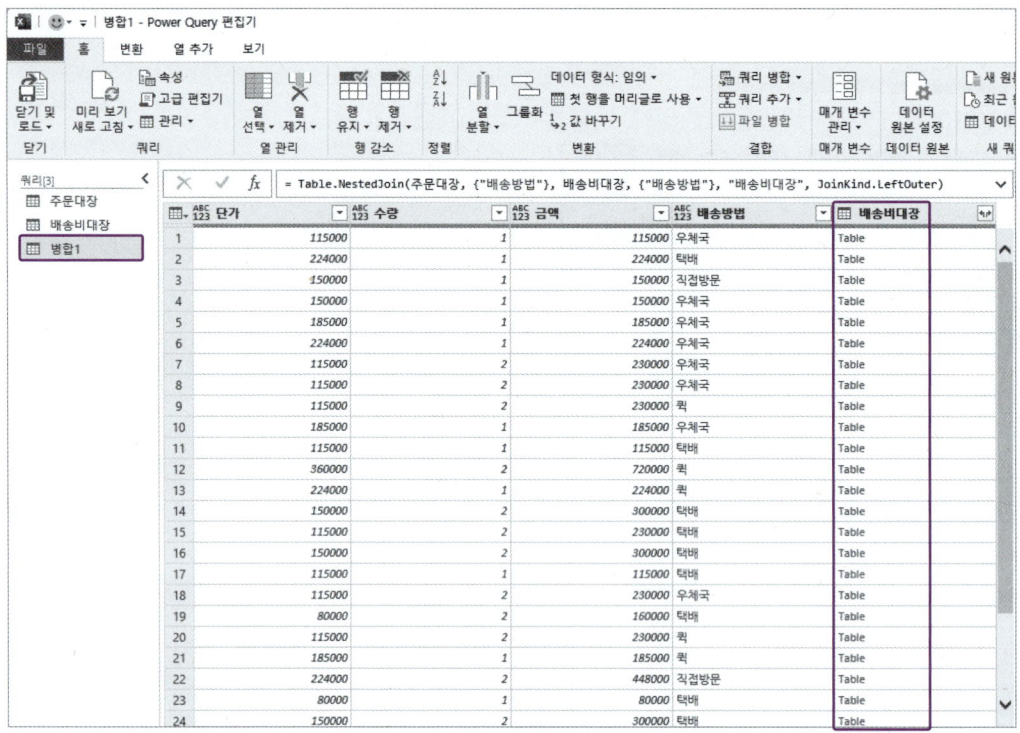

13 연결된 [배송비대장] 쿼리에서 [배송비] 데이터만 가져오겠습니다. [배송비대장] 열의 확장 단추를 클릭하고 [원래 열 이름을 접두사로 사용] 옵션을 체크 해제합니다. 이어서 [배송방법] 항목도 체크 해제하면 [배송비] 항목만 체크됩니다. [확인]을 클릭합니다.

14 [배송비대장] 열이 [배송비] 열로 바뀝니다.

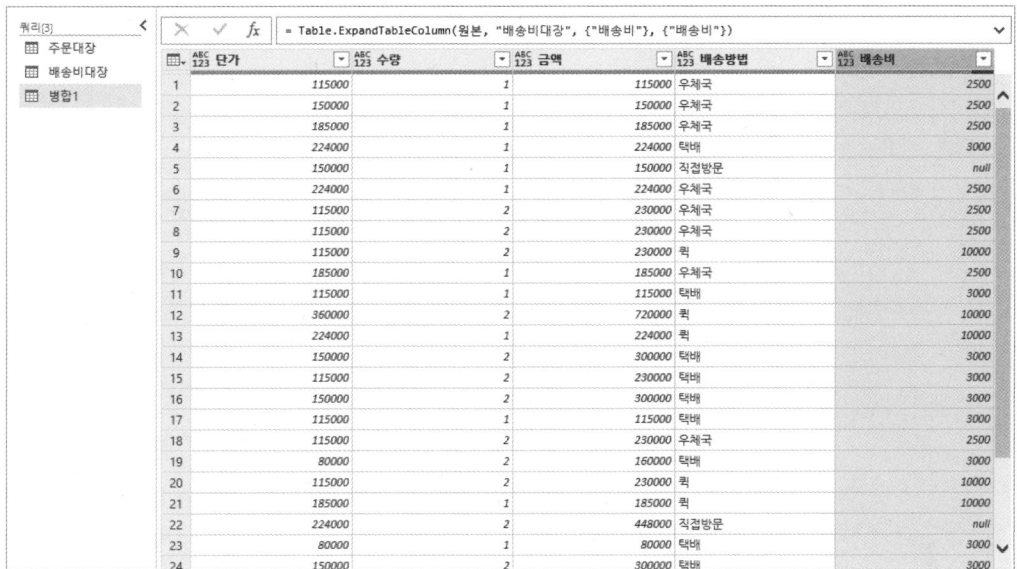

 엑셀마스터가 짚어주는 핵심 NOTE

[배송비] 열 이해하기

[배송비] 열을 보면 모든 배송비가 표시되는 것이 아니라 5행과 22행에는 null이 표시됩니다. null 값이 표시되는 칸의 왼쪽 [배송방법] 열의 값을 확인하면 모두 '직접방문'입니다. '직접방문'은 [주문대장] 쿼리에만 있는 값이므로 [배송비대장] 쿼리에는 값이 없어 null이 표시되는 것입니다. 이 결과를 통해 [왼쪽 외부]로 병합된 쿼리는 엑셀의 VLOOKUP 함수와 유사한 부분이 많지만, 매칭되는 결과가 없을 때 VLOOKUP 함수는 #N/A 에러를, 파워 쿼리는 null을 반환하는 점에서 차이가 있다는 것을 알아두어야 합니다.

15 [금액] 열과 [배송비] 열을 더하는 [총액] 열을 생성하겠습니다. 그 전에 [배송비] 열의 null 값을 0으로 변경해야 합니다. [배송비] 열이 선택된 상태에서 리본 메뉴의 [변환] 탭-[열] 그룹-[값 바꾸기]를 클릭합니다.

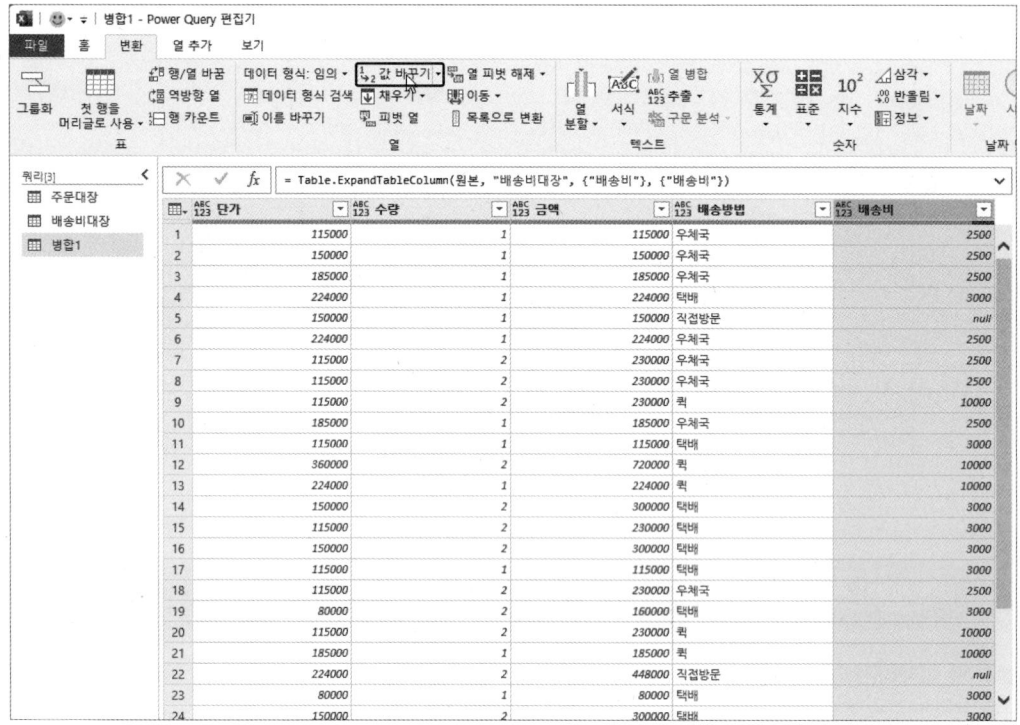

TIP 파워 쿼리에서 null을 숫자와 더하면 null이 반환됩니다.

16 [값 바꾸기] 대화상자가 표시되면 [찾을 값]에는 **null**을, [바꿀 항목]에는 **0**을 입력한 다음 [확인]을 클릭합니다.

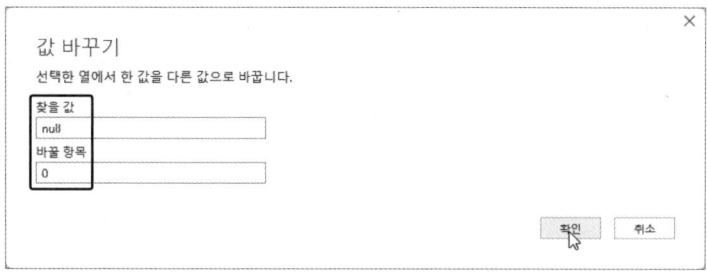

17 [배송비] 열의 null 값이 모두 0으로 변경됩니다. 이제 총액을 계산하기 위해 리본 메뉴의 [열 추가] 탭-[일반] 그룹-[사용자 지정 열]을 클릭합니다.

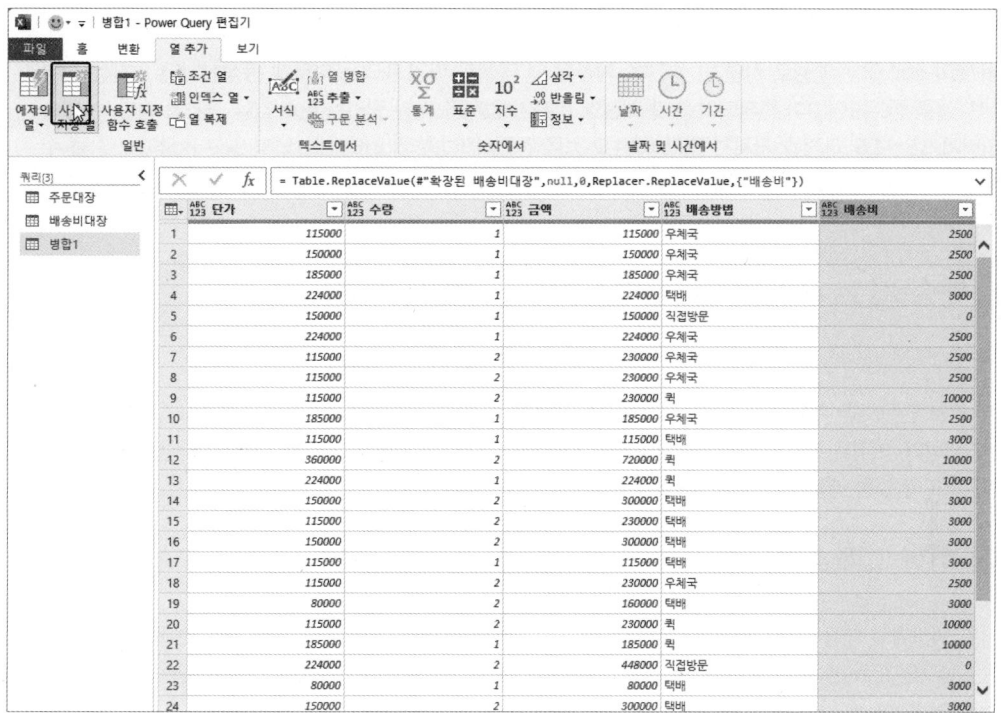

18 [사용자 지정 열] 대화상자가 표시되면 [새 열 이름] 란에 **총액**을, [사용자 지정 열 수식]에는 **=[금액] + [배송비]**를 입력하고 [확인]을 클릭합니다.

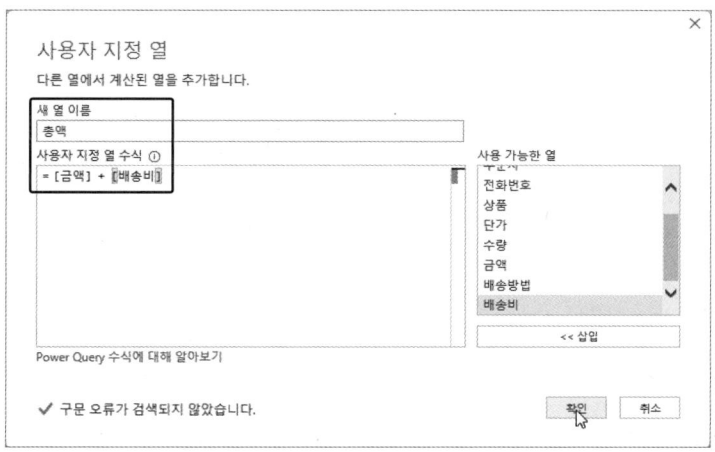

TIP 수식을 작성할 때 참조할 열은 오른쪽 [사용 가능한 열]의 머리글을 더블클릭하면 편리합니다.

엑셀마스터가 짚어주는 핵심 NOTE

단계 줄이기

[배송비] 열의 null 값은 엑셀로 치면 빈 셀인데, 계산할 때 엑셀과 파워 쿼리는 다르게 동작합니다. 엑셀은 기본적으로 빈 셀을 참조하면 0이 반환되어 숫자 계산에 문제가 없지만 파워 쿼리는 null 값을 숫자와 더할 수 없습니다. 따라서 15~16 과정을 거치지 않고 이번 과정을 진행하면 [총액] 열이 계산되지 않고 null이 반환될 수 있습니다. 이런 경우 15~16 과정 없이 원하는 결과를 수식만으로 얻으려면 이번 수식을 다음과 같이 변경해야 합니다.

=if [배송비] is null then [금액] else [금액]+[배송비]

TIP 파워 쿼리의 M code는 대/소문자를 구분하므로 항상 주의해야 합니다.

또는 ?? 연결 연산자를 사용하는 방법도 있습니다. ?? 연산자는 null 값을 다른 값으로 바꿀 때 사용할 수 있는 연산자입니다. 이것을 이용해 [배송비] 열의 null 값을 0으로 변경할 수 있습니다. 그러므로 다음과 같은 계산식을 이용해도 동일한 결과를 얻을 수 있습니다.

=[금액] + ([배송비] ?? 0)

또는 파워 쿼리에서 제공하는 List.Sum 함수를 사용하는 방법이 있습니다. List.Sum 함수는 목록의 합계를 구해주는 함수인데, null 값은 무시하므로 이런 상황에서 사용하기 좋습니다. 수식을 다음과 같은 방법으로 사용할 수 있습니다.

=List.Sum({[금액], [배송비]})

List.Sum 함수를 사용할 경우에는 List로 데이터를 전달해야 하므로 중괄호({})를 사용해 더할 열을 쉼표(,)로 구분해 입력해야 한다는 점에 주의합니다.

19 쿼리 이름을 [쿼리 설정] 작업 창 내 [이름]에서 **완성**으로 변경하고, 리본 메뉴의 [파일]-[닫기 및 다음으로 로드]를 선택하여 결과를 엑셀로 반환합니다.

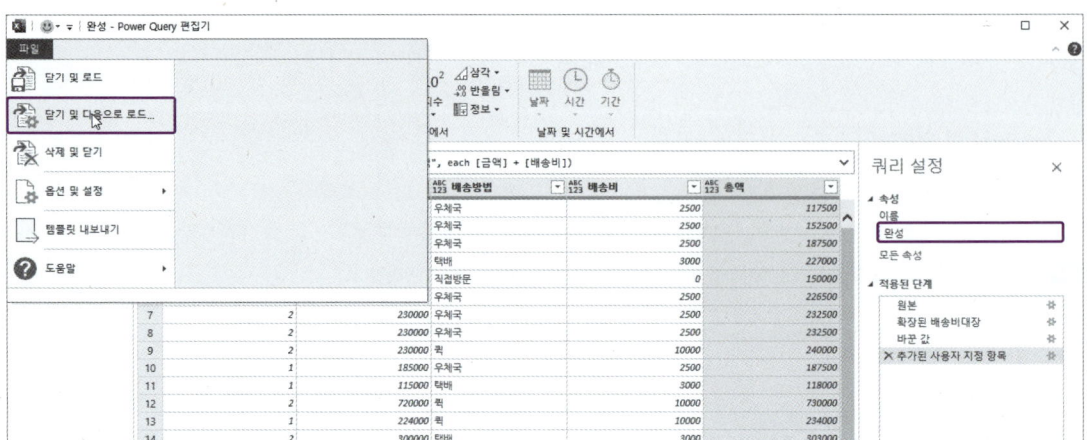

20 [데이터 가져오기] 대화상자가 표시되면 [연결만 만들기] 옵션을 선택하고 [확인]을 클릭합니다.

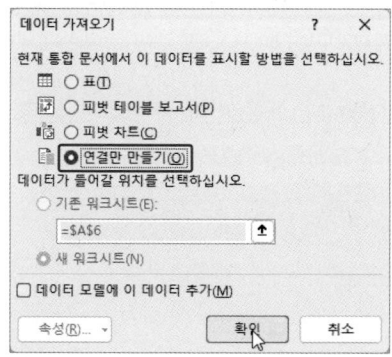

TIP 여기서 선택한 옵션에 맞게 총 세 개의 쿼리가 반환되므로, 여러 개 쿼리를 생성한 다음에는 [연결만 만들기]를 이용해 쿼리만 저장하는 것이 좋습니다.

21 [쿼리 및 연결] 작업 창에서 [완성] 쿼리를 마우스 오른쪽 버튼으로 클릭하고 [다음으로 로드]를 선택해 원하는 방식으로 쿼리를 엑셀에 반환합니다.

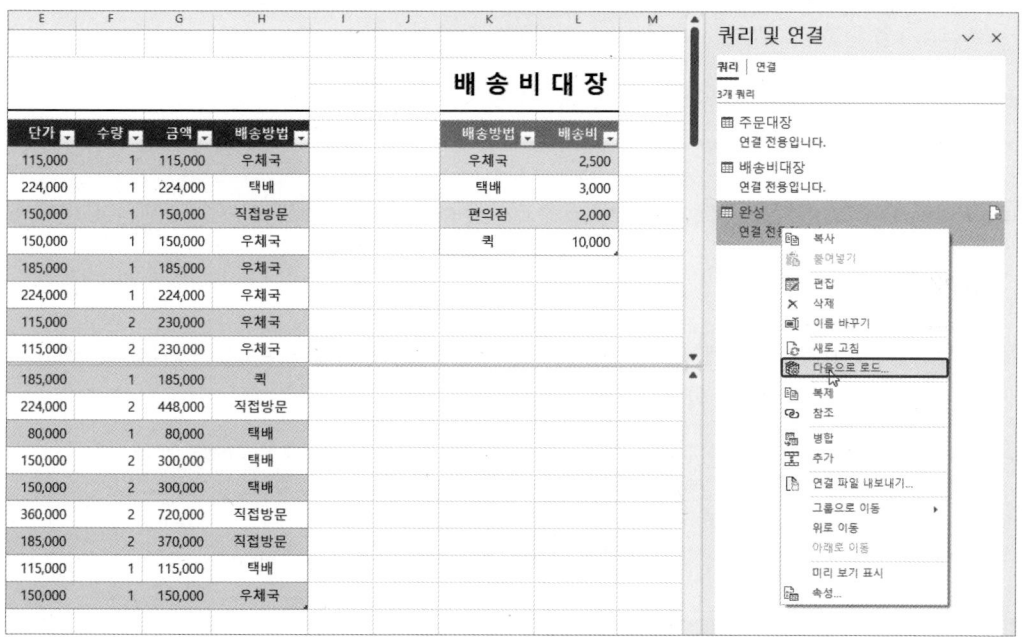

두 표를 연결할 때 매칭할 열이 둘 이상인 경우 병합하는 방법 이해하기

예제 파일 CHAPTER 04 \ 왼쪽 외부-여러 열(AND).xlsx

01 예제 파일을 열면 [보안 경고] 메시지 줄이 리본 메뉴 아래에 표시됩니다. 표를 미리 쿼리로 저장해놓았기 때문입니다. [콘텐츠 사용]을 클릭해 계속 진행합니다.

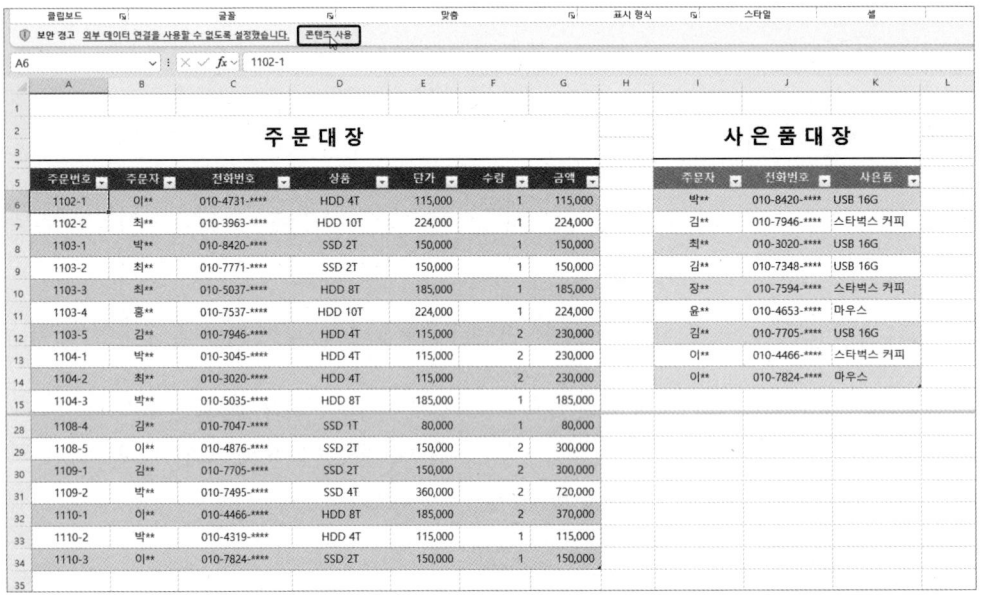

TIP 왼쪽의 [주문대장]에 오른쪽 표의 사은품 내역을 추가하려고 할 때, 매칭 조건은 [주문자] 열의 이름이 동일하고 [전화번호] 열의 전화번호가 동일한 경우여야 합니다.

02 리본 메뉴의 [데이터] 탭-[쿼리 및 연결] 그룹-[쿼리 및 연결]을 클릭하면 오른쪽 [쿼리 및 연결] 작업 창에서 두 개의 연결 전용 쿼리를 확인할 수 있습니다.

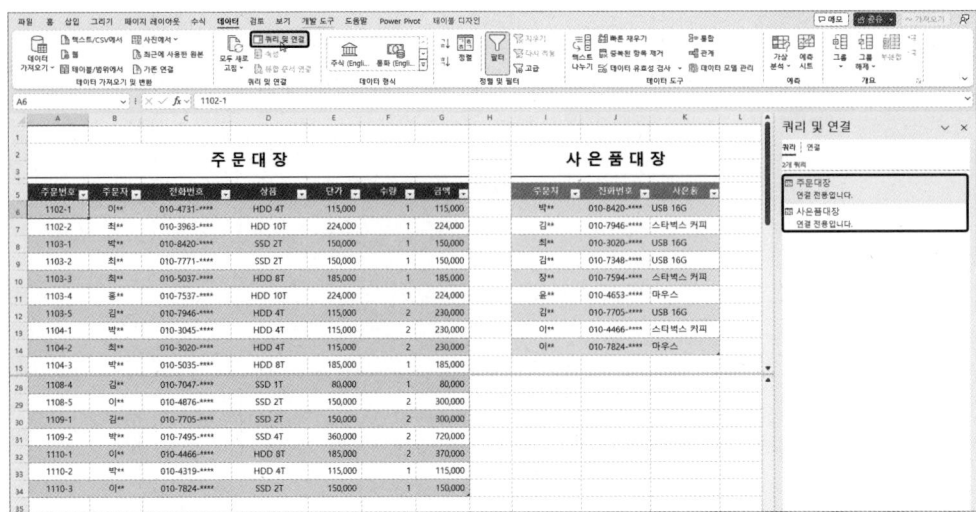

03 두 쿼리를 병합한 결과를 새로 만들기 위해 리본 메뉴의 [데이터] 탭-[데이터 가져오기 및 변환] 그룹-[데이터 가져오기]를 클릭하고 [쿼리 결합]-[병합]을 선택합니다.

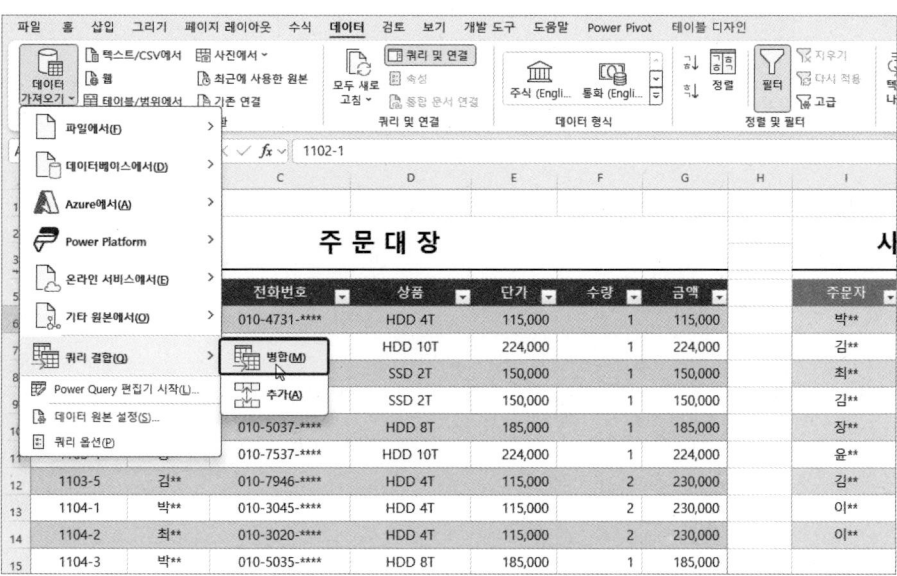

04 [병합] 대화상자가 표시되면 위의 콤보 상자에서는 [주문대장] 쿼리를, 아래의 콤보 상자에서는 [사은품대장] 쿼리를 선택합니다.

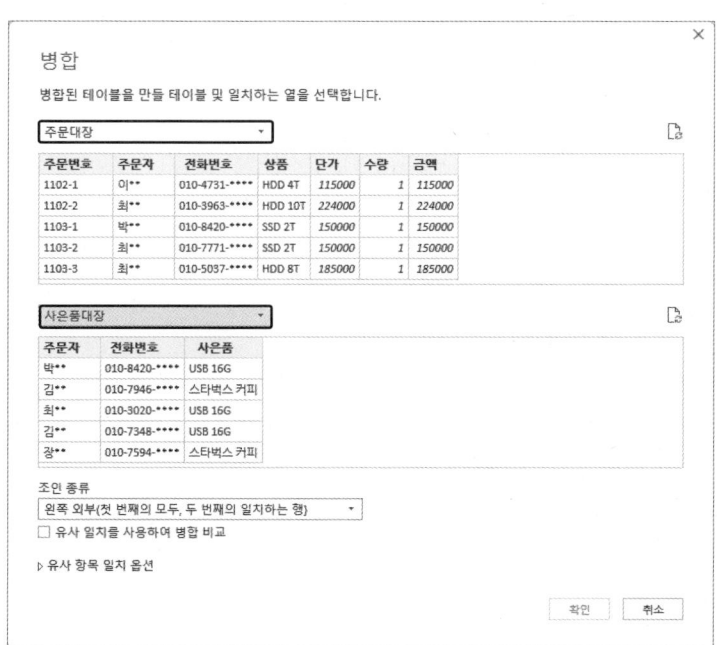

> **TIP** [조인 종류]가 '왼쪽 외부'일 경우에는 항상 위에 메인이 되는 쿼리를, 아래에는 데이터를 가져올 서브 쿼리를 선택합니다.

05 [주문대장] 쿼리의 미리 보기 화면에서 [주문자] 열을 선택하고, Shift 를 누른 상태에서 [전화번호] 열을 선택합니다. [사은품대장] 쿼리에서도 같은 방법으로 [주문자] 열과 [전화번호] 열을 순서대로 선택합니다. [확인]을 클릭해 병합을 시도합니다.

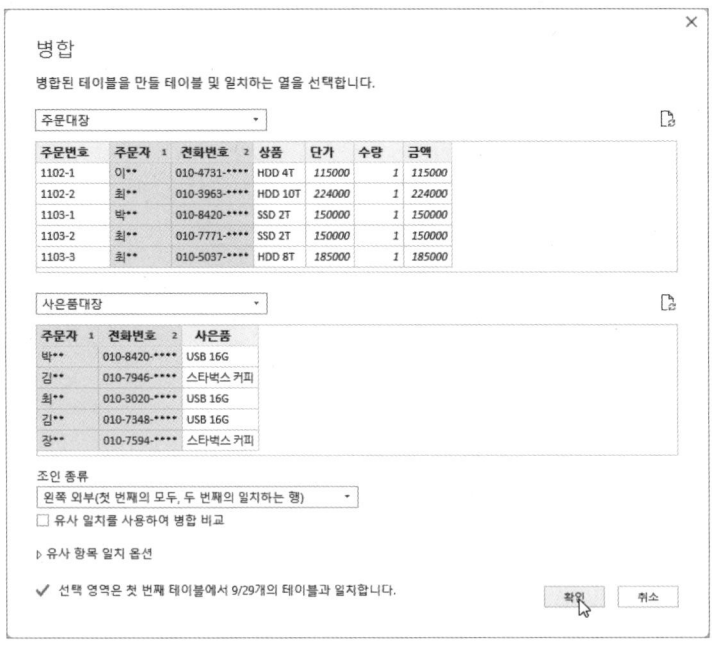

TIP 여러 열을 매칭해 원하는 결과를 얻으려면 선택하는 순서가 중요합니다. [주문자] 열을 먼저 선택하고 Shift 를 누른 상태에서 [전화번호] 열을 선택해야 하며, 제대로 선택하면 [주문자] 열 머리글 오른쪽에 숫자 1, [전화번호] 열 머리글 오른쪽에 숫자 2가 표시됩니다.

06 [Power Query 편집기] 창이 열리고 왼쪽 쿼리 작업 창에 [병합1] 쿼리가 새로 생성됩니다. 생성된 [병합1] 쿼리는 [주문대장] 쿼리의 데이터를 모두 표시하고, 오른쪽 끝에 [사은품대장] 쿼리의 데이터를 Table 형식으로 갖는 열이 표시됩니다.

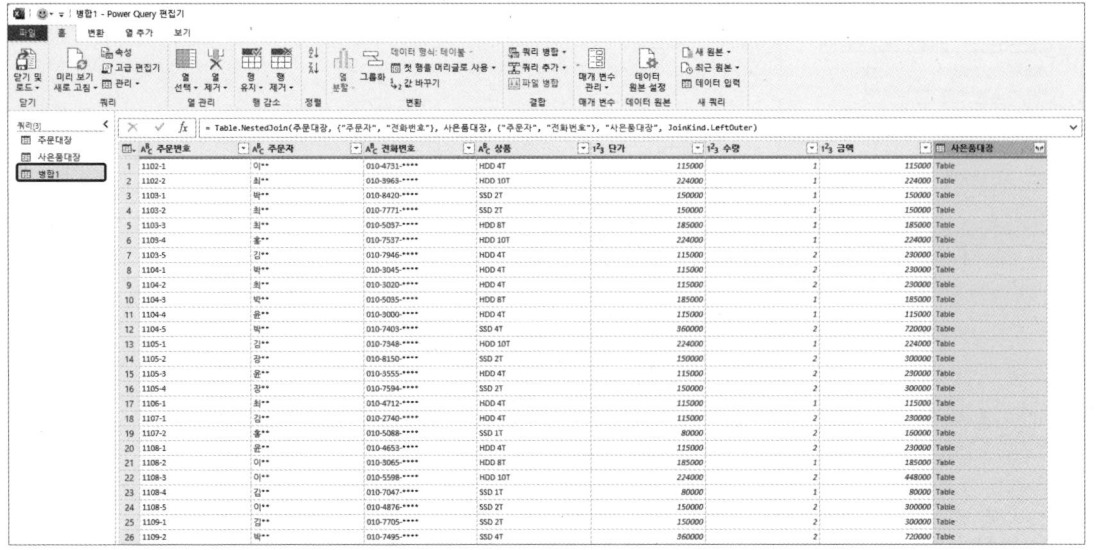

07 [사은품대장] 열의 확장 단추를 클릭하고 [원래 열 이름을 접두사로 사용]의 체크를 해제하고, 목록에서 [(모든 열 선택)] 항목을 체크 해제한 다음 [사은품] 항목만 체크하고 [확인]을 클릭합니다.

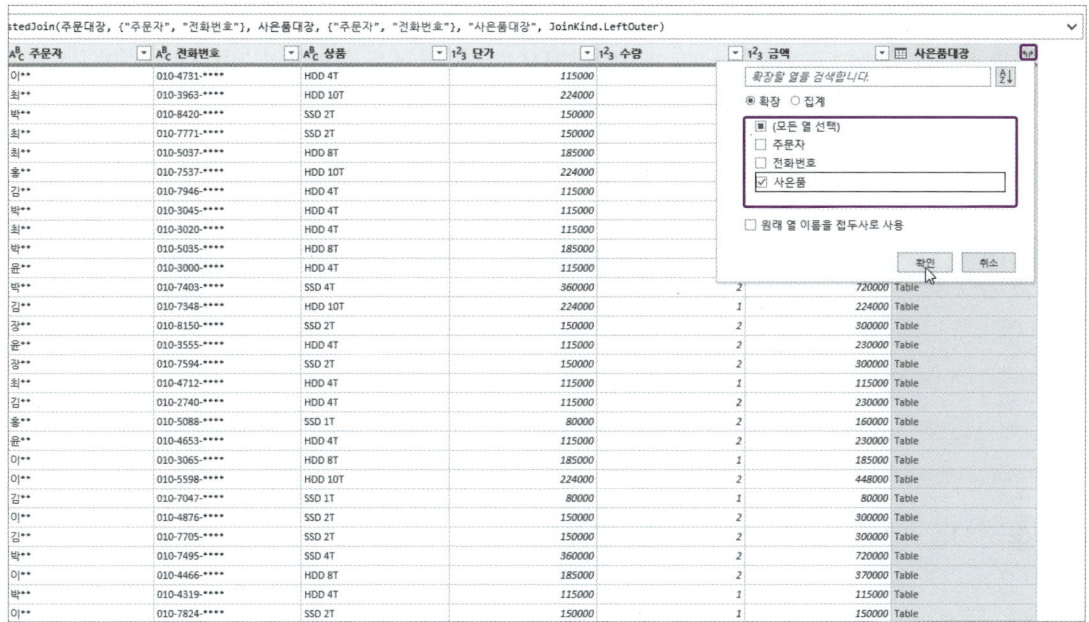

08 [사은품] 열에 [주문자]와 [전화번호]가 동일한 사은품 정보가 표시됩니다.

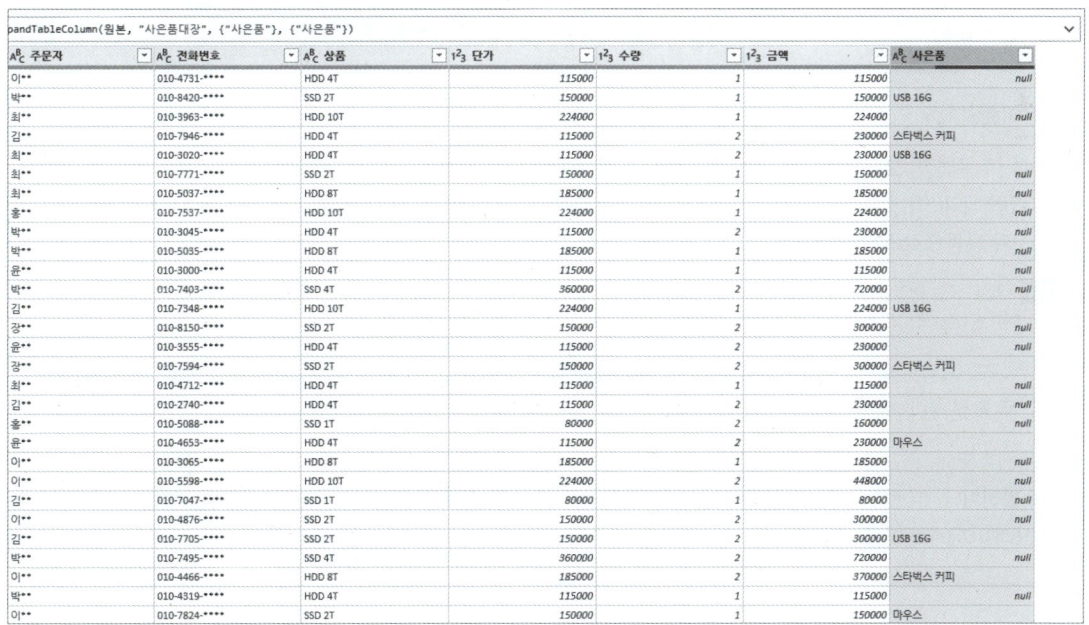

> **TIP** 쿼리를 엑셀로 반환하는 작업은 이전 예제를 참고합니다.

두 표를 연결할 때 한쪽 표에 연결할 열이 여러 개인 경우 병합하는 방법 이해하기

예제 파일 CHAPTER 04 \ 왼쪽 외부-여러 열(OR).xlsx

01 예제 파일을 열면 다음과 같이 [주문대장] 표와 [사은품대장] 표를 확인할 수 있습니다. 다만 [주문대장] 표를 보면 [주문번호], [주문자], [전화번호] 열이 두 번 반복됩니다.

엑셀마스터가 짚어주는 핵심 NOTE

표 이해하기

왼쪽 [주문대장] 표를 보면 [주문번호], [주문자], [전화번호] 열이 A:C열과 D:F열에 중복되어 있는 것을 확인할 수 있습니다. 엑셀 표 형식으로 설정되어 있어서 D:F열의 머리글에는 [주문번호2], [주문자2], [전화번호2]처럼 숫자가 자동으로 붙었습니다.

TIP 엑셀 표는 머리글을 기준으로 데이터를 참조하기 때문에, 같은 이름의 머리글을 중복해서 사용할 수 없습니다. 동일한 머리글이 입력되면 Excel에서 자동으로 숫자를 붙여 구분합니다.

이런 구조에서는 오른쪽 [사은품대장]과 연결해 [주문자]와 [전화번호]가 같은 경우 [사은품] 내역을 전달하려 해도, 두 표를 한 번에 연결할 수 없습니다.

왼쪽 [주문대장] 표를 변환해 [주문번호], [주문자], [전화번호] 열만 남기고, D:F열의 데이터를 A:C열 아래에 이어 붙이거나, 두 번에 나눠 병합해야 합니다. 여기서는 병합 중심으로 설명하고, 표를 변환하는 방법은 이 책의 266페이지에서 다룹니다.

02 두 표는 모두 쿼리로 저장되어 있으므로 바로 병합 작업을 진행합니다. 리본 메뉴의 [데이터] 탭–[데이터 가져오기 및 변환] 그룹–[데이터 가져오기]를 클릭하고 [쿼리 결합]–[병합]을 선택합니다.

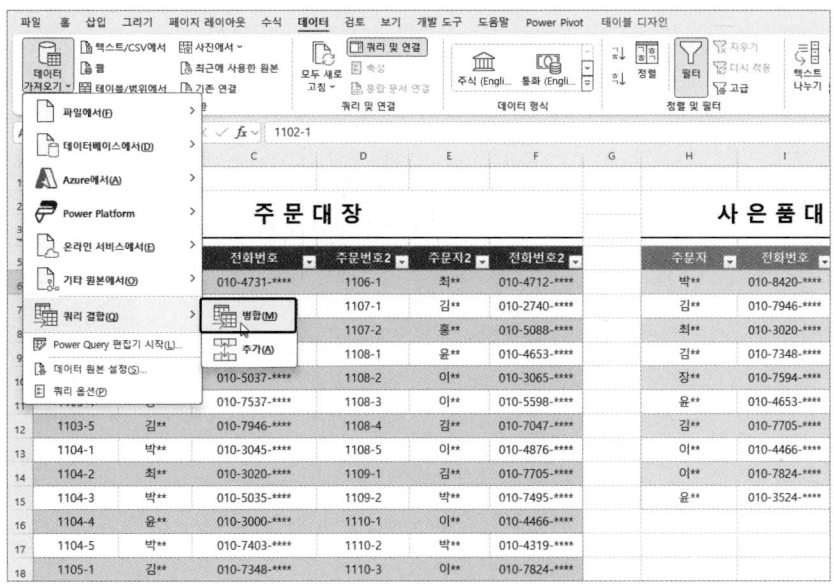

03 [Power Query 편집기] 창이 열리면서 [병합] 대화상자가 표시되면 이전 사례와 동일하게 병합합니다. 먼저 [주문대장]과 [사은품대장]을 순서대로 선택합니다. [주문대장] 쿼리의 [주문자]와 [전화번호] 열을 Shift 를 누른 채로 순서대로 선택하고, [사은품대장] 쿼리의 [주문자]와 [전화번호] 열을 Shift 를 누른 채로 순서대로 선택한 다음 [확인]을 클릭합니다.

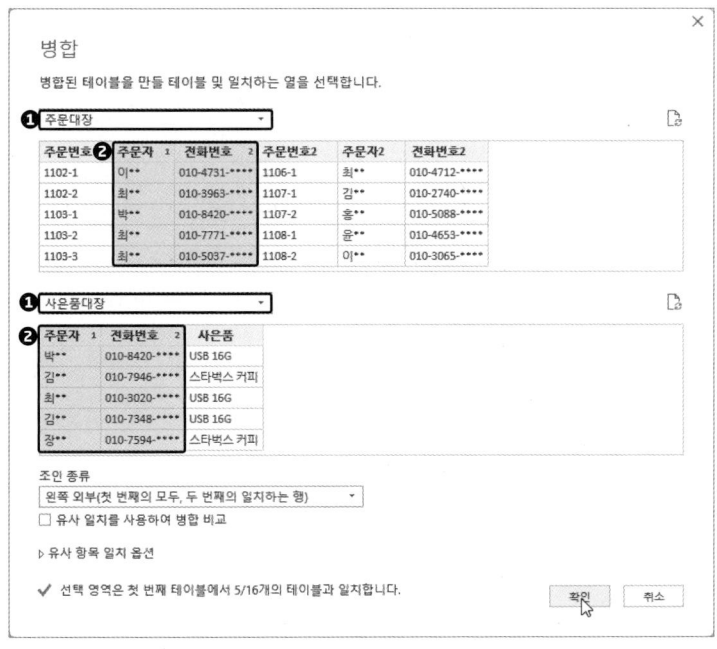

LINK 병합을 이용하는 방법이 아직 익숙하지 않다면 이 책의 249페이지를 참고합니다.

04 [병합1] 쿼리가 새롭게 생성됩니다. [주문대장] 쿼리가 기본으로 연결되고 [사은품대장] 쿼리의 데이터를 갖는 [사은품대장] 열이 가장 오른쪽에 표시됩니다.

05 [주문대장] 쿼리 오른쪽 열의 [주문자2]와 [전화번호2] 열을 [사은품대장] 쿼리와 다시 연결하겠습니다. 리본 메뉴의 [홈] 탭-[결합] 그룹-[쿼리 병합]을 클릭합니다.

06 [병합] 대화상자가 열리고 [병합1] 쿼리가 기본으로 표시됩니다. 하단 콤보 상자에서 [사은품대장] 쿼리를 선택합니다. [병합1] 쿼리는 [주문자2]와 [전화번호2] 열을 순서대로 선택하고, [사은품대장]은 [주문자], [전화번호] 열을 순서대로 선택한 다음 [확인]을 클릭합니다.

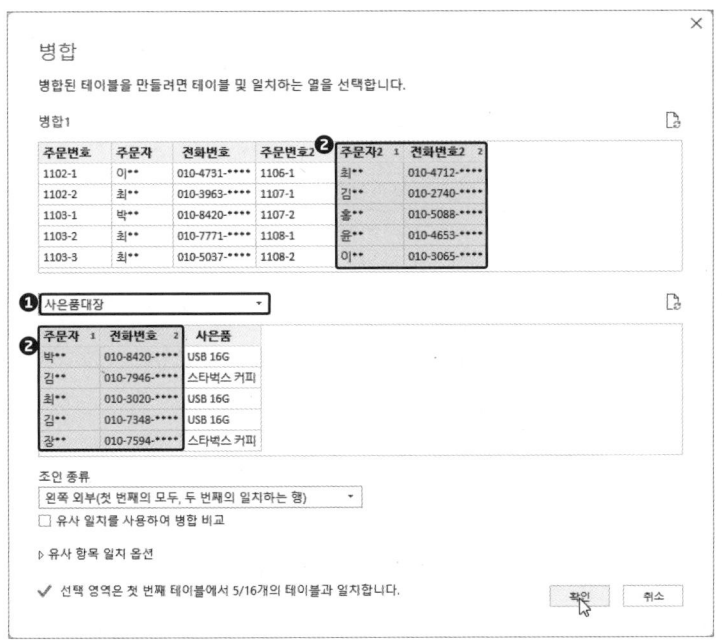

07 [병합1] 쿼리의 오른쪽에 [사은품대장] 열과 [사은품대장.1] 열이 표시됩니다. [사은품대장] 열의 데이터를 먼저 확장하겠습니다. [사은품대장] 열의 확장 단추를 클릭하고, [원래 열 이름을 접두사로 사용]의 체크는 해제합니다. 목록에서 [(모든 열 선택)] 확인란의 체크를 해제한 다음 [사은품] 항목만 체크하고 [확인]을 클릭합니다.

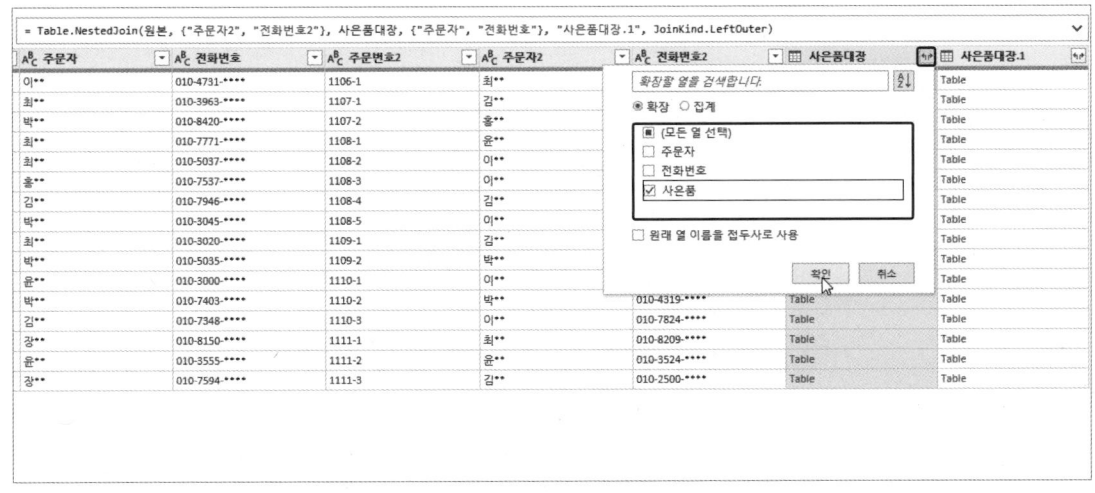

08 반환된 [사은품] 열을 [전화번호] 열의 오른쪽에 배치합니다. [사은품] 열의 머리글을 드래그해 [전화번호] 열 오른쪽에 드롭합니다.

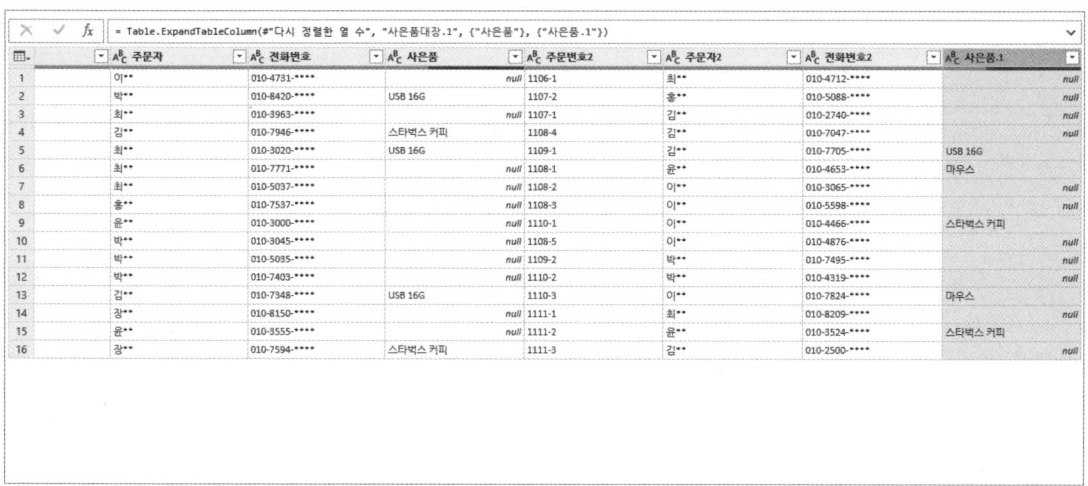

09 이번에는 [사은품대장.1] 열을 확장하고, **07** 과정과 같은 방법으로 [사은품] 열만 확장합니다. 이미 [사은품] 열이 있으므로 열 이름은 [사은품.1]이 됩니다.

10 열 머리글을 변경하기 위해, [수식 입력줄]의 수식을 다음과 같이 수정합니다.

=Table.ExpandTableColumn(#"다시 정렬한 열 수",
　　　　　　　　　　　"사은품대장.1",
　　　　　　　　　　　{"사은품"},
　　　　　　　　　　　{"사은품2"})

TIP 이해를 돕기 위해 수식 입력줄의 수식을 여러 줄로 나눠 표시했습니다.

	주문자	전화번호	사은품	주문번호2	주문자2	전화번호2	사은품2
1	이**	010-4731-****		null 1106-1	최**	010-4712-****	null
2	박**	010-8420-****	USB 16G	1107-2	홍**	010-5088-****	null
3	최**	010-3963-****		null 1107-1	김**	010-2740-****	null
4	김**	010-7946-****	스타벅스 커피	1108-4	김**	010-7047-****	null
5	최**	010-3020-****	USB 16G	1109-1	김**	010-7705-****	USB 16G
6	최**	010-7771-****		null 1108-1	윤**	010-4653-****	마우스
7	최**	010-5037-****		null 1108-2	이**	010-3065-****	null
8	홍**	010-7537-****		null 1108-3	이**	010-5598-****	null
9	윤**	010-3000-****		null 1110-1	이**	010-4466-****	스타벅스 커피
10	박**	010-3045-****		null 1108-5	이**	010-4876-****	null
11	박**	010-5035-****		null 1109-2	박**	010-7495-****	null
12	박**	010-7403-****		null 1110-2	박**	010-4319-****	null
13	김**	010-7348-****	USB 16G	1110-3	이**	010-7824-****	마우스
14	장**	010-8150-****		null 1111-1	최**	010-8209-****	null
15	윤**	010-3555-****		null 1111-2	윤**	010-3524-****	스타벅스 커피
16	장**	010-7594-****	스타벅스 커피	1111-3	김**	010-2500-****	null

TIP 물론 [사은품.1] 머리글을 더블클릭한 다음 머리글을 직접 수정해도 됩니다. 다만 이렇게 하면 단계가 늘어나므로 수식을 수정하는 것이 더 좋습니다.

엑셀마스터가 짚어주는 핵심 NOTE

Table.ExpnadTableColumn 함수 이해하기

파워 쿼리는 미리 보기 화면에서 작업한 모든 과정이 하나의 단계로 기록되며, 이 단계가 길어질수록 처리에 시간이 늘어납니다. 따라서 M 코드에서 제공하는 함수를 이해하고 활용할 수 있다면 처리 속도를 향상시킬 수 있습니다. **09** 과정에서 열을 확장하면 수식 입력줄에 다음과 같은 수식이 표시됩니다.

```
=Table.ExpandTableColumn(#"다시 정렬한 열 수",
                        "사은품대장.1",
                        {"사은품"},
                        {"사은품.1"})
```

TIP 파워 쿼리의 M code는 대/소문자를 구분하므로 항상 주의해야 합니다.

이때 사용된 Table.ExpandTableColumn 함수는 Table 형식을 확장해 데이터를 반환합니다. 구문은 다음과 같습니다.

```
=Table.ExpandTableColumn( table,
                          column,
                          columnNames,
                          newColumnNames )
```

- table : 작업 대상이 되는 Table
- column : table에서 확장하려는 열 이름(반드시 Table 형식의 열이여야 함)
- columnNames : 기존 이름
- newColumnNames : 새로운 이름

따라서 newColumnNames에 지정한 이름이 확장 후 적용될 열 이름입니다. 이 매개변수를 직접 수정하면 나중에 열 이름을 바꾸는 단계를 생략할 수 있습니다.

동일한 열이 반복될 때 반복 열을 하나의 열로 합치는 표 변환 방법 이해하기 1

예제 파일 CHAPTER 04 \ 표 변환(동일한 머리글 반복).xlsx

01 예제를 열면 [B:D] 열과 [E:G] 열의 구성이 동일한 표를 확인할 수 있습니다.

주문번호	주문자	전화번호	주문번호	주문자	전화번호
1102-1	이**	010-4731-****	1105-1	김**	010-7348-****
1102-2	최**	010-3963-****	1105-2	장**	010-8150-****
1103-1	박**	010-8420-****	1105-3	윤**	010-3555-****
1103-2	최**	010-7771-****	1105-4	장**	010-7594-****
1103-3	최**	010-5037-****	1106-1	최**	010-4712-****
1103-4	홍**	010-7537-****	1107-1	김**	010-2740-****
1103-5	김**	010-7946-****	1107-2	홍**	010-5088-****
1104-1	박**	010-3045-****	1108-1	윤**	010-4653-****
1104-2	최**	010-3020-****	1108-2	이**	010-3065-****
1104-3	박**	010-5035-****	1108-3	이**	010-5598-****
1104-4	윤**	010-3000-****	1108-4	김**	010-7047-****
1104-5	박**	010-7403-****	1108-5	이**	010-4876-****

엑셀마스터가 짚어주는 핵심 NOTE

표 이해하기

표에 동일한 열이 여러 개 있으면 함수나 파워 쿼리를 사용할 때 여러 모로 불편한 부분이 생기게 됩니다. 이번 표는 다음과 같은 구성입니다.

머리글1	머리글2	머리글3	머리글1	머리글2	머리글3

이런 표를 전산에서 활용하기 쉽게 하려면 다음과 같이 변경하는 것이 좋습니다.

머리글1	머리글2	머리글3

02 표 범위(B5:G17)를 선택하고 [이름 상자]에 **주문대장**을 입력해 이름을 정의합니다.

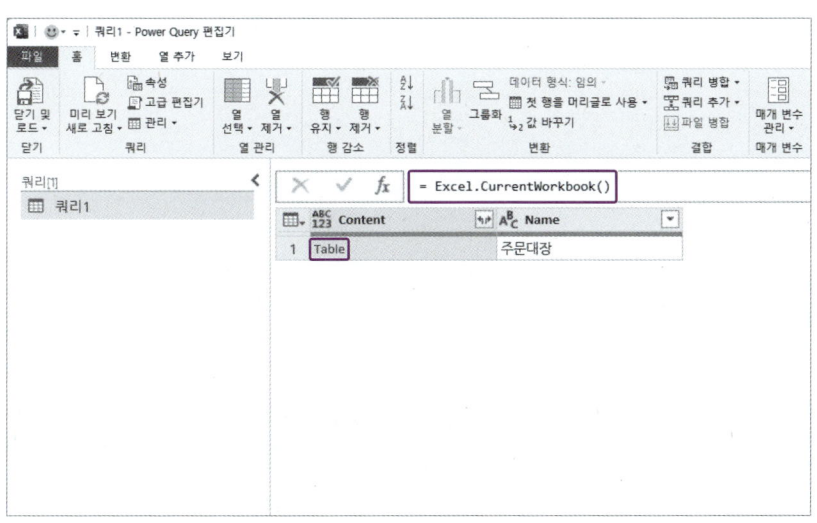

TIP 머리글이 동일한 경우 엑셀 표로 변환하면 머리글이 바뀌므로 이름 정의 후 파워 쿼리에서 불러오는 방법을 사용하는 것이 좋습니다.

03 파워 쿼리에서 편집하기 위해 리본 메뉴의 [데이터] 탭–[데이터 가져오기 및 변환] 그룹–[데이터 가져오기]를 클릭하고 [기타 원본에서]–[빈 쿼리]를 선택합니다.

04 [Power Query 편집기] 창이 표시되면 수식 입력줄에 **=Excel.CurrentWorkbook()**를 입력하고 Enter 를 누릅니다.

05 [Content] 열 첫 번째 칸의 [Table]을 클릭하면 다음과 같이 표 데이터가 바로 화면에 표시됩니다.

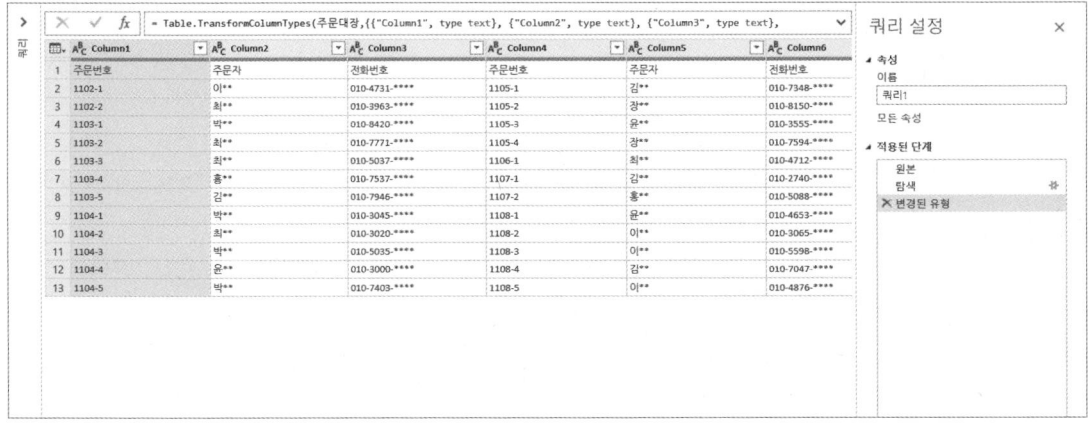

TIP 다음 과정부터 두 가지 방법으로 나뉘게 됩니다. 이번 방법은 행/열을 바꾸는 방법을 이용하고, 275페이지부터는 열 병합을 이용하는 방법을 사용하니 둘 중 편한 방법을 내 것으로 만들어봅니다.

06 이번 예제의 핵심 부분인 표의 행/열을 바꾸는 작업을 진행하겠습니다. 리본 메뉴의 [변환] 탭-[표] 그룹-[행/열 바꿈]을 클릭합니다.

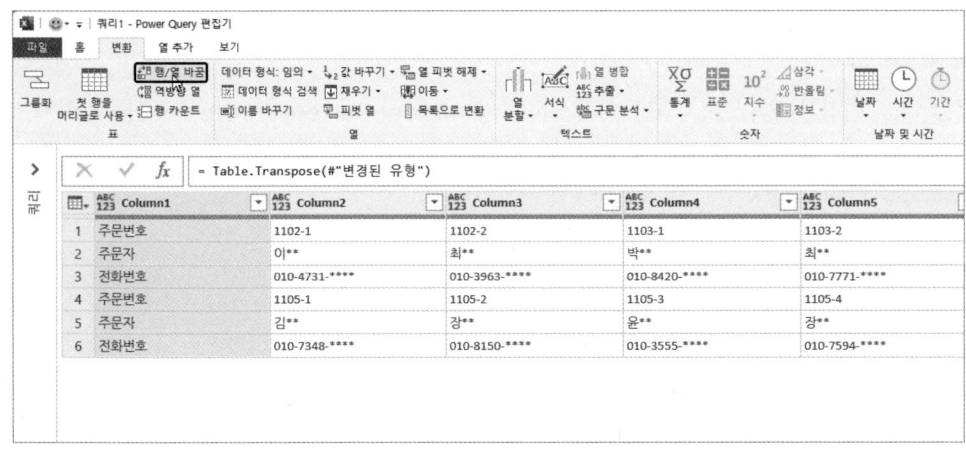

TIP 작업 후 수식 입력줄을 보면 Table.Transpose 함수가 사용된 것을 확인할 수 있습니다.

엑셀마스터가 짚어주는 핵심 NOTE

왜 행/열을 바꾸는 작업이 필요할까?

예제의 표는 열 세 개가 하나의 표이며, 이런 열이 두 번 반복됩니다. 그러므로 제일 먼저 열 세 개가 하나의 표라는 것을 인식시켜야 하는데, 파워 쿼리는 여러 열을 직접 하나로 묶을 수 없습니다. 그래서 행/열을 바꿔 행을 세 개씩 하나로 묶는 작업을 진행하는 것입니다.

07 행 번호를 부여하기 위해 리본 메뉴의 [열 추가] 탭–[일반] 그룹–[인덱스 열]을 클릭합니다.

08 [인덱스] 열이 마지막 열에 추가됩니다. [인덱스] 열의 값을 3으로 나눈 몫을 구하기 위해 리본 메뉴의 [변환] 탭–[숫자] 그룹–[표준]을 클릭하고, [정수로 나누기]를 선택합니다.

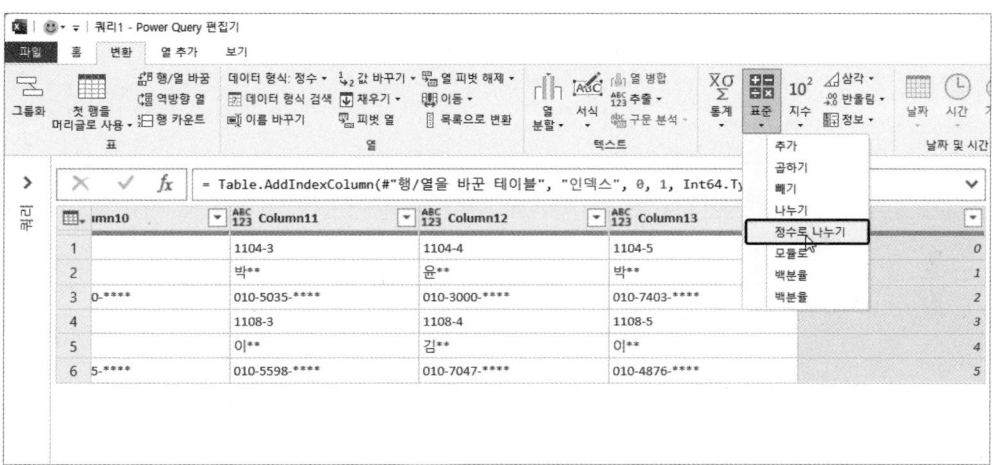

> **TIP** [나누기]는 10을 3으로 나눌 때 3.333과 같은 숫자를 반환하지만, [정수로 나누기]는 10을 3으로 나눌 때 정수 값(3)만 반환합니다. 그래서 나눗셈의 몫을 구할 때 사용합니다.

09 [정수로 나누기] 대화상자가 표시되면 [값]에 **3**을 입력하고 [확인]을 클릭합니다.

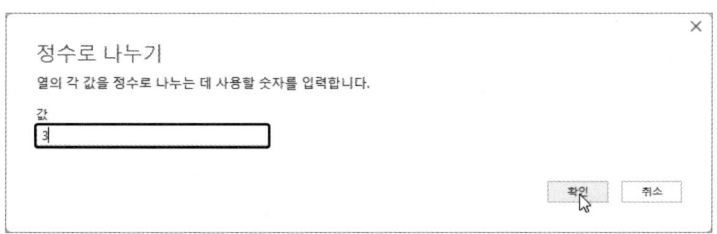

10 [인덱스] 열에 0, 0, 0, 1, 1, 1과 같이 3행씩 동일한 숫자가 입력됩니다. 그룹화 기능을 이용해 [인덱스] 열의 동일한 값을 묶겠습니다. [인덱스] 열이 선택된 상태로 리본 메뉴의 [홈] 탭-[변환] 그룹-[그룹화]를 클릭합니다.

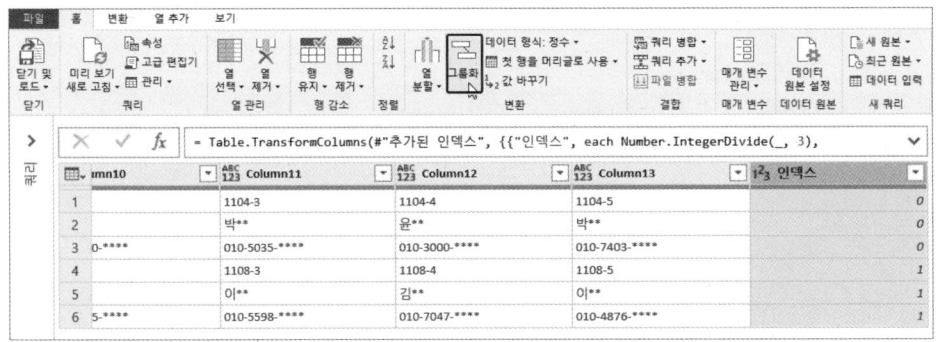

11 [그룹화] 대화상자가 표시되면 [새 열 이름]에는 **그룹**을 입력하고 [연산]은 [모든 행]을 선택한 후 [확인]을 클릭합니다.

12 [그룹] 열 첫 번째 칸의 오른쪽 빈 영역을 클릭하면 해당 Table에 저장된 데이터를 미리보기로 확인할 수 있습니다.

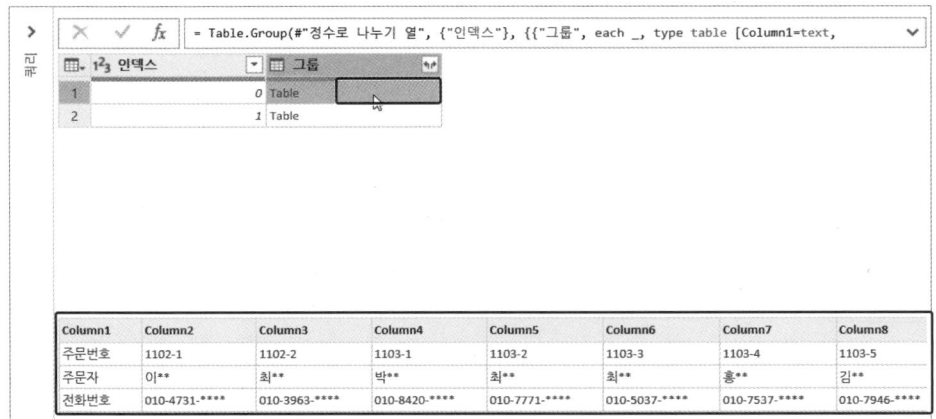

TIP 정확하게 세 행의 데이터가 Table에 저장됩니다.

13 이제 Table 형식 데이터의 행과 열을 바꾸겠습니다. 수식 입력줄의 수식에서 다음과 같이 보라색으로 표시한 부분을 제거합니다.

= Table.Group(#"정수로 나누기 열", {"인덱스"}, {{"그룹", each _, type table [Column1=text, Column2=text, Column3=text, Column4=text, Column5=text, Column6=text, Column7=text, Column8=text, Column9=text, Column10=text, Column11=text, Column12=text, Column13=text, 인덱스=number]}})

수식을 다음과 같이 수정합니다.

= Table.Group(#"정수로 나누기 열", {"인덱스"}, {{"그룹", each Table.Transpose(_)}})

TIP 파워 쿼리의 M code는 대/소문자를 구분하므로 항상 주의해야 합니다.

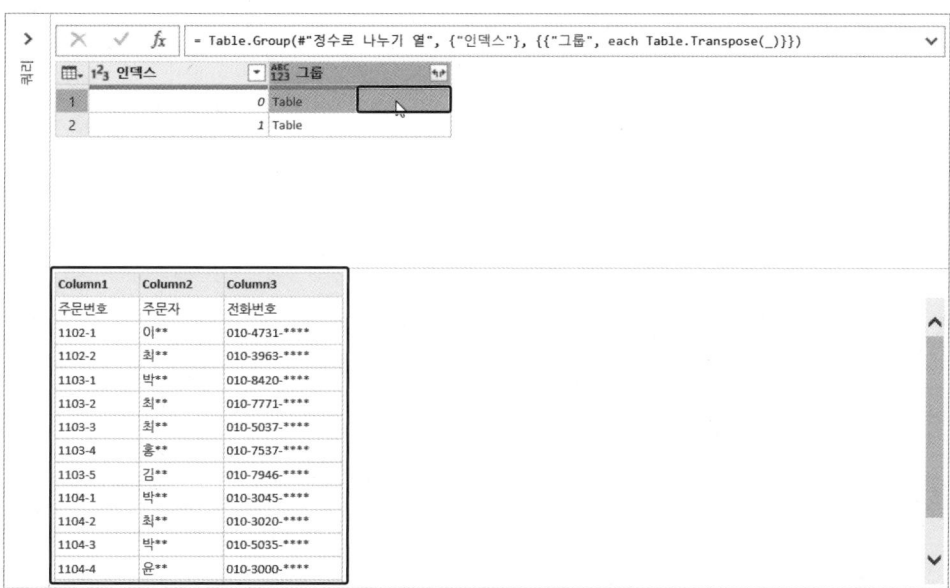

TIP 수식을 수정하고 첫 번째 칸의 오른쪽 빈 영역을 클릭하면 화면과 같이 표가 세로 방향으로 다시 바뀐 것을 확인할 수 있습니다.

14 [그룹] 열의 확장 단추를 클릭하고 [원래 열 이름을 접두사로 사용] 확인란의 체크를 해제한 다음 [확인]을 클릭합니다.

15 다음과 같은 데이터를 확인할 수 있습니다. 이제 불필요한 부분만 제거하면 됩니다.

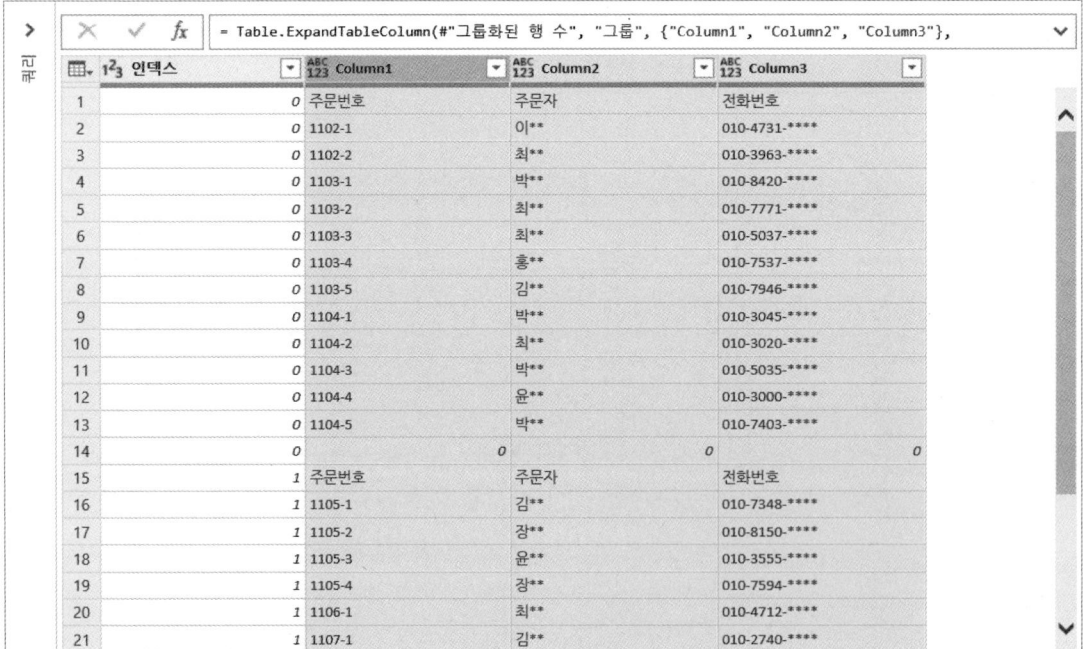

16 [인덱스] 열은 더 이상 필요하지 않으므로 제거합니다. [인덱스] 열을 선택하고 리본 메뉴의 [홈] 탭-[열 관리] 그룹-[열 제거]를 클릭합니다.

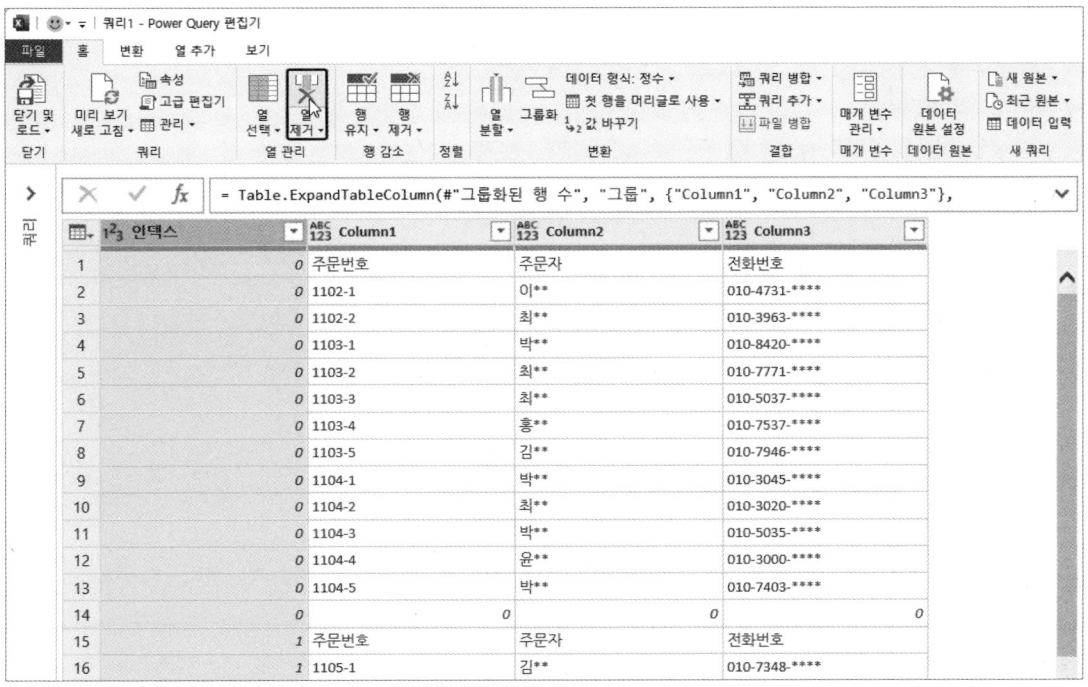

17 첫 번째 행 데이터를 머리글로 전환합니다. 리본 메뉴의 [홈] 탭-[변환] 그룹-[첫 행을 머리글로 사용 ▥]을 클릭합니다.

CHAPTER 04 파워 쿼리 심화 활용을 위한 핵심 기능 3가지 • **273**

18 [주문자] 열의 목록 단추를 클릭하고 [0], [1], [주문자] 항목의 체크를 해제한 후 [확인]을 클릭합니다.

19 다음과 같은 결과를 얻을 수 있습니다.

	주문번호	주문자	전화번호
1	1102-1	이**	010-4731-****
2	1102-2	최**	010-3963-****
3	1103-1	박**	010-8420-****
4	1103-2	최**	010-7771-****
5	1103-3	최**	010-5037-****
6	1103-4	홍**	010-7537-****
7	1103-5	김**	010-7946-****
8	1104-1	박**	010-3045-****
9	1104-2	최**	010-3020-****
10	1104-3	박**	010-5035-****
11	1104-4	윤**	010-3000-****
12	1104-5	박**	010-7403-****
13	1105-1	김**	010-7348-****
14	1105-2	장**	010-8150-****
15	1105-3	윤**	010-3555-****
16	1105-4	장**	010-7594-****
17	1106-1	최**	010-4712-****
18	1107-1	김**	010-2740-****
19	1107-2	홍**	010-5088-****
20	1108-1	윤**	010-4653-****
21	1108-2	이**	010-3065-****

동일한 열이 반복될 때 반복 열을 하나의 열로 합치는 표 변환 방법 이해하기 2

예제 파일 CHAPTER 04 \ 표 변환(동일한 머리글 반복).xlsx

TIP 이번 실습은 직전 실습의 **06** 과정부터 열 병합을 이용하는 방법으로 변경되어 처리되므로, **01~05** 과정은 266~268페이지를 참고합니다.

06 [Column1] 열을 선택하고 Shift 를 누른 상태에서 [Column3] 열을 선택해 첫 번째 표의 열 범위를 선택합니다. 그런 다음 리본 메뉴의 [변환] 탭-[텍스트] 그룹-[열 병합]을 클릭합니다.

07 [열 병합] 대화상자가 표시되면 [구분 기호]는 [쉼표]를 선택하고 [새 열 이름]에는 **첫번째표**라고 입력한 다음 [확인]을 클릭합니다.

TIP [구분 기호]는 선택한 세 열에 사용되지 않은 문자라면 아무 것이나 상관없습니다.

08 [첫번째표] 열이 생성되며 쉼표(,)로 구분된 데이터를 확인할 수 있습니다. 오른쪽 표도 같은 방법으로 하나의 열로 만들겠습니다. [Column4] 열을 선택하고 Shift 를 누른 상태에서 [Column6] 열을 선택합니다. 그런 다음 리본 메뉴의 [변환] 탭-[텍스트] 그룹-[열 병합]을 클릭합니다.

09 [열 병합] 대화상자가 표시되면 [구분 기호]는 [쉼표]를 선택하고 [새 열 이름]에는 **두번째표**라고 입력한 다음 [확인]을 클릭합니다.

10 화면과 같은 결과를 얻을 수 있습니다. 이제 표를 하나로 합치기 위해 두 열을 모두 선택한 상태에서 리본 메뉴의 [변환] 탭-[열] 그룹-[열 피벗 해제]를 클릭합니다.

11 열 피벗이 해제되면서 [첫번째표]와 [두번째표]의 데이터가 [값] 열에 모입니다. [특성] 열은 현재는 필요하지 않으므로 리본 메뉴의 [홈] 탭-[열 관리] 그룹-[열 제거]를 클릭해 삭제합니다.

12 동일한 머리글이 1행과 2행에 있으므로 하나만 남기겠습니다. [값] 열이 선택된 상태에서 리본 메뉴의 [홈] 탭-[행 감소] 그룹-[행 제거]를 클릭하고 [중복된 항목 제거]를 선택합니다.

엑셀마스터가 짚어주는 핵심 NOTE

두 표에 머리글 말고 중복이 있는 경우

만약 머리글 행 외에도 중복된 데이터가 있고, 이 중복 데이터를 유지해야 한다면 [행 제거]의 하위 메뉴에서 [중복된 항목 제거] 대신 [상위 행 제거]를 선택하고, 1행만 삭제하는 것이 좋습니다.

13 이제 쉼표(,)로 다시 열을 분리합니다. [값] 열이 선택된 상태에서 리본 메뉴의 [홈] 탭-[변환] 그룹-[열 분할]을 클릭하고, 하위 메뉴에서 [구분 기호 기준]을 선택합니다.

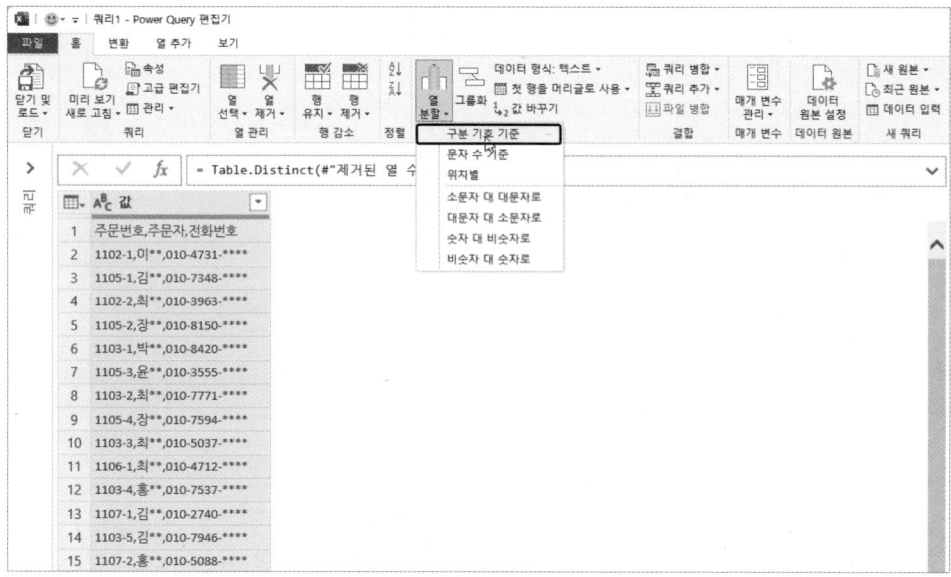

14 [구분 기호에 따라 열 분할] 대화상자가 표시되면 [구분 기호 선택 또는 입력] 란이 [쉼표]인지 확인하고 [확인]을 클릭합니다.

15 열이 제대로 분리되면 표가 합쳐진 결과가 제대로 확인됩니다. 이제 첫 행의 데이터만 머리글로 교체하면 됩니다. 리본 메뉴의 [홈] 탭-[변환] 그룹-[첫 행을 머리글로 사용]을 클릭합니다.

16 완성된 결과를 미리 보기 화면에서 확인할 수 있습니다.

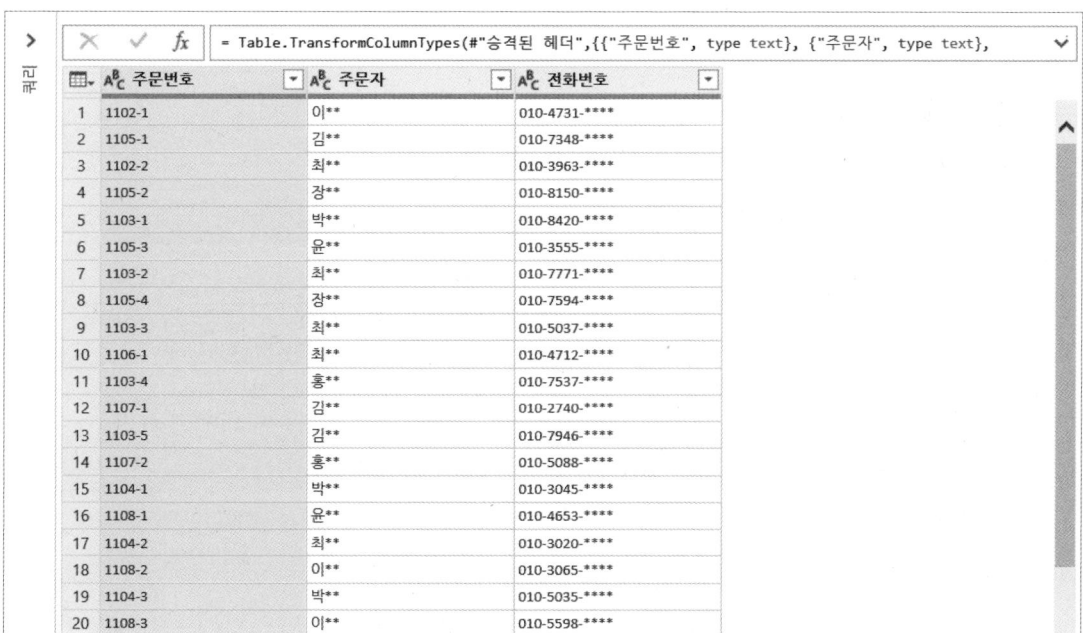

CHAPTER 04 파워 쿼리 심화 활용을 위한 핵심 기능 3가지 · **279**

오른쪽 외부(Right outer)

[오른쪽 외부]는 [왼쪽 외부] 방식과 동일하지만, 연결할 때 기준이 되는 표가 오른쪽 쿼리(대화상자 내에서는 아래쪽)라는 점만 다릅니다. 예를 들어 아래 두 표의 쿼리가 있다고 가정할 때 [금년 판매량] 쿼리의 지점을 기준으로 해당 지점의 전년도 판매량을 가져와 증감률을 계산하고 싶다고 가정합니다.

[전년 판매량]

지점코드	판매량
A-01	29
A-02	41
B-01	55
B-02	22
C-01	58
C-02	112
C-03	37
D-01	45
D-02	25

[금년 판매량]

지점코드	판매량
A-01	42
A-02	24
B-01	54
B-02	42
B-03	30
C-01	52
C-02	108
C-03	35
D-02	50

TIP 왼쪽과 오른쪽 표는 각각 해당 연도의 지점별 판매량을 표시합니다. 전년도에 존재했던 지점이 폐점(D-01)되면, 금년도에는 나타나지 않고 금년에 신규(B-03)로 연 지점은 전년도 판매량에 표시되지 않습니다.

[금년 판매량] 쿼리가 기준이 되어야 하는데, [병합] 대화상자에서 [금년 판매량] 쿼리를 위에 선택하면 [왼쪽 외부]로 연결하면 되고, 아래에서 선택하면 [오른쪽 외부]로 연결해야 합니다.

[금년도 운영 지점의 전년 동기 대비 실적]

지점코드	금년	전년	YoY
A-01	42	29	44.8%
A-02	24	31	-22.6%
B-01	54	55	-1.8%
B-02	42	22	90.9%
B-03	30		
C-01	52	58	-10.3%
C-02	108	112	-3.6%
C-03	35	37	-5.4%
D-02	50	25	100%

두 표의 쿼리를 [오른쪽 외부]로 병합하는 방법 이해하기

예제 파일 CHAPTER 04 \ 오른쪽 외부.xlsx

01 예제 파일을 열면 화면과 같은 표를 확인할 수 있습니다. 두 표는 모두 쿼리로 저장되어 있으며, 파일에 저장된 쿼리는 리본 메뉴의 [데이터] 탭-[쿼리 및 연결] 그룹-[쿼리 및 연결]을 클릭하면 표시되는 작업 창에서 확인할 수 있습니다.

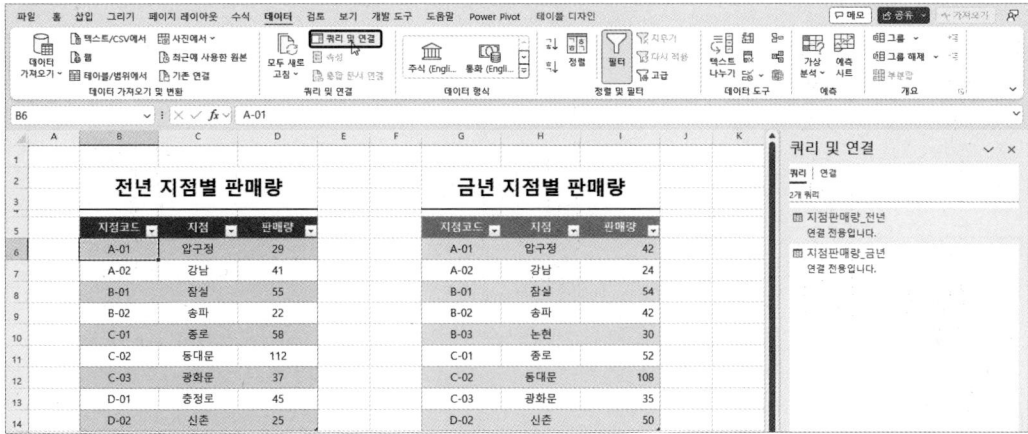

02 두 쿼리를 [오른쪽 외부] 연결 방법으로 연결하기 위해 리본 메뉴의 [데이터] 탭-[데이터 가져오기 및 변환] 그룹-[데이터 가져오기]를 클릭하고, [쿼리 결합]-[병합]을 선택합니다.

03 [병합] 대화상자가 표시되면 [지점판매량_전년] 쿼리를 먼저 선택하고 [지점판매량_금년] 쿼리를 나중에 선택합니다. 그런 다음 두 쿼리를 연결할 때 사용할 [지점코드] 열을 각각 선택합니다. [조인 종류] 옵션은 [오른쪽 외부]를 선택하고 [확인]을 클릭합니다.

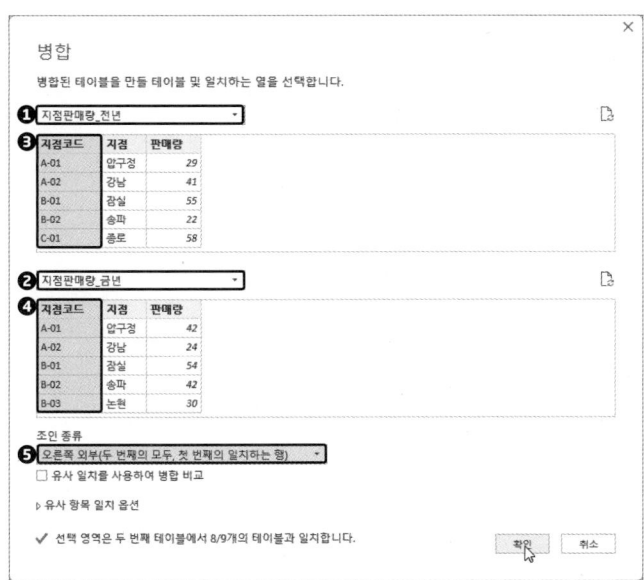

엑셀마스터가 짚어주는 핵심 NOTE

연결 방법 이해하기

[오른쪽 외부]는 [왼쪽 외부]와 거의 동일하며 하단의 쿼리가 메인이 되고, 상단의 쿼리가 서브가 된다는 점만 다릅니다. 그러므로 이번 연결 작업은 [오른쪽 외부]에서 [왼쪽 외부]로 변경할 수 있으며, [왼쪽 외부]로 연결할 경우에는 [지점판매량_금년] 쿼리가 상단에 위치하도록 다음과 같이 설정합니다.

이렇게 다양한 연결 방법을 이용해 연결하는 작업을 여러 번 진행해 결과가 어떻게 반환되는지 이해해야 합니다.

04 먼저 선택한 [지점판매량_전년] 쿼리 데이터가 먼저 표시되고, [지점판매량_금년] 쿼리가 오른쪽 열에 Table 형식으로 반환됩니다.

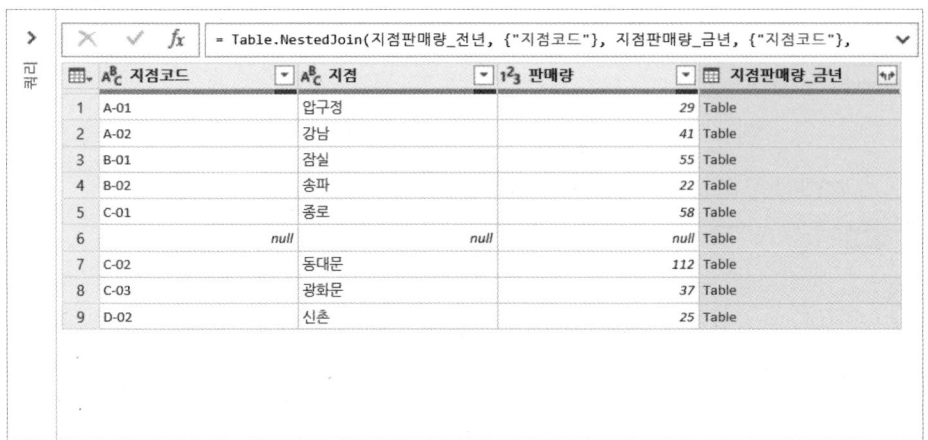

TIP [지점코드], [지점], [판매량] 열에 null 값이 표시되는 이유는 [지점판매량_금년]에만 있는 데이터가 존재하기 때문입니다.

05 이번 작업에서는 [지점판매량_금년] 필드가 메인이므로, 두 쿼리를 연결할 때 사용한 [지점코드]와 [지점] 열은 제거합니다. 두 열을 모두 선택하고 리본 메뉴의 [홈] 탭-[열 관리] 그룹-[열 제거]를 클릭합니다.

06 [지점판매량_금년] 열의 데이터를 확장합니다. 머리글 오른쪽의 확장 단추를 클릭하고 [원래 열 이름을 접두사로 사용]의 체크를 해제한 다음 [확인]을 클릭합니다.

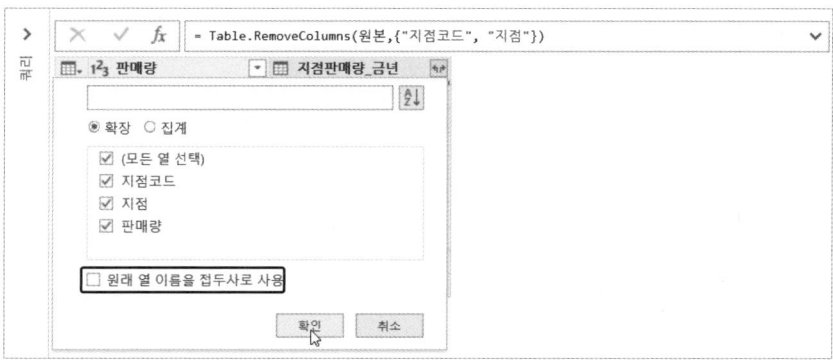

07 [지점판매량_전년] 쿼리의 [판매량] 열을 [판매량.1] 열 오른쪽으로 드래그해 옮깁니다.

08 머리글을 이해하기 좋게 변경합니다. [판매량.1] 열의 머리글은 **금년**으로, [판매량] 열은 **전년**으로 각각 수정합니다.

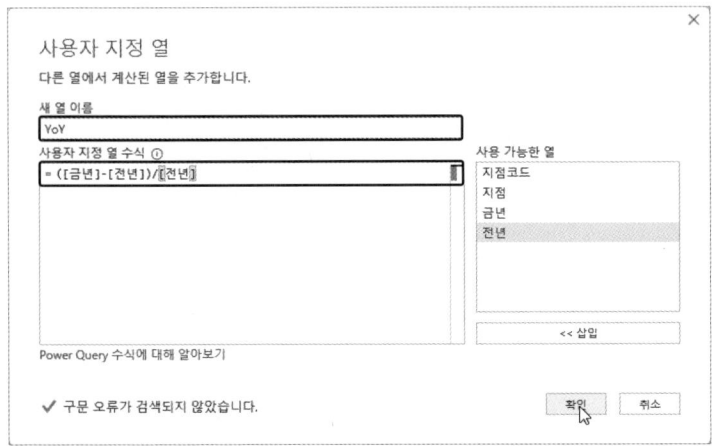

09 YoY(전년 동기대비 증감률)를 구하기 위해 리본 메뉴의 [열 추가] 탭-[일반] 그룹-[사용자 지정 열]을 클릭합니다. [사용자 지정 열] 대화상자가 표시되면 [새 열 이름]에 YoY를, [사용자 지정 열 수식]에 =([금년]-[전년])/[전년]을 입력하고 [확인]을 클릭합니다.

TIP [전년], [금년] 열은 직접 수식에 입력해도 되지만 [사용 가능한 열] 목록에서 원하는 열을 더블클릭해 수식을 작성하는 것이 편리합니다.

10 생성된 [YoY] 열 머리글 왼쪽의 [데이터 형식] 아이콘을 클릭하고 [백분율]을 선택해 데이터 형식을 백분율로 변경합니다.

11 다음과 같은 쿼리 결과를 얻을 수 있습니다.

지점	금년	전년	YoY
압구정	42	29	44.83%
강남	24	41	-41.46%
잠실	54	55	-1.82%
송파	42	22	90.91%
종로	52	58	-10.34%
논현	30	null	null
동대문	108	112	-3.57%
광화문	35	37	-5.41%
신촌	50	25	100.00%

완전 외부(Full outer)

[완전 외부]는 두 표에 있는 모든 데이터를 표시하고 싶을 때 사용합니다. [오른쪽 외부] 때와 동일한 데이터로 모든 지점의 2년간 판매량을 정리하는 다음과 같은 표를 만들려면 [완전 외부] 연결 방법을 사용해야 합니다.

[전국 지점 2년간 판매량]

지점코드	24년 판매량	23년 판매량	구분
A-01	42	29	
A-02	24	31	
B-01	54	55	
B-02	42	22	
B-03	30		신규
C-01	52	58	
C-02	108	112	
C-03	35	37	
D-01		45	폐점
D-02	50	25	

두 표의 쿼리를 [완전 외부]로 병합하는 방법 이해하기

예제 파일 CHAPTER 04 \ 완전 외부.xlsx

01 예제 파일은 이전 실습과 동일합니다. 파일에 이미 만들어져 있는 쿼리를 이용해 어떤 지점이 폐업이 됐고, 어떤 지점이 신설되었는지를 표시하겠습니다.

02 두 쿼리를 [완전 외부] 연결 방법으로 연결하기 위해 리본 메뉴의 [데이터] 탭-[데이터 가져오기 및 변환] 그룹-[데이터 가져오기]를 클릭하고, [쿼리 결합]-[병합]을 선택합니다.

03 [병합] 대화상자가 표시되면 [지점판매량_금년] 쿼리를 상단에 [지점판매량_전년] 쿼리를 하단에 각각 선택하고, 연결할 열은 [지점코드] 열을 선택합니다. 그런 다음 [조인 종류] 옵션은 [완전 외부]로 선택하고 [확인]을 클릭합니다.

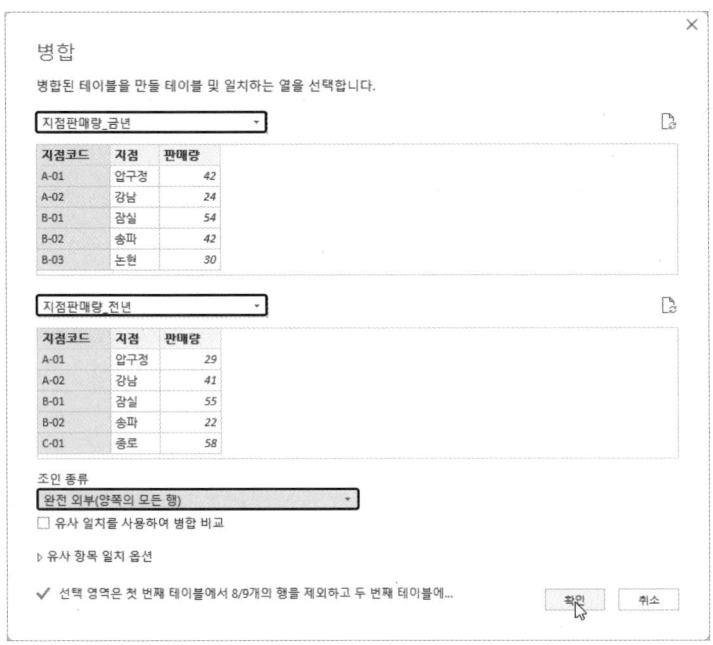

04 [지점판매량_전년] 열의 확장 단추를 클릭하고, [원래 열 이름을 접두사로 사용] 확인란의 체크를 해제한 다음 [확인]을 클릭합니다.

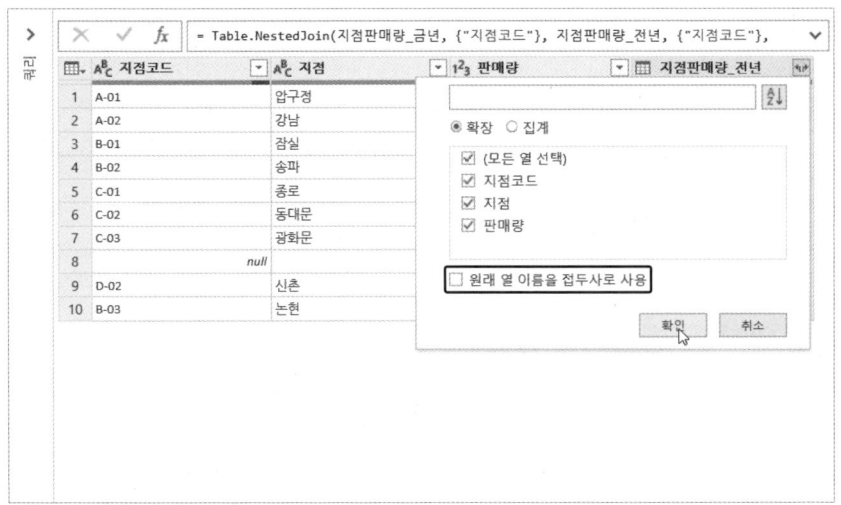

TIP [완전 외부] 연결 방법은 한 쪽 쿼리에만 있는 데이터가 있을 수 있으므로 두 쿼리에 있는 모든 [지점코드]와 [지점]을 확인해야 합니다.

05 화면과 같은 데이터를 확인할 수 있습니다. 머리글 뒤에 아무런 숫자가 붙어 있지 않은 열은 [지점판매량_금년] 쿼리의 열들이며, 머리글 뒤에 '.1'이 붙은 열들은 [지점판매량_전년] 쿼리의 열들입니다.

TIP null 값이 표시된 경우는 다른 쿼리에만 데이터가 존재하는 경우로 이해합니다.

06 [지점코드] 열을 하나로 결합하겠습니다. 리본 메뉴의 [열 추가] 탭–[일반] 그룹–[사용자 지정 열]을 클릭합니다.

07 [사용자 지정 열] 대화상자가 표시되면 [새 열 이름]에는 **지점코드(결합)**를, [사용자 지정 열 수식]에는 다음과 같은 수식을 입력하고 [확인]을 클릭합니다.

```
=if [지점코드] = null then
    [지점코드.1]
 Else
    [지점코드]
```

TIP 파워 쿼리의 M code는 대/소문자를 구분하므로 항상 주의해야 합니다.

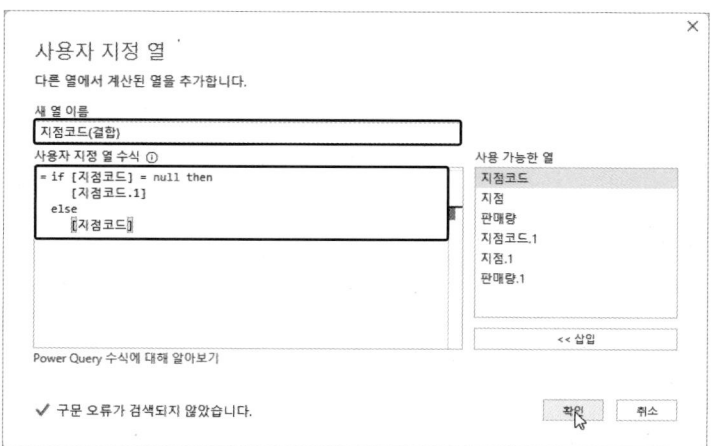

엑셀마스터가 짚어주는 핵심 NOTE

수식 이해하기

[완전 외부] 연결 방법은 두 쿼리에 있는 모든 [지점코드]가 표시되므로, 필연적으로 한 쪽에만 있는 지점코드가 있을 수 있습니다. 그러므로 연결 후 반드시 두 열을 하나로 합치는 작업이 필요한데, 이 과정이 자동으로 처리되지 않으므로 조건 열을 추가하는 방법을 활용하는 것이 좋습니다.

[지점코드] 열은 [지점판매량_금년]의 열이고, [지점코드.1] 열은 [지점판매량_전년]의 열입니다. 그러므로 이번 수식은 다음과 같이 이해할 수 있습니다.

만약(if) [지점판매량_금년] 쿼리의 [지점코드] 열이 비어 있다면(null), [지점판매량_전년] 쿼리의 [지점코드.1] 열의 값을 사용하고, 그렇지 않다면(else) [지점판매량_금년] 쿼리의 [지점코드] 열 값을 사용하라는 의미입니다.

08 이렇게 하면 [지점코드(결합)] 열이 생성됩니다.

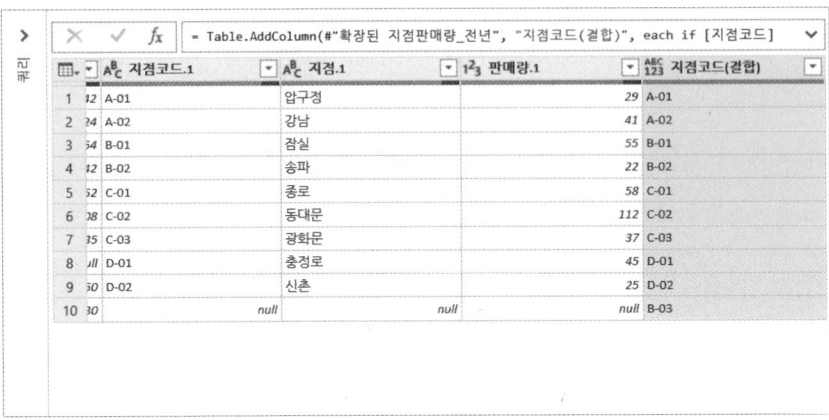

09 06~07 과정과 동일한 방법으로 [지점]과 [지점.1] 열을 결합한 [지점(결합)]을 다음과 같이 생성합니다.

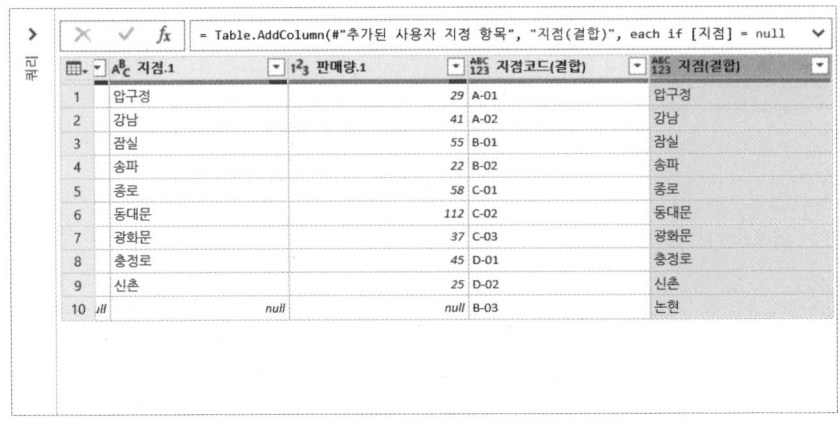

엑셀마스터가 짚어주는 핵심 NOTE

[지점(결합)] 열 생성

[지점(결합)] 열을 생성하려면 리본 메뉴의 [열 추가] 탭-[일반] 그룹-[사용자 지정 열]을 이용해 다음과 같은 수식을 사용합니다.

```
=if [지점] = null then
    [지점.1]
 Else
    [지점]
```

위 수식은 [지점] 열의 값이 null이면 [지점.1] 열의 데이터를 반환하고, null이 아니면 [지점] 열의 데이터를 반환하라는 의미입니다. 06~07 과정에서 한 번 진행했으므로, 해당 단계를 보면 어렵지 않게 만들 수 있습니다.

---

10 폐점과 신규 여부를 표시할 [구분] 열을 새로 생성합니다. 리본 메뉴의 [열 추가] 탭-[일반] 그룹-[사용자 지정 열圖]을 클릭한 후 다음 수식을 입력하고 [확인]을 클릭합니다.

```
=if [지점코드] = null then
    "폐점"
 Else
    if [지점코드.1] = null then
        "신규"
    else
        null
```

TIP 파워 쿼리의 M code는 대/소문자를 구분하므로 항상 주의해야 합니다.

엑셀마스터가 짚어주는 핵심 NOTE

구분 열 생성

구분 열은 '폐점'과 '신규' 지점을 구분하기 위한 것이므로, 각각 [지점] 열이나 [지점코드] 열의 값을 참고하면 쉽게 만들 수 있습니다. 이번 수식은 [지점코드] 열을 대상으로 수식을 작성했는데, [지점] 열로 변경해도 동일한 결과를 얻을 수 있습니다.

수식은 [지점코드] 열의 값이 null이면 "폐점"이고,
 [지점코드.1] 열의 값이 null이면 "신규"이고
  그 외에는 null(빈 칸)을 반환하라는 의미입니다. 이렇게 if 문을 중첩해서 사용할 수 있습니다.

11 다음과 같은 열이 새롭게 생성됩니다.

	1²₃ 판매량.1	ABC 123 지점코드(결합)	ABC 123 지점(결합)	ABC 123 구분
1	29	A-01	압구정	null
2	41	A-02	강남	null
3	55	B-01	잠실	null
4	22	B-02	송파	null
5	58	C-01	종로	null
6	112	C-02	동대문	null
7	37	C-03	광화문	null
8	45	D-01	충정로	폐점
9	25	D-02	신촌	null
10	null	B-03	논현	신규

수식: `= Table.AddColumn(#"추가된 사용자 지정 항목1", "구분", each if [지점코드] = null`

12 이제 필요 없는 열들은 정리하겠습니다. 리본 메뉴의 [홈] 탭–[열 관리] 그룹–[열 선택圖]을 클릭합니다.

13 [열 선택] 대화상자가 표시되면 [지점코드], [지점], [지점코드.1], [지점.1] 열의 체크를 해제하고 [확인]을 클릭합니다.

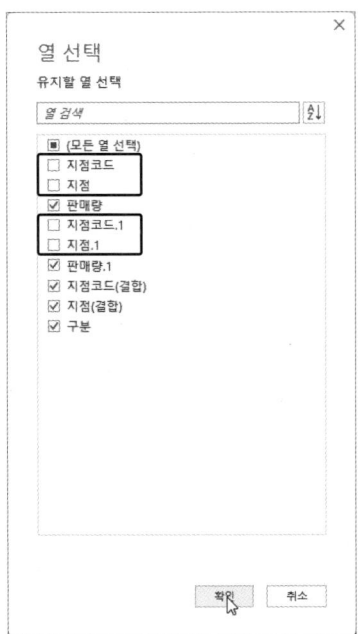

14 쿼리에 필요한 열들만 남아 표시됩니다.

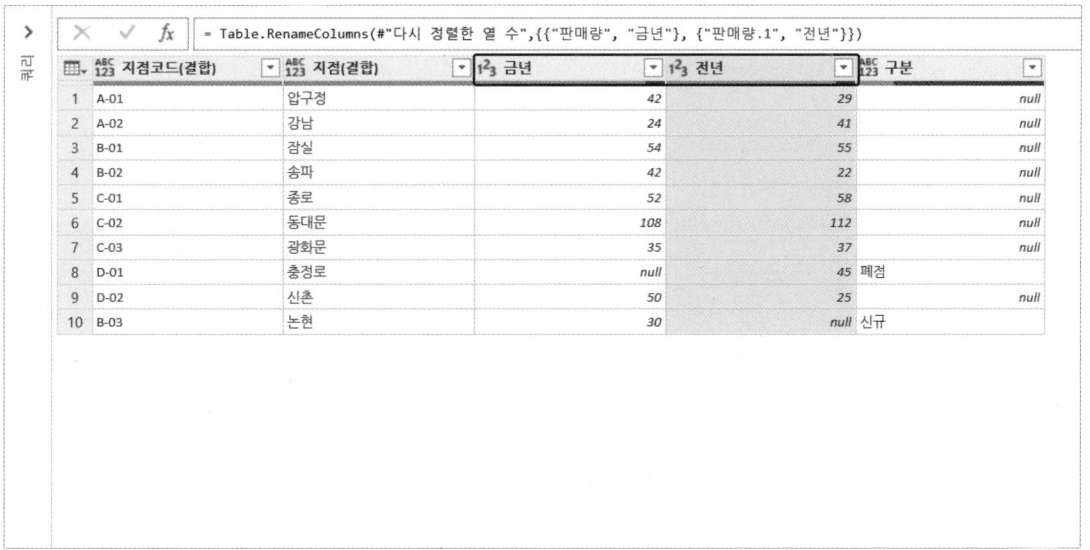

15 열의 순서가 [지점코드(결합)], [지점(결합)], [판매량], [판매량.1], [구분] 순이 되도록 위치를 조정합니다.

LINK 열 위치를 조정하는 작업이 아직 익숙하지 않다면 264페이지를 참고합니다.

16 [판매량] 열의 머리글은 **금년**으로, [판매량.1] 열의 머리글은 **전년**으로 각각 수정합니다.

내부(Inner)

[내부]는 두 쿼리에 모두 존재하는 데이터를 대상으로 동작합니다. 다음과 같은 두 표가 쿼리로 존재할 때, [1월]과 [2월] 이벤트에 모두 참석한 회원들을 대상으로 3명을 뽑아 1만 포인트를 지급해야 한다고 가정합니다.

[1월 이벤트 참석자]

번호	이름	전화번호
1	김호준	010-3051-2804
2	장하연	010-3693-3615
3	박성호	010-8263-1385
4	김철환	010-7611-1183
5	이미연	010-2265-2942
6	장윤희	010-2679-5663
7	김정현	010-3742-6121
8	최미래	010-8758-3911
9	정하나	010-7868-4608

[2월 이벤트 참석자]

번호	이름	전화번호
1	이미연	010-2265-2942
2	박성호	010-8263-1385
3	정찬수	010-3720-8449
4	강미연	010-2452-1062
5	장하연	010-3693-3615
6	김정현	010-3742-6121
7	최미래	010-8758-3911
8	정하나	010-7868-4608
9	김호준	010-3051-2804

TIP 두 표의 회원 명단에서 [이름]과 [전화번호]가 동일한 경우면 동일한 회원입니다.

두 이벤트를 모두 참석한 회원들을 대상으로 해야 하므로, 두 쿼리를 [내부] 조인 방법으로 연결한 뒤, 임의로 3명을 추출해 1만 포인트를 지급하는 다음과 같은 명단을 작성할 수 있습니다.

[당첨자]

이름	전화번호	포인트
박성호	010-8263-1385	10,000
김정현	010-3742-6121	10,000
정하나	010-7868-4608	10,000

두 표에 모두 존재하는 회원 명단을 작성한 다음 임의로 3명 선발하기

예제 파일 CHAPTER 04 \ 내부.xlsx

01 예제 파일을 열면 화면과 같은 두 표를 확인할 수 있습니다. 두 표는 모두 엑셀 표로 등록되어 있고, 쿼리가 생성되어 있습니다. 두 이벤트에 모두 참석한 회원 들 중 3명을 뽑아 1만 포인트를 적립해주며, 포인트 적립 결과를 [B18] 셀에 반환하는 작업을 진행합니다.

02 쿼리를 확인하기 위해 리본 메뉴의 [데이터] 탭-[쿼리 및 연결] 그룹-[쿼리 및 연결 🔲]을 클릭합니다.

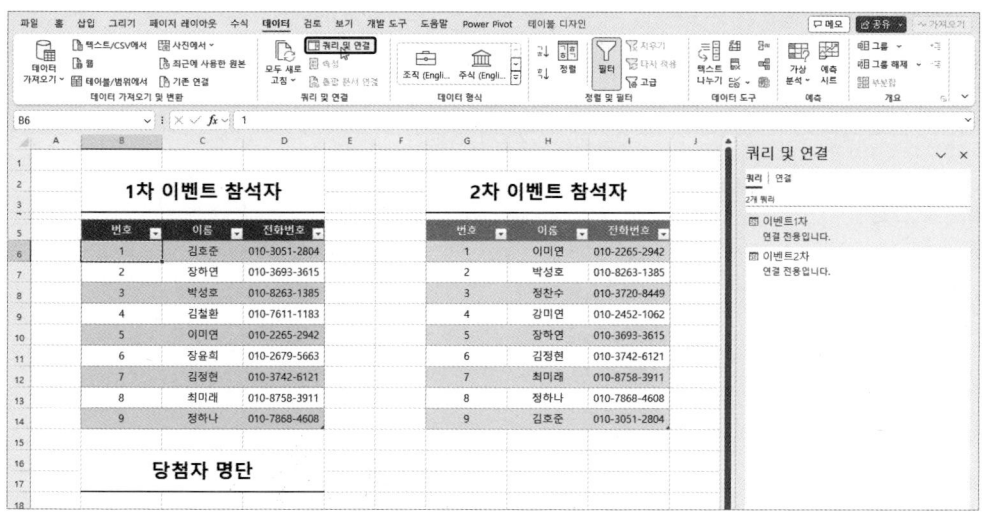

TIP [쿼리 및 연결] 작업 창에서 [이벤트1차], [이벤트2차] 쿼리를 확인할 수 있습니다.

03 두 쿼리에 모두 참석한 사용자를 뽑기 위해 [내부] 연결 방식으로 연결하겠습니다. 리본 메뉴의 [데이터] 탭-[데이터 가져오기 및 변환] 그룹-[데이터 가져오기 🔲]를 클릭하고, [쿼리 결합]-[병합]을 선택합니다.

04 [병합] 대화상자가 표시되면 [이벤트1차] 쿼리를 상단에, [이벤트2차] 쿼리를 하단에 각각 선택하고, 두 쿼리 모두 [이름] 열과 [전화번호] 열을 Shift 를 누른 상태에서 순서대로 선택합니다. [조인 종류] 옵션은 [내부]를 선택하고 [확인]을 클릭합니다.

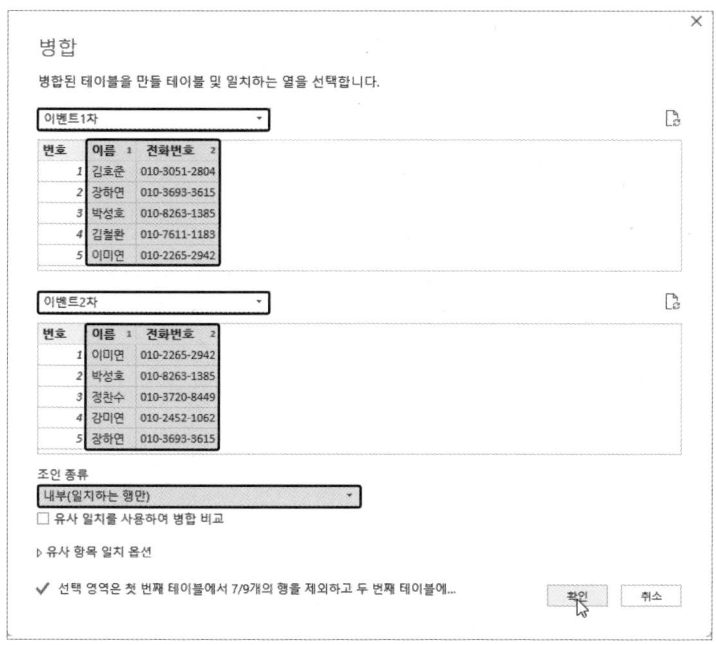

05 [병합1] 쿼리가 생성되면서, [이벤트2차] 쿼리 데이터를 Table 형식으로 갖는 열이 오른쪽 끝에 표시됩니다. [내부] 연결 방법을 사용했으므로, [이벤트2차] 열의 첫 번째 칸의 오른쪽 빈 영역을 클릭하면 하단에 표시되는 데이터도 왼쪽의 데이터와 동일해야 합니다.

동일한 이름과 전화번호가 확인됩니다.

06 두 이벤트에 모두 참석한 명단만을 원하므로 [번호] 열과 [이벤트2차] 열은 모두 삭제합니다. Shift 를 누른 상태에서 두 열을 선택하고 리본 메뉴의 [홈] 탭-[열 관리] 그룹-[열 제거 ✕]를 클릭합니다.

07 미리 보기 창에 표시된 데이터는 두 이벤트에 모두 참석한 명단입니다. 이 명단에서 임의의 세 명을 추출하기 위해 계산 열을 하나 추가합니다. 리본 메뉴의 [열 추가] 탭-[일반] 그룹-[사용자 지정 열 ▦]을 클릭합니다.

08 [사용자 지정 열] 대화상자가 표시되면 [새 열 이름]에는 **난수**를, [사용자 지정 열 수식]에는 =Number.RandomBetween(1, 10)를 입력하고 [확인]을 클릭합니다.

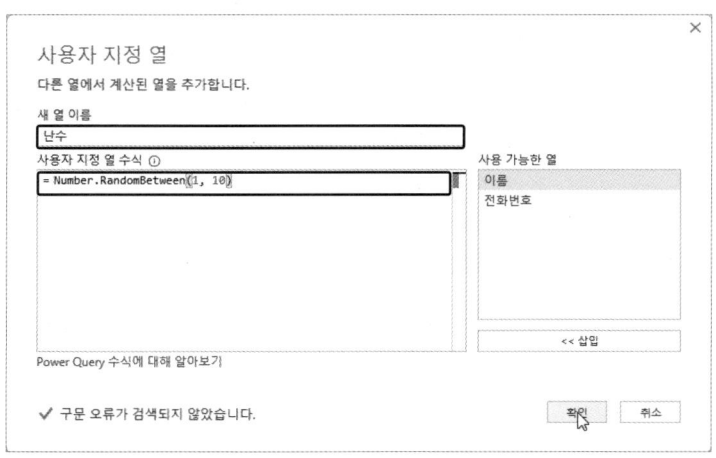

TIP 파워 쿼리의 M code는 대/소문자를 구분하므로 항상 주의해야 합니다.

엑셀마스터가 짚어주는 핵심 NOTE

Number.RandomBetween 함수

파워 쿼리의 Number.RandomBetween 함수는 시작 값부터 끝 값 사이의 난수를 발생시키는 함수입니다.

Number.RandomBetween(bottom, top)

- bottom : 난수의 시작 값
- top : 난수의 끝 값

이 함수는 엑셀의 RandBetween 함수와 유사하지만, 반환 값이 다릅니다. RandBetween 함수는 정수를 반환하지만, 파워 쿼리의 Number.RandomBetween 함수는 실수를 반환합니다.

09 [난수] 열에 1과 10 사이의 난수(임의의 수)가 발생합니다. [난수] 열을 정렬해 큰 숫자나 작은 숫자 순으로 표시를 합니다. 리본 메뉴의 [홈] 탭-[정렬] 그룹-[내림차순 정렬]을 클릭합니다.

엑셀마스터가 짚어주는 핵심 NOTE

[난수] 열을 정렬하는 이유

Number.RandomBetween 함수는 항상 임의의 난수를 발생시키므로 [난수] 열을 정렬(오름차순이나 내림차순 중 아무 방법이나 상관없음)하면, 항상 다른 값이 상단에 위치하게 됩니다. 이런 과정을 통해 항상 다른 데이터를 뽑을 수 있습니다.

10 정렬된 결과가 화면에 표시되면, 상단의 3행만 남기고 모두 삭제합니다. 리본 메뉴의 [홈] 탭-[행 감소] 그룹-[행 유지]를 클릭하고 [상위 행 유지]를 선택합니다.

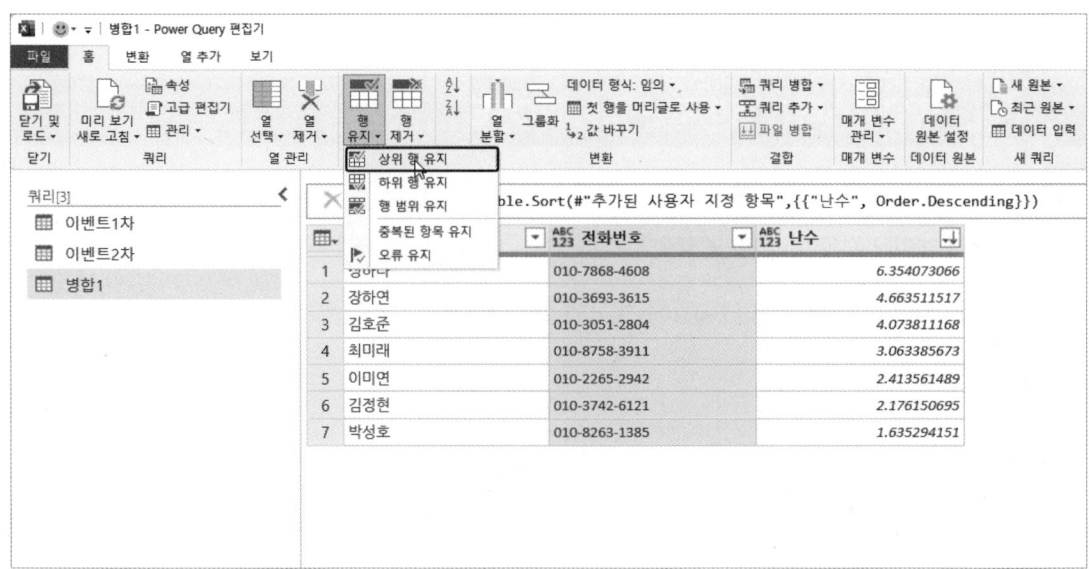

11 [상위 행 유지] 대화상자가 표시되면 **3**을 입력하고 [확인]을 클릭합니다.

12 임의의 세 명의 데이터가 화면에 표시됩니다. [난수] 열은 역할을 다 했으므로 삭제합니다. [난수] 열이 선택된 상태에서 리본 메뉴의 [홈] 탭-[열 관리] 그룹-[열 제거]를 클릭합니다.

TIP 항상 임의의 데이터가 나오기 때문에 미리 보기 화면 데이터와 여러분의 데이터는 다를 수 있습니다.

13 이제 포인트 금액을 넣을 열을 추가로 생성합니다. 리본 메뉴의 [열 추가] 탭-[일반] 그룹-[사용자 지정 열]을 클릭합니다.

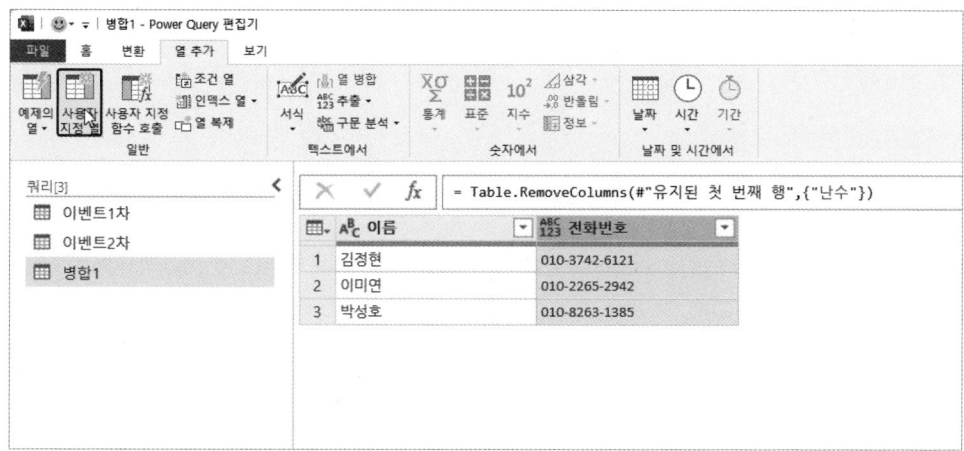

14 [사용자 지정 열] 대화상자가 표시되면 [새 열 이름]에는 **포인트**를, [사용자 지정 열 수식]에는 **=10000**을 입력하고 [확인]을 클릭합니다.

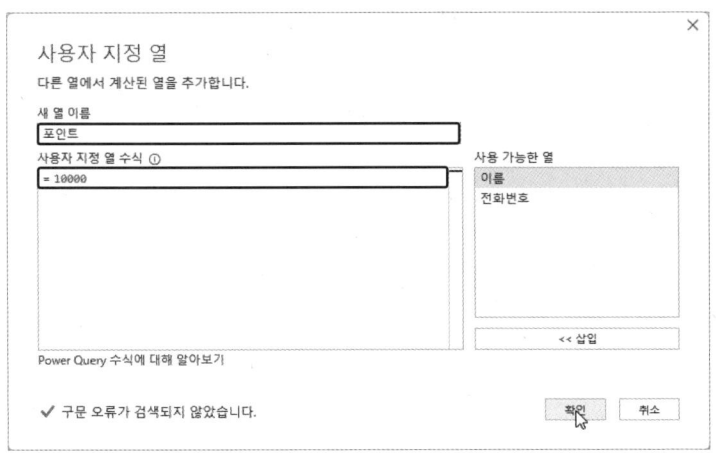

TIP [사용자 지정 열 수식]에 특정 값을 입력하려면 등호(=) 뒤에 원하는 값을 입력하면 됩니다.

15 작업이 모두 종료되었으므로 [쿼리 설정] 작업 창에서 이름을 **당첨자 명단**으로 수정하고, 쿼리 데이터를 엑셀 창에 표시하기 위해 리본 메뉴의 [홈] 탭-[닫기] 그룹-[닫기 및 로드]의 목록 단추를 클릭하고 [닫기 및 다음으로 로드]를 선택합니다.

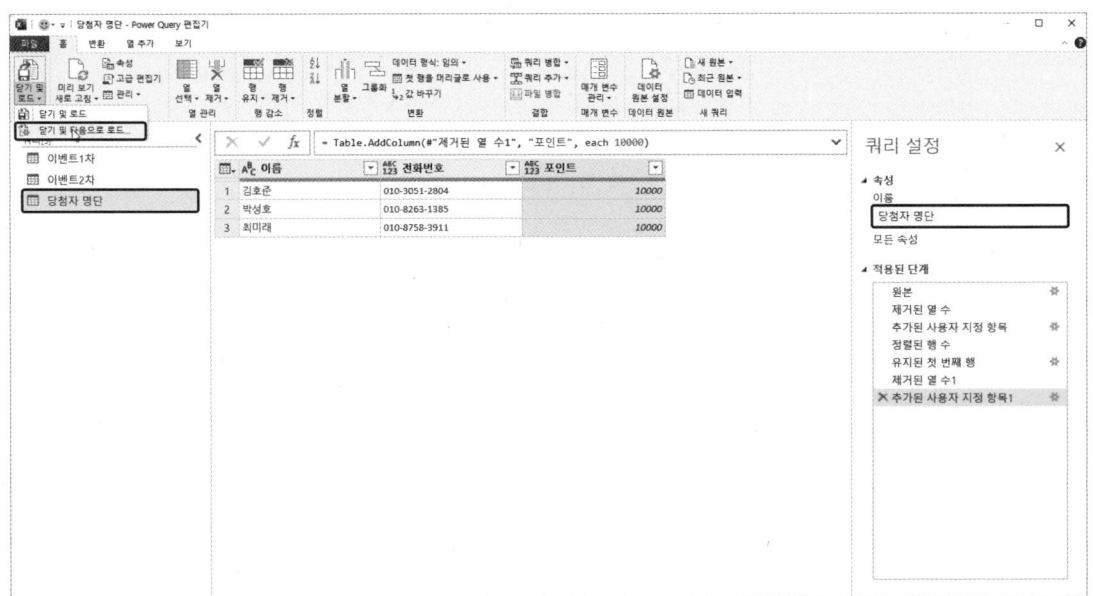

TIP 새로운 작업을 추가하면 미리 보기 화면의 명단이 변화될 수 있는데, 이것은 앞 단계에서 난수를 이용해 표를 정렬했기 때문으로 정상입니다.

16 [데이터 가져오기] 대화상자가 표시되면 [기존 워크시트] 옵션을 선택하고 [B18] 셀을 선택한 다음 [확인]을 클릭합니다.

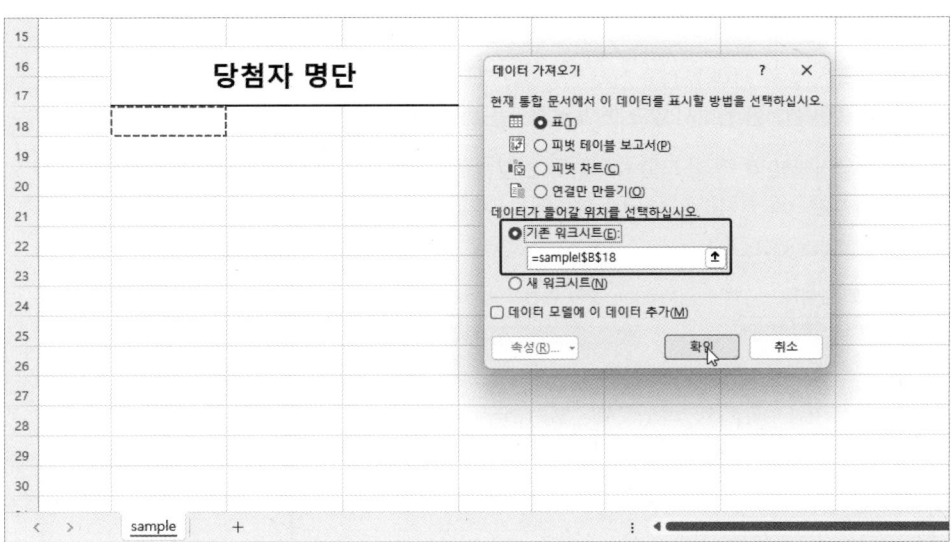

17 화면과 같이 명단의 데이터가 해당 위치에 표로 반환됩니다.

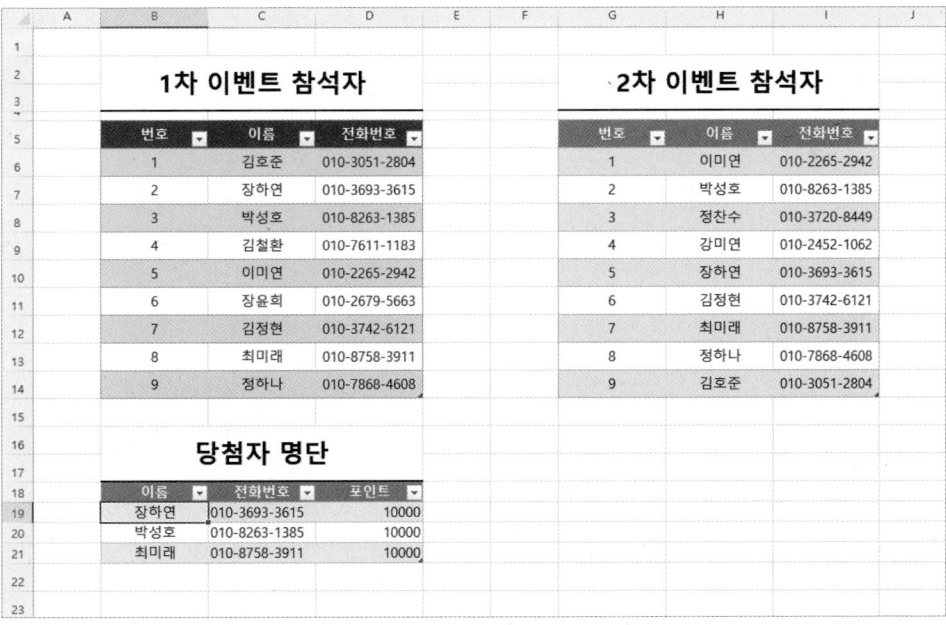

엑셀마스터가 짚어주는 핵심 NOTE

당첨자를 새로 선정하거나 더 이상 바뀌지 않게 하는 방법

파워 쿼리는 [새로 고침]을 통해 전체 과정을 다시 진행하므로 명단을 추출한 다음 [새로 고침]을 하면 새로운 당첨자가 표시됩니다. 이런 변화를 원하지 않고 현재 당첨자를 확정하려면 쿼리를 삭제하면 됩니다.

리본 메뉴의 [데이터] 탭-[쿼리 및 연결] 그룹-[쿼리 및 연결 🔲]을 클릭하고, [쿼리 작업 창]에서 [당첨자 명단] 쿼리를 마우스 오른쪽 버튼으로 클릭한 다음 단축 메뉴에서 [삭제]를 선택합니다.

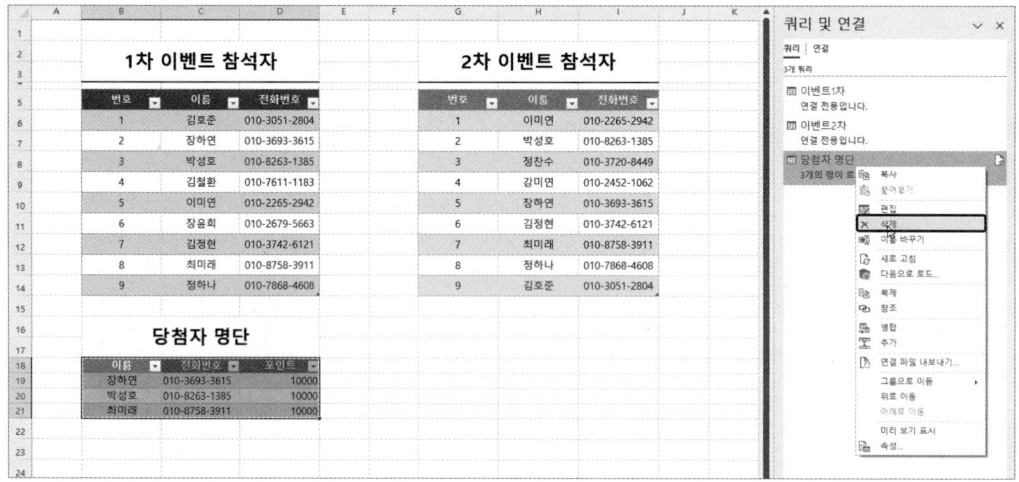

다음과 같은 메시지 창이 표시되면 [삭제]를 클릭합니다.

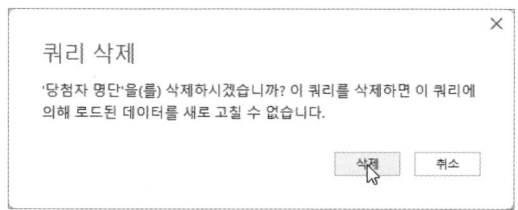

이렇게 데이터를 반환한 뒤 쿼리를 삭제하면 쿼리는 삭제되고 반환된 표는 그대로 유지됩니다.

왼쪽 앤티(Left anti)와 오른쪽 앤티(Right anti)

[왼쪽 앤티]는 왼쪽 표에만 있는 데이터를 표시하고 싶을 때 사용합니다. 다양한 상황에서 한쪽 쿼리에만 있는 데이터를 추출할 수 있는데, 다음과 같은 두 개의 표가 존재한다고 가정합니다.

왼쪽 쿼리 (주문서)

주문번호	상품
1101-1	HDD 4T
1101-2	SSD 2T
1101-3	SSD 2T
1102-1	SSD 1T
1103-1	SSD 4T
1104-1	HDD 10T
1104-2	SSD 1T
1104-3	HDD 10T
1105-1	SSD 2T

오른쪽 쿼리 (재고)

상품	재고
HDD 4T	52
HDD 8T	34
HDD 10T	22
SSD 1T	50
SSD 2T	40

TIP 왼쪽 [주문서] 표에서는 주문이 접수된 상품 리스트를 확인할 수 있고, 오른쪽 [재고] 표에서는 현재 재고가 있는 상품을 확인할 수 있습니다. 두 표는 모두 [상품] 열의 데이터로 연결할 수 있습니다. 오른쪽 [재고] 표의 경우는 재고 상태에 따라 상품이 나타날 수도 있고 없어질 수도 있습니다.

재고가 있는지 확인하고 취소될 주문을 처리해야 한다면, 두 표를 왼쪽 앤티 방식으로 연결해 왼쪽 [주문서]에만 있는 상품을 찾아야 합니다. 오른쪽 [재고] 표에는 SSD 4T 상품이 없으므로 왼쪽 앤티 방식으로 연결하면 [주문서] 표에서 SSD 4T 상품에 대한 주문 취소 건만 빠르게 확인할 수 있습니다.

[취소 주문건]

주문번호	상품
1103-1	SSD 4T

이런 작업은 [왼쪽 외부] 방식으로 연결한 다음, 오른쪽 쿼리의 결과가 null이 반환되는 데이터를 추출하는 방법으로도 가능하지만, [왼쪽 앤티] 방식을 사용하면 작업 단계를 줄일 수 있습니다.

[오른쪽 앤티]는 [왼쪽 외부]와 [오른쪽 외부]와 같이 쿼리의 위치에 따른 결과를 얻기 위한 것이므로 [왼쪽 앤티]와 동일한 방법으로 제어합니다. 물론 [오른쪽 앤티] 역시 [오른쪽 외부] 방식으로 연결한 후, 왼쪽 쿼리의 null이 반환되는 데이터를 추출하는 방법으로도 동일한 결과를 얻을 수 있습니다.

두 쿼리를 비교해 한 쪽 쿼리에만 존재하는 데이터 추출하는 방법 이해하기

예제 파일 CHAPTER 04 \ 앤티.xlsx

01 예제 파일을 열면 두 표를 확인할 수 있습니다. 두 표를 연결해 재고가 없는 상품은 [주문 취소]로, 재고가 있는 상품은 [주문 확정] 쿼리로 구분하여 반환하겠습니다. 리본 메뉴의 [데이터] 탭-[쿼리 및 연결] 그룹-[쿼리 및 연결]을 클릭하면 이미 두 표가 모두 쿼리로 저장된 것을 확인할 수 있습니다.

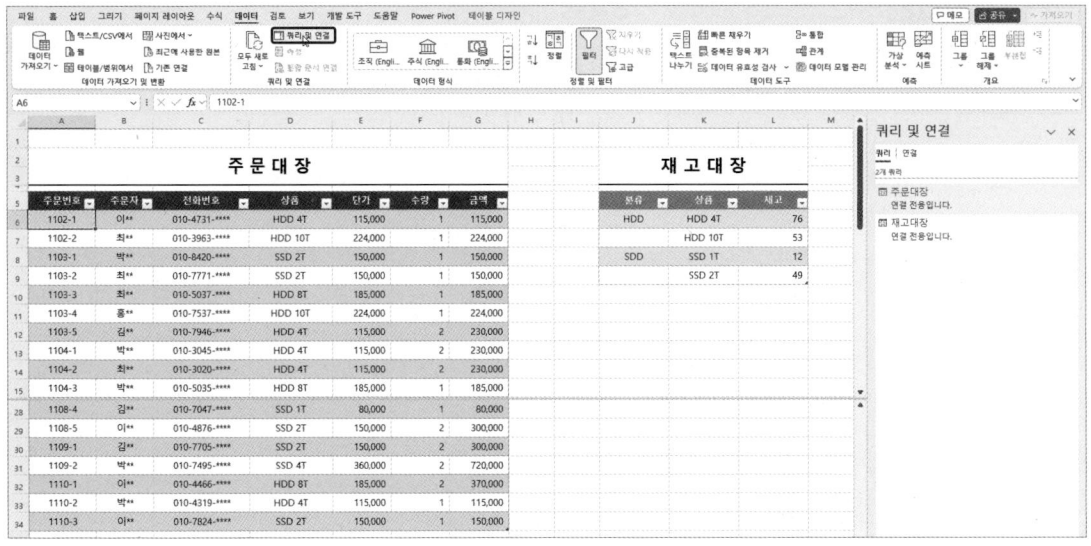

02 두 쿼리를 연결해 취소할 주문 건과 확정할 주문 건을 각각 쿼리로 생성하겠습니다. 먼저 두 쿼리를 연결해 주문 취소할 주문 건을 쿼리로 생성합니다. 리본 메뉴의 [데이터] 탭–[데이터 가져오기 및 변환] 그룹–[데이터 가져오기]를 클릭하고, 하위 메뉴에서 [쿼리 결합]–[병합]을 선택합니다.

03 [병합] 대화상자가 표시되면 [주문대장] 쿼리를 상단에, [재고대장] 쿼리를 하단에 각각 선택하고, 쿼리를 연결할 열은 [상품] 열을 각각 선택합니다. [조인 종류] 옵션은 [왼쪽 앤티]를 선택하고 [확인]을 클릭합니다.

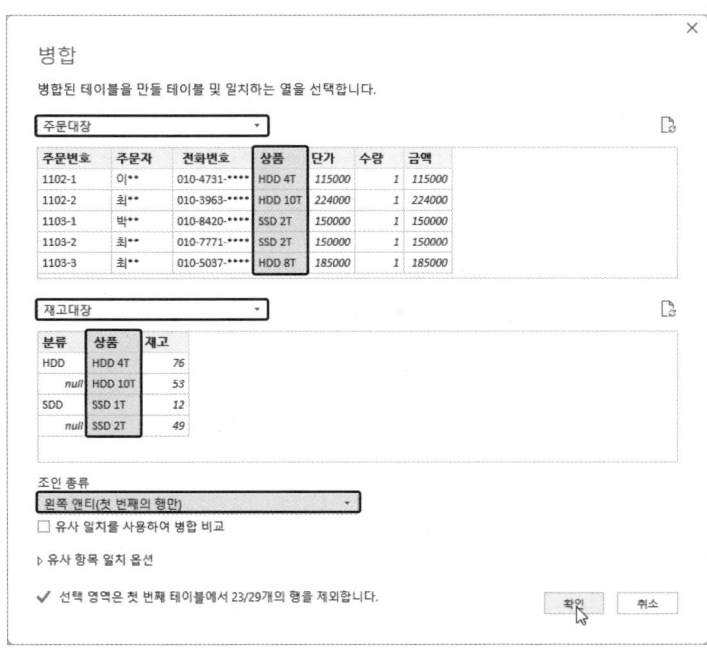

TIP 주문 취소는 재고가 없는 상품을 [주문대장] 쿼리에서 표시해야 하므로 [왼쪽 앤티] 연결 방법을 사용합니다.

04 [병합1] 쿼리가 새롭게 생성되면서 [주문대장] 쿼리 맨 오른쪽에 [재고대장] 열이 생성됩니다. [재고대장] 열의 첫 번째 칸에 있는 Table 오른쪽 빈 영역을 클릭하면 화면 하단에 null 값이 존재하는 것을 확인할 수 있습니다.

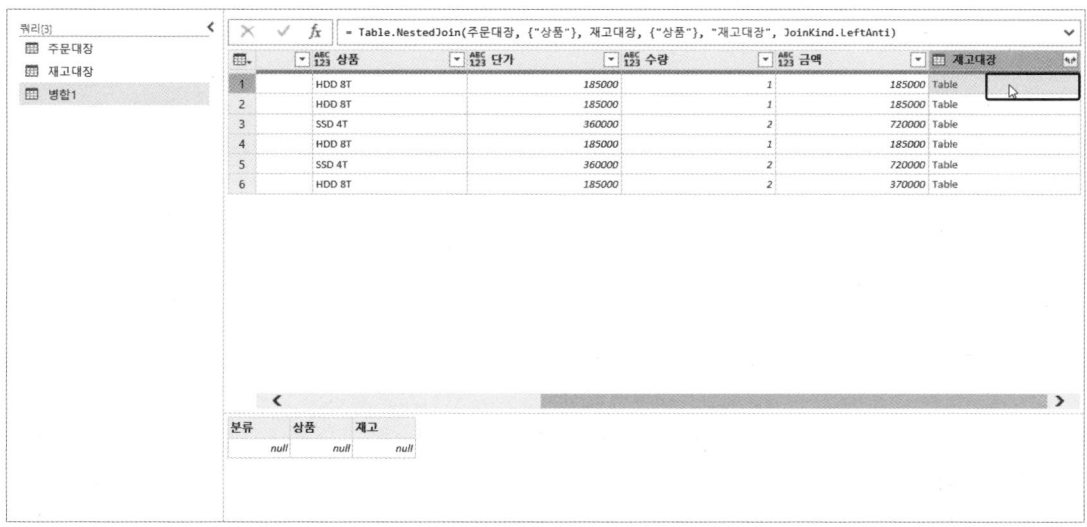

TIP [왼쪽 앤티]로 연결했으므로 왼쪽 쿼리인 [주문대장] 쿼리에 존재하는 데이터만 화면에 표시되며, 연결된 [재고대장] 쿼리에는 null 값(=[왼쪽 앤티]는 오른쪽 쿼리에는 없는 것만 연결되므로)만 표시됩니다.

05 필요한 열만 남겨놓기 위해 리본 메뉴의 [홈] 탭-[열 관리] 그룹-[열 선택▦]을 클릭한 다음, [열 선택] 대화상자에서 [단가], [금액], [재고대장] 열의 체크는 해제하고 [확인]을 클릭합니다.

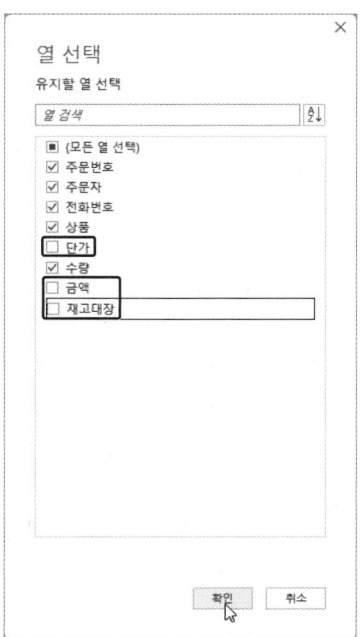

06 주문을 취소해야 할 데이터를 모두 표시했으므로, 쿼리 이름을 수정합니다. [쿼리] 창에서 [병합1] 쿼리를 마우스 오른쪽 버튼으로 클릭하고 [이름 바꾸기]를 선택합니다.

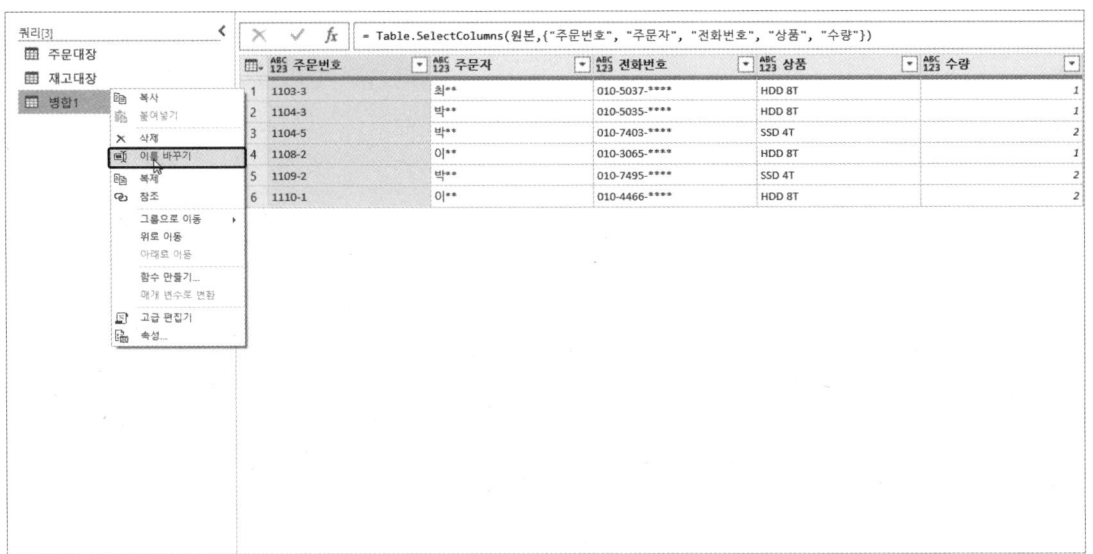

07 쿼리 이름을 **주문 취소**로 변경합니다. 이제 주문 확정할 데이터만 갖는 [주문 확정] 쿼리를 생성하겠습니다. 리본 메뉴의 [홈] 탭–[결합] 그룹–[쿼리 병합]의 목록 단추를 클릭하고 [쿼리를 새 항목으로 병합]을 선택합니다.

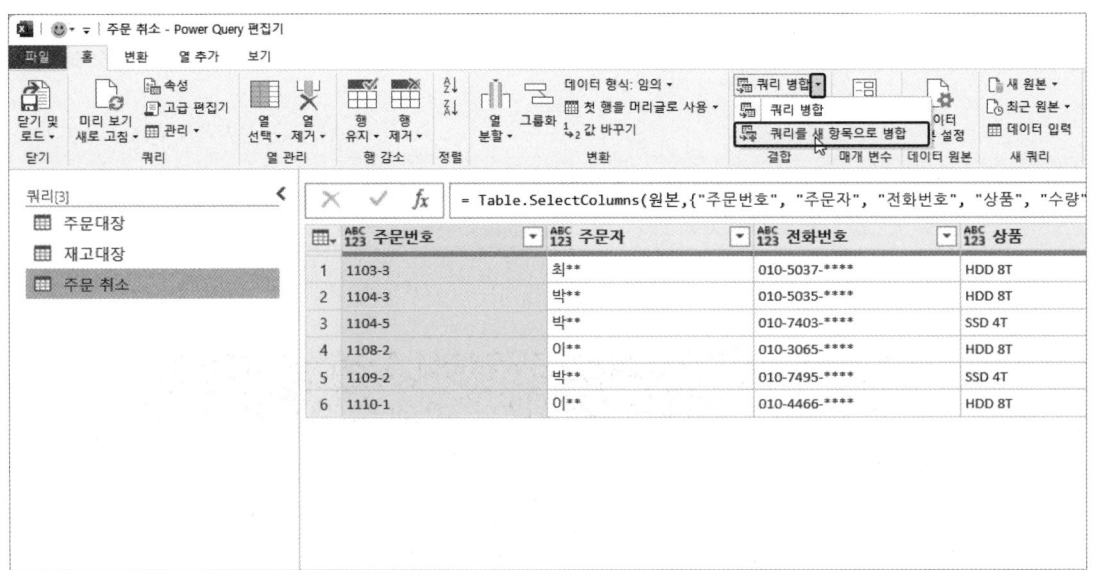

08 [병합] 대화상자가 표시되면 [주문대장] 쿼리를 상단에, [재고대장] 쿼리를 하단에 각각 선택하고, 쿼리를 연결할 열은 [상품] 열을 각각 선택합니다. 그런 다음 [조인 종류] 옵션은 [내부]를 선택하고 [확인]을 클릭합니다.

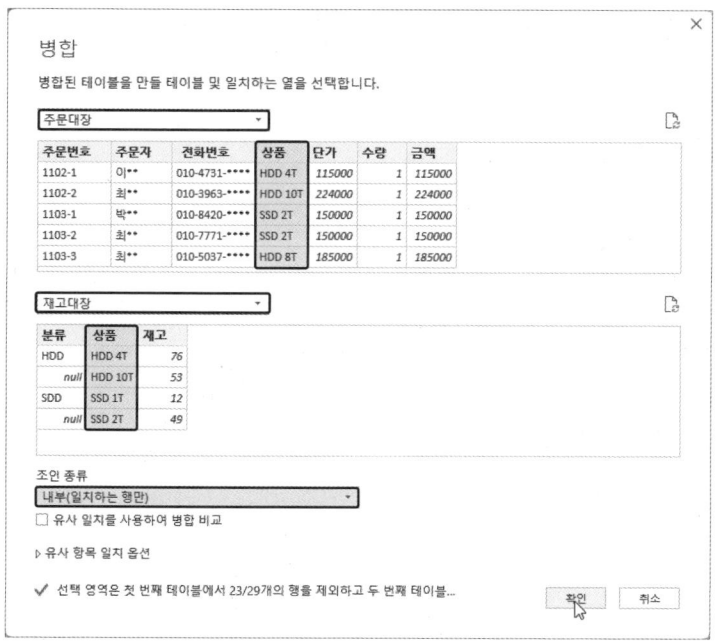

TIP 주문 확정은 재고가 있는 상품을 [주문대장] 쿼리에서 표시해야 하므로 [내부] 연결 방법을 사용합니다.

09 [병합1] 쿼리가 다시 생성되면서 [주문대장] 쿼리 맨 오른쪽에 [재고대장] 열이 생성됩니다. [재고대장] 열의 첫 번째 칸에 있는 Table 오른쪽 빈 영역을 클릭하면 화면 하단에 [재고대장] 쿼리의 재고가 표시됩니다.

TIP [내부]로 연결했으므로, [주문대장]과 [재고] 쿼리에 모두 존재하는 데이터만 표시됩니다.

10 05~06 과정을 참고해 화면에 표시할 열을 동일하게 설정하고, 쿼리 이름을 **주문 확정**으로 변경합니다.

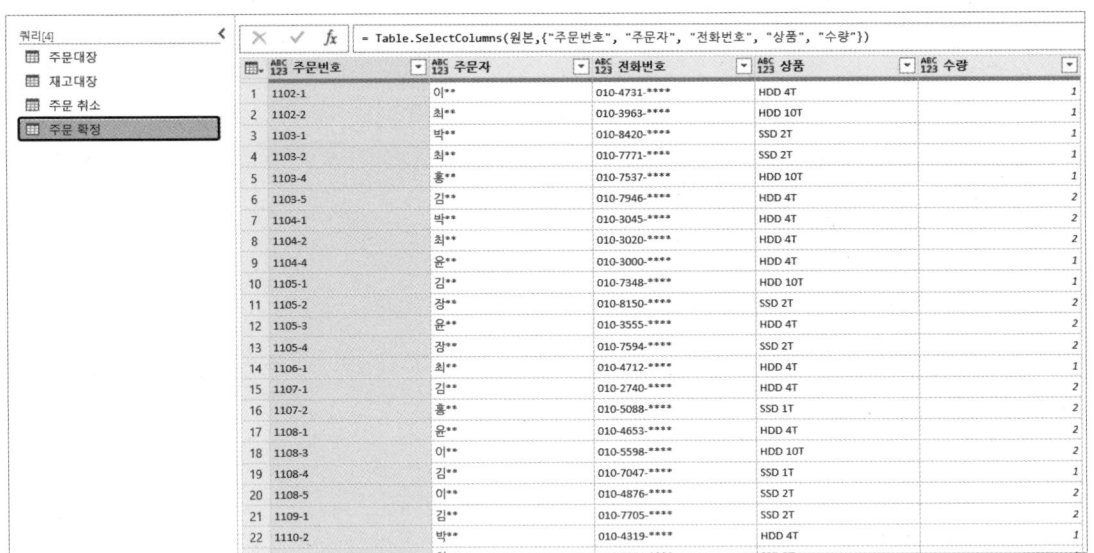

TIP [주문 취소]와 [주문 확정] 쿼리는 엑셀로 내려 보내 원본 [주문대장] 표 데이터와 확인해봅니다.

SECTION 02

기능 ⑭ 추가

[병합]과 달리 [추가]는 여러 시트(또는 파일)로 분리된 표를 하나로 통합하는 역할을 합니다. [병합]은 가로 방향으로 데이터를 결합하는 반면, [추가]는 세로 방향으로 데이터를 결합합니다. 아래와 같은 두 개의 표가 서로 다른 시트나 파일에 있다고 가정합니다.

[표1]

날짜	제품	수량
2024-7-1	A	1
2024-7-2	B	5
2024-7-3	C	2
2024-7-4	A	4
2024-7-5	C	3
2024-7-6	B	2

[표2]

날짜	제품	수량
2024-8-1	A	5
2024-8-2	B	8
2024-8-3	C	12

위 두 표를 아래에 다음과 같은 표로 하나로 합칠 때 사용할 수 있는 기능이 [추가]입니다.

날짜	제품	수량
2024-7-1	A	1
2024-7-2	B	5
2024-7-3	C	2
2024-7-4	A	4
2024-7-5	C	3
2024-7-6	B	2
2024-7-6	A	5
2024-7-6	B	8
2024-7-6	C	12

여러 표를 합칠 때 원본이 엑셀 표인 경우에는 머리글을 인식해 표를 하나로 통합할 수 있습니다.

원본이 시트에 있는 경우에는 머리글을 인식하도록 설정하거나 단순히 열 순서에 맞게 표를 하나로 합칠 수 있습니다. 데이터 특성에 맞게 두 가지 방법 중 하나를 선택해 사용합니다.

여러 쿼리를 하나의 쿼리로 추가하는 방법 이해하기

예제 파일 CHAPTER 04 \ 추가.xlsx

01 예제 파일을 열면 파일에 이미 저장되어 있는 쿼리 때문에 [보안 경고] 메시지 창이 표시됩니다. [콘텐츠 사용]을 클릭합니다.

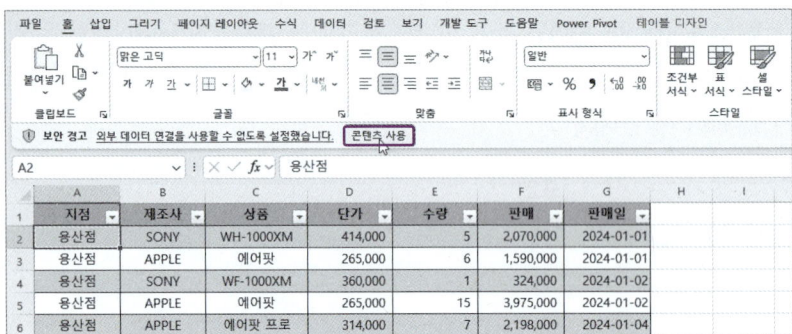

02 예제 파일에는 [용산점], [강남점], [성수점] 시트가 있고, 모든 시트의 표는 엑셀 표로 등록된 상태입니다.

TIP 이번 예제에서는 각 지점별 실적을 하나의 피벗 테이블 보고서로 집계하고 싶다고 가정합니다. 예제의 시트를 모두 확인하면 모두 동일한 머리글과 구조를 가지고 있다는 것을 확인할 수 있습니다.

03 각 시트의 표는 쿼리로 미리 저장되어 있습니다. 리본 메뉴의 [데이터] 탭-[쿼리 및 연결] 그룹-[쿼리 및 연결]을 클릭하면 [쿼리 및 연결] 작업 창이 표시되면서 저장된 쿼리를 확인할 수 있습니다.

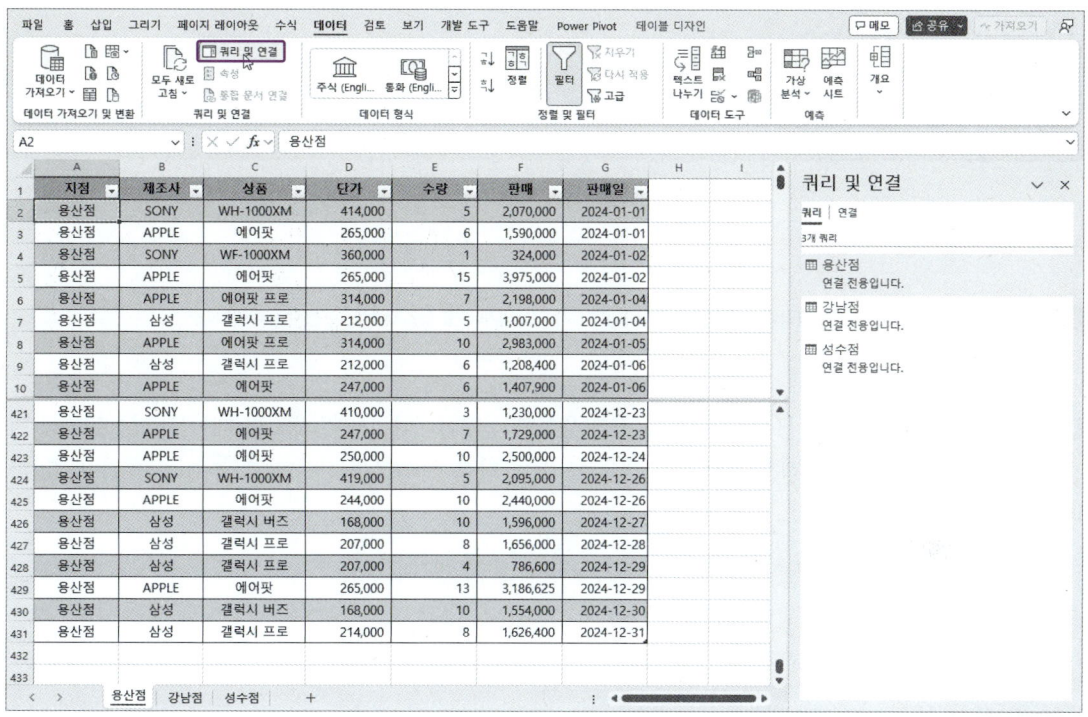

04 각 지점별 쿼리를 하나의 쿼리로 합치기 위해 리본 메뉴의 [데이터] 탭-[데이터 가져오기 및 변환] 그룹-[데이터 가져오기]을 클릭하고 하위 메뉴에서 [쿼리 결합]-[추가]를 선택합니다.

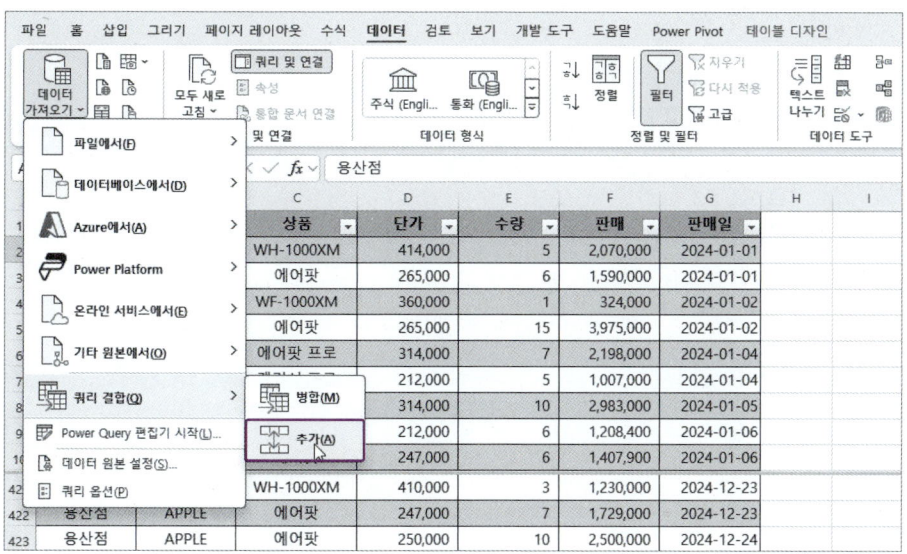

05 [추가] 대화상자가 표시됩니다.

TIP [추가] 대화상자에서는 2개의 쿼리를 하나로 합칠지, 아니면 3개 이상의 쿼리를 합칠지 옵션을 선택해야 합니다.

06 합칠 지점이 3개이므로 [3개 이상의 테이블] 옵션을 선택합니다. [사용 가능한 테이블] 리스트에서 저장된 쿼리를 모두 선택(용산점을 선택하고 Shift 를 누른 다음 성수점을 선택)하고 [추가]를 클릭한 후 [확인]을 클릭합니다.

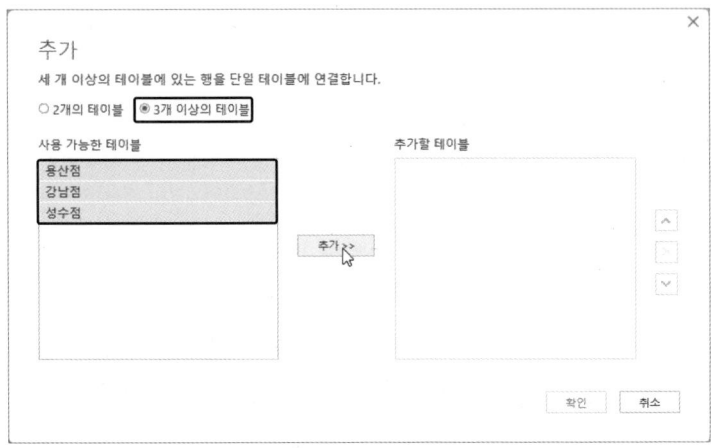

LINK 이 방법은 미리 저장해놓은 쿼리를 사용해 합치는 방법이므로, 쿼리를 먼저 만들어 놓지 않고 표를 합치려면 다음 실습(314페이지)을 참고합니다.

07 [Power Query 편집기] 창이 표시되며 새로 추가된 [추가1] 쿼리를 쿼리 탐색 창에서 확인할 수 있습니다.

08 모든 지점이 합쳐졌는지 확인하기 위해 [지점] 열의 목록 단추를 클릭합니다. 필터 목록 아래에 "목록이 완전하지 않은 것 같습니다."라는 메시지가 표시되면 전체 항목을 불러오지 않은 것이므로 오른쪽의 [추가 로드]를 클릭합니다.

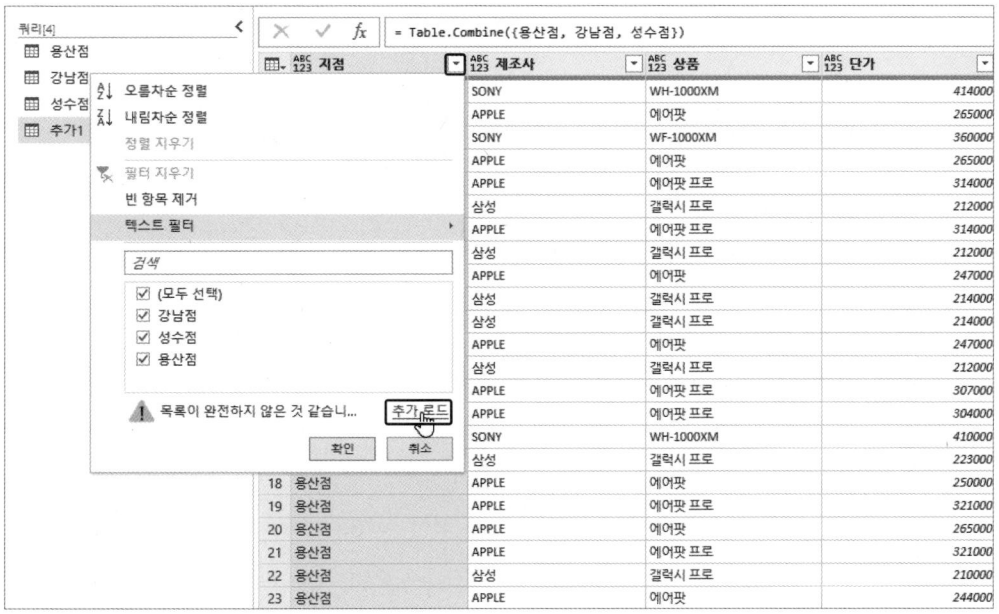

09 전체 열 데이터를 읽은 뒤 필터 목록에 지점명이 표시됩니다. 합쳐진 지점을 모두 확인했다면 [취소]를 클릭합니다.

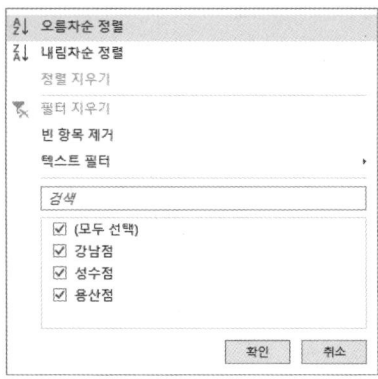

TIP [확인]을 클릭하면 작업 단계가 추가되므로, 데이터 확인을 위해 필터 목록을 확인한 경우에는 [취소]를 클릭하는 것이 좋습니다.

10 모든 열의 데이터 형식을 한 번에 변환하기 위해 [지점] 열이 선택된 상태에서 Ctrl+A 단축키를 눌러 전체 열을 선택하고 리본 메뉴의 [변환] 탭-[열] 그룹-[데이터 형식 검색]을 클릭합니다.

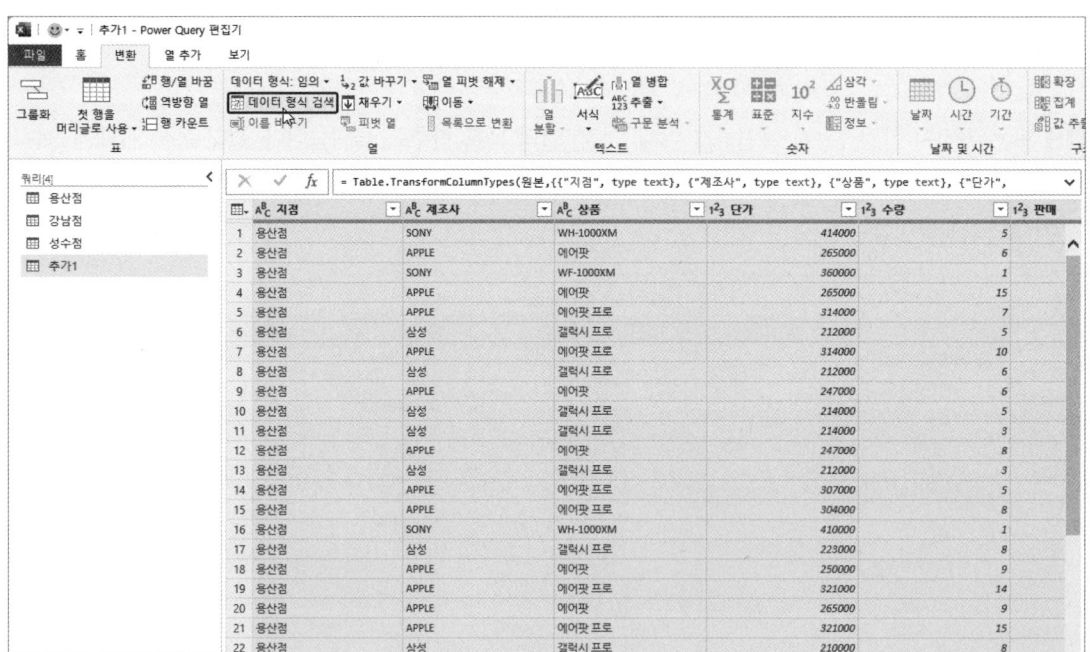

11 이제 엑셀로 데이터를 반환해 피벗으로 요약합니다. 리본 메뉴의 [파일]–[닫기 및 다음으로 로드]를 클릭합니다. [데이터 가져오기] 대화상자가 표시되면 [피벗 테이블 보고서]를 선택하고 [확인]을 클릭합니다.

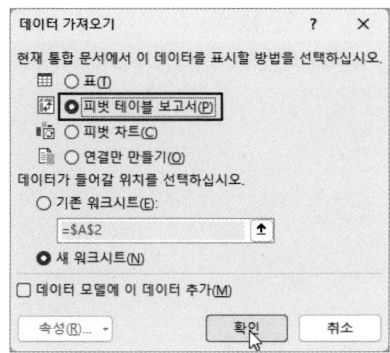

12 [피벗 테이블 필드] 작업 창에서 [지점] 필드와 [판매] 필드의 확인란을 체크하면 다음과 같이 지점별 매출을 확인할 수 있습니다.

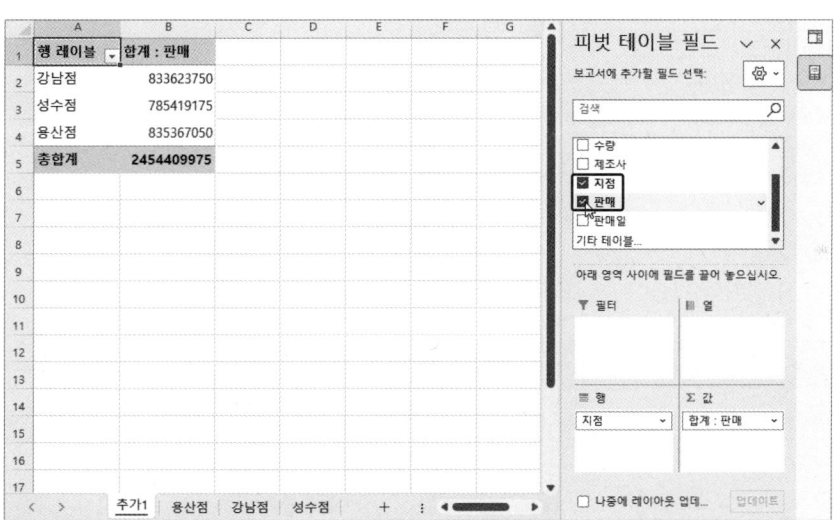

여러 시트의 데이터를 하나의 쿼리로 추가하는 방법 이해하기

예제 파일 CHAPTER 04 \ 추가(시트).xlsx

01 예제 파일을 열고 [용산점] 시트를 보면 다음과 같은 데이터를 확인할 수 있습니다.

	A	B	C	D	E	F
1	제조사	상품	단가	수량	판매	판매일
2	SONY	WH-1000XM	414,000	5	2,070,000	2024-01-01
3	APPLE	에어팟	265,000	6	1,590,000	2024-01-01
4	SONY	WF-1000XM	360,000	1	324,000	2024-01-02
5	APPLE	에어팟	265,000	15	3,975,000	2024-01-02
6	APPLE	에어팟 프로	314,000	7	2,198,000	2024-01-04
7	삼성	갤럭시 프로	212,000	5	1,007,000	2024-01-04
8	APPLE	에어팟 프로	314,000	10	2,983,000	2024-01-05
9	삼성	갤럭시 프로	212,000	6	1,208,400	2024-01-06
10	APPLE	에어팟	247,000	6	1,407,900	2024-01-06
423	APPLE	에어팟	250,000	10	2,500,000	2024-12-24
424	SONY	WH-1000XM	419,000	5	2,095,000	2024-12-26
425	APPLE	에어팟	244,000	10	2,440,000	2024-12-26
426	삼성	갤럭시 버즈	168,000	10	1,596,000	2024-12-27
427	삼성	갤럭시 프로	207,000	8	1,656,000	2024-12-28
428	삼성	갤럭시 프로	207,000	4	786,600	2024-12-29
429	APPLE	에어팟	265,000	13	3,186,625	2024-12-29
430	삼성	갤럭시 버즈	168,000	10	1,554,000	2024-12-30
431	삼성	갤럭시 프로	214,000	8	1,626,400	2024-12-31

용산점 | 강남점 | 성수점

TIP 예제의 표는 엑셀 표로 등록되지 않았으며, 이전 예제와 달리 표 데이터에 지점명이 입력되어 있지 않습니다.

02 [강남점] 시트를 보면 [E1] 셀의 머리글이 [용산점] 시트와는 달리 '금액'으로 입력돼 있습니다.

	A	B	C	D	E	F
1	제조사	상품	단가	수량	금액	판매일
2	APPLE	에어팟 프로	311,000	8	2,488,000	2024-01-01
3	삼성	갤럭시 프로	207,000	3	621,000	2024-01-01
4	삼성	갤럭시 프로	214,000	8	1,540,800	2024-01-02
5	APPLE	에어팟 프로	311,000	6	1,866,000	2024-01-02

용산점 | 강남점 | 성수점

03 [성수점] 시트를 보면 [F1] 셀의 머리글이 다른 지점과 달리 '판매일자'로 입력돼 있습니다.

	A	B	C	D	E	F
1	제조사	상품	단가	수량	판매	판매일자
2	삼성	갤럭시 프로	219,000	8	1,752,000	2024-01-01
3	APPLE	에어팟	247,000	14	3,458,000	2024-01-01
4	삼성	갤럭시 프로	210,000	3	567,000	2024-01-02
5	SONY	WH-1000XM	410,000	4	1,640,000	2024-01-02

용산점 | 강남점 | 성수점

엑셀마스터가 짚어주는 핵심 NOTE

예제 파일 이해하기

예제 파일의 표는 앞선 실습과 동일한 표이지만 몇 가지 차이가 있습니다. 첫째, 엑셀 표로 등록되어 있지 않습니다. 엑셀 표로 등록된 경우에는 머리글을 자동 인식하므로, 머리글이 다른 열은 초기에 수정해야 합니다. 둘째, 머리글이 동일하지 않습니다. 이번에는 머리글이 자동으로 인식되지 않기 때문에 머리글이 다른 것은 문제가 되지 않지만, 열 순서는 동일해야 합니다. 셋째, 쿼리로 따로 등록되어 있지 않습니다.

04 표를 하나로 합치기 위해 리본 메뉴의 [데이터] 탭–[데이터 가져오기 및 변환] 그룹–[데이터 가져오기]를 클릭하고 [파일에서]–[Excel 통합 문서에서]를 선택합니다.

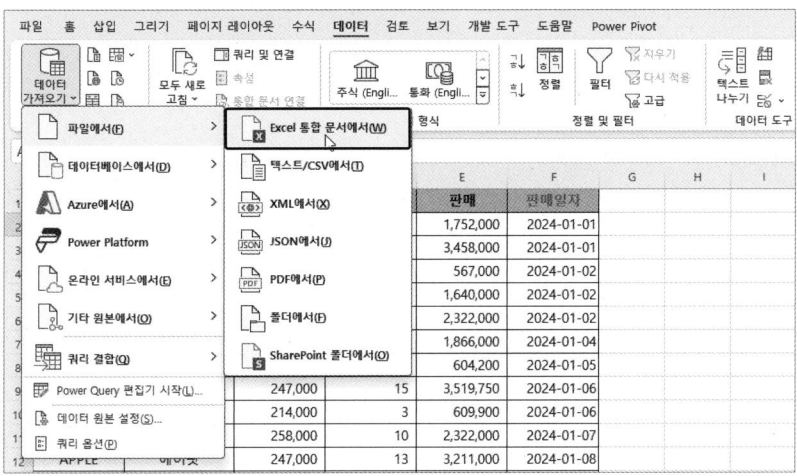

05 [데이터 가져오기] 대화상자가 표시되면 이번 예제 파일인 [추가(시트).xlsx] 파일을 선택하고 [가져오기]를 클릭합니다.

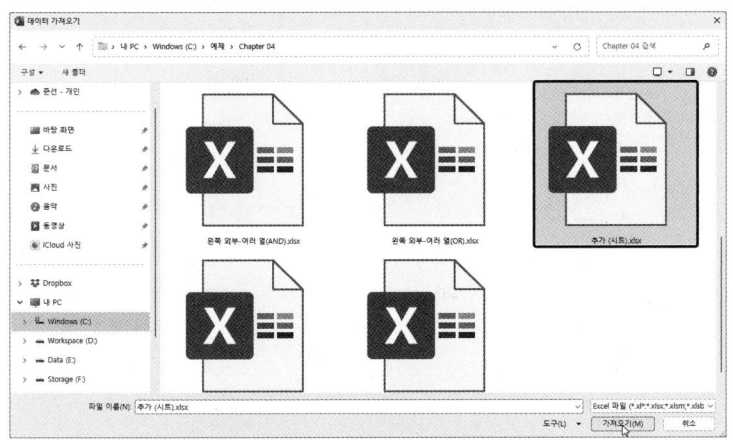

TIP 파워 쿼리는 현재 파일을 인식할 수 있습니다.

06 [탐색 창]이 표시되면 특정 시트를 선택하지 말고 파일인 [추가 (시트).xlsx]를 선택하고 [데이터 변환]을 클릭합니다.

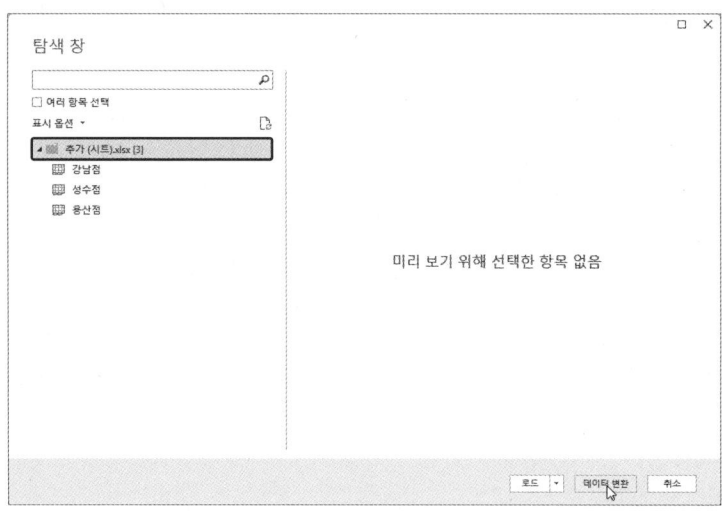

07 [Power Query 편집기] 창이 열리면서 현재 파일에서 읽어올 수 있는 모든 표 데이터가 미리 보기에 표시됩니다.

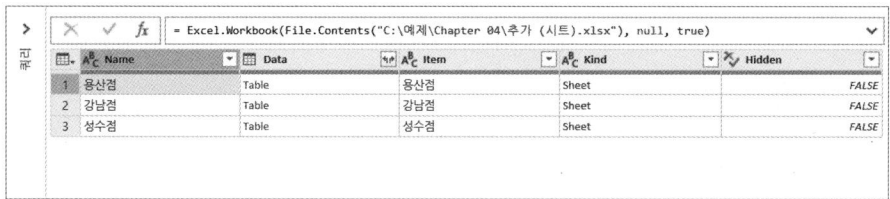

08 나중에 시트가 추가되어도 목적에 맞는 시트만 불러올 수 있도록 필터링 작업을 진행하겠습니다. 먼저 [Kind] 열의 목록 단추를 클릭한 다음 [텍스트 필터]-[같음]을 선택합니다.

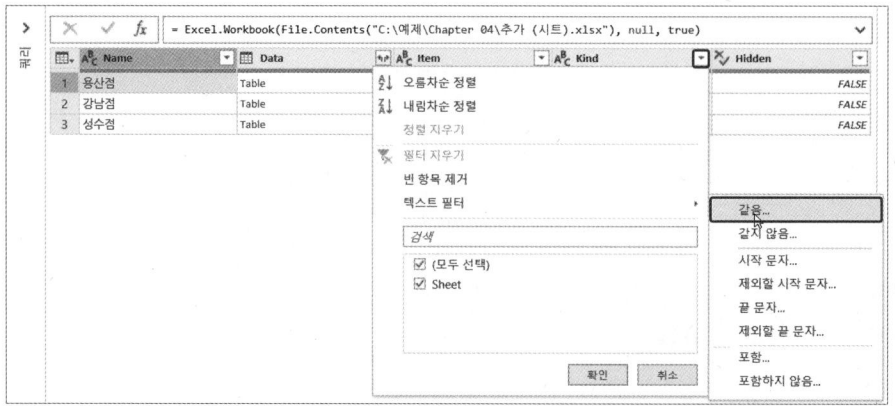

TIP 파워 쿼리는 시트, 엑셀 표, 이름 정의 된 범위를 인식할 수 있으므로, 현재 예제 파일에서는 Sheet만 대상으로 데이터를 가져올 수 있도록 해야 합니다. 이런 작업을 해두지 않으면 추후 [새로 고침]을 할 때 에러가 발생하거나 중복된 데이터가 추가로 나타날 수 있습니다.

09 [행 필터] 대화상자가 표시되면 조건 상자에서 [Sheet]를 선택하고 [확인]을 클릭합니다.

10 이번에는 [Name] 열의 목록 단추를 클릭하고 '점'으로 끝나는 지점만 필터링합니다. 필터 목록에서 [텍스트 필터]-[끝 문자]를 선택합니다.

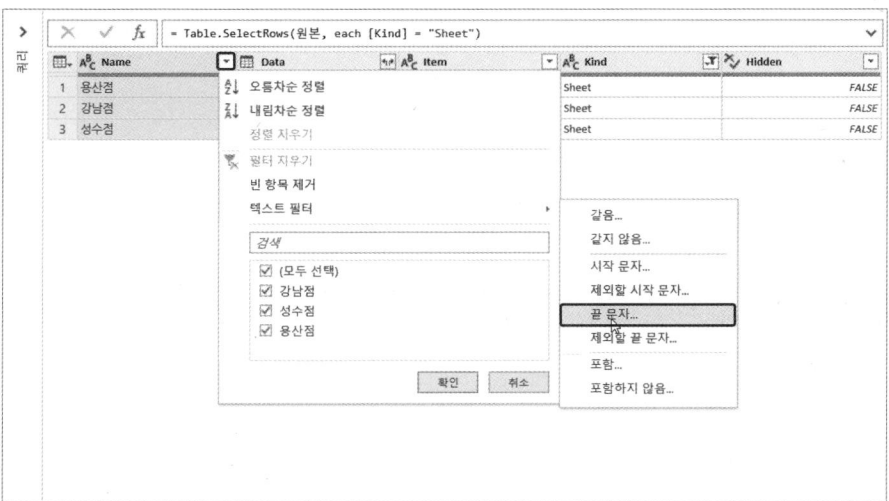

11 [행 필터] 대화상자가 표시되면 조건 상자에 **점**을 입력하고 [확인]을 클릭합니다.

12 [Name] 열의 지점명은 사용하고, 실제 데이터는 [Data] 열에 Table 형식으로 존재하므로, 두 열을 선택하고 마우스 오른쪽 버튼을 클릭한 다음 [다른 열 제거]를 선택해 두 열만 남기고 모두 삭제합니다.

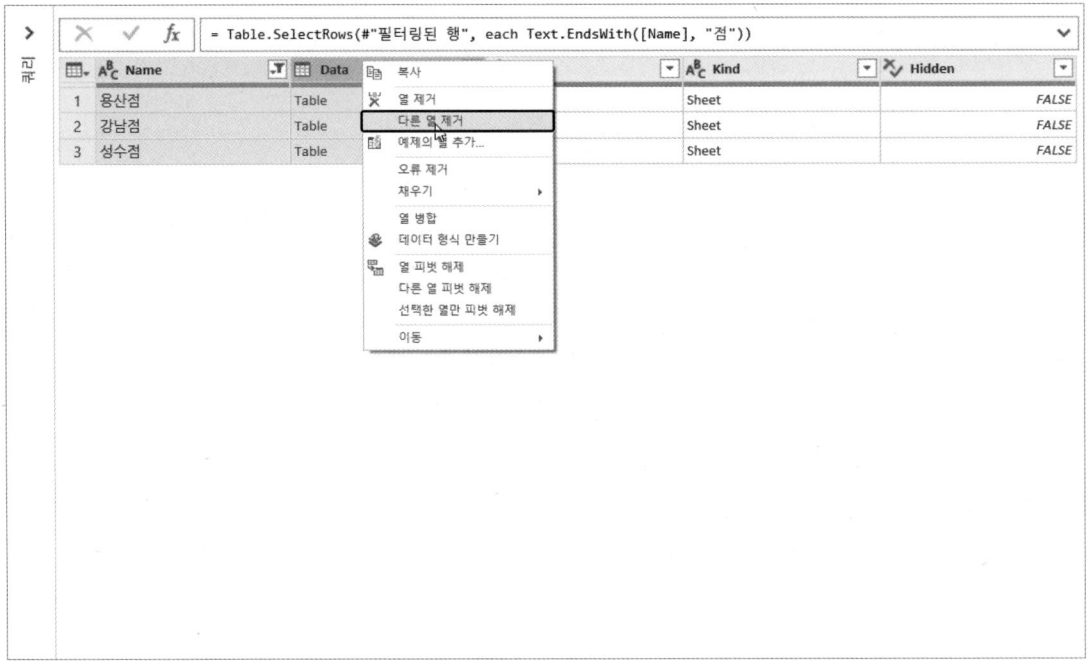

13 [Data] 열의 확장 단추를 클릭하고 [원래 열 이름을 접두사로 사용]의 체크를 해제한 다음 [확인]을 클릭합니다.

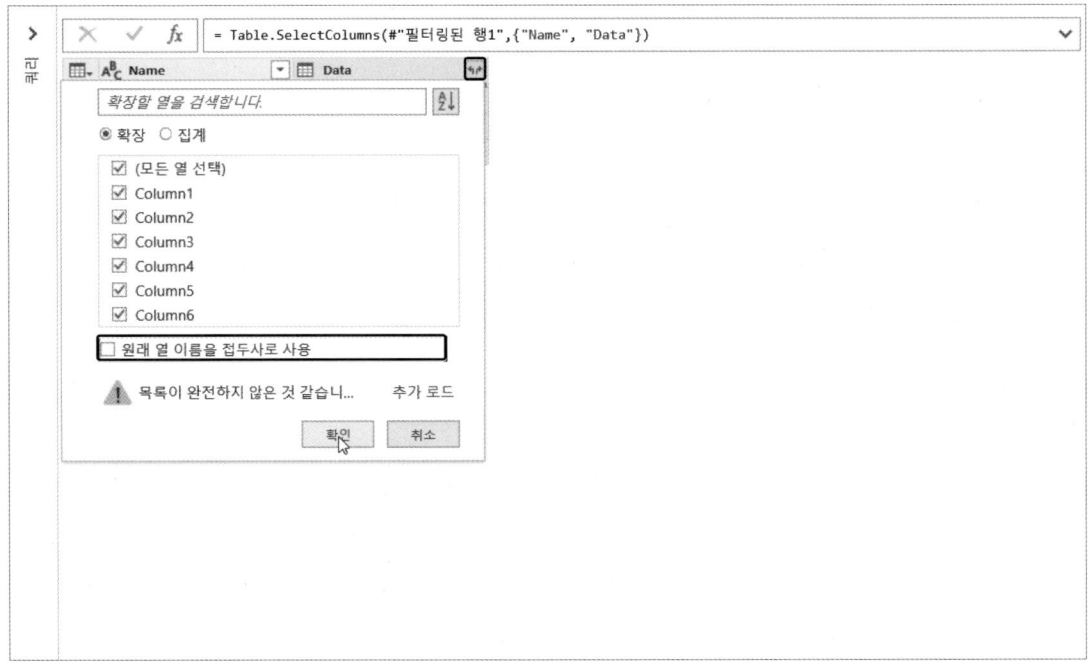

14 다음과 같은 데이터를 확인할 수 있습니다. 머리글을 인식하지 않으므로, 1번 행에 열 제목이 표시됩니다. 리본 메뉴의 [홈] 탭-[변환] 그룹-[첫 행을 머리글로 사용]을 클릭해 머리글을 제대로 인식시킵니다.

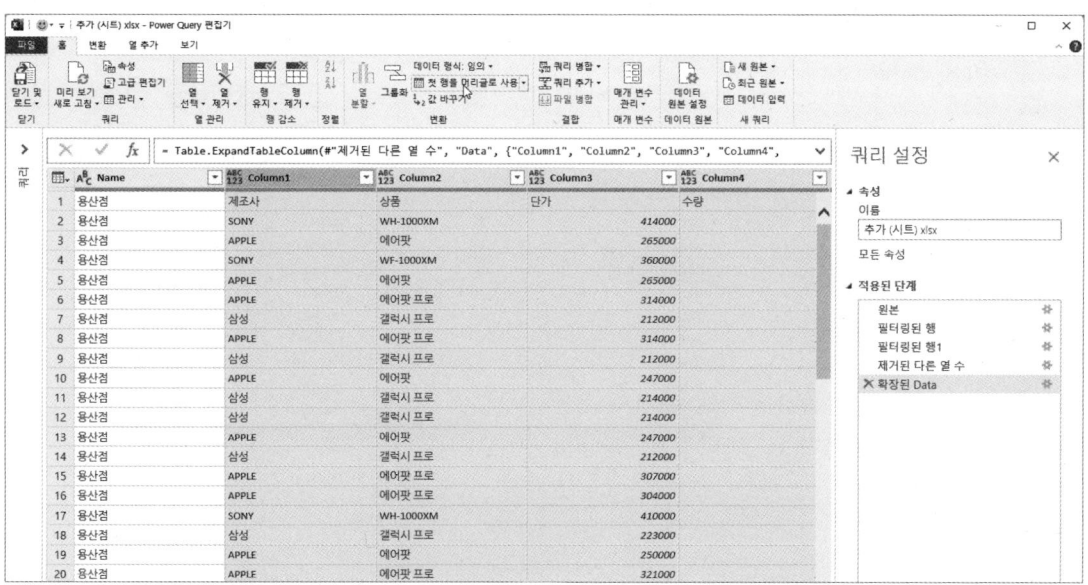

TIP 미리 보기 화면에서 확인할 수 있듯 1행의 머리글은 [용산점]의 머리글입니다. 이렇게 머리글이 인식되지 않으면 열 순서는 모두 동일해야 하며, 첫 번째 시트의 머리글이 쿼리의 머리글이 됩니다.

15 머리글을 자동 인식시키지 않았으므로, 두 번째 시트와 마지막 시트의 머리글이 데이터에 남아 있게 됩니다. 마우스로 스크롤하여 남아 있는 머리글을 먼저 확인합니다. 두 번째 지점인 [강남점] 데이터가 표시되는 431행에 화면과 같이 머리글 데이터가 존재하는 것을 볼 수 있습니다.

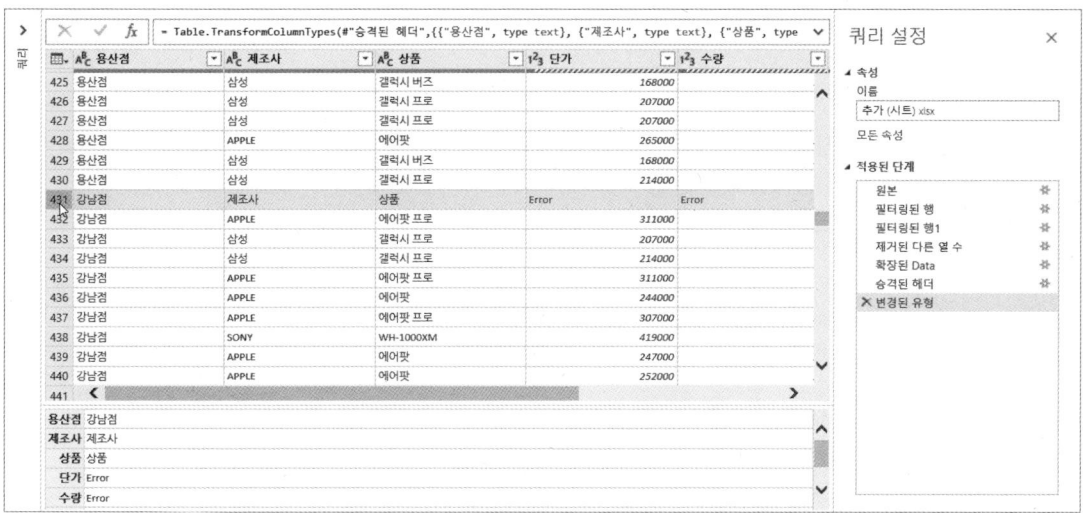

16 431행에는 Error가 발생된 칸이 있습니다. 정확하게 확인하기 위해 가로 스크롤 막대를 오른쪽으로 이동해보면 [단가], [수량], [판매], [판매일] 열에서 모두 Error가 발생한 것을 확인할 수 있습니다.

엑셀마스터가 짚어주는 핵심 NOTE

[단가], [수량], [판매], [판매일] 열은 왜 Error가 표시될까?

오른쪽의 [쿼리 설정] 작업 창의 [적용된 단계]를 보면 '승격된 헤더' 다음에 '변경된 유형' 단계가 있는 것을 확인할 수 있습니다. 14 과정에서 [첫 행을 머리글로 사용]을 선택하면 머리글이 변경되면서 각 열의 데이터 형식이 자동으로 조정됩니다. 이 단계가 바로 '변경된 유형'입니다.

Error가 발생하는 열은 모두 숫자나 날짜 등의 데이터 형식으로 조정된 열입니다. 431행에는 머리글인 '텍스트' 데이터가 있으므로 숫자나 날짜 등의 데이터 형식으로는 변경할 수 없어 해당 행에 에러가 발생한 것입니다.

이 문제를 해결하려면 [적용된 단계]에서 '변경된 유형' 단계를 삭제⨯하고, 작업이 끝난 다음 리본 메뉴의 [변환] 탭–[열] 그룹–[데이터 형식 검색]을 클릭해도 됩니다.

17 남아 있는 머리글 행을 삭제하기 위해 [제조사] 열의 목록 단추를 클릭한 다음 필터 목록에서 [제조사] 머리글 항목을 체크 해제하고 [확인]을 클릭합니다.

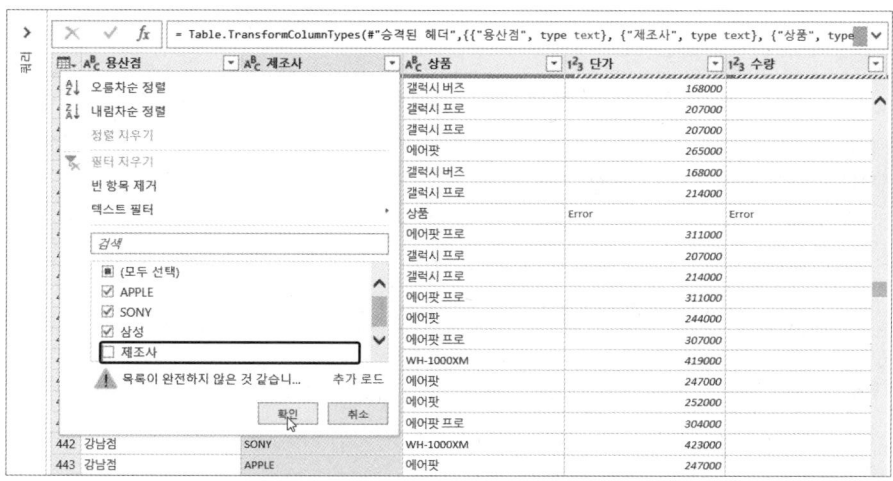

TIP 에러가 발생하지 않은 열 중에서 고유한 값이 적은 열을 대상으로 작업하는 것이 쉽습니다. 이렇게 필터를 적용하면 [강남점]과 [성수점]의 머리글 행이 삭제됩니다.

18 첫 번째 열의 머리글을 더블클릭한 후 **지점**으로 변경합니다.

19 이제 엑셀로 데이터를 반환해 피벗으로 요약합니다. 리본 메뉴의 [파일]-[닫기 및 다음으로 로드] 메뉴를 클릭합니다. [데이터 가져오기] 대화상자가 표시되면 [피벗 테이블 보고서]를 선택하고 [확인]을 클릭합니다.

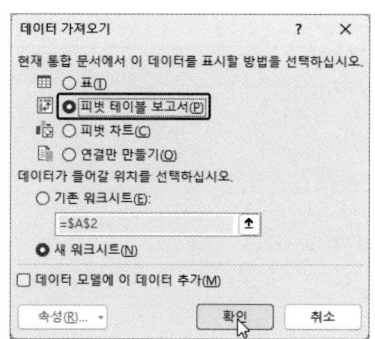

20 [피벗 테이블 필드] 작업 창에서 [지점]과 [판매] 필드 확인란을 체크하면 세 지점의 데이터가 하나의 피벗 테이블 보고서에서 요약된 결과를 확인할 수 있습니다.

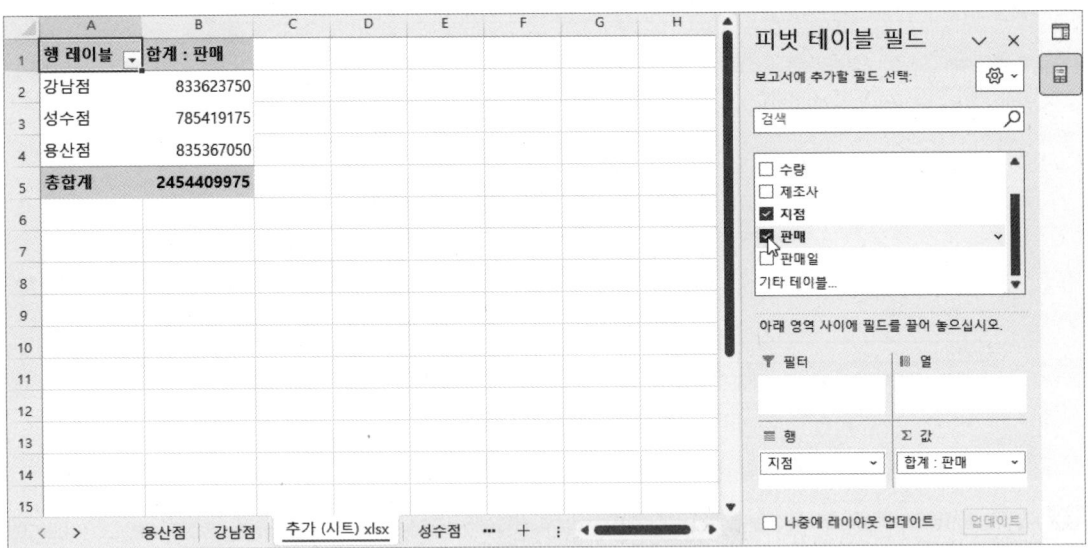

21 지점을 추가하면 추가된 지점 데이터가 피벗에 요약되는지 확인하기 위해 [성수점] 시트를 Ctrl 을 누른 상태로 복사한 다음 시트 탭 이름을 **청라점**으로 변경합니다. 그런 다음 파일을 저장(Ctrl + S)하고 피벗 테이블 보고서를 새로 고칩니다.

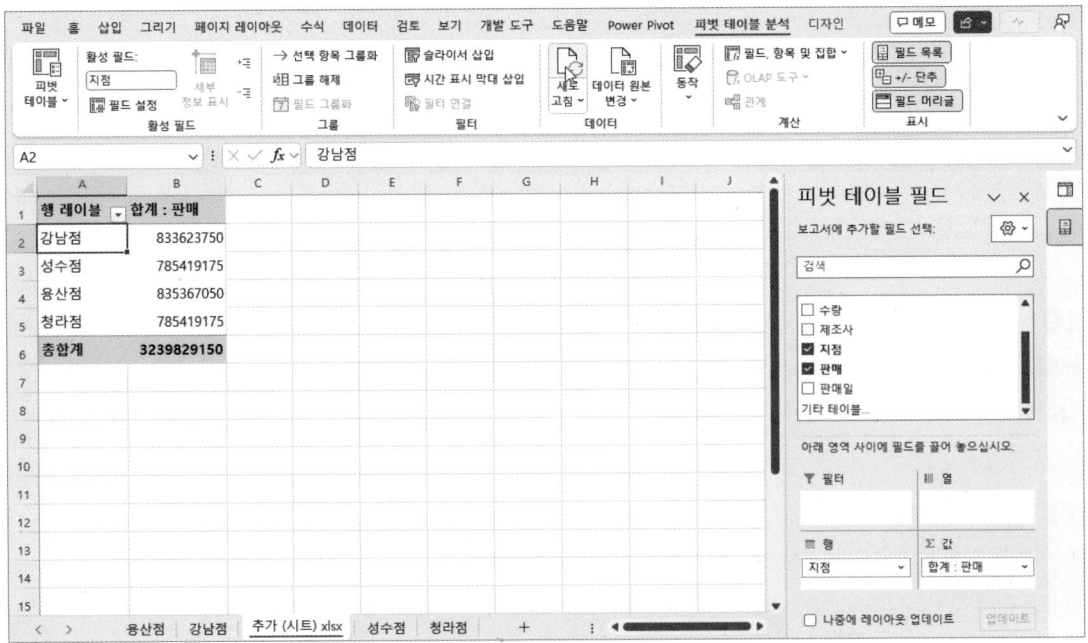

TIP 추가된 [청라점]은 [성수점] 지점과 동일한 합계 값이 표시되며, [청라점]이 표시되지 않으면 파일을 저장하지 않은 것입니다.

SECTION 03

기능 ⑮ 폴더에서

파워 쿼리는 특정 폴더 내 파일의 표를 하나로 합칠 수 있습니다. 이때 방식은 [추가]와 동일하게 첫 번째 파일의 표 하단에 나머지 파일의 데이터를 쌓아 주는 방법으로 데이터를 취합합니다. 이때, M code 함수의 인수를 변경하면 머리글을 인식해 표를 취합하거나 열 순서에 맞게 표를 취합할 수 있습니다.

[폴더에서] 기능을 처리하는 M code 함수는 **Folder.Contents** 함수이고, 읽어 들인 파일 내 표 데이터를 반환하는 함수는 **Excel.Workbook** 함수입니다. 두 함수의 구문은 다음과 같습니다.

Folder.Conetents 함수

파워 쿼리의 Folder.Contents 함수는 지정한 폴더 내 하위 폴더 및 파일에 대한 정보를 테이블로 반환합니다.

Folder.Contents(path)

- path : 합치려는 데이터가 있는 파일의 폴더 경로

이 함수는 파워 쿼리의 [폴더에서] 기능에서 동작합니다.

Excel.Workbook 함수

파워 쿼리의 Excel.Workbook 함수는 엑셀 파일의 내부 구성 요소(시트, 테이블, 범위 등)를 테이블 형태로 반환하여 데이터를 추출하고 변환할 수 있게 합니다.

Excel.Workbook(workbook, useHeaders, delayTypes)

- **workbook** :
  표 데이터를 읽을 엑셀 파일 (binary 데이터)

- **useHeaders** :
  생략 가능하며, 생략하면 false
  표의 첫 번째 행을 머리글을 인식할지 여부를 결정하는 옵션

useHeaders	설명
true	표의 첫 번째 행의 머리글을 인식해 표를 합칩니다. 머리글이 동일하면 열 위치가 달라도 알아서 같은 열로 인식합니다.
false	표의 첫 번째 행의 머리글로 인식하지 않으므로, 모든 표를 동일한 열 순서로 통합합니다.

- **delayTypes :**

  생략 가능하며, 생략하면 false

  표의 열별 데이터 형식을 자동으로 인식할지 여부를 판단함. true면, 데이터 형식을 자동 인식해 변환하는 단계가 추가됨

이 함수는 [통합 문서에서]와 [폴더에서] 기능으로 인식한 엑셀 파일내 표 데이터를 인식해 반환합니다. 특히 **useHeaders** 인수의 옵션이 **true**면 표의 머리글을 인식해 표를 합쳐주기 때문에 열의 순서가 달라도 쉽게 표를 하나로 합칠 수 있습니다.

TIP 파워 쿼리의 M code는 대/소문자를 구분하므로 항상 주의해야 합니다.

특정 폴더 내 파일의 표를 하나로 취합한 다음 피벗으로 요약하기

예제 파일 CHAPTER 04 \ 지점\강남.xlsx, 강동.xlsx, 강북.xlsx, 강서.xlsx
추가 지점\여의도.xlsx, 영등포.xlsx, 잠실.xlsx

01 윈도우 탐색기를 이용해 [CHAPTER 04] 폴더 내 [지점] 폴더를 열어보면 다음과 같은 파일 네 개를 확인할 수 있습니다.

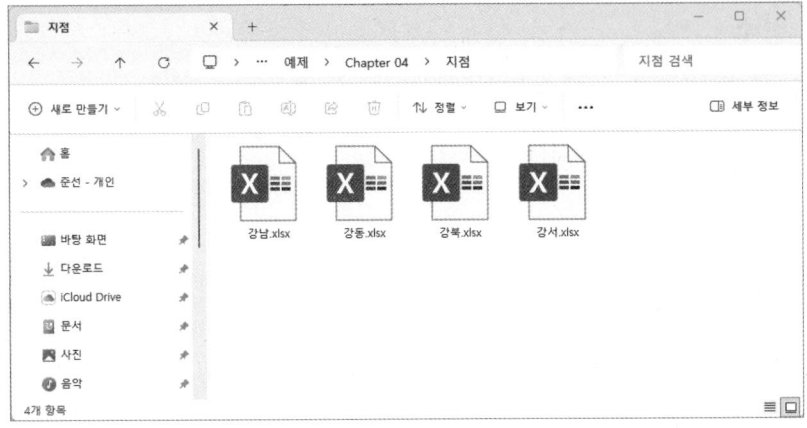

02 '강남.xlsx' 파일과 '강서.xlsx' 파일을 열어보면 두 지점의 판매 실적을 확인할 수 있습니다.

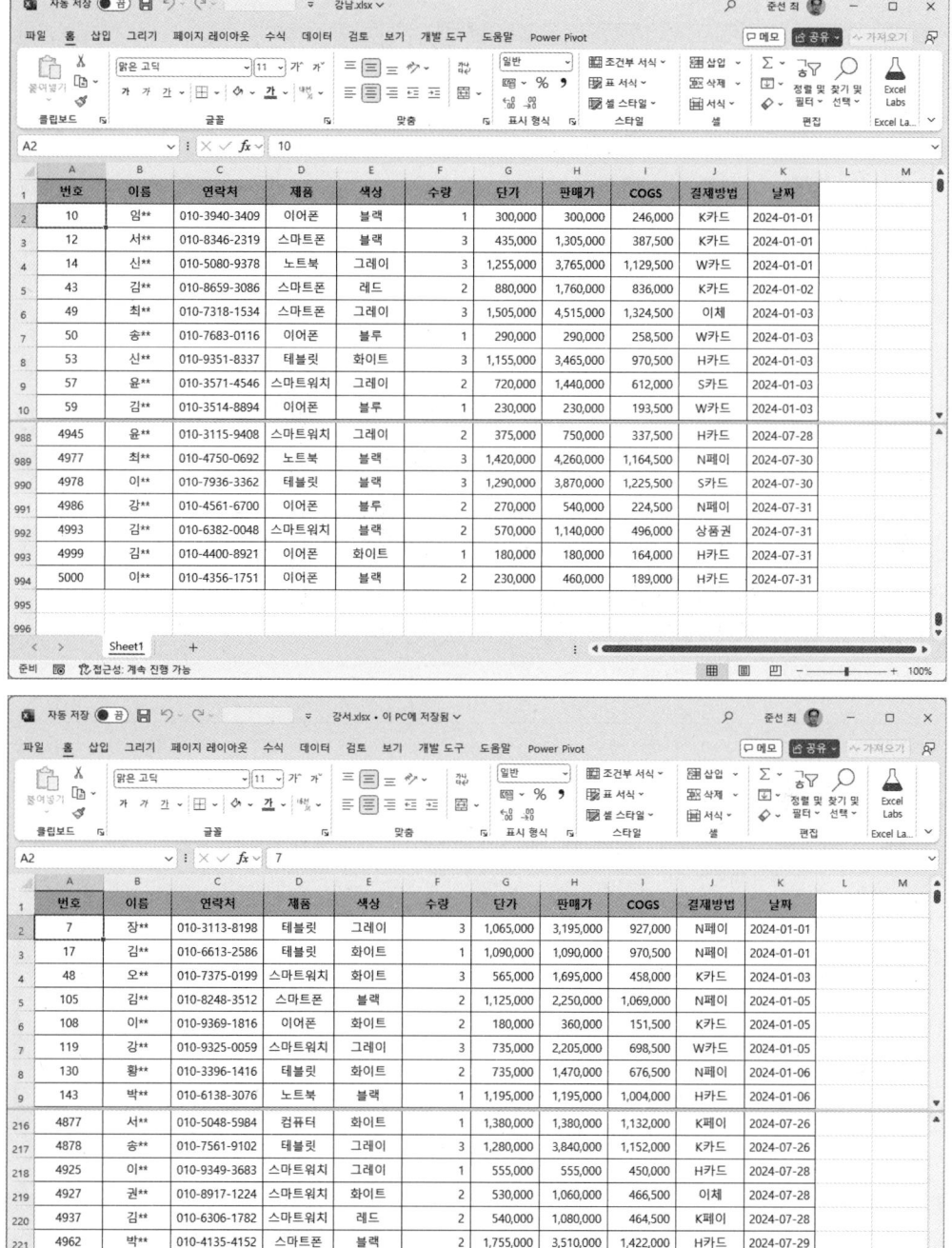

TIP 모든 지점 데이터는 열 구성이 동일한 표로 구성되어 있으며, 각 파일당 시트는 하나이고 시트 이름은 [Sheet1]인 것을 확인할 수 있습니다. 참고로 '지점' 이름은 표에 따로 입력되어 있지 않습니다.

03 다시 [CHAPTER 04] 폴더 내 [추가 지점] 폴더를 보면 몇 개의 지점 파일이 추가로 존재하는 것을 확인할 수 있습니다.

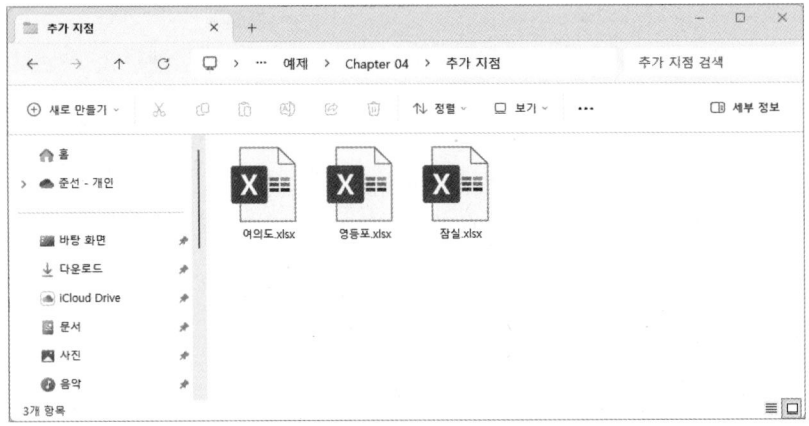

TIP 이 폴더 내 지점은 [지점] 폴더 내 파일을 모두 합친 다음 나중에 추가할 지점 데이터를 의미합니다. 파일의 구성은 [지점] 폴더 내 파일과 동일합니다.

04 02 과정에서 열어놓은 파일이 있다면 모두 닫고, 데이터를 취합할 빈 파일을 하나 엽니다. 그런 다음 리본 메뉴의 [데이터] 탭-[외부 데이터 가져오기 및 변환] 그룹-[데이터 가져오기]를 클릭하고 하위 메뉴 중 [파일에서]-[폴더에서]를 선택합니다.

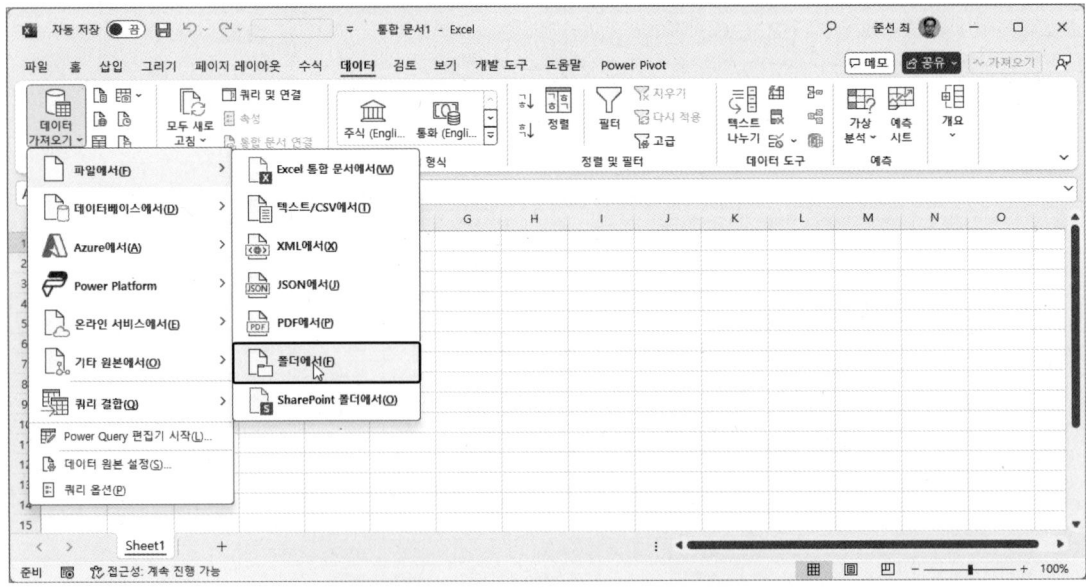

05 [찾아보기] 대화상자가 표시되면 예제 폴더 내 [CHAPTER 04] 폴더 내 [지점] 폴더를 선택하고 [열기]
을 클릭합니다.

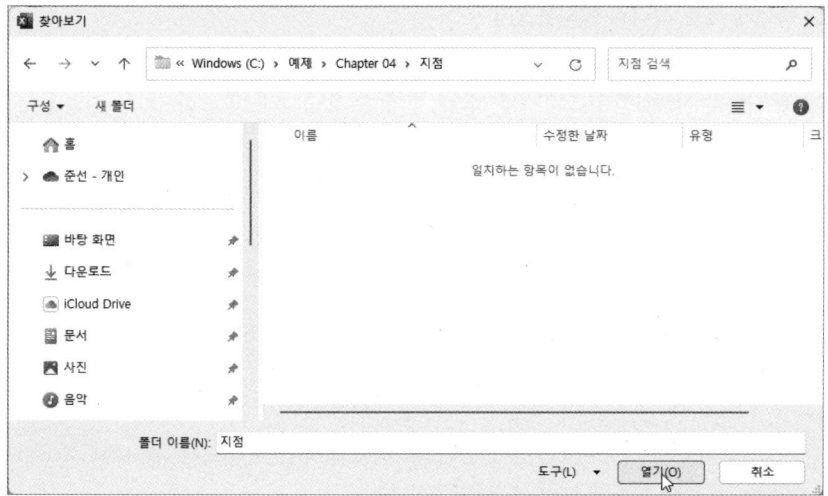

06 탐색창이 열리면 선택한 폴더 내 파일 리스트를 확인할 수 있습니다. [데이터 변환]을 클릭해 파일 리스트를 [Power Query 편집기] 창에서 확인합니다.

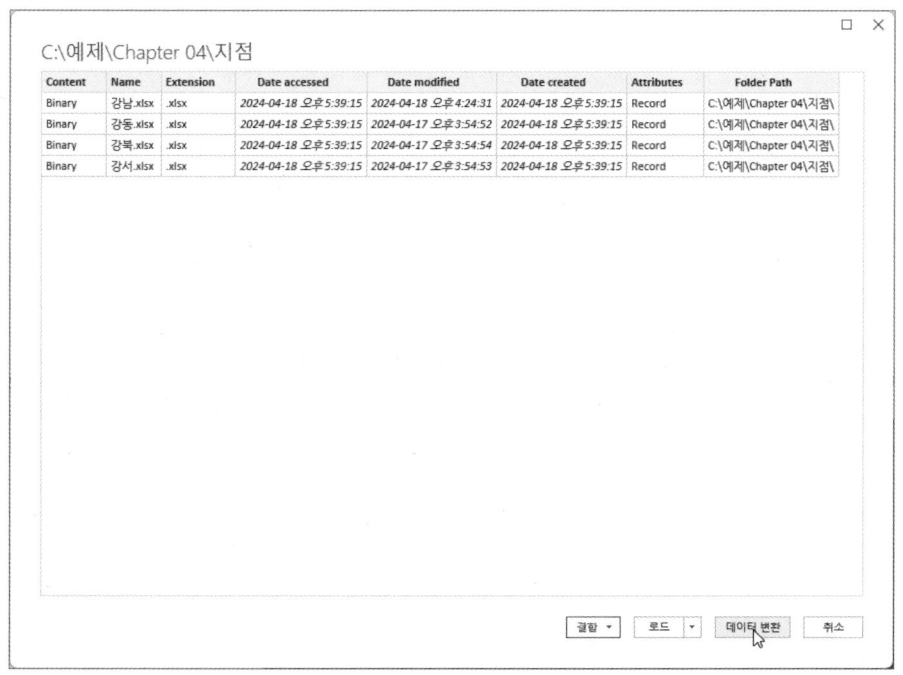

 **엑셀마스터가 짚어주는 핵심 NOTE**

탐색 창의 [결합]을 클릭해 빠르게 표를 하나로 합치는 방법

이번에 제공된 예제는 모든 파일의 시트가 하나이고, 표의 머리글이 모두 동일하게 잘 정리되어 있습니다. 이런 경우에는 바로 [결합]을 클릭해 작업을 진행하면 표 데이터를 하나로 합칠 수 있습니다. 다음 화면처럼 [결합]을 클릭한 다음 [데이터 결합 및 변환]을 선택합니다.

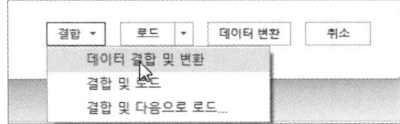

[결합] 내 메뉴의 차이

- **데이터 결합 및 변환**
  파일 내 표를 하나로 합친 다음 [Power Query 편집기] 창에 데이터를 미리 볼 수 있도록 해줍니다. 그런 다음 필요한 수정 작업을 진행하고 엑셀로 내려 보낼 수 있습니다.

- **결합 및 로드**
  파일 내 표를 하나로 합친 다음 바로 엑셀에 새 시트를 추가하고 표로 데이터를 내려 보냅니다.

- **결합 및 다음으로 로드**
  파일 내 표를 하나로 합친 다음 엑셀로 내려 보내는데 [데이터 가져오기] 대화상자가 표시되며 표, 피벗, 쿼리 등을 선택해 내려 보낼 수 있습니다.

[파일 병합] 창이 표시됩니다. [매개 변수1] 폴더 내 [Sheet1]을 선택하고 [확인]을 클릭합니다.

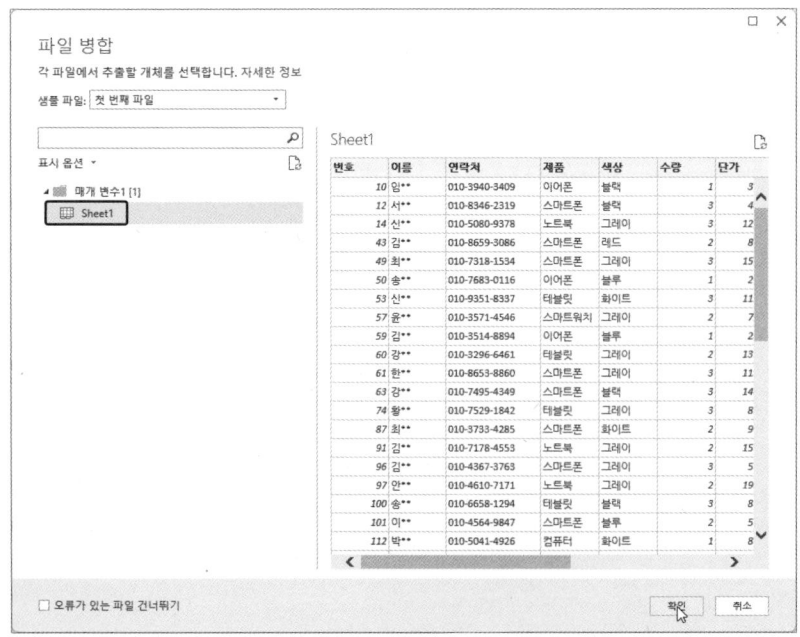

그러면 폴더 내 모든 파일의 [Sheet1] 시트에 있는 모든 데이터가 합쳐집니다. 다음과 같이 Power Query 편집기 창에 합쳐진 결과를 확인할 수 있습니다.

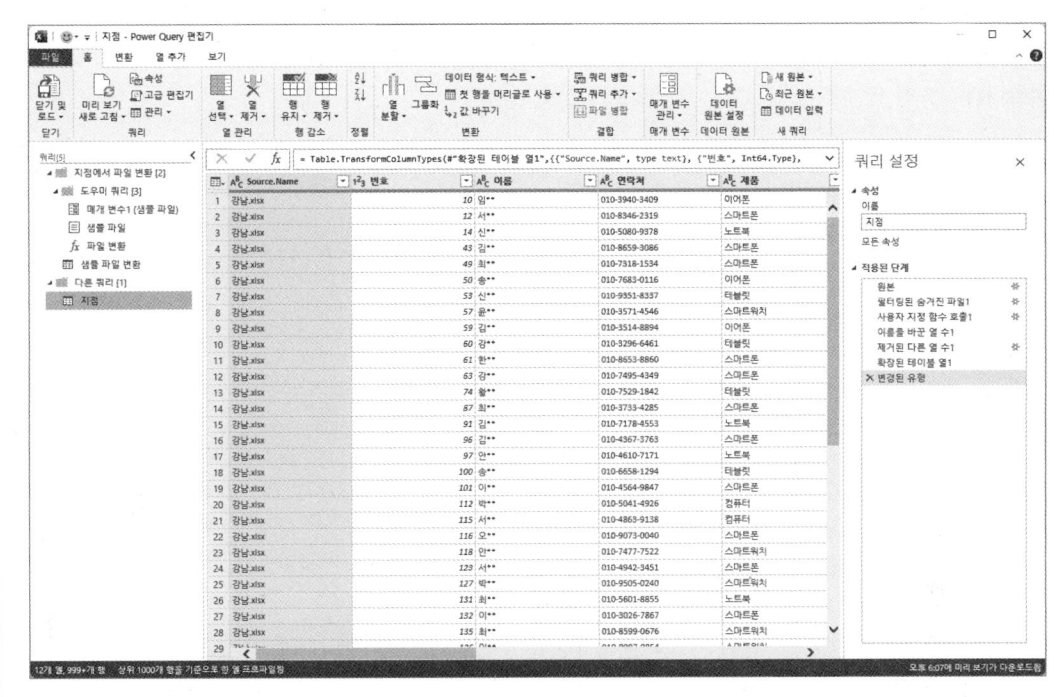

미리 보기 화면에 표시된 Source.Name은 파일 이름입니다. Source.Name 열에서 .xlsx 확장자 부분만 지우면 '지점' 열로 확인할 수 있습니다.

이렇게 쉽게 표를 합칠 수 있지만, 파일에 따라 구조가 간단하지 않을 수 있습니다. 그러므로, 수동으로 파일을 합치는 방법을 알고 있어야 합니다. 다음 과정을 통해 폴더 내 파일을 합치는 방법을 알아보겠습니다.

07 [Power Query 편집기] 창에 폴더 내 파일 목록이 표시됩니다. 모든 열이 필요한 것은 아니므로 꼭 필요한 열만 표시해야 합니다.

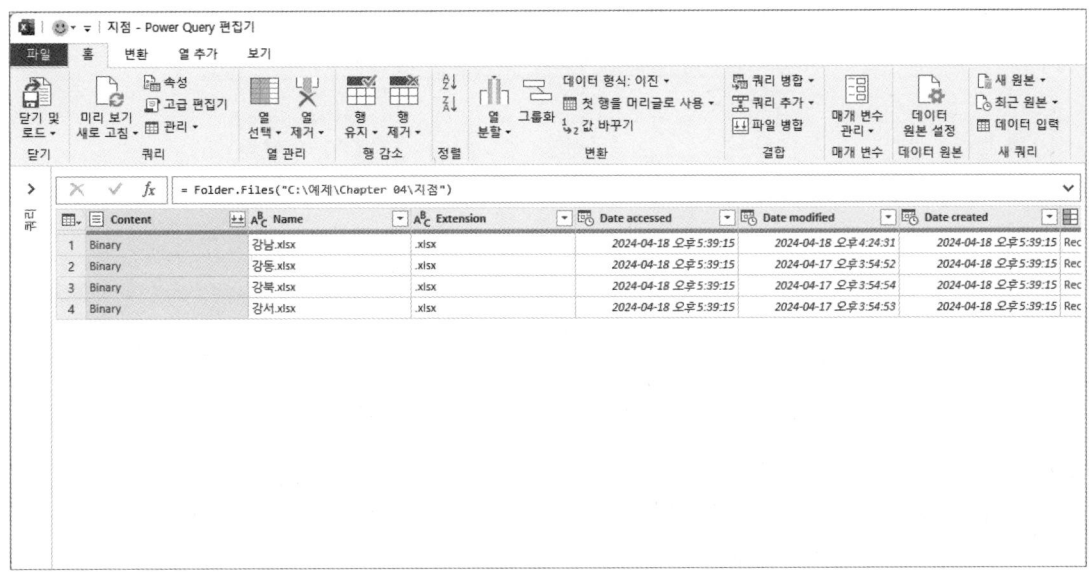

08 리본 메뉴의 [홈] 탭-[열 관리] 그룹-[열 선택]을 클릭합니다. [열 선택] 대화상자에서 [(모든 열 선택)] 항목의 체크를 해제하고 [Content], [Name], [Extension], [Folder Path] 열 항목만 체크한 후 [확인]을 클릭합니다.

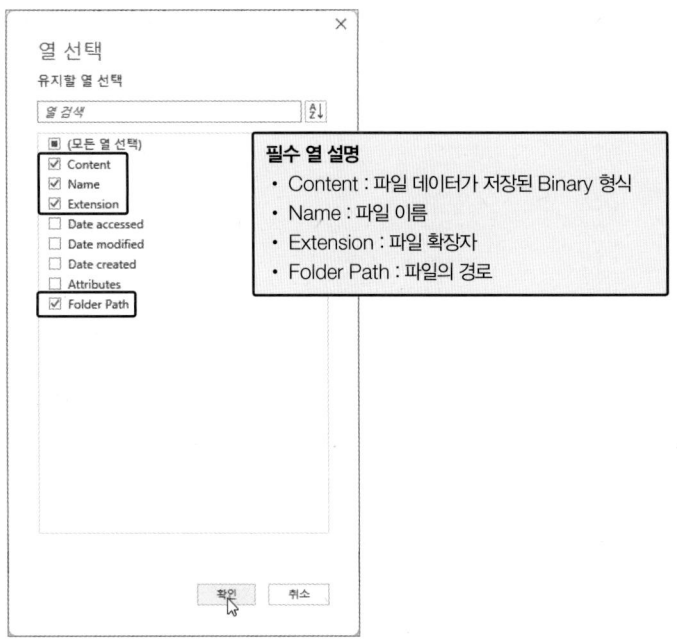

09 화면에 다음과 같은 데이터만 표시됩니다.

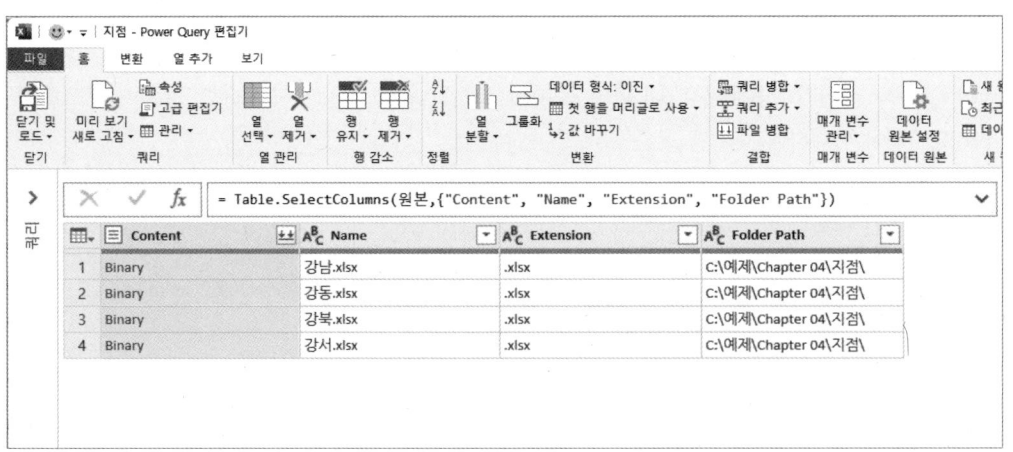

TIP 08~09 과정은 꼭 필요한 단계는 아니며 설명을 위해 꼭 확인이 필요한 열만 선택해 표시한 것입니다. 그러므로 07 과정 뒤에 바로 10 과정의 작업을 진행해도 됩니다.

10 파워 쿼리의 [폴더에서]는 선택한 폴더의 하위에 있는 모든 폴더가 작업 대상이 되므로, 항상 선택한 폴더만 대상으로 작업하도록 하려면 필터를 걸어 현재 화면에 표시된 폴더만 대상으로 하도록 작업해야 합니다. [Folder Path] 열의 목록 단추를 클릭하고 [텍스트 필터]-[같음]을 선택합니다.

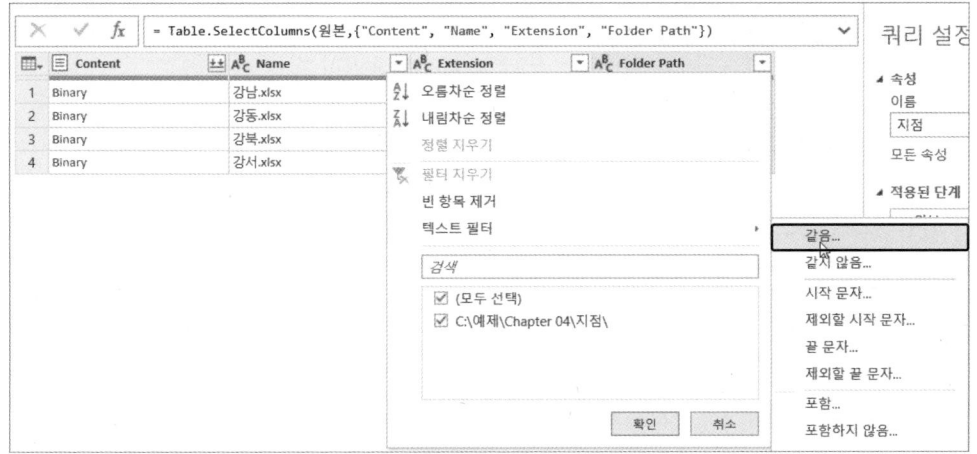

11 [행 필터] 대화상자가 표시되면 첫 번째 콤보 상자에서 선택한 폴더 경로를 선택하고 [확인]을 클릭합니다.

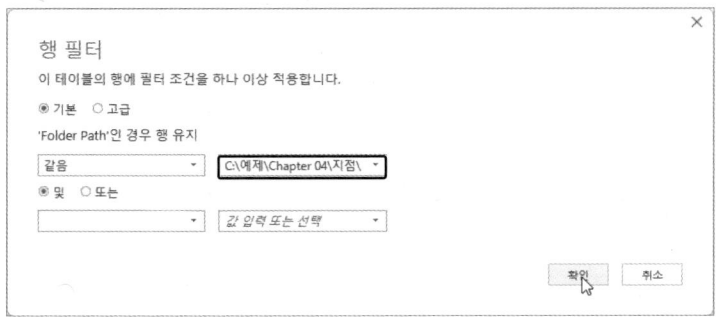

12 선택한 폴더에 txt 등의 다른 파일이 추가되면 표를 취합하는 작업에 문제가 생길 수 있습니다. 그러므로 엑셀 파일만 대상으로 작업하도록 구체적으로 설정할 필요가 있습니다. [Extension] 열의 아래 화살표를 클릭하고 [텍스트 필터]-[시작 문자]를 선택합니다.

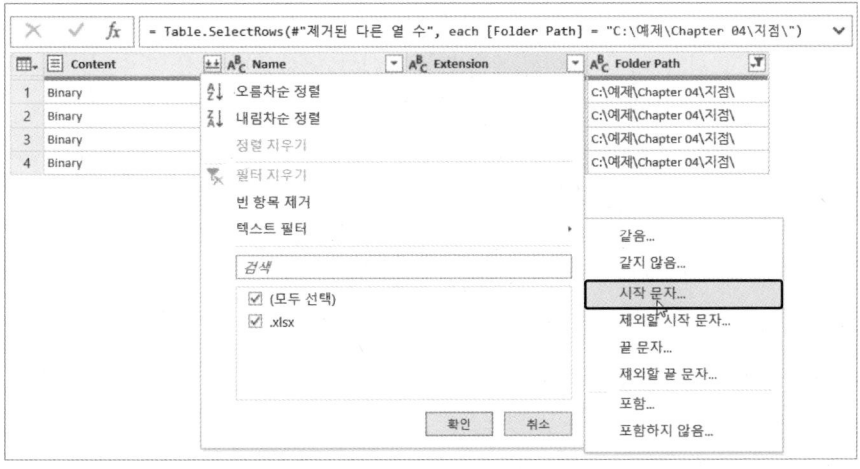

13 [행 필터] 대화상자가 표시되면 첫 번째 콤보 상자에 **.xl**을 입력하고 [확인]을 클릭합니다.

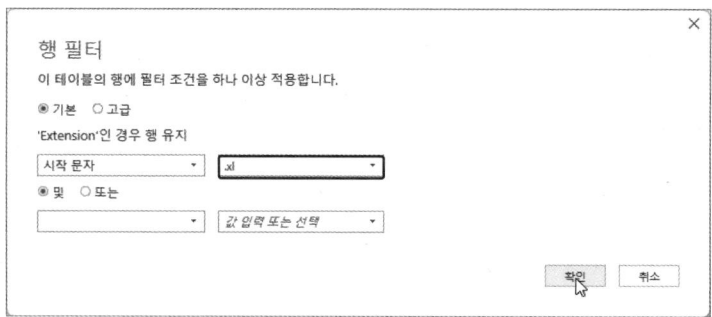

TIP 이렇게 필터를 걸면 Extension 열에서 .xl로 시작하는 파일만 합치는 작업을 합니다.

14 이제 [Content] 열의 Binary 데이터에서 표 데이터를 읽어옵니다. 리본 메뉴의 [열 추가] 탭-[일반] 그룹-[사용자 지정 열]을 클릭합니다.

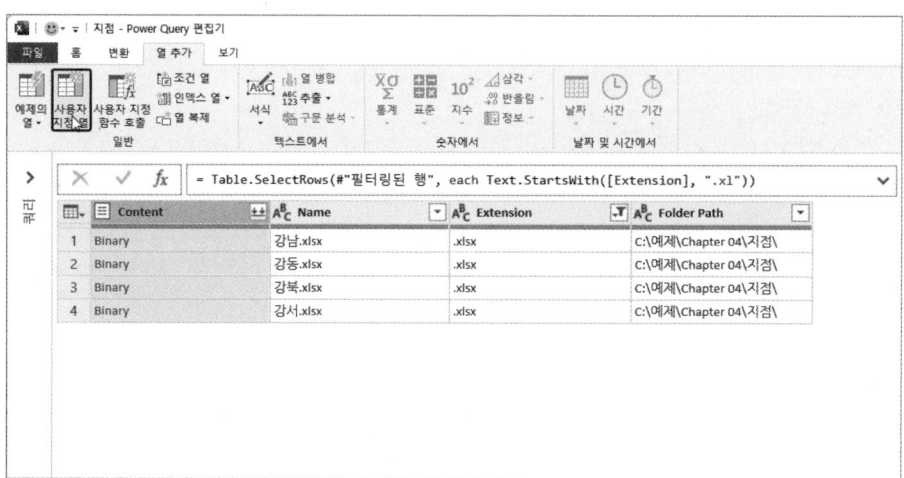

TIP 엑셀 파일은 엑셀 표, 시트, 이름 정의된 범위를 표로 인식하므로 한 파일에 여러 표가 존재할 수 있습니다.

15 [사용자 지정 열] 대화상자가 표시되면 [새 열 이름]에는 **표**를 입력하고 [사용자 지정 열 수식]에는 다음과 같은 수식을 작성한 후 [확인]을 클릭합니다.

=Excel.Workbook([Content], true)

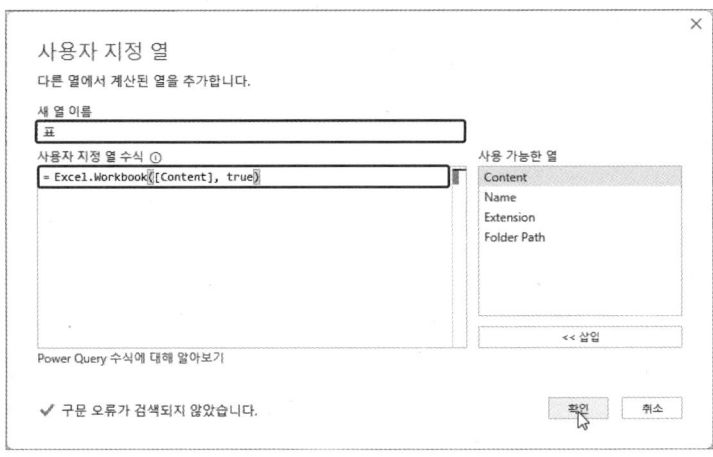

TIP 파워 쿼리의 M code 함수들은 대/소문자를 구분하므로 주의해서 입력합니다.

16 미리 보기 화면의 끝에 [표] 열이 추가됩니다. 첫 번째 칸의 Table 오른쪽 빈 영역을 클릭하면 하단에 해당 Table에 저장된 값을 확인할 수 있습니다.

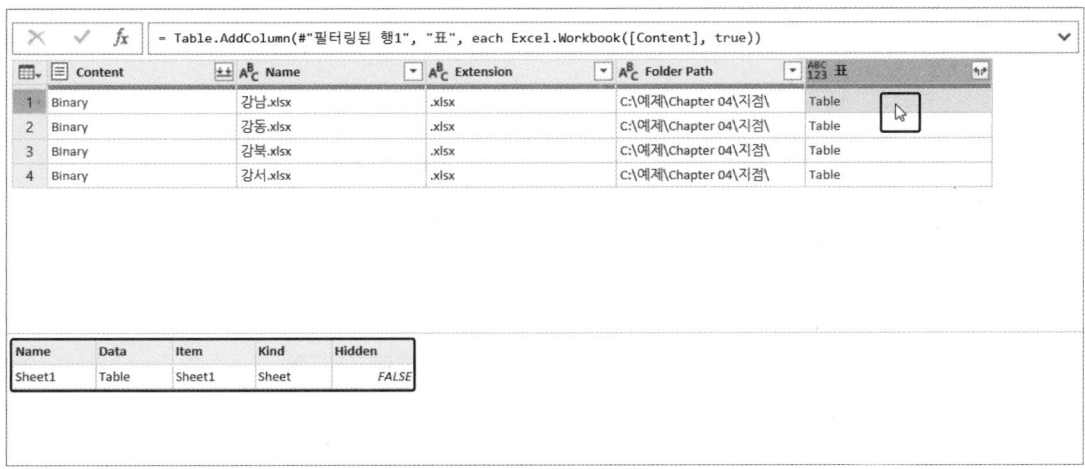

TIP '강남.xlsx' 파일에서 읽어올 수 있는 데이터는 Sheet 데이터밖에 없다는 것을 확인할 수 있습니다.

17 필요하지 않은 열은 삭제하기 위해 리본 메뉴의 [홈] 탭-[열 관리] 그룹-[열 선택]을 클릭하고 [Name] 열과 [표] 열만 선택해 남겨놓습니다.

18 [표] 열의 확장 단추를 클릭한 다음 [원래 열 이름을 접두사로 사용] 확인란을 체크 해제하고 [확인]을 클릭합니다.

19 파일에서 가져올 수 있는 모든 표 데이터를 확인할 수 있습니다. [Data] 열에서 첫 번째 칸의 Table 오른쪽 빈 공간을 클릭하면 해당 테이블의 데이터를 하단 미리보기에서 확인할 수 있습니다.

엑셀마스터가 짚어주는 핵심 NOTE

이 단계에서 알고 있어야 하는 내용

이 단계에서는 [Kind] 열과 [Name.1] 열을 잘 이해해야 합니다. [Kind] 열은 표의 종류를 표시하며, 다음과 같은 항목이 표시됩니다.

Kind	설명
Sheet	시트를 의미하며, 시트에 입력된 데이터를 인식합니다.
Table	엑셀 표를 의미합니다.
Defined Name	이름 정의된 범위를 의미합니다.

즉, 시트나 엑셀 표, 이름 정의된 범위가 있다면 [Kind] 열에서 구분할 수 있습니다. 그러므로 가져오려는 표의 종류에 따라 [Kind] 열에 필터를 걸고 필요한 표만 정확하게 선택해야 합니다.

그렇지 않으면 동일한 표 데이터가 중복 반환될 수 있습니다. 또한 [Name.1] 열의 경우는 해당 표의 이름이 표시됩니다. 이번 예제는 모두 Sheet1인데, 시트명은 필요한 데이터가 아니므로 무시해도 되지만 표 이름을 표에서 사용하려면 이 열을 **20** 과정에서 삭제하면 안 됩니다.

20 불필요한 열은 모두 제거하겠습니다. 리본 메뉴의 [홈] 탭-[열 관리] 그룹-[열 선택]을 클릭하고 [Name] 열과 [Data] 열만 선택해 남겨놓습니다.

21 [Data] 열의 확장 단추를 클릭한 다음 [원래 열 이름을 접두사로 사용] 확인란을 체크 해제하고 [확인]을 클릭합니다.

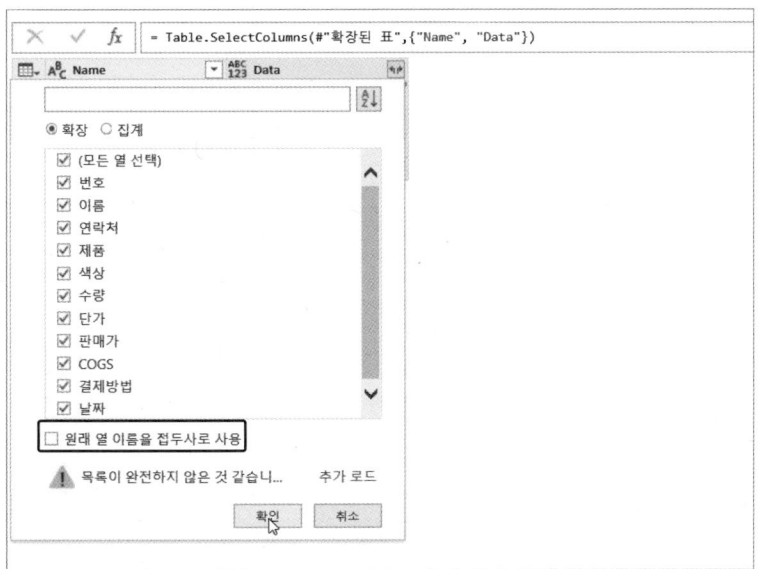

22 모든 데이터가 제대로 반환됩니다.

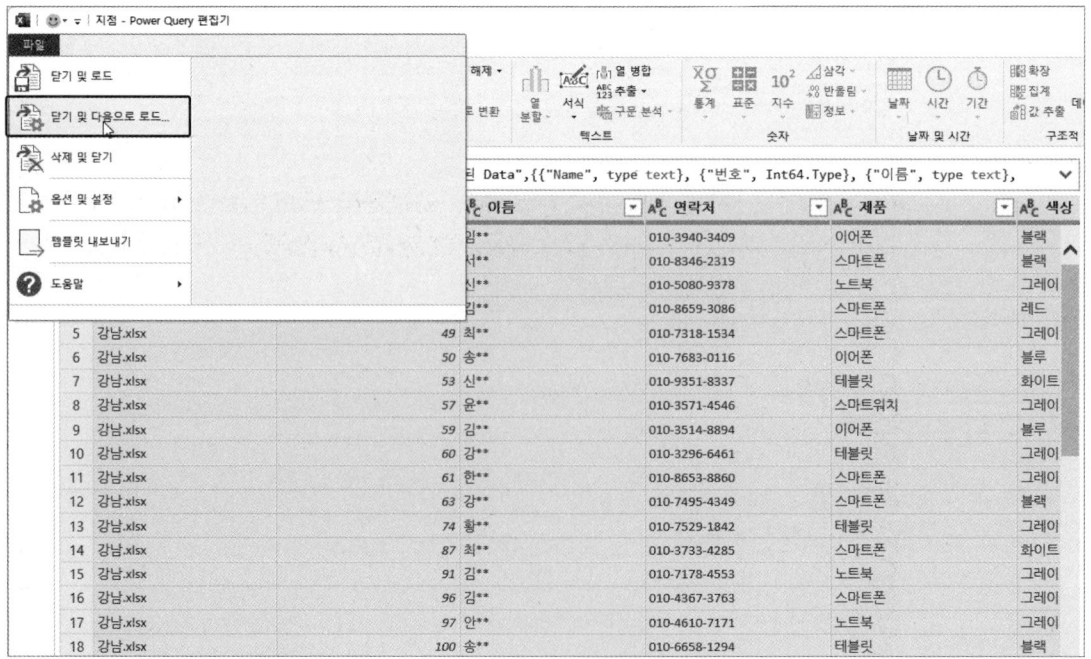

TIP [Name] 열은 파일명을 표시합니다. 그러므로, 이 열을 선택하고 리본 메뉴의 [변환] 탭–[열] 그룹–[값 바꾸기]를 사용해 .xlsx 부분을 지우는 작업과 [Name] 열의 머리글을 '지점'으로 변경하는 등의 작업을 추가하면 더 보기 좋은 결과를 얻을 수 있습니다.

23 엑셀로 내려 보내 피벗으로 각 지점별 실적을 집계해보겠습니다. 리본 메뉴의 [파일]–[닫기 및 다음으로 로드]를 선택합니다.

24 [데이터 가져오기] 대화상자가 표시되면 [피벗 테이블 보고서] 옵션과 [기존 워크시트] 옵션을 선택하고, 피벗 테이블 생성 위치는 [B2] 셀로 선택한 다음 [확인]을 클릭합니다.

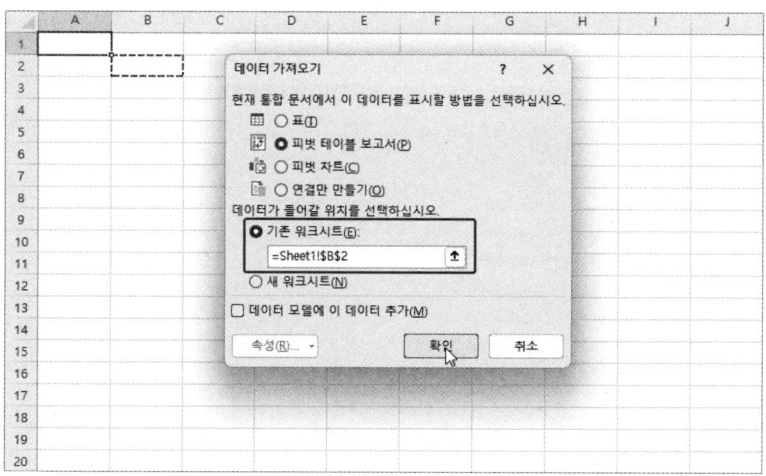

25 피벗 테이블 보고서 구성 화면이 나오면 [Name], [날짜], [판매가] 열의 확인란을 각각 체크하면 화면과 같은 결과를 얻을 수 있습니다.

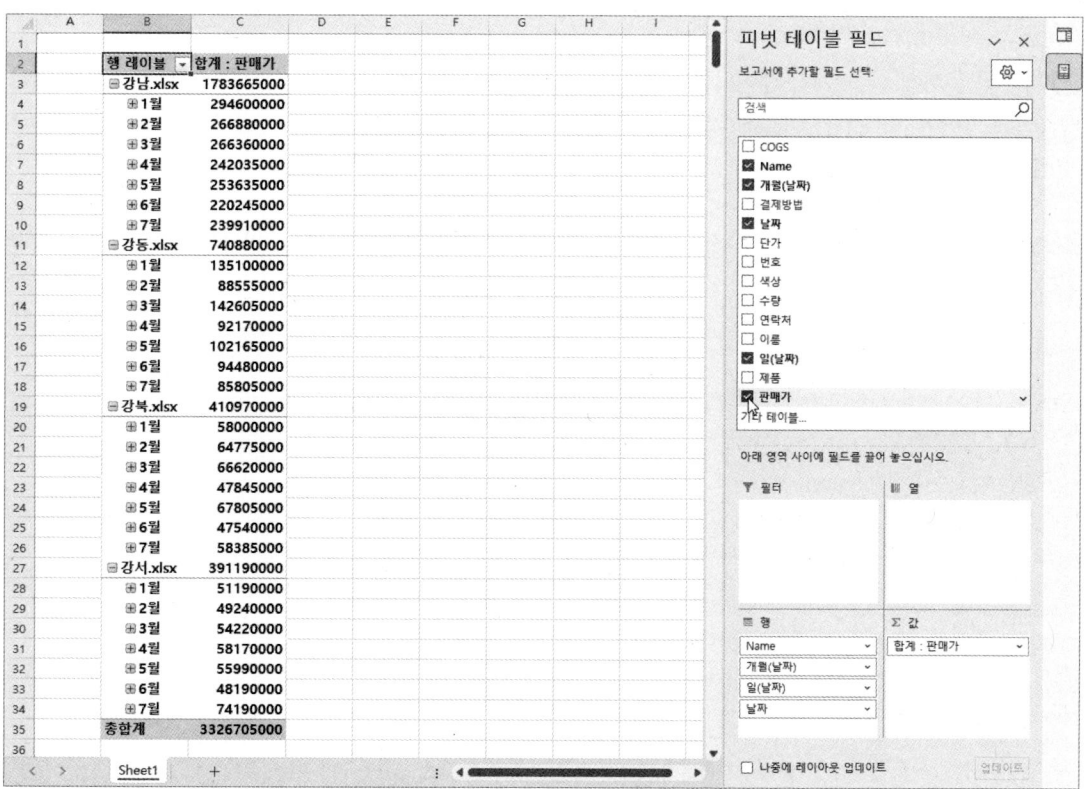

VER. 날짜 상위 단위(월)로 집계가 되는 것은 엑셀 2016 이상 버전에서 지원됩니다. 엑셀 2013을 포함한 하위 버전은 피벗을 생성 후 날짜 열을 선택하고 마우스 오른쪽 버튼을 클릭해 [그룹]을 선택하고 원하는 날짜 단위를 선택합니다.

26 피벗을 보기 좋게 하기 위해 [피벗 테이블 필드] 작업 창에서 [행] 열에는 [개월(날짜)] 필드만 남겨놓고, [열] 영역에 [Name] 열이 위치하도록 드래그&드롭하면 다음과 같은 피벗 테이블 보고서를 확인할 수 있습니다.

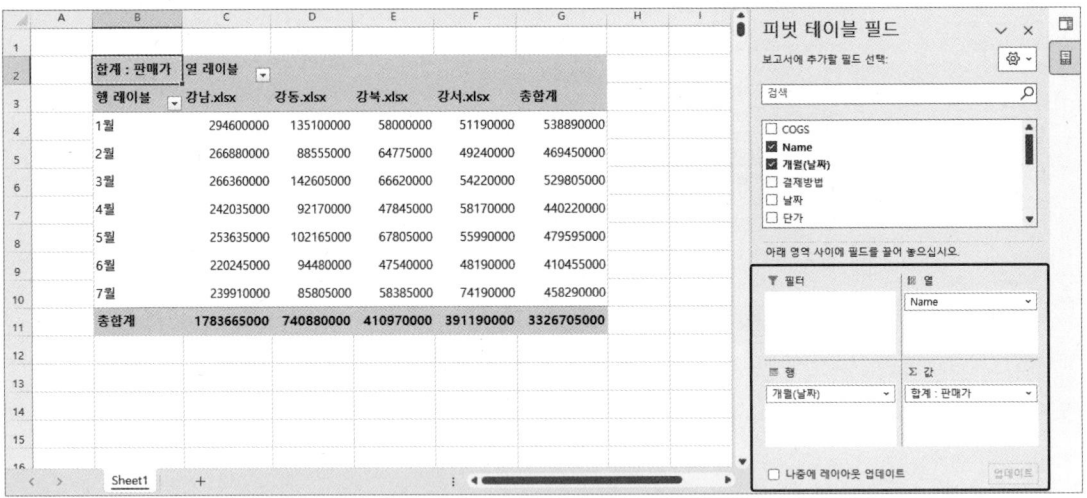

VER. 개월(날짜) 필드는 마이크로소프트 365 버전에서 월 필드를 표시하는 방법인데, 하위 버전에서는 월이라고 나타날 수 있으니 참고합니다.

27 [지점] 폴더에 다른 지점 데이터를 추가해 피벗 테이블 보고서가 이를 인식할 수 있는지 테스트해보겠습니다. 윈도우 탐색기를 이용해 [추가 지점] 폴더에 있는 '여의도.xlsx', '영등포.xlsx', '잠실.xlsx' 파일을 [지점] 폴더로 복사합니다.

28 피벗 테이블 보고서를 새로 고치기 위해 피벗 테이블 보고서 내에서 마우스 오른쪽 버튼을 클릭하고 [새로 고침]을 선택합니다.

29 다음 화면과 같이 추가된 지점 실적이 자동으로 읽혀 나오는 것을 확인할 수 있습니다.

	A	B	C	D	E	F	G	H	I	J
2		합계 : 판매가	열 레이블							
3		행 레이블	강남.xlsx	강동.xlsx	강북.xlsx	강서.xlsx	여의도.xlsx	영등포.xlsx	잠실.xlsx	총합계
4		1월	294600000	135100000	58000000	51190000	127910000	89545000	95215000	851560000
5		2월	266880000	88555000	64775000	49240000	177320000	87015000	103745000	837530000
6		3월	266360000	142605000	66620000	54220000	158415000	101950000	124640000	914810000
7		4월	242035000	92170000	47845000	58170000	165055000	70935000	104640000	780850000
8		5월	253635000	102165000	67805000	55990000	133910000	88050000	81225000	782780000
9		6월	220245000	94480000	47540000	48190000	148555000	103220000	91520000	753750000
10		7월	239910000	85805000	58385000	74190000	142785000	110315000	85105000	796495000
11		총합계	1783665000	740880000	410970000	391190000	1053950000	651030000	686090000	5717775000

[통합 문서에서] 기능

특정 파일의 모든 시트의 표를 하나로 합치려면 파워 쿼리의 [폴더에서]와 [통합 문서에서]를 이용할 수 있습니다. [폴더에서]는 이전 사례와 유사합니다. 아래 동영상 강의는 [통합 문서에서] 기능을 이용해 파일 내 시트를 하나로 합치는 방법에 대해 설명합니다.

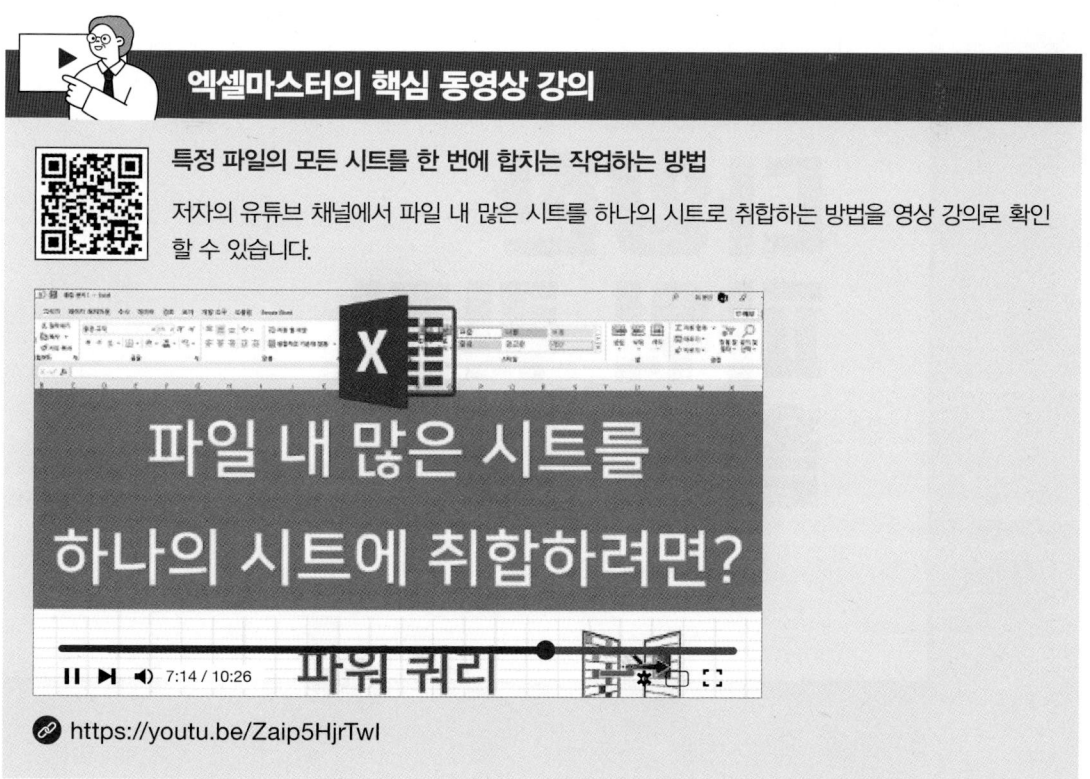

엑셀마스터의 핵심 동영상 강의

특정 파일의 모든 시트를 한 번에 합치는 작업하는 방법

저자의 유튜브 채널에서 파일 내 많은 시트를 하나의 시트로 취합하는 방법을 영상 강의로 확인할 수 있습니다.

https://youtu.be/Zaip5HjrTwI

CHAPTER 05

다양한 파워 쿼리 활용 팁

이번 CHAPTER의 핵심!
- 사진에서 데이터 읽어오는 방법 익히기
- PDF에서 데이터 읽어오는 방법 익히기
- 웹 데이터 크롤링 방법 익히기
- 쿼리만 다른 파일로 복사하는 방법 익히기

파워 쿼리는 다양한 데이터 소스를 연결하고 활용할 수 있는 강력한 도구로, 엑셀 이외의 비정형 데이터를 처리하는 데에도 탁월한 성능을 보여줍니다. 이번 CHAPTER에서는 [사진에서], [PDF에서], [웹에서]와 같은 기능을 통해 비정형 데이터를 엑셀로 가져와 처리하는 방법을 설명합니다.

[사진에서] 기능은 이미지 파일에서 텍스트나 정보를 추출하는 데 사용되며, OCR(광학 문자 인식) 기술을 활용해, 이미지 내의 텍스트를 구조화된 데이터로 변환합니다. 물론 이미지의 해상도가 선명할수록 더 좋은 품질의 결과를 얻을 수 있습니다.

[PDF에서] 기능은 복잡한 PDF 문서에서 표나 텍스트 등의 데이터를 인식해 엑셀에서 사용할 수 있도록 변환합니다. 다만 품질이 낮은 이미지가 삽입된 PDF 파일은 데이터를 가져오는 데 제약이 있을 수 있습니다.

또한, [웹에서] 기능은 웹 크롤링 없이도 웹 페이지의 표, 텍스트, 리스트 등을 쉽게 가져와 데이터로 변환할 수 있어 매우 편리합니다.

이번 CHAPTER에서는 비정형 데이터 소스를 활용하는 방법과 쿼리 활용에 도움이 되는 내용을 다룹니다.

SECTION 01 사진에서 데이터를 읽어오는 방법

[사진에서] 기능

[사진에서] 기능은 마이크로소프트 365 버전에서 지원되며 연도별 버전으로 하면 엑셀 2024 버전에서 제공됩니다. 지원되는 버전의 경우 리본 메뉴의 [데이터] 탭에서 확인할 수 있습니다. 이 메뉴는 사진, 즉 image 파일의 데이터를 OCR로 인식해 엑셀 파일에 기록하는 역할을 합니다. 다만 해상도가 높고 글자가 선명할수록 가독성이 높아진다는 점을 참고해 활용해야 합니다.

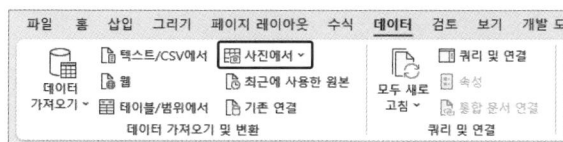

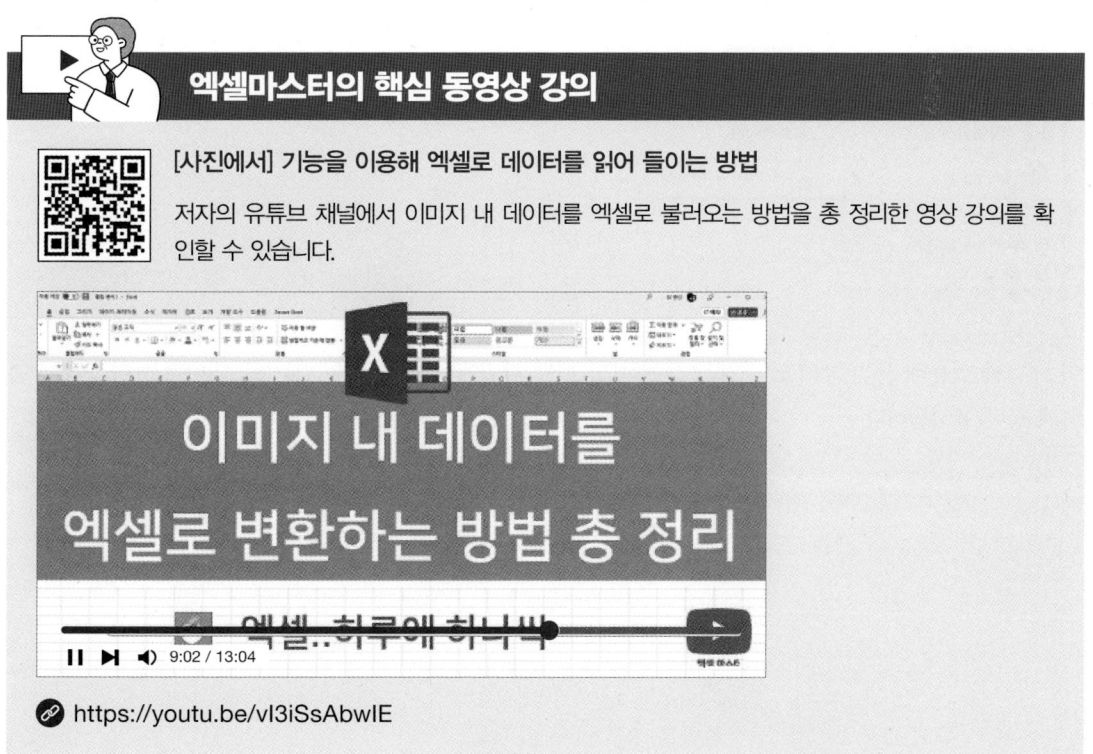

엑셀마스터의 핵심 동영상 강의

[사진에서] 기능을 이용해 엑셀로 데이터를 읽어 들이는 방법

저자의 유튜브 채널에서 이미지 내 데이터를 엑셀로 불러오는 방법을 총 정리한 영상 강의를 확인할 수 있습니다.

https://youtu.be/vl3iSsAbwIE

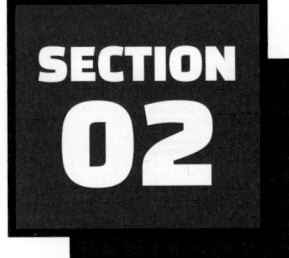

SECTION 02
PDF 데이터를 읽어오는 방법

[PDF에서] 기능

엑셀 2021 이상 버전에서는 파워 쿼리를 이용해 PDF 파일 내 표 데이터를 인식할 수 있습니다. 사용 중인 버전에서 PDF 파일을 불러올 수 있는지를 알아보려면 리본 메뉴의 [데이터] 탭-[데이터 가져오기 및 변환] 그룹-[데이터 가져오기]를 클릭하고 [파일에서] 메뉴의 하위 메뉴를 확인합니다.

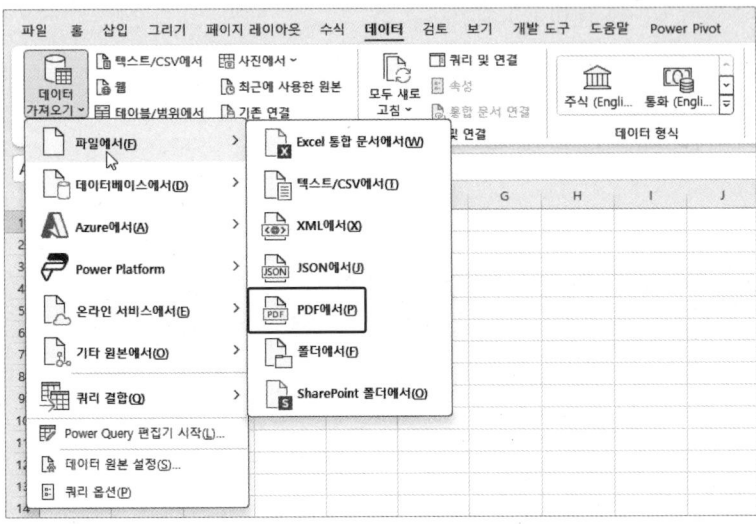

이 메뉴를 이용해 불러올 PDF 파일을 선택하면, 해당 파일에서 읽어올 수 있는 표 데이터가 다음과 같이 탐색 창에 표시됩니다.

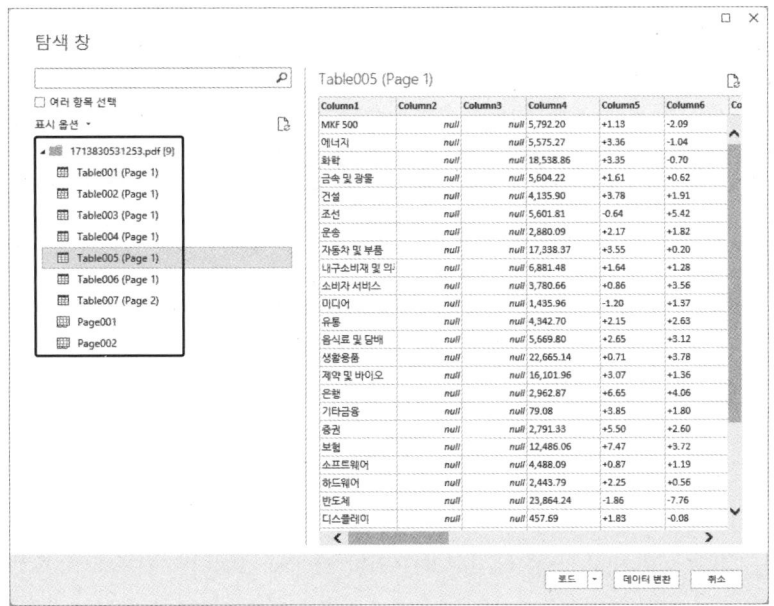

탐색 창을 보면 Table001, Table002, …이나 Page001, Page002와 같이 표(Table)을 인식해 가져올 수 있는 부분이 있습니다. 페이지(Page) 내 데이터를 그대로 불러올 수도 있습니다.

이후 과정은 앞선 CHAPTER에서 설명한 파워 쿼리 이용 방법과 동일하며, 원하는 방법으로 데이터를 편집 후 목적에 맞게 표 데이터나 피벗 등으로 엑셀로 가져와 사용할 수 있습니다.

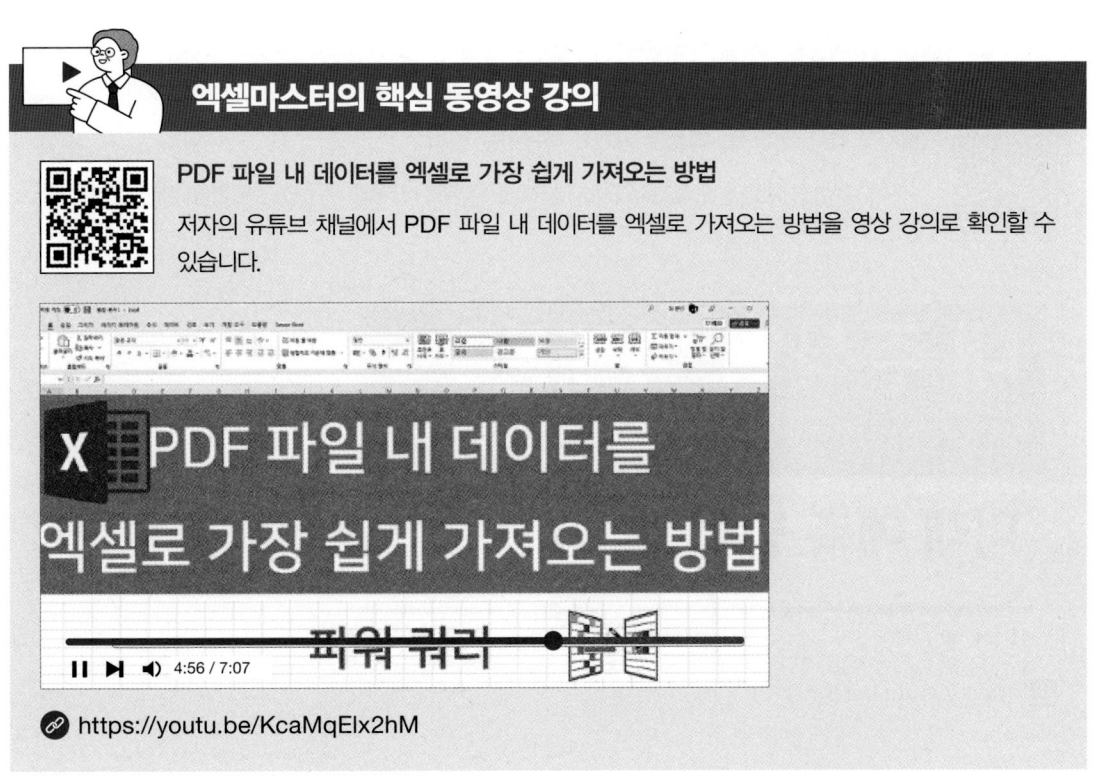

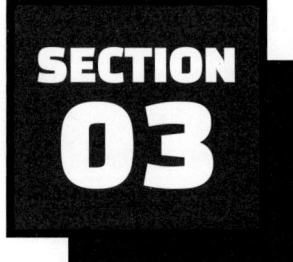

SECTION 03 웹 데이터 크롤링 방법

웹 데이터를 수집해 엑셀로 가져오는 방법을 크롤링이라고 합니다. 크롤링은 주로 자주 변경되는 데이터를 대상으로 하면 좋습니다. 환율, 주가 데이터, 부동산 데이터, 더 간단하게는 연휴 데이터 등 다양한 데이터를 엑셀로 가져와 사용할 수 있습니다. 이번 SECTION에서는 대표적인 사례의 데이터를 가져와 사용하는 방법을 동영상 강의로 알아보겠습니다.

증시 데이터

증시 데이터를 엑셀로 가져와 사용하기 위해 알아야 하는 자세한 내용은 동영상 강의 내용을 참고합니다.

 엑셀마스터의 핵심 동영상 강의

 **실시간 증시 데이터를 엑셀로 가져와 사용하는 방법**
저자의 유튜브 채널에서 실시간 증시 데이터를 엑셀로 가져와 사용하는 방법을 영상 강의로 확인할 수 있습니다.

https://youtu.be/Hm6iT3ha_d8

연휴 데이터

대한민국 연휴 데이터를 엑셀로 가져와 사용하기 위해 알아야 하는 자세한 내용은 동영상 강의 내용을 참고합니다.

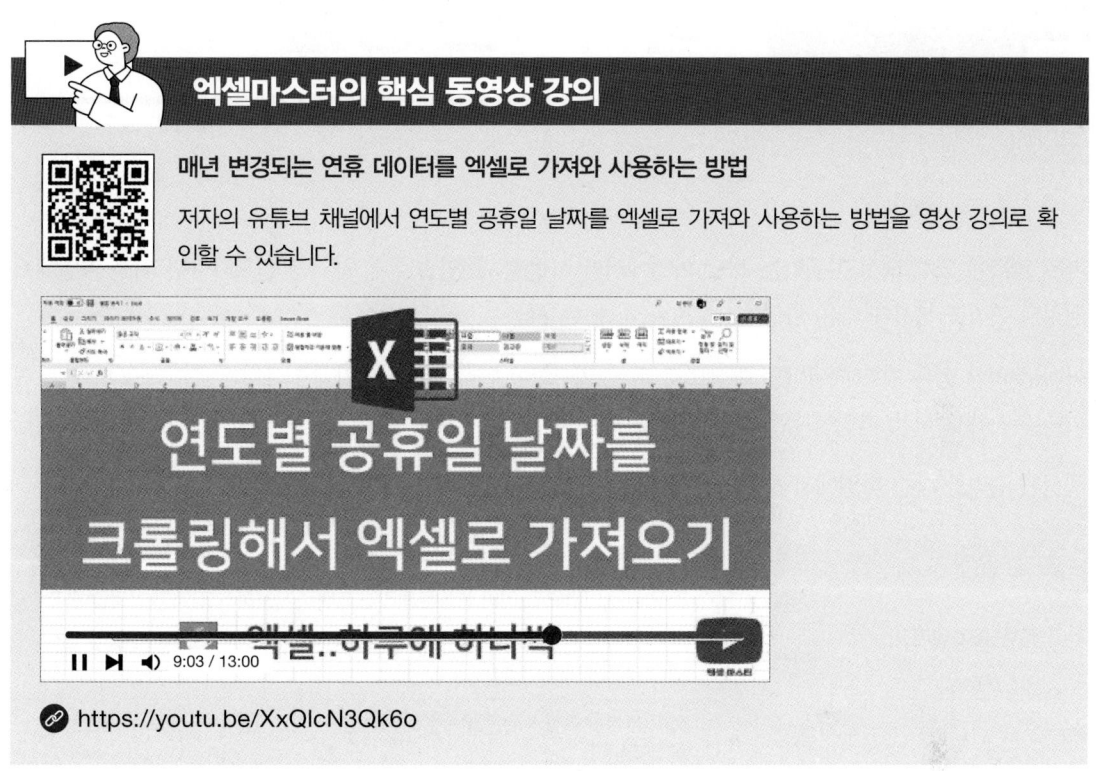

쿼리만 다른 파일로 복사하는 방법

파워 쿼리에 의해 생성된 쿼리는 해당 파일에서만 사용할 수 있습니다. 하지만 필요하다면 외부 파일에서 생성된 쿼리를 복사해 다른 파일에서도 간단하게 사용할 수 있습니다.

이때 주의할 점은 외부 데이터를 대상으로 하는 쿼리여야 한다는 것입니다. 내 파일의 데이터를 다루는 쿼리를 복사해도 다른 파일에 동일한 이름의 표 데이터가 없다면 쿼리를 복사해 사용하는 의미가 없습니다.

생성된 쿼리를 다른 파일에서 사용하는 방법에는 다음과 같은 세 가지가 있습니다.

방법	구분	설명
복사-붙여 넣기	장점	가장 쉬운 방법으로, 이미 생성된 쿼리를 그대로 사용하려고 할 때 유리합니다.
	단점	두 파일을 열어 놓고 작업해야 하며, 내 파일의 데이터를 사용하는 쿼리는 복사해도 원본의 위치가 변경되지 않습니다.
M code 복사	장점	이미 생성된 쿼리의 원본을 수정해 사용할 수 있고, 원하는 방법으로 편집할 수도 있습니다.
	단점	M code에 대해 잘 이해하고 있어야 합니다.
오피스 연결 파일	장점	원본에서 오피스 연결 파일(odc)만 생성해 놓으면 여러 파일에서 쉽게 사용할 수 있습니다.
	단점	외부 데이터를 가져오는 쿼리만 사용할 수 있습니다.

복사-붙여 넣기

이미 생성된 쿼리를 복사-붙여 넣기 방법으로 쉽게 사용할 수 있습니다. 이 방법을 사용하려면 원본 파일과 쿼리를 새로 사용할 파일을 모두 열어 놓고, 각 파일에서 리본 메뉴의 [데이터] 탭-[쿼리 및 연결] 그룹-[쿼리 및 연결]을 클릭해 [쿼리 및 연결] 작업 창을 모두 연 상태에서 진행해야 합니다.

다음 화면처럼 원본 파일의 쿼리를 마우스 오른쪽 버튼으로 클릭해 [복사]를 선택합니다.

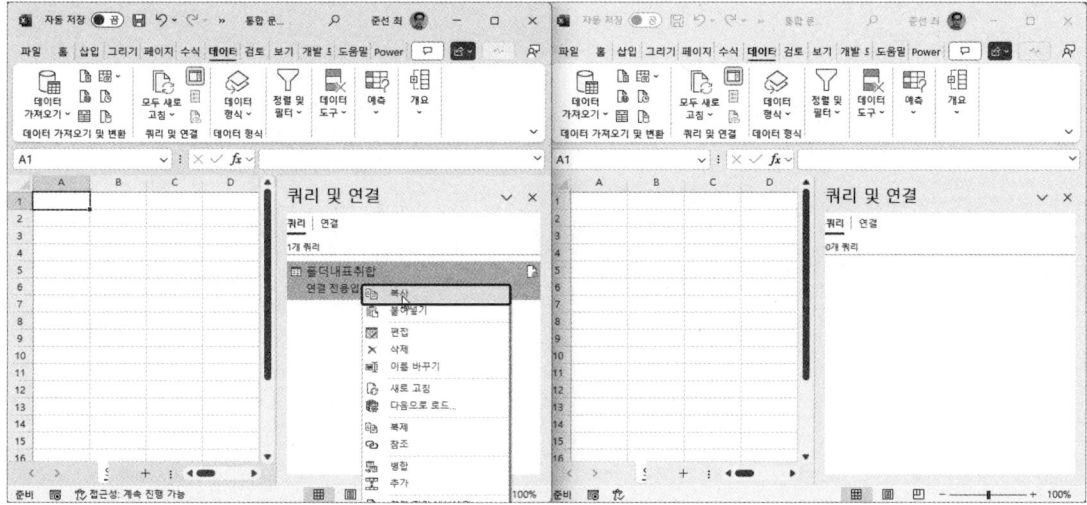

그런 다음 붙여넣을 파일의 [쿼리 및 연결] 작업 창에서 [붙여넣기]를 선택합니다.

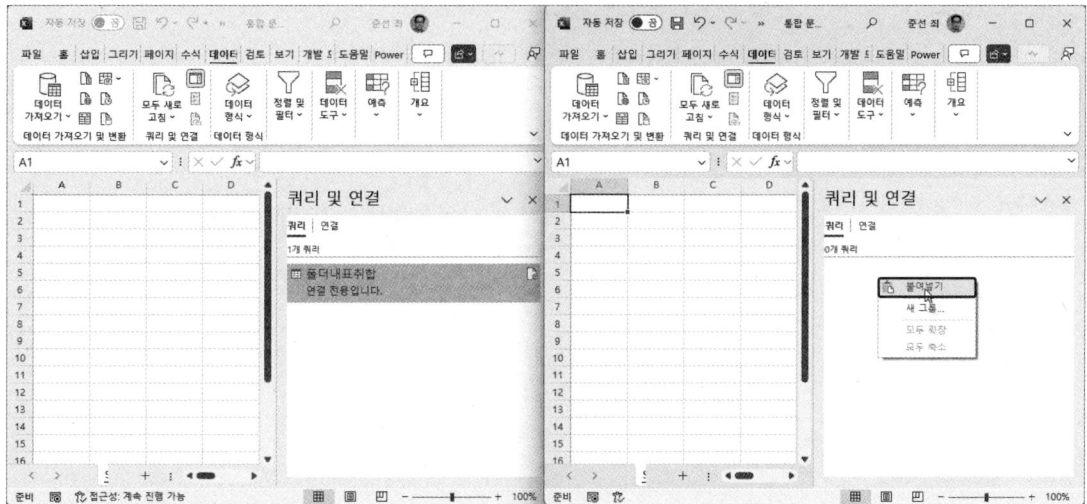

M code 복사

원본 파일에서 쿼리를 [Power Query 편집기] 창으로 연 다음, M code를 복사해 필요한 파일에 붙여넣는 방법을 사용합니다. [쿼리 및 연결] 작업 창을 표시하는 방법은 이전의 복사-붙여 넣기 방법과 동일합니다.

다만 차이점은 원본의 쿼리를 더블클릭한 다음 [Power Query 편집기] 창에서 리본 메뉴의 [홈] 탭-[쿼리] 그룹-[고급 편집기]를 클릭하고 화면에 표시된 M code를 복사하는 것입니다.

이렇게 복사된 M code를 사용할 파일에서 리본 메뉴의 [데이터] 탭-[데이터 가져오기 및 변환] 그룹-[외부 데이터 가져오기]를 클릭하고 [기타 원본에서]-[빈 쿼리]를 선택합니다. 그런 다음, [Power Query 편집기] 창에서 리본 메뉴의 [홈] 탭-[쿼리] 그룹-[고급 편집기]를 클릭하고 화면에 표시된 M code를 붙여 넣습니다.

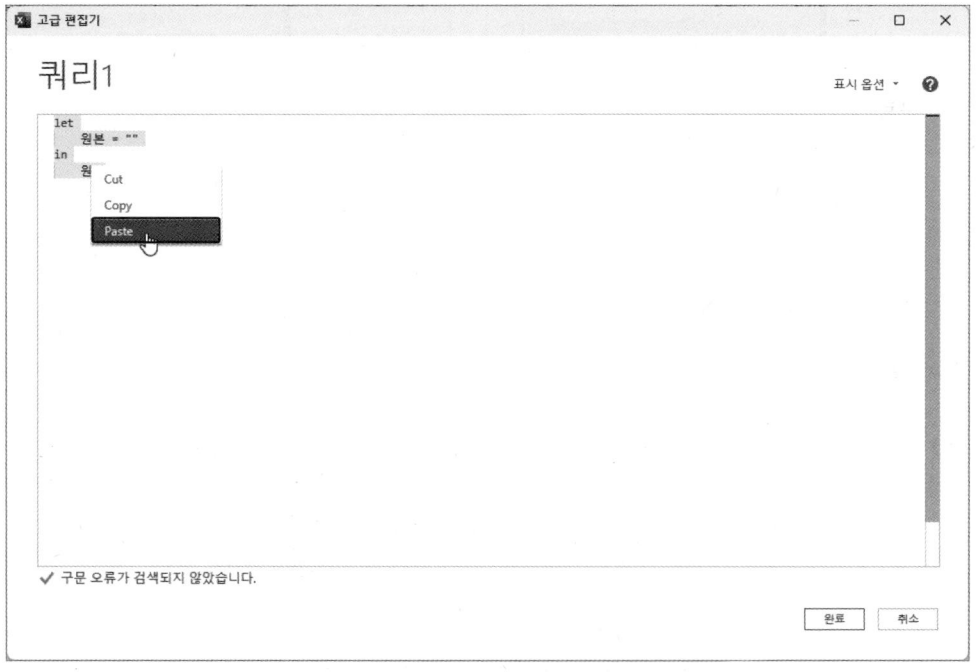

추가로 수정을 원하는 부분이 있다면 수정하고 쿼리를 저장해 사용합니다.

오피스 연결 파일 만들어 공유

개인적으로 가장 효율적이라고 생각하는 방법은 오피스 연결 파일(odc)을 만들어 공유하는 것입니다. 쿼리가 저장된 원본 파일을 열고 리본 메뉴의 [데이터] 탭-[쿼리 및 연결] 그룹-[쿼리 및 연결]을 클릭합니다. 그런 다음 공유할 쿼리를 마우스 오른쪽 버튼으로 클릭한 다음 [연결 파일 내보내기]를 선택합니다. [파일 저장] 창이 열리면 [파일 이름]을 원하는 쿼리 이름으로 수정하고 [저장]을 클릭합니다.

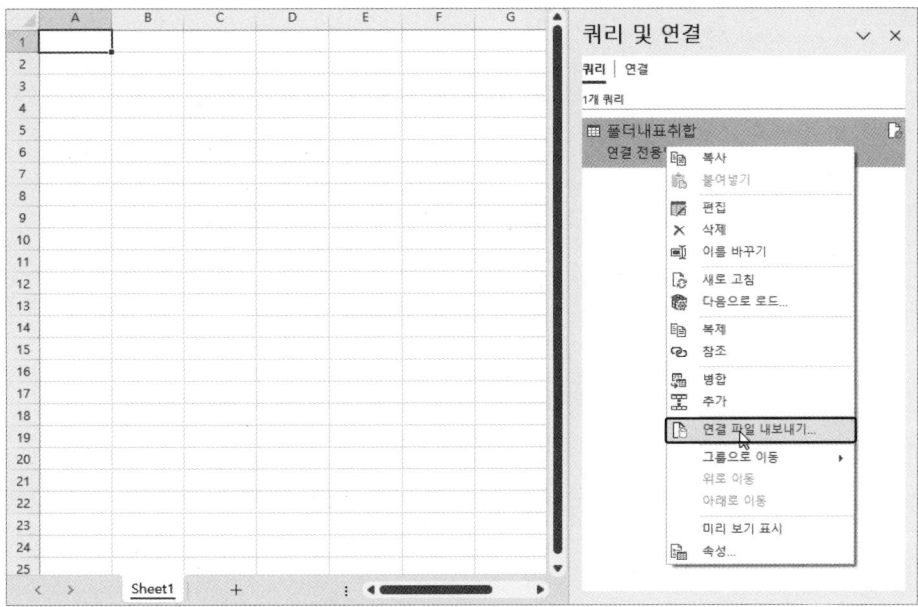

이제 생성된 오피스 연결 파일을 사용하려는 파일에서 리본 메뉴의 [데이터] 탭-[데이터 가져오기 및 변환] 그룹-[기존 연결]을 클릭하고 생성된 오피스 연결 파일을 불러옵니다.

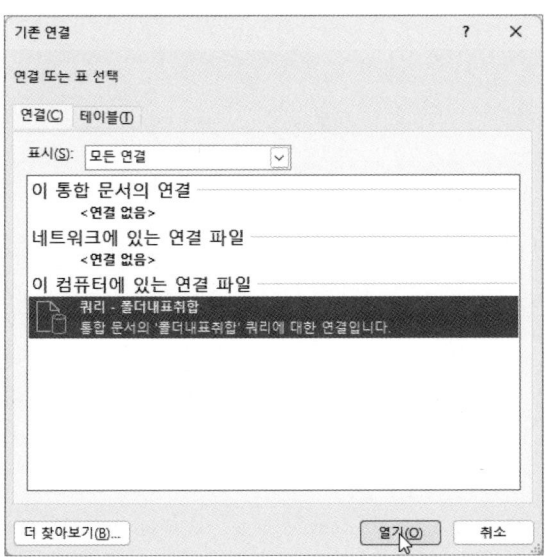

찾아보기

한글

그룹화 대화상자의 설정	166
날짜 데이터 자동 변환	069
다른 열 제거	109
다른 열 피벗 해제	147
병합 대화상자 설정	249
사용자 지정 열 대화상자 구성	201
숫자 데이터 자동 변환	077
열 추가	163
열 형식 변경	071
예제의 열 동작 방식	208, 209
조건 열 추가 대화상자 설정	218, 219
크로스-탭	026
테이블	025
템플릿	027
파워 쿼리의 로드 개념	040
표 종류 선택 우선순위	037
피벗 열 대화상자 설정	182
호환성 경고	179

기호

#date 함수	202
#datetime 함수	203

영어

Date.From 함수	203
Date.Year 함수	204
DateTime.LocalNow 함수	203
Excel.CurrentWorkbook 함수	244
Excel.Workbook 함수	323
Folder.Conetents 함수	323
List.Sum 함수	254
null	063, 065
Number.RandomBetween 함수	295
Table.ExpnadTableColumn 함수	265